自由贸易试验区的浙江实践（III）

易传剑 徐玮蔚 ｜ 主编

中国社会出版社

国家一级出版社·全国百佳图书出版单位

图书在版编目（CIP）数据

自由贸易试验区的浙江实践. Ⅲ / 易传剑等主编
. -- 北京：中国社会出版社，2021.5
　ISBN 978 - 7 - 5087 - 6526 - 6

　Ⅰ. ①自… Ⅱ. ①易… Ⅲ. ①自由贸易区—经济建设
—浙江 Ⅳ. ①F752. 855

　中国版本图书馆 CIP 数据核字（2021）第 060969 号

书　　名：自由贸易试验区的浙江实践（Ⅲ）
主　　编：易传剑　徐玮蔚

出 版 人：浦善新
终 审 人：尤永弘
责任编辑：陈贵红

出版发行：中国社会出版社　　　　　邮政编码：100032
通联方式：北京市西城区二龙路甲 33 号
电　　话：编辑部：（010）58124828
　　　　　邮购部：（010）58124848
　　　　　销售部：（010）58124845
　　　　　传　真：（010）58124856
网　　址：shcbs. mca. gov. cn
经　　销：各地新华书店

中国社会出版社天猫旗舰店

印刷装订：三河市华东印刷有限公司
开　　本：170mm×240mm　1/16
印　　张：24
字　　数：430 千字
版　　次：2022 年 1 月第 1 版
印　　次：2022 年 1 月第 1 次印刷
定　　价：95. 00 元

中国社会出版社微信公众号

目 录
CONTENTS

第一篇

海事服务基地建设

第一章

舟山外轮供应产业发展路径研究①

中国港口航运业在世界港口航运业中占有重要的地位，已是名副其实的港口大国和航运大国。如何抓住机遇迎接挑战、更好地服务于中国经济社会发展大局是中国港口和航运界当前及今后的重要责任。自舟山江海联运服务中心获批以来，舟山港成为对接"一带一路"和长江经济带重大国家战略的东部沿海交会点。外轮供应服务是舟山港口整体服务格局中的重要组成部分。

根据《中国（浙江）自由贸易试验区总体方案》中关于建设国际海事服务基地的相关制度创新要求，"加快拓展国际船舶管理服务，积极培育壮大外轮供应企业，丰富外轮供应品种，为进入自贸试验区的船舶提供生活用品、备品备件、物料、工程服务和代理服务等服务"，浙江自贸试验区将自身定位为以油品全产业链为核心内容，打造国际大宗商品贸易自由化先导区和具有国际影响力的资源配置基地。浙江自贸试验区正努力打造"一中心三基地一示范区"，积极培育壮大外轮供应企业，丰富外轮供应品种，力争早日将舟山建设成为东北亚保税燃料油加注中心和世界一流的国际海事服务基地。

《舟山国际海事服务基地建设实施方案》提出"立足舟山现有资源优势和海洋产业基础，以服务船舶、服务江海为主要内容，以保税燃油供应为核心，拓展外轮供应服务、仓储物流服务、特色航运交易、船舶及配套设备融资租赁和海事衍生服务，成为具有国际竞争力和影响力的海事服务区，在保税燃油供应、船舶融资租赁、船舶保税交易等方面走在全国前列"，并对保税燃油供应、外轮供应、船舶交易等主要三项内容提出明确目标。

据统计，2017年进出舟山港域的国际船舶9847艘次。随着油品全产业链建设不断推进，舟山口岸环境不断优化，舟山外轮供应行业发展潜力很大，市场空间将更为广阔。国际航行船舶希望在舟山港得到全面的、优质的船供服务，

---

① 课题负责人：易传剑。

不单单是保税油供应服务，还包括物料、食品、淡水、船舶备件、船舶维修、船员轮换等一系列配套服务。外轮供应的业务特性与日常船用品、船员生活必需品相关，其服务水平的高低最直观地反映出一个港口的综合服务能力，做大做优外轮供应行业，实现外供服务能级大幅提升，对舟山港发展极为重要。

舟山发展外轮供应产业有非常大的市场需求，外轮供应产业也已具有一定的产业规模。但产业发展水平急需提升，如何与保税燃油供应产业协同发展，给到港国际航行船舶提供全方位的优质服务，满足船舶海上航行的需求，从而使更多的船舶挂靠舟山港，促进舟山国际海事服务基地建设是本课题研究的主要内容。

第一节　外轮供应的基本含义、业务构成、监管要求

一、基本含义

（一）外轮供应的含义厘清

外轮供应也称为国际航行船舶供应，指的是船舶供应企业根据船舶所有人、光船承租人、定期承租人、船舶管理公司、船舶代理人等的指令，为进出我国口岸的外国籍船舶和航行国际航线的中国籍船舶供应伙食、物资物料、配件备件、船用油、免税商品、航次修理服务、废油污水及压载水回收等，以维持船舶存在与营运之所需的服务行为。外轮供应多发生在供应方所在国领土上的、具有涉外性的船舶上，因此也称港口供应。

外轮供应是航运服务的重要组成部分（见图1-1：新华·波罗的海国际航运中心发展指数）。船舶港口服务列为港口经营业务七大类中的一类，指港口经营人为船舶提供岸电、燃物料、生活品供应、船员接送及船舶污染物（含油污水、残油、洗船水、生活污水及垃圾）接收、围油栏供应服务等船舶港口服务。船舶港口服务的经营业务范围界定为：为船舶提供岸电、淡水供应、船员接送、国际、国内航行船舶物料、生活品供应、国内航行船舶油料供应、船舶污染物接收、围油栏供应、国际航行船舶油料（含保税油）供应。

（二）外轮供应的分类和特点

外轮供应市场也可按照物品属性分为食品供应市场、油漆供应品市场、物料供应市场、燃油供应市场等。外轮供应企业包括两类，一类企业是在直接与

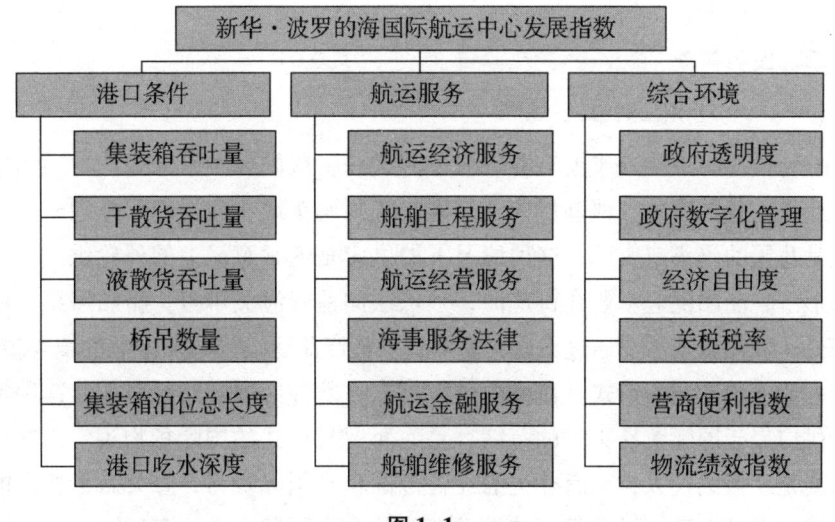

图 1-1

资料来源：中国经济信息社、波罗的海交易所。

船方建立的供应合同关系处于卖方地位的企业，这类企业既向船方提供物品，又向船方提供物流服务，包括海关手续等所有出口相关手续办理服务。在实践中，通常采用工厂提货的贸易术语与船方订立供应合同，然后船方直接委托该类企业安排后续的物流供应环节，包括海关手续等所有手续办理。手续齐备后，将货物送到船方指定的船舶上。另一类企业是提供专业的物流供应服务企业，包含提供海关手续等所有出口相关手续办理在内，是国际航行船舶综合物流供应企业，也称为第三方物流服务企业。通常是国际货物运输代理有限公司或者物流公司，也统称第三方物流供应企业，它们接受船方或者供应方的委托，负责办理相应的出口手续和物流安排。

根据服务内容的不同，外轮供应企业又可以分为提供伙食供应的供应企业、提供船用油品供应的供应企业、提供船舶备件或者垫舱物料等供应的企业、主营船舶航修服务的企业、提供废油污水等接受服务的供应企业。

外轮供应行业的客户是船舶所有人、经营人和管理人。外供市场分为散货轮、集装箱轮、邮轮、滚装船、液化气、油轮等。各种船舶对于外供服务的要求、特点有较大区别。比如集装箱船舶靠岸时间短，往往只有几个小时，因此要求外供企业反应迅速，从接到订单在短时间能按时保质地完成任务。而大型油轮一般停靠比较偏远的地方，或者直接抛锚不靠岸，这就要求外供企业要有专业的小型驳船进行送货，对外供企业的硬件要求较高。

二、业务构成

（一）外轮供应的业务流程

外轮供应的主要方式包括港口服务方式和一般国际贸易方式。当国际航行的船舶进入我国海关管辖领域内，停靠在我国码头或在我国船厂修理时，供应地点是我国的码头或船厂，这种情况下的供应是通常意义上的外轮供应。在这种情形下，船舶供应企业在供应时，须依法向监管海关申报。船舶停靠在所在国境外，外供企业需要通过出口贸易形式，将产品运输到船舶停靠的境外港口，属于一般的国际贸易形式。在境内供应停靠在境外的国际航行船舶，这种情况下的供应属于国际贸易买卖的范畴，是一般贸易形式的国际货物买卖。外供企业只要是一般纳税人，工商登记的经营范围包含国际贸易，海关做了相应的备案登记，在外汇管理局申领了核销单等，符合国际贸易企业资质，就可以开展国际贸易业务。在为停靠在境外的国际航行船舶提供供应服务时，企业就可以通过一般贸易出口的形式，将船方采购的货物出口到船方指定的船舶停靠港口或者船厂所住地。船用物品供应与普通货物贸易出口在海关税收方面有所不同。

外轮供应的服务对象就是船舶，最直接的交易者也就是船公司或船舶管理公司。外轮供应企业还需要与海关、港务局、边防、商检、工商、税务等政府部门进行接触。由于物料、物资供应的特殊性，尤其是为国际船舶提供服务时，涉及物料出口、核销、退税等问题。在具体供应操作中，本着"港口把门、海关管物、边防管人"的原则开展业务。外供企业具有供应商、采购商、代理人等多种角色。在一般的物料供应中，船舶供应公司作为直接交易的一方与船东打交道，经营方式是以低价从生产者手中购买物料，再以相对高的价格提供给船方，其收入主要是二者的差价。在船舶专用物料的供应业务中（如船舶涂料或船用化学品），外轮供应公司是作为厂商的代理，提供仓储、报关、供船等服务，从中赚取佣金，由生产厂商与船方联系供需合同、回收货款。

目前，舟山外供企业通过中国（浙江）国际贸易单一窗口（浙江电子口岸）向海关进行申报，提交《海关运输工具起卸/添加物料申报单》一式三份，两份交由海关（先上交一份盖有添加/起卸料单位签章的物料申报单，再待船方确认后上交一份盖有添加/起卸料单位签章和运输工具方确认栏签章的物料申报单），一份交外供企业留底，并提交添加、起卸物料明细单以及合同、发票等相关单证。外供企业食品饮用水供应通过舟山江海联运公共信息平台向卫检（舟山出入境检验检疫局）进行申报。舟山外轮供应具体的业务流程如下所示：

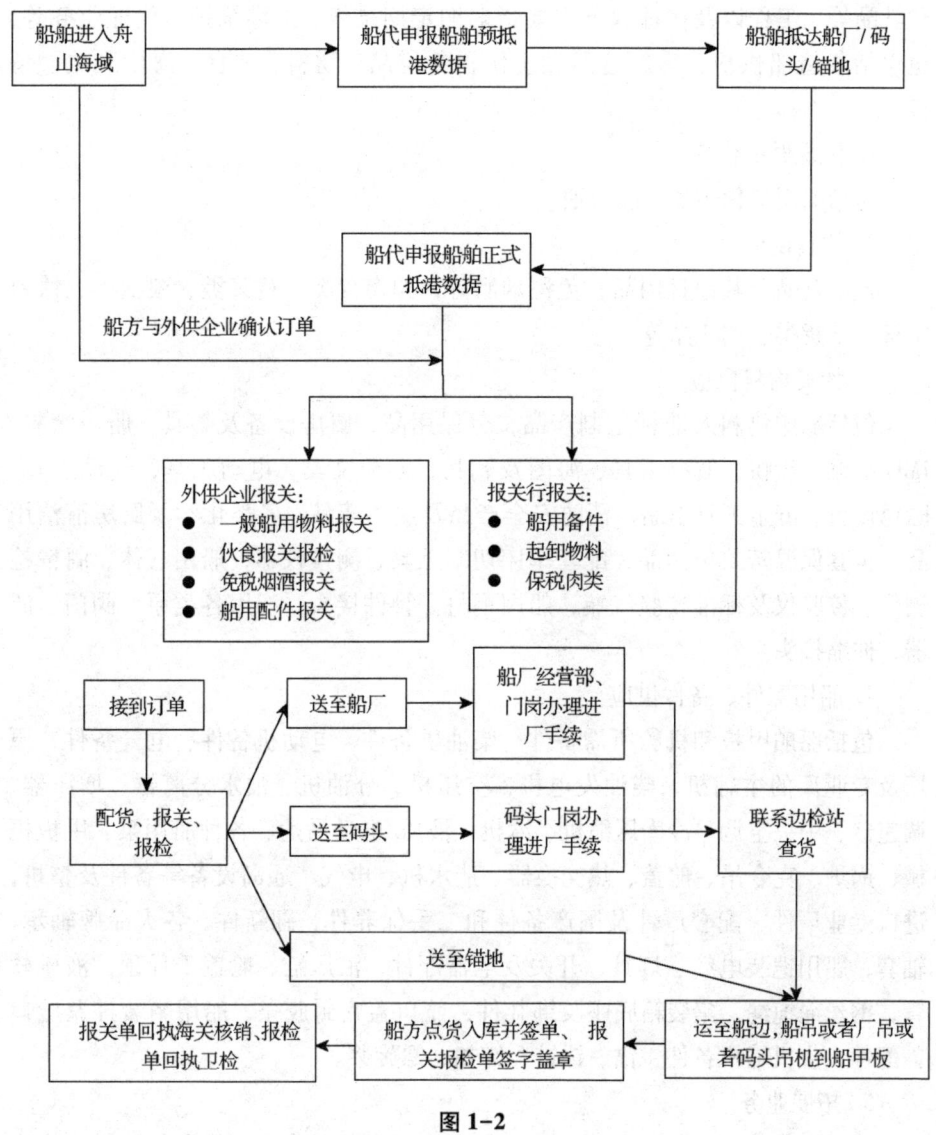

图 1-2

（二）外轮供应的业务种类

外轮供应主要为到港外籍船舶供应和服务，主要业务种类可以分为船用燃油供应、伙食生活用品供应、配件备件供应、物资物料供应、工程服务、代理服务等。其中生活用品供应主要是指食品和其他生活物资，其中食品所占比重最大，大部分外供企业都比较重视这项业务。配件备件供应主要指提供满足船舶运行维修用的零部件以及设备。物资物料供应主要包括燃油、滑油、油漆、化学品等。工程以及代理服务主要指船舶定期维修、到港维护、代理业务等，也包括新造船供应，为新造船供应伙食免税品、物料、伙食、海图刊物、备件等。

1. 保税燃油供应

包括船用保税燃油、润滑油。

2. 伙食供应

包括食品及其他日用品、免税烟酒等，如肉食类、蔬菜类、粮油类、饮料生鲜、干货类、调味品等。

3. 物资物料供应

包括船舶物料及非标定制产品，劳保用品，厨房设备及餐具，船用涂料，IMO图贴、旗帜，航海工具、海图及刊物，办公文具，电动工具，气动工具，除锈设备、五金工具制品，消防安全产品及船用药品，各类化学及厨房清洁用品，全套保温密封类制品，配套车床切割工具、测量仪器，船用气体、酒精检测仪、校验仪及标准校验气瓶，船用钢材、管件接头，船用各类泵、阀门、滤器、伸缩接头。

4. 船用配件、备件供应

包括船舶甲板和机舱所需备件、柴油机备件、电动机备件、电气备件。原厂及专业厂的主辅机、柴油发电机、空压机、分油机、油水分离器、增压器、调速器、中央空调、冷库压缩机、冰机、液压/电动马达、各种船用泵、甲板机械、锅炉、克令吊、舱盖、热交换器、造水机、电气、通岛设备等备件及整机，进口专业厂件、配套厂件及国产备件和二手保养件、翻新件。各大品牌轴承、轴套，船用铠装电缆、灯具、开关及电器配件，液压缸、舱盖千斤顶，液压软管，钢丝绳缆绳、集装箱底座及绑扎件，舱口盖密封胶条，船用舾装件及舱口盖配件，主机辅机备件、锚、锚链、卸扣、螺旋桨。

5. 拓展业务

船舶设备修理、船舶油漆、扫舱服务、到岗业务代理、代办签证等。为中外远洋船舶提供技术服务，安全设备检验、维修、海事咨询，液压工程服务，船舶航修，水底探摸清理修理，温度压力校验检测，船舶无人驾驶报警系统安装、自动化、通导系统检修，船厂代理及船舶货物海事咨询服务。

三、监管要求

国务院办公厅2009年57号《关于完善国际航行船舶港口供应市场管理工作的通知》明确了放开国际航行船舶港口供应市场，规定"今后凡按照相关规定取得相应资质的企业，均可从事国际航行船舶港口供应业务"。依据《中华人民共和国海关法》《中华人民共和国国境卫生检疫法》《中华人民共和国港口法》《中华人民共和国海上交通安全法》《中华人民共和国海洋环境保护法》《中华人民共和国出入境管理法》《中华人民共和国进出口关税条例》《港口经营管理规定》以及外轮供应市场管理相关办法等法律法规规章的规定，主要的监管包括以下要求。

（一）海关进出境运输工具管理

根据2018年5月29日海关总署第240号令《海关总署关于修改部分规章的决定》对《海关进出境运输工具监管办法》进行了修订。对监管场所要求，第四条规定："除经国务院或者国务院授权的机关批准外，进出境运输工具应当通过设立海关的地点进境或者出境，在海关监管场所停靠、装卸货物、物品和上下人员。由于不可抗力原因，进出境运输工具被迫在未设立海关的地点或者在非海关监管场所停靠、降落或者抛掷、起卸货物、物品以及上下人员的，进出境运输工具负责人应当立即报告附近海关。附近海关应当对运输工具及其所载的货物、物品实施监管。"实行备案管理，第八条规定："进出境运输工具、进出境运输工具负责人和进出境运输工具服务企业应当在经营业务所在地的直属海关或者经直属海关授权的隶属海关备案。"物料管理，第二十九条规定："经运输工具负责人申请，海关核准后，进出境运输工具可以添加、起卸、调拨下列物料：1. 保障进出境运输工具行驶、航行的轻油、重油等燃料；2. 供应进出境运输工具工作人员和旅客的日常生活用品、食品；3. 保障进出境运输工具及所载货物运输安全的备件、垫舱物料和加固、苫盖用的绳索、篷布、苫网等；4. 海关核准的其他物品。"第三十二条规定："进出境运输工具添加、起卸、调拨物料的，应当接受海关监管。"第三十条规定："运输工具需要添加、起卸物料的，物料添加单位或者接受物料起卸单位应当向海关申报，并提交以下单证：1.《中华人民共和国海关运输工具起卸/添加物料申报单》；2. 添加、起卸物料明细单以及合同、发票等相关单证；境外运输工具在我国境内添加、起卸物料的，应当列入海关统计。"第三十三条规定："进出境运输工具添加、起卸、调拨的物料，运输工具负责人免予提交许可证件，海关予以免税放行添加、起卸国家限制进出境或者涉及国计民生的物料超出自用合理数量范围的，应当按照进出口货物的有关规定办理海关手续。"

其中运输工具服务企业是指为进出境运输工具提供本办法第二十九条规定的物料或者接受运输工具包括工作人员及所载旅客消耗产生的废、旧物品的企业。船舶供应企业应到所在地海关备案，并接受监管。

（二）港口经营资质管理

《中华人民共和国港口法》第二十二条规定："从事港口经营，应当向港口行政管理部门书面申请取得港口经营许可，并依法办理工商登记。""港口经营包括码头和其他港口设施的经营，港口旅客运输服务经营，在港区内从事货物的装卸、驳运、仓储的经营和港口拖轮经营等。"第二十三条规定："取得港口经营许可应当有固定的经营场所，有与经营业务相适应的设施、设备、专业技术人员和管理人员，并应当具备法律、法规规定的其他条件。"交通运输部《港口经营管理规定》具体明确了港口服务的内容和须具备的条件，以及申请行政许可的程序。第三条规定："（一）港口经营，是指港口经营人在港口区域内为船舶、旅客和货物提供港口设施或者服务的活动，主要包括下列各项：1. 为船舶提供码头、过驳锚地、浮筒等设施；2. 为旅客提供候船和上下船舶设施和服务；3. 从事货物装卸（含过驳）、仓储、港区内驳运；4. 为船舶进出港、靠离码头、移泊提供顶推、拖带等服务；5. 为委托人提供货物交接过程中的点数和检查货物表面状况的理货服务。"第二十条规定："为船舶提供岸电、燃物料、生活品供应、水上船员接送及船舶污染物（含油污水、残油、洗舱水、生活污水及垃圾）接收、围油栏供应服务等船舶港口服务的单位，以及港口设施设备和机械租赁维修业务的单位，应当向港口行政管理部门办理备案手续。港口行政管理部门应当建立备案情况档案和经营者诚信管理制度，并及时向社会公布情况。从事船舶港口服务、港口设施设备和机械租赁维修的经营者名称、固定经营场所、法定代表人、经营范围等事项发生变更或者终止经营的，应当在变更或者终止经营之日起 15 个工作日内办理变更备案。"从事外轮供应应当向港口行政管理部门办理备案手续。

（三）食品生产流通许可管理

《中华人民共和国食品安全法》《食品流通许可证管理办法》规定国家对食品生产经营实行许可制度，从事食品生产、流通应依法取得食品生产许可证和食品流通许可证。国家质量监督检验检疫总局《出入境口岸食品卫生监督管理规定》规定检验检疫机构对食品生产经营单位实行卫生许可管理，对在出入境口岸内以及出入境交通工具上的食品、饮用水从业人员实行健康许可管理。食品生产经营单位从事口岸食品生产经营活动前，应当向其所在地检验检疫机构申请办理国境口岸食品生产经营单位卫生许可证。从事外轮食品及饮用水供应的应当办理国境口岸卫生许可证。

（四）成品油经营许可管理

商务部《成品油市场管理办法》第三条规定："国家对成品油经营实行许可制度。"保税油供应是国家按照国际通行惯例为国际航行的船舶提供免税油品供应。保税油经营企业可直接从国际进口燃油，不占国内燃油进口配额，免征进口环节的关税、消费税、增值税。根据《中国（浙江）自由贸易试验区国际航行船舶保税油经营管理暂行办法》第六条规定，船用保税燃油经营资质审批权下放给舟山市人民政府。这是国务院首次将区内国际航行船舶保税加油许可权下放至舟山市人民政府。从事外轮保税燃油供应的应当向舟山市人民政府申请国际航行船舶保税加油许可。

（五）船舶港区水域作业管理

《中华人民共和国海洋环境保护法》第六十二条规定在中华人民共和国管辖海域，任何船舶及相关作业不得违反本法规定向海洋排放污染物、废弃物和压载水、船舶垃圾及其他有害物质。从事船舶污染物、废弃物、船舶垃圾接收、船舶清舱、洗舱作业活动的，必须具备相应的接收处理能力。第七十条规定船舶及有关作业活动应当遵守有关法律法规和标准，采取有效措施，防止造成海洋环境污染。海事行政主管部门等有关部门应当加强对船舶及有关作业活动的监督管理。船舶进行散装液体污染危害性货物的过驳作业，应当事先按照有关规定报经海事行政主管部门批准。《船舶及其有关作业活动污染海洋环境防治管理规定》第十五条规定船舶污染物接收单位进行船舶垃圾、残油、含油污水、含有毒有害物质污水等污染物接收作业，应当在作业前将作业时间、作业地点、作业单位、作业船舶、污染物种类和数量以及拟处置的方式及去向等情况向海事管理机构报告。接收处理情况发生变更的，应当及时补报。第三十七条规定从事船舶油料供受作业的单位应当向海事管理机构备案，并提交工商营业执照等相关材料。《防治船舶污染海洋环境管理条例》第十七条规定："船舶污染物接收单位从事船舶垃圾、残油、含油污水、含有毒有害物质污水接收作业，应当编制作业方案，遵守相关操作规程，并采取必要的防污染措施。船舶污染物接收单位应当将船舶污染物接收情况按照规定向海事管理机构报告。"第二十七条规定："依法获得船舶油料供受作业资质的单位，应当向海事管理机构备案。海事管理机构应当对船舶油料供受作业进行监督检查，发现不符合安全和防治污染要求的，应当予以制止。"上述规定表明从事相应的外轮供应作业需要符合法律法规要求，不得污染海域环境。

（六）人员上下外轮管理

当供应对象是外国籍的国际航行船舶，在船舶停靠我国码头或船厂时，船舶的供应需要现场交接，外供企业则需要派代表登轮。《中华人民共和国出境入境边防检查条例》第十二条规定："上下外国船舶的人员，必须向边防检查人员交验出境、入境证件或者其他规定的证件，经许可后，方可上船、下船。"第二十条规定："中国船舶需要搭靠外国船舶的，应当由船长或者其代理人向边防检查站申请办理搭靠手续。未办理手续的，不得擅自搭靠。"《登外轮人员审批和管理办法》《登外轮工作人员守则》规定因业务需要登外轮的人员应向港口所在地的边防检查站申请办理登轮证。边防检查机关签发的登轮许可类证件主要有登轮许可证和搭靠外轮许可证。分为长期和临时两大类，长期最长为二年。长期登轮证办理需要办理者必须提供与本地外供企业所签劳动合同、当地社保须缴满一年等。

（七）特许经营管理许可

外供服务企业还需根据其经营范围向海关、出入境检验检疫、安监、海事及环保等部门申请并取得相应的资质证书，包括海关免税品业务许可证、卫生许可证、船舶残油接收证明、危险品经营许可证、危险废物经营许可证、危险化学品经营许可证等相关证照。

第二节　外轮供应的国际惯例、国内发展及形势分析

一、国际惯例

（一）国际船舶供应服务商协会（ISSA）

1. ISSA 的基本情况

国际船舶供应服务商协会（International Shipsuppliers & Services Association，ISSA）是一个由各个国家的船舶供应商服务商协会组成的国际协会。1955 年由比利时、芬兰、德国和荷兰的船舶供应商协会在哥本哈根成立了 ISSA。协会在荷兰海牙注册，日常办事机构是秘书处，设在伦敦。

ISSA 会员有两类：一类是完全会员，在有国家协会的国家/地区里的供船商要加入 ISSA，企业向所在国家的国家协会申请，由国家协会审核后报 ISSA 批准，ISSA 不受理企业直接的申请。目前有 44 个国家协会，所属会员企业计

1800 多个。另一类是准会员，在没有国家协会的国家/地区，供船商可以直接申请加入 ISSA，经 ISSA 审核后成为"准会员"。现有 52 个国家/地区的 550 多个准会员。

ISSA 的目标：①增加全球船舶供应商的经济效益。②促进船舶供应商组织间的联系、交流。③建立与船东组织间的国际化联系。④更好地理解、应用有关船用物资的国际法规。

2. ISSA 的运作机制

ISSA 制定有贸易条例。ISSA 制定了有关供船业务中供应商与船方的权利和义务的条例。该条例在荷兰海牙注册法庭备案。此后更新修订过几次，最新版本是 2015 年版。这个贸易条例是供船贸易的指南，可以作为买卖双方贸易合同的蓝本。船舶物料供应规则明确了船舶供应商与船东的权利义务。其内容主要包括定义、总则、订单和送货，价格、质量和包装，投诉，付款，不可抗力，法律适用和管辖。其中法律适用和管辖条款中针对法院管辖，规定了船舶供应商所在地法院优先管辖。船舶供应商有选择提交采购方所在地或者涉案船舶被扣押地法院管辖。

ISSA 制定有行业规范。ISSA 制定了船舶供应行业的道德规范，倡导公平竞争的环境，也成为从事相关商业活动的标准。推出了会员质量标准，为会员企业提供了加强企业管理、提高企业自身服务质量的指南，有助于会员企业不断提升，增强竞争力。规范认定 9 种行为是不道德的，应予禁止，主要表现为："虚假陈述、产品替代（用一个产品替代另一个，而这种替代可能欺骗或误导买方）、误导性价格表、欺骗性发票/单证、对不同的买方有歧视、非法操纵价格、低于成本或以极低的价格销售、引诱竞争对手的雇员、诽谤竞争对手或贬低其产品。"

ISSA 标准

本守则已被国际船舶供应商协会成员采纳，作为商业行为的标准，不仅提供公平竞争，也将成为良好商业惯例的标准。旨在强调指导其会员的高标准商业道德，并且向航运业进一步证明 ISSA 成员是声誉卓著的公司。

规则 1——虚假陈述

通过广告、标签或其他方式欺骗或误导购买者在任何产品的性质、数量尺寸、重量等方面通过广告、标签或其他方式欺骗、误导购买者是不道德的。

规则 2——产品替代

将一种产品替换为另一种产品是不道德的，因为这种替代可能会欺骗或误导购买者。

规则3——误导性价格表

公布可能欺骗或误导购买者的价格表是不道德的。

规则4——欺骗性发票等

签发可能欺骗或误导购买者、竞争对手或公众成员的发票或类似文件是不道德的。

规则5——禁止歧视

给予任何信贷、折扣、退款或其他价格差异是不道德的，因为如果它违反了现有的贸易惯例，不仅会在类似商品的购买者之间造成不公平的歧视，而且会给他们中的一个人带来垄断或不公平的优势。

规则6——禁止的贸易限制形式——非法价格固定等

与其他成员达成协议或密谋以修复或维持商品价格或以其他方式限制贸易是不道德的。

规则7——低于成本或极低价格的不合理销售

以低于成本或极低价格出售或提供产品是不道德的，其目的是减少竞争，损害竞争对手或创造垄断。

规则8——吸引竞争对手的雇员

如果本规则不能阻止员工去寻求更有利的工作，那么诱使竞争对手的员工或销售代表为自己的雇员，以减少竞争意图是不道德的。

规则9——诽谤竞争对手或虚假诋毁其产品

以虚假的方式贬低竞争对手，低估效率，可疑的信誉或其他不当行为是不道德的。

1977年9月

ISSA质量管理标准。为了提高会员的质量，推进标准化管理，在ISO质量管理标准和ISPS CODE（《国际船舶和港口设施保安规则》）的基础上制订了ISSA质量标准。舟山有舟山市外轮供应有限公司、舟山市定海区辽远船舶工程服务有限公司通过ISSA认证。

ISSA出版物。国际船舶供应服务商协会提供的服务项目有外轮保税油、保税物料、船舶备品和伙食供应等。在协会出版物方面，ISSA发行了《船舶供应商》（*The Ship Suppliers*），杂志发布有关船舶供应的重大新闻和法规等。ISSA编发了ISSA船用物料目录和ISSA规模与保税商品目录，是七位编码的工具书。

供应企业在与船方进行交易时，需要根据这些参考书来查询船方所下订单的内容，以更好更迅捷地备货和报价。

ISSA 提供了一个平台，在此成员们可以交换他们从事业务所需的信息，它还是一个与船舶组织及官方机构进行协商的组织。ISSA 是联合国贸发大会、国际海事组织的非政府组织观察员，参加这些组织讨论相关议题的会议，代表全球供船商提供意见。同时与其他组织，如世界海关协会、船舶经理人协会、国际海事采购商协会 IMPA 以及海事服务商，保持着良好的工作关系。

（二）国际海事采购协会（IMPA）

1. IMPA 的基本情况

IMPA 是有一个富有海事采购经验的团队，成立于 1978 年，目标是增加采购方和供应方的理解和提高相关业务知识水平，科学地建立海事采购方面的规范。IMPA 在全世界拥有广泛的会员基础，包括一流的船东、船舶管理公司、海事产品制造厂商以及供应商。目前已有来自世界各地的 850 多名会员。该协会由 8 个人组成理事会管理，其中 5 人来自采购专业，3 人来自供应方，理事会负责指导秘书处的职责并制定协会的战略。

2. IMPA 的运作机制

IMPA ACT。IMPA ACT 是国际航运和海事行业负责任的供应链管理（RSCM）和企业社会责任（CSR）平台，旨在帮助船东、运营商和供应商展现对这些重要业务战略的承诺。IMPA 认为这对航运业的未来至关重要。

培训发展。随着新产品、服务、战略和法规的不断推出，全球海洋产业正在不断变化。海事采购和供应专业人员必须保持领先地位，确保他们与同事和行业同事保持竞争优势。IMPA 将为成员提供各类培训和制订个人发展计划，与 Warsash Maritime Academy 和 Lloyd's Register 等公认的行业机构合作，可以真正协助海运采购和供应专业人员的日常工作生活。

海事展览。IMPA 认识到多元化和繁荣网络的重要性。没有哪个行业比海运供应链更全球化。为了确保会员能接触到能够推动业务开展的资源，IMPA 每年在英国伦敦和新加坡举办年度展览。通过我们广泛的买家和供应商网络，为会员提供广阔的资源。

图书出版。IMPA 建立了丰富的图书资料库供全球会员查阅资料。《海洋贸易商》杂志是 IMPA 的官方出版物，主要面向全球领先的船东和管理公司以及海运供应商及 IMPA 所有成员和其他海事出版物的采购人员发行。每年出版 8 次，海事交易员都会收到行业新闻、观点、评论和购买策略文章，确保每个问题对贸易商都会有价值。《船用物料手册》（Marine Stores Guide，MSG）被全球100多家航运公司使用，避免了购买过程中的麻烦，并节省了时间和金钱。它包含34个类别的42000种产品，可以在需要时找到所需的产品，并将其送到需要的地方。语言也不是障碍，因为产品通过六位数的通用代码来识别。国际海事采购协会编发了《船用物料手册》（IMPA Marine Stores Guide）六位编码，该书包括中、英、日、西班牙四种语言，涵盖了船舶物料规格、代码、图片等相关内容，是船舶物资供应必备图书。每种物料拥有唯一的编码，是世界上最广为使用的船用物料备件参考书。

表1-1　IMPA MARINE STORES GUIDE（FOURTH EDITION）

11 – Welfare Items	船员后勤、娱乐用品
15 – Cloth & Linen Products	亚麻布类
17 – Tableware & Galley Utensils	厨房用品
19 – Clothing	衣类
21 – Rope & Hawsers	绳子和钢缆
23 – Rigging Equipment & General Deck Items	装配、索具类、甲板消耗品
25 – Marine Paint	船舶油漆
27 – Painting Equipment	涂装用器具类
31 – Safety Protective Gear	安全防护用品
33 – Safety Equipment	救生救难用具、消火器类
35 – Hose & Couplings	管件、连接器
37 – Nautical Equipment	航海器具类
39 – Medicine	卫生、医药品类
45 – Petroleum Products	石油制品类
47 – Stationery	文具类
49 – Hardware	五金制品类
51 – Brushes & Mats	刷子、垫子类
53 – Lavatory Equipment	洗手间用具
55 – Cleaning Material & Chemicals	洗涤、化学制品类
59 – Pneumatics & Electrical Tools	风动、电动工具
61 – Hand Tools	一般作业工具类

63 - Cutting Tools	切削工具
65 - Measuring Tools	测量工具
67 - Metal Sheets，Bars，etc…	金属板、钢筋类
69 - Screws & Nuts	螺钉、螺帽类
71 - Pipes & Tubes	管类
73 - Pipe & Tube Fittings	管接头类
75 - Valves & Cocks	阀、旋塞类
77 - Bearings	轴承类
79 - Electrical Equipment	电器设备
81 - Packing & Jointing	接口密封用品
85 - Welding Equipment	焊接设备
87 - Machinery Equipment（Blank）	机器设备（空白）

3. 新加坡外轮供应

2017 年《新华·波罗的海国际航运中心发展指数报告》显示，新加坡国际航运中心以总分 96.49 分位居全球第一，比排名第二的伦敦国际航运中心高出 10 分以上。新加坡主要的航运服务业为船舶加油业务、船舶登记业务、船舶修造业务、船舶经纪业务、船舶融资业务、航运保险业务、海事法律与仲裁业务。其中国际航行船舶供应业务主要包括海工物资供应、伙食供应、出口服务、代理服务、物流服务、航修服务等，能够满足国际航行船舶所有供应和服务需求。新加坡设计船舶供应的市场主体齐全，根据 ShipServ 的统计数据显示，新加坡大概有 5000 多家船舶外供相关企业，包括 3M、ABB、Yanmar 等近百个国际知名品牌，供应商也可以参与船舶供应业务，并提供安装、维修等服务。船舶供应企业 300 多家，均属于中小型企业，大多有代理资质。规模稍大的企业有 SINWA、AMOS、FUJI、CAESAR、RMS 等，年供应货值在 1 亿~4 亿元人民币。服务船舶类型主要包括 LNG/GAS、油轮、散货船、邮轮、集装箱船、海工船。市场年销售规模大概在 20 亿美元左右。新加坡还有驳船公司 50~60 家，驳船 300 艘左右。驳船分为普通驳船和专用驳船，其中普通驳船一般可装载 600 吨货物，可以同时驳运物料、食品等；淡水、油料需要分别通过专用供水船、供油船驳运。

新加坡还于 1981 年成立了船舶供应商协会（SASS），成员分为普通会员、准会员、名誉会员三类，现共有会员 500 多家，成员包括船舶供应企业、供应商、

表 1-2

	分类	企业数量
船用备件、配件品牌类型	3M	45
	ABB	42
	Yanmar	33
	Alfa Laval	32
	三菱	27
	Cummins	22
	惠普	21
	摩托罗拉	19
	西门子	17
	Daikin, Danfoss, Akasaka, Parker	16*
	Bosch, Carrier, Daihatsu, JRC	15*
	Sabroe	14
	Riken Keiki, 现代, Ingersoll Rand, Shinko	13*
	BW 技术, Honeywell, 川崎, Parker Hannifin	12*
	Bitzer, Crosby, 古野, Loctite, Schneider, Atlas Copco, MAN B&W	11*
	Fluke, Hanla, 联想, Hamworthy, IHI 起重机, Schneider Electric, Aqua Signal, Sulzer, 田中	10*
	佳能, 卡特彼勒, 日立, 中田熙子, SAILOR, Stanley	9*
	壳牌, STX, IBM, MAN, GMI, 埃克森美孚, 麦格雷戈, 马克, Man Diesel, 松下, Panasonic, Bauer Kompressoren, ji, 沃尔沃必达	8*
	海图 & 海事出版物, Fleetguard, Simead, 唐纳森, Toka Seiki, 哈勃, Icom, Keystone, Swagelok, Yokogawa, Amwlek, 三井, 楠谷, Ace Valves, Nitto Kohki, 力士乐, 西卡, Taiko Kikai, Volcano, 瓦锡拉, Westfalia, 威卡, 约克	7*
	Bright Star, Castrol/BP, 奥尔堡, 凯雷, Iridium, Wilson Walton, 国际海事卫星, Vertex, Raychem, DSR, 阪神, B&W	6*

续表

协会组织	国际船舶供应服务商协会（ISSA）	36
	国际海事采购协会（IMPA）	21
	独立分销商（IDA）	6
	Achilles，国际防腐学会（NACE）	2 * *
	美国游艇委员会，荷兰海事技术（NMT），MHA，国立军事研究院（NME），FTAL，国际钻井承包商协会，新加坡-劳氏，SCM Class	1 * *
权威认证	ISO 9001	101
	ISO 9001：2008	41
	DNV 认证	40
	劳合社认证	33
	CHSAS 18001/2007	31
	ABS 认证	28
	ISO 14001	24
	GL 认证	17
	NK 认证，韩国船级社（KR）	13 * * *
	WSH 理事会（工作场所安全及健康局）	11
	皇家造船工程师学会（RINA）	8
	国际船商协会质量认证	6
	ISO 9002	5
	MISC 供应商注册	4
	美国国税局，中国船级社（CCS）	3 * * *
	ISO 17025	2
	NSF 国际认证，ISO 13485，RS，TUV 奥地利认证，ISO 22000：2005，EMAS，日本海事协会	1 * * *

注：表中"n*"表示这些品牌的船舶外供企业在新加坡各有 n 家，"n**"表示每家协会各有 n 家新加坡的船舶外供企业加入，"n***"表示各有 n 家新加坡船舶外供企业得到这些权威机构认证。

船厂、集装箱码头公司、驳船公司、船东等。新加坡的船舶外供企业很多成为国际船商协会、国际海事采购协会、独立分销商协会等国际著名协会的成员单位，供应的船舶用品获得 ISO 9001、DNV、劳合社等国际权威标准机构的认证。

新加坡对船舶供应行业市场准入条件设置非常宽松，除油品、烟酒等须特许经营外，一般船舶供应企业注册非常简便，只需到会计和公司管理局（ACRA）登记注册即可。若需争取税收优惠政策，还须提交商业计划书。新加坡政府部门给企业设置运营规则，对企业日常监管非常宽松，很少开展企业检查、业务抽查等。如果企业违规，相应的处罚会非常重，企业一般很难再在新加坡市场立足，企业违规成本很高。船舶供应行业涉及税种税率优惠。同时，新加坡对包括船舶服务企业在内的中小型企业扶持力度很大，在人力、科技方面出台优惠政策。

新加坡船舶供应企业的业务模式完整。船舶供应企业注册完成后即可开展船供业务，设立仓库须向国家环境局（NEA）申请；聘用员工须向人力部（MOM）报备。船舶供应业务主要来自船东公司、船舶管理公司、船舶代理，或者通过新加坡船舶供应商协会（SASS），船舶供应企业直接与航运企业开展合作。船舶供应企业非常注重产品质量和安全，有严格的供应商管理制度。由于新加坡经济以转口贸易为主，货物多通过进口，先进入保税仓，委托清关公司办理清关手续，然后报关供应上船。蔬菜、水果等伙食则多通过当地市场采购。部分企业还开发自主品牌的商品，如 AMOS 旗下的 ALCONA 品牌，性价比非常高。船舶供应企业都配有仓储物流中心，作为供应和服务解决方案的一站式商店。规模较大的企业配有 5000 平方米以上的标准化仓库和 1000 平方米以上的专业冷库。科技应用在仓库管理中非常普遍，部分企业已经实现或正在开发自动化仓库。中心自备有冷藏车来运输食品，以保证伙食的质量、温度和新鲜度；部分企业还自备驳船。企业通常还与专业物流企业、驳船公司合作负责物流运输。船舶供应地主要为锚地、公海、集装箱码头、船厂。由于到新加坡的国际航行船舶主要以加油和公海物资供应为主，其锚地和公海供应量占市场 70% 左右。锚地和公海供应须使用驳船运输货物，出港前驳船公司须先通过海事和港务管理局（MPA）申报。驳船一趟可以供应多艘国际航行船舶，即"一船多供"。供水、供油有专门的供水船、供油船，不可同时驳运其他货物；物料、伙食等其他货物包装后，可以用普通驳船混装运输。也有船厂和集装箱码头供应，船舶供应企业须先通过船厂、码头公司业务系统网上申请，提前预约好进港时间、上货时间等信息。在船厂、码头产生的费用，由受供船方支付，船舶供应企业不需要承担。

新加坡外轮供应通关快捷简便。一般物料不需要报关，仅免税品需要报关。企业在船舶信息获取后，即可办理报关手续，通过 Trade Net 向海关申报，网上申报内容和清关所需文件与中国基本一致，可以一个空海运单填写多个船名。新加坡外汇完全开放，企业外汇结算非常方便。退税方便，船舶供应企业送货拿到船上签字盖章的送货单后就可以申请退税，申请退税时只需提交消费税申请表即可。

新加坡国际海事服务基地的成功经验可以概括为以下几个方面：首先是优越的地理位置和灵活开放的自由贸易港政策为新加坡国际海事服务业创造了得天独厚的条件；其次是全球领先的招商优惠条件促进新加坡海事服务产业的集聚；再次是发达的电子政务、商务系统更有利于海事服务企业与政府之间、国际海事服务业之间快速、高效和透明的信息交流；同时新加坡重视高端航运人才的培养，通过出台各种人才培养扶持政策和先进的高端航运服务人才培养机构为新加坡海事服务业不断注入新动力；最后是全球领先的国际港航发展理念使得新加坡港航业及海事服务业始终位于世界前沿，新加坡的智能化港口和环保发展理念不断影响国际航运业发展方向。

未来新加坡海事生态系统发展需要具备的新能力主要包括数据搜集和管理能力、高级分析能力、即时跟踪及控制能力、软件开发及优化能力，把新加坡打造成为环球海事活动网络的关键节点，最终在一个创新的互通互联的海事生态系统把新加坡打造成为未来从事各类海事业务的公司捕捉各种商机的聚集地。

二、国内发展

(一) 中国友谊外供商业协会

中国友谊外供商业协会 (China Friendship External Supplier Association of Commerce，CFESA) 成立于 1992 年，是经中国政府批准的全国性行业社团组织。会员主要来自各地的外轮供应公司、友谊公司 (商店)、华侨商品供应公司 (商店)、台胞购物公司。

外轮供应公司始建于 1950 年，主要是向外轮、远洋国轮、国际海员及船上乘客提供物资供应和服务的专业性涉外企业。业务范围包括：对抵港的外轮、远洋国轮供应伙食、船用物料，承接航次修理、烤铲油漆，为船员登陆提供服务；外轮供应公司还设有海员商店，提供商品销售、洗衣、邮电、包装、托运、车船出租、翻译陪同、代购代办等服务；外轮公司还开设免税商店，按国际惯例供应烟、酒等免税商品。

协会的宗旨是：协调会员的关系，增进相互联系，指导企业的经济活动，加强行业管理。代表企业向政府反映本行业存在的问题和要求，维护会员的合法权益，组织会员贯彻政府的方针政策，为政府和会员企业服务，推进国际友好交流，促进本行业的发展。

1998 年中国友谊外供商业协会加入了国际船舶供应服务商协会，成为该会的理事。协会在船舶供应方面的主要活动有：组织贯彻执行国家的有关方针、政策、法令、法规，向政府部门提出本行业的规划与政策建议；向政府部门反映会员呼声，代表和维护会员的合法权益；推动行业间、企业间的交流与合作，防范经营风险；与国际船舶供应服务商协会及国外相关组织和企业保持联系，及时向会员企业传递有关信息，以及反映中国会员的要求；组织会员参加船舶供应行业的国际会议和业务考察，促进国际间经济、技术、管理等方面的合作与交流；受理、协助符合条件的国内船舶供应服务企业加入国际船舶供应服务商协会。

（二）国内港口外轮供应发展概况

目前，国内的外轮供应产业发展总体大同小异，外轮供应的区域性市场格局并未改变。上海外轮供应行业发展相对比较成熟，天津出台了《天津市船舶港口服务业管理规定》，其他港口外轮供应情况相差无几，没有品牌化、规模化的外供业态形成。

但是业内也出现了像润通、蔓意等全国乃至全球布点的外供公司，具有全球视野、管理高效规范、响应及时快捷的特点。在信息化电子商务方面也出现了"码头网"和"海商通"这样的船供行业的平台，经历了几年的发展，技术也逐渐成熟，但由于缺乏资金等原因，这些船供平台没有实现电商平台的真正规模效应，并没有产生很大的作用。

三、形势分析

（一）航运数字化将引领外轮供应链服务

创新正成为航运业新的发展趋势。航运业正在掀起一场数字化转型的变革，数字化转型的本质是要提升服务体验，在货主、船东、车队、堆场、货代、船代、口岸、银行、船管、码头等一系列业务主体之间实现业务的链式数字化协同。船舶接入互联网，在"互联网+""物联网+"下实现大物流、商品流、资本流、信息流四流合一。船舶本身和数字化互联，生产过程中会越来越多应用到自动化（产品库求购供应）技术，将船队当成整体资产进行优化。

"互联网+航运"既是互联网技术发展对航运产业效率提升的一种技术支持，也是互联网所代表的平台经济对航运业传统经济模式的一种再造。以"互联网+航运"为路径的航运业务模式创新平台型的中国企业已经超过 70 家，代表性公司有亿海蓝、物润船联、乐舱网、船货网、壹联网。世界上知名的航运互联网平台还有丹麦的 Youship、美国的 INTTRA、德国的 GT Nexus 和 Kn-freightnet、英国的 Shipserv 等。港口信息化建设、物联网、船联网技术的应用，将每个智能设施作为一个物理节点，全面接入网络，实现以港口为节点连接万物、网络运行的智慧港口，延伸服务范围、拓展产业领域、创新外供产业。

（二）外轮供应将嵌入未来港口智能、协作和多元的海事生态体系之中

智慧港口是集信息化技术、商业模式创新与资源价值创新于一体，通过码头运营智能化、港域调度智能化、海运物流协同化、国际贸易便利化、金融服务便利化等实现港口的智慧化。通过数字化，港口经营模式的创新、全程供应链服务创新、规模化定制服务创新和产业集群演化新路径推进外轮供应深度嵌入港口智能化体系当中。

智慧港口的特征在于：①高效组织和供应链协作，提供紧密衔接的协作体系，提供智能化的操作和控制；②稳定的智能化运营；③互联互通的信息与技术，提供连接生态系统的技术手段和信息标准；④共享经济的生态圈战略，整合港口生态系统资源；⑤开放式的业务创新，吸引创新商业模式；⑥便捷可靠的客户体验，随时随地，方便快捷。

上海港宣布与埃森哲、华为合作推进数字化转型。鹿特丹港宣布与 IBM 进行数字化合作，用云端物联网技术改变港口的运营环境。2016 年，以"互联网+港口"为目标的港口业务模式创新平台在中国也已突破 10 家，包括上海港"1 港通"、宁波—舟山港"易步通"、天津港"电子商务网"、青岛港"物流电商平台"、大连港"蓝迈"、营口港"港融"等。这些港口互联网平台提供的服务主要涉及口岸通关一体化信息服务、金融服务、物流电商、数据对接、业务预约、SAAS 云服务、船舶供给等方面。移动物联网基础设施建设全面推进，铸就港口外轮供应产业链。

第三节　舟山外轮供应现状、存在问题和提升空间

一、基本现状

（一）舟山外轮供应产业概况

外轮供应企业主要为船舶供应食品、生活用品、船用物料等，舟山外轮供应分外轮作业船舶供应、外轮修理船舶。其中外轮修理供应占全部外轮供应的80%以上。外轮作业船舶主要以油轮、大宗散货轮为主，主要载运煤、粮食、矿石等，以鼠浪湖、老塘山、马迹山减载或者卸载。外轮修理船舶主要以六横鑫亚、万邦永跃、中远为主。

2017年实现外轮供应货值4.65亿美元。舟山外轮供应企业中年产值1000万以上的有5~6家。舟山润通外供规模最大，年产值为5000余万元。舟山本地外供企业仅能承接30%~40%的外供服务，大部分业务都被市外的外供企业接单了。货物来源以自行采购为主，固定供应商供货为辅。95%的货物通过车辆供应，5%的货物通过船舶供应。供油、供水均通过船舶供应。

（二）舟山外轮供应企业概况

舟山共有外轮供应企业28家，主要业务范围为伙食淡水、物资物料、船舶配件（备件）、免税品供应等。其中取得国境口岸卫生许可证可供应伙食的企业24家，其中13家在舟山本地设有仓库，规模普遍较小，绝大部分仓库占地面积仅100~200平方米，其余大多在供应商处租用仓库。舟山外供企业大多数人数规模不足10人，管理水平较低，极少企业有独立的仓储、配送能力。另外，还有二三十家未取得卫生许可、边检备案、海关申报等完备供应资格的，通过挂靠有资质的公司，代办登轮证和报关，这些大多都是个人，通常是两三个人规模，运营极不规范，小而散的行业生态很难形成产业集聚效应。

外轮供应企业所得税同其他企业一样，按照利润的25%缴纳；在增值税率上根据不同产品有较大区别：预包装类按17%缴纳，淡水按3%缴纳，蔬菜、肉、蛋初级农产品收购销售零税，服务类按6%缴纳，总体企业税负在13%之间。出口退税主要分为进口商品直供和境内商品采购供应两种，前者主要是进口船舶备件起卸物料供应，大型供应企业一般是自行采购进口、暂存在保税仓库内、在有需求时报关后进行供应。也可以直接以国际贸易"进口—保税—出

口"的转口贸易形成不须缴纳关税。部分中小企业供应配件、备件是国内采购完税商品，与大部分食品供应一样，是采用境内商品采购供应的形式。这类企业如果有国内采购环节的增值税发票，可以在报关出口后办理出口退税，即按照进项发票退还国内采购已缴纳的增值税。

二、存在问题

从总体来看，舟山外轮供应市场空间较大，舟山外轮供应服务发展较为滞后，企业规模较小，服务功能单一，产品和服务水平仍处于中低端，与打造舟山国际海事服务基地外轮供应服务中心的要求相差甚远，供应能力和水平远远落后于中国香港、新加坡等国际港口。近几年外轮供应主要表现为"四降一升"：新造船舶首次供应的订单大幅下降；到港船舶要货订单量大幅下降；船舶供应商之间竞争激烈毛利率降低；供船物品的品质降低；货款延迟坏账上升。外供企业在经营理念、经营模式、采购模式、服务模式、管理模式上均存在较大问题。

（一）产业基础薄弱，不具有规模、品牌效应

舟山外供服务企业规模小，整体层次较低，行业集聚效应不强，整体经营层次不高，以物料供应、伙食生活用品供应等低附加值服务项目为主，提供船用备件（配件）少，提供知识、技术密集型的服务较少，没有形成规模化、品牌化经营和连锁化经营，其满足船舶港口服务要求的能力还比较低，难以提供高水平的服务。

外轮供应行业准入门槛低，硬件设施、人员配备、注册资金等资质要求无明确要求。外供服务企业整体上呈现出"散、弱、小"的特点，特别是为"船舶提供物料、生活品供应"类的港口企业占多数。客户有限，货品流动性差，库存积压，会形成恶性循环。企业规模小、没有实力，没有形成与物料供应相配套的规模化的生产或仓储基地，船舶所需的许多备件、物料等，从外省、外地订购，采购、物流、仓储成本远高于内陆，从经营成本和时间上都对舟山外轮供应服务不利。舟山各大船厂、码头不同程度地收取或者变相收取进厂（码头）管理费，增加了外轮供应壁垒。

舟山外供服务企业所能揽到的补给业务，大部分都是到港船舶临时性的补给，或者是依靠与一些没采用国际采购的船公司有一定的个人关系，从他们那儿争取到的部分业务。所接到的业务不仅量小，而且十分不稳定。

（二）业务模式单一，管理水平落后

大多数的外供企业资本规模小、经营项目单一、技术人员流动性大、服务质量不稳定，抗风险能力差，经营不够规范。管理水平较低，企业缺乏战略规划，发展目标不清晰。缺乏有效的内部管理机制，团队凝聚力不强。舟山的外供企业以中小企业为主，多数都没有内部管理系统，缺乏信息化、智能化的手段和技术。基本没有利用现代互联网开拓市场，也没有信息平台开发使用，信息化服务水平较低。润通航运服务有限公司是舟山外供行业信息化程度较高的公司。

舟山外供行业目前存在较为严重的信息不对称现象。由于船东并没有把舟山港列入补给港名录，对于舟山外供企业的信息了解不多，国外船东通常会选择中国上海、新加坡等世界知名港口进行大批量伙食、物料供应，而在舟山港进行的供应往往是修船、应急。同时外供企业对船东信息、航行船舶信息动态也不了解，因此这些信息的获取通常仅能通过船厂、码头、船代等第三方企业进行获取，影响了舟山外供市场的发展。

经营手段不规范，通常会采取各种不法手段。如为了节省成本支出，从不正规渠道进货，向船舶供应的商品质量不合格，损害了交易对方的合法利益。为了能够抢到生意，他们不考虑如何提高服务质量，反而将心思放在不正当交易手段上，如变收费服务为向交易对方支付各种名目的费用，甚至贿赂、讨好国外船公司、船员。采取不正当的经营手段，为了挤压竞争对手而恶意压价等恶性竞争行为。另外，一些经营人不重视安全生产教育，不重视作业规范，以至于在进行作业时发生安全事故，破坏了港口秩序和水域环境安全。

（三）营商环境综合成本较高，不具有竞争优势

由于舟山本地物料、食品价格贵，产品种类匮乏，物流成本高昂，且没有专门的采购市场进行采购，为舟山本地外供企业的物料伙食采购提供了许多不便，也降低了舟山外供市场的竞争力。船供物资采购地主要在宁波、上海、杭州、江苏等地，这些地区船供市场发达，物资种类齐全，价格较低，通过物流进入舟山比较便捷；少量物品如蔬菜、矿泉水等在本地采购。舟山与外地采购价格差如下（以宁波为例）。蔬菜水果：一般高 10%~15%；肉类、水产类：一般高 3%~5%；预包装类：一般高 7%~10%。部分危险品码头规定外轮供应需人工搬运物资，人工成本高。部分船厂和码头存在收取不合理的管理费或操作费的现象。比如鼠浪湖码头等码头本身没有桥连接，却规定不能用船进行供货，货需要先到码头卸到码头内部车辆上，才能供船，大大延长了送货时间，加大了工作量，增加了操作费用，也造成了一定的安全隐患。这部分费用最终转嫁到客户身上，削弱了舟山外供的竞争力。

各家航运企业由于自身所处经营环境的艰难，资金状况往往都非常吃紧，导致在支付外供供应商物料款时，往往采取延期、超期、暂缓支付等方式。船公司受自身经营状况的影响，大多削减订货量，订货的数量和金额大为减少。船公司对价格很敏感，对价格严加管控，不断压价，询价时一份订单发多家供应商，最后被确认订单的是报价低者。

国际竞争加剧，国外先进船舶供应企业进入中国市场。国际上一些大的船公司对所属船舶每年所需的燃油物料、船用备件等物料的补给，大都采用国际采购的方式。也就是船公司总部倾向选择与国际上船舶供应服务规模较大、实力较强的企业进行合作，因为这些企业一方面能更好地满足他们的要求，另一方面，其服务的信誉、质量也较高，供应价格比较合理。

（四）口岸通关不便，监管缺乏协调

锚地外轮供应业务未能全面开展。目前舟山海关对锚地外轮供应没有监管条件，仅在应急等特殊情况下采用特批报关，通常不允许此类业务报关；一般贸易和保税清关需 3 个工作日，快捷清关 1 个工作日内；周末和节假日不受理；所有货物都需要报关，只能一单一船申报，不可提前报关（须待船舶抵港后）。船用备件、起卸物料等保税品"一单一报"模式造成企业报关成本过高，清关不便捷；企业报关必须待联检结束后，遇船期较紧时报关，配送时间不够，导致业务无法开展；当前船代申报手续与船供申报手续严重冲突，船代船舶进境申报进行后才能进行船供申报，且船供申报结束后船代才能办理船舶出境手续，严重影响通关效率；外轮供应船舶配送时，各装船码头无口岸监管；登轮证"张冠李戴"，人证不一；船舶搭载无登轮证人员登轮；登轮证、船舶搭靠证月证和年证办理审批时间过长等。

外轮供应服务的监管牵涉到地方港口行政管理部门、地方口岸监管部门。如港口局的"经营许可证"、边检的"登轮证"、国检的"检验检疫证"、海事的"船舶船员证"以及港区的"出入证"、海关的许可证等。各个部门之间缺乏沟通协调和信息交流，尚未形成一个对外轮供应服务全过程监管、协调机制，难以形成监管的合力，容易出现监管的漏洞。口岸服务仍不够便捷，事中事后监管有待进一步加强。

（五）公共服务配套缺失，服务半径狭窄

舟山外轮供应企业存在设施陈旧、老化、规模小、技术落后；仓储规模小，分布散；缺乏供应平台，采购中心；船员服务设施不完善；锚地分散，运输成本高；运输船、运输车辆配备不完善。舟山外供很少有走出去的，外轮供应企业必须首先具备网络功能，将供应服务送到客户最需要的地方。船舶走到哪里，船舶供应服务就应该延伸到哪里。外轮供应企业应掌握多层面的资源以及拓展资源需要的能力，满足客户质量、价格、反馈速度等多方面的需求。鉴于食品卫生状况和物价上涨的原因，很多船舶选择在国外港口补充伙食和免税烟酒。诸如在美国港口上猪肉，在韩国、日本等港口上中华烟，等等。国际航行船舶希望在舟山港得到全面的补给，目前保税油已经突破锚供政策，但物料、食品等其他物资供应仍然受限。

缺乏外供行业配套扶持政策。统计口径不一，统计体系不完善。由于船厂（码头）管理费用问题大多数外供都采取更改报关单金额少报，以减少管理费的金额，行业发展分析通过报关金额可以看出每年的增长和业务量统计，目前报关金额与实际申报不准，不能为分析提供可靠依据。

（六）代报关、代报检行为突出

代报关是指没有取得舟山报关资质的企业或个人承接业务后委托舟山具有报关资质的外供企业代为报关，但备货、配送、结算等其他业务环节都由其自身完成，其本质是一种无证经营行为或超范围经营行为。目前舟山代报关业务比重非常大，占到50%以上。实际外供业务很大一部分被外地企业把控，舟山外供企业从中得到的只是200~500元/次不等的服务费，还要承担产品质量等风险。代报关还滋生了很多皮包公司性质的舟山外供企业，其实质就是外地外供企业在舟山的分支，企业本身基本没有实际经营业务，主要负责为母公司代报关，但在舟山外供统计里却有产值数据。

代报关业务主要分为异地外供企业委托（伙食订单须委托方在舟山卫检备案）、本地同行委托（委托方在舟山海关备案，舟山卫检未备案）、代理公司委托（物料报关为主）、流动个人业务员（未持有登轮证）四种情况。

本地无证企业或个人委托外供企业进行报关行为，实际上是一种违法经营的行为，应该是工商管理部门和行业管理部门联合打击的。对于生产商、独家代理、经销商等一些具有排他性的商品供应，如船舶配件（备件）等，因本地供应企业不掌握供应的能力（安装调试）或其他条件，委托本地取得资质的供应企业代理报关的行为需要区别对待。

三、发展展望

（一）外供市场规模分析

进出舟山港域的外轮持续增加。舟山是全国最大的商用石油中转基地、全国重要的化工品和粮油中转基地、国家石油战略储备基地、亚洲最大的铁矿砂中转基地、华东地区最大的煤炭中转基地。2017 年，宁波—舟山港完成货物吞吐量 10.1 亿吨，同比增长 9.5%，连续 9 年位居世界第一，成为全球首个货物吞吐量突破 10 亿吨的港口，其中舟山港域货物吞吐量 4.6 亿吨。

据统计，每年进出宁波—舟山港、上海洋山港的国际航行船舶近 2 万艘次。船舶物料、船舶配件、日常用品等船舶供应服务市场广阔，2017 年进出境船舶数 9847 艘（这个数据比较接近地反映国际航行船舶供应市场大小）。2017 年舟山保税油供应量已超过 180 万吨，首次超过上海，保税油供应商数量列中国大陆第一位。

外轮修理业务带来大量外供业务。舟山也是目前世界最大的修造船基地，具有年修理万吨级以上船舶 3000 艘的生产能力，船舶修理业务占全国的近 25%，外轮修理量占全国市场份额的 50%。对国际船舶的维护修理、备件供应、救生消防安全检测等服务需求持续上升。

外供产业发展前景可观，国际航行船舶的供应服务专业化程度高，产业链长，具有巨大的发展潜力。外轮供应服务供应链条清晰，操作过程简单，市场相对稳定。据了解，一艘价值 5000 万美元的船舶，年度船舶管理费用为 15 万美元，但是其负责的物料采购、船用补给、生活用品、加油等消耗费用，达 300 万美元。舟山外轮供应货值预计可超过 10 亿美元。

（二）"一带一路"倡议支持

随着"一带一路"倡议的稳步推进，越来越多的国内物资将出口沿线国家，宁波—舟山港作为中国的进出口商品集聚区，将有大量的物资通过宁波—舟山港进出口。"一带一路"建设海上合作方案提出要重点建设三条蓝色经济通道，即共同建设中国—印度洋—非洲—地中海蓝色经济通道；共建中国—大洋洲—南太平洋蓝色经济通道；积极推动共建经北冰洋连接欧洲的蓝色经济通道。舟山港将建设成为中国"一带一路"倡议上的重要支点，同时加快升级海铁联运、水水中转能力，建设与长江经济带、"一带一路"倡议契合的航运网络。伴随着航运业的逐步复苏，外轮供应市场的需求也将得到有效提升，舟山外轮供应将借力"一带一路"倡议，不断深化自身服务水平，认真落实供给侧改革，从研究航运企业的需求出发，提供更加优质的服务。

随着"一带一路"的不断推进和对外贸易的迅速发展，港口的到港船舶数量日益增加，外轮供应需求也在迅速地增长。同时，由于港口的发展、港区的扩大，以及船舶大型化、专业化、高速化的发展，船舶在港口停留时间日益缩短，这使得要满足国际航行船舶的供应需求，对外供企业提出了更高的要求。

（三）自贸试验区政策优势

我国经济尚处于整体转型、结构转变、动力转换、市场转移的新常态中。十九大报告中再次强调要"赋予自由贸易试验区更大改革自主权，探索建设自由贸易港"，自贸港的建设将会进一步放开一线管理，依托信息化监管手段，将取消或最大限度简化入区货物的贸易管制措施，最大限度简化一线申报手续，大幅提升贸易便利化水平。自由贸易港建设有助于提升外轮供应的资源配置能力，有助于提升外轮供应的综合服务能力。随着我国在国际贸易中的地位不断增强，港口吞吐量回升带动航运业回暖，海事服务能力、竞争力不断提高，对自由贸易港建设起到基础性、先导性和战略性的支撑作用。同时，随着我国港航业资源整合、海外拓展的力度和速度不断加大，自由贸易港建设对港航发展的推动作用不断加大，促进港航业全球运营、资源配置能力持续提升。外轮供应行业应抓住机遇，尽早介入，适应"新形势""新趋势"和"新态势"，培育先发优势，形成差异化竞争力；外轮供应企业应积极应对，主动转型，打造"产业链""供应链""价值链"，培育核心优势，形成可持续竞争力。

第四节　舟山外轮供应产业定位及目标

一、定位

创新完善网络化服务体系和外轮供应服务产业链，成为国际一流的综合性、全球性船舶供应服务基地，为国际航行船舶提供更高效率、更低成本、一站式、标准化、专业化的船舶供应服务。

二、目标

依托长三角成熟的贸易市场和电子商务网络信息化发展水平、服务能力，形成三大优势。一是规模优势，依托舟山港进出口货物的巨大体量和全国1/4的修船业务，基本形成覆盖舟山港域全业务自给，延伸至全国主要港口的外轮供应网络；二是价格优势，依托舟山国际农产品交易中心和自贸试验区政策优势，汇集全球船供商品的低价集散地，形成船供商品全球优质优价的自由贸易港；三是互联网优势，依托浙江网络电商平台和数字经济发展风口，用互联网的思维方法改造外供企业的生产经营模式，创新外供发展业态。

2018 年重点推进外轮供应产业规划，借鉴新加坡外轮供应发展的有益经验，通过自贸试验区政策开放创新，吸引具有影响力的国内、国际外轮供应企业落户舟山，建设全领域、高规模的外轮供应产业集群。到 2020 年，力争年保税燃料油供应量达到 500 万吨、外轮供应货值达到 8 亿美元、船舶交易额达到 60 亿元，吸引 3~5 家国内外知名船舶维修和外轮供应企业落户舟山，通过自贸区政策创新和基础设施建设保障，实现舟山外轮供应产品成本与国际接轨，基本建成以保税燃料油供应服务为核心，外轮供应服务、特色航运交易、船舶融资租赁和海事衍生服务全面发展的国际海事服务基地。再用 5 年左右时间，实现舟山年外轮维修数量达到 4000 艘次，外轮供应收入突破 20 亿美元，成为国际知名的船舶修理中心和全球主要的外轮供应市场。

第五节　舟山外轮供应业主要任务及措施

国际船舶供应链管理的趋势是减少中间环节，降低总成本。舟山外轮供应应当从做大外轮供应市场规模、做强舟山外轮供应品牌、完善外轮供应市场公共配套服务、提升现代航运服务能力、提升行业监管和服务水平等全方位推进舟山外轮供应产业发展。

一、做大外轮供应市场规模

（一）做大保税燃料油供应

积极推进国际龙头企业参与市场竞争。集中力量扩大燃供市场份额。加速推进供油配套设施建设。争取不同税号下保税燃油调和政策，加快推进保税燃油专用锚地建设，积极突破海上浮仓政策难关，谋划设立海上浮仓；根据舟山海域情况和供油特点，研究专用供油船舶，建设公共供油船队。研究打造专用LNG 供应船舶。积极突破跨关区、港区供油。优化供油通关环境，完善供油规范体系。

（二）做强船用配件（备件）供应

建设船舶备件供应基地，充分发挥舟山船舶修造业现有优势，整合上下游产业链，发展船舶配件配套产业，降低船舶物资供应企业成本，提升企业竞争力。拓展外轮供应服务范围，鼓励外轮供应企业丰富船供服务种类，从简单的船舶物料伙食供应、物资物料供应拓展到船用配件（备件）供应等多元化船舶供应服务。主要面向作业船舶、修造船提供船用配件服务，拓展航修（进锚地，不进船坞的修理、检测检修）船用配件服务。提升国际船舶修理水平，开展国际航运、海工装备、江海联运等船舶的修理和改装。鼓励舟山龙头、优势修船企业加快修船装备和生产工艺升级改造，增强市场竞争力。加快落实舟政办发〔2018〕66号文《关于加快浙江自贸试验区船舶保税维修产业发展的若干意见》，推进国际航行船舶保税维修试点业务顺利开展。

（三）做优船用生活物资物料供应

国际船舶广泛使用价值较高的物资、物料，可考虑采取成批量地集中采购或进行招标，从而降低采购成本，取得质优价廉的产品，防止少量多批采购产品造成的采购费用偏高、产品技术性能不稳定等问题的产生，做到优质优价。建设外供伙食（农副产品）配送基地，在综保区、三农食品基地、农产品供应基地提供相应的仓储空间，用于联合体建立冷库、配送中心。与市商业集团、菜篮子工程对接，集中采购低价优质的食品伙食，建立可溯源的伙食供应集中采购体系，从源头上保证外供船用生活物资、伙食供应的质量稳定。以舟山国际农产品交易中心为主平台，发挥港口资源优势，积极争取粮油回运口岸政策，完善冷链仓储物流配置，进一步增强农副产品的仓储、加工、贸易和供应能力，统一包装，统一品牌，形成舟山统一的外供食品供应品牌。

（四）拓展锚地外轮供应

舟山同新加坡类似，港口码头泊位有限，要拓展国际航行船舶供应市场规模，除进港作业船舶和维修船舶外，过境船舶是很大的一个市场空间，锚地势必成为今后舟山开展国际航行船舶供应的重点区域。舟山锚地外轮供应业务一直无法常态化开展。开展锚地外轮供应可以配套锚地供油业务，降低受供船舶综合成本，大幅节省外轮靠泊港口、码头所需的船舶吨税及路途时间，满足国际航行船舶锚地供应需求。建议锚地外轮供应突破路径效仿保税油模式，争取杭州海关全力支持，突破海关锚地监管政策，将舟山港域锚地纳入海关特殊监管区，允许舟山在指定锚地开展外轮供应业务，完善锚地锚位、供货码头、驳船配套，尽早谋划在锚地开展船舶供应、航修船员服务等核心业务。

二、做强舟山外轮供应品牌

（一）整合资源，形成合力

积极整合资源扩大外供企业规模，培育壮大龙头企业，发挥标杆作用。舟山外供应当以产品、品牌、网络控制为核心的发展模式，建设规范化、标准化、快捷高效的外供服务体系。外轮供应企业进行全面系统整合，打破原有分散经营的格局，形成统一合力，提升自身价值，以网络服务为关键点，以合作发展为增长点，建立船舶供应综合业务体系，形成跨地域、跨业务边界、规范化、标准化、快捷高效的船舶服务体系和船舶产品供应平台，形成自上而下的完整的船舶供应体系。特定功能型服务向全面整合型服务发展；提供服务的地域由提供本地服务向提供全球服务发展；运行模式由简单的供应商管理向以产品、品牌、网络控制为核心的多模式发展，最终实现一站式、标准化、专业化的外轮供应服务。

（二）外引内培，形成优势

加大招商力度，尽快引进几家在全球、国内主要港口有业务分布的实力较强的船舶供应企业，依托这类企业货物全球配置能力、客户拓展能力和品牌效应，快速为舟山打开市场、赢得国际口碑，更高层次地参与国际、国内市场竞争，促进外轮供应商构成多元化、供应商数量合理化、准入条件常态化。积极培育规模以上外轮供应企业，培育和壮大舟山港口外轮供应运营企业以及与港口产业相关的企业，逐步发展成为外供企业的品牌运营商和综合物流服务供应商。

（三）强化质量，形成标准

提高行业服务品质，提升舟山外供整体水平和品牌影响力。加快推进服务标准化，建立健全船舶港口供应的服务标准体系。组织外供行业内的知名企业及有关院校研究完善外供行业服务规范、行业规范、标准体系，建立诚信档案，提高外供行业的整体素质，提振国外船东对舟山外供行业企业的认知度和信任度，增强在舟山港口停靠时补充各类必需物资的积极性。

三、完善外轮供应市场公共配套

（一）建设公共仓储配送基地

发挥浙江自贸试验区政策优势，依托舟山国际农产品交易中心，建立生活物资物料公共采购、仓储、配送基地。谋划建设以本岛为核心，六横、岱山为两翼的"一核两翼"仓储服务基地配套体系。公共基地主要用于船舶配件备件、物资物料的仓储低价有偿租借使用，为外供企业、船舶维修企业提供仓储便利，降低仓储成本。运用大数据和"互联网+"技术，对入库产品进行统一编码、智能化管理。统筹管理全部商品，公开库存商品种类、总量等信息，有利于一定程度上提高舟山外供和船舶修造市场的透明度和便利度。同时，商家通过获取到的公开的商品种类和总量等数据信息，实现及时补货、控制价格风险、提高服务效率等；公共仓库基地可以起到及时有效地调控外轮供应和船舶修造市场的作用。同时，依托舟山综合保税区，针对国际航行船舶供应所需要的物品，可以设立专用性保税仓库。通过公共仓储配送基地运作，加快企业集聚，提升集货能力，进一步降低外供企业仓储、采购成本，提升产品质量。

（二）建设外供配送公共船队

整合舟山现有的外供物流运输体系，加强专业化的供应船队建设，建设综合性的外轮供应配送公共船队。运用 EDI、EPR、MPR、GPS 等物流信息交流、管理和控制技术，建设完善外供物流平台和运输体系。参照保税供油船舶的白名单制度，编制（外）锚地开展船舶物资供应的管理办法，实行"白名单"制度，建立租船平台，降低配送成本；在保税油加注船舶拓展一船多能服务基础上，积极争取交通运输部、中国船级社的大力支持，通过定制改造等方式，发展多功能供应船（MPSV）、多功能服务船（MRSV），形成专业化供应船队。开展公共配套船队建设的招商引资工作，引进一批投资主体建设船舶物资供应专用船舶，谋划开展"一船多能"的外供专用船舶班轮制管理，探索开展"船舶供应海上巴士"可行性。

（三）建设外供配送专用码头

完善外供配送基础设施建设。舟山外供公司主要分布在定海区，建议在定海区鸭蛋山码头附近布局外供专用码头，纳入海关监管范围，设置海关智能化卡口，配置外供专用船，设立公共物料、船配仓库和调拨中心，实现物料和船配的储存和配送。在舟山南部六横中远、鑫亚、龙山大型船舶修造船基地的周边，完善已有外供基础设施建设。

（四）建设外供信息服务平台

依托舟山数字经济发展契机，建设外供大数据，打造外供行业的网络信息服务平台。参考新加坡 Marinet 信息服务平台模式，依托舟山江海联运信息平台，整合保税油供应、外轮供应和船舶修造业务及金融、保险、租船等业务链上的相关业务和资源，打造一个将散杂货租船平台、保税油接单平台、修船平台、外供信息平台结合在一起的海事服务一体化电商平台，提供便捷、规范的服务。拓展外轮供应信息服务平台功能，增强外轮供应信息化平台与保税油加注"单一窗口"的功能联动和信息共享，打通外轮供应服务平台与海关、商检、工商、税务等口岸监管部门的交流通道，保障船舶在到港之前提前办好物料出口、核销、退税的手续，提升外轮供应服务效率。

四、提升现代航运服务能力

(一) 加快航运服务集聚区建设

鼓励海事服务相关企业落户新城航运服务集聚区，加强现代航运服务业培育，加大对船舶供应企业的扶持力度，推动船舶供应企业规范化、品牌化发展。根据《关于加快推进舟山新城航运服务集聚区建设的实施意见》《舟山新城航运服务集聚区产业发展扶持暂行办法实施细则》的有关要求，加大招商力度，积极培育航运金融、航运保险、航运电商、航运经纪、海事仲裁、国际船舶管理、外轮供应等航运服务新业态。吸引新的航运公司的入驻、航线的调整、靠港频率的增加。

(二) 谋划推进舟山交船中心建设

在散货船经营中，程租和期租这两种租船方式是并行的。目前，租船过程中的交、还船主要集中在上海长江口锚地。交还船衍生出的海事服务包括船舶检验（包括设备检验、安全检查、量油等）、船舶供应、加油、船员更换、船舶证书核实等，可以带来大量的配套海事服务。谋划建设舟山交船中心，可进一步扩大舟山外供的产业规模，促进国际海事服务要素集聚。

五、提升行业监管和服务水平

(一) 完善外供协会自我管理

参照中国友谊外供商业协会制定行业规范和标准等方式，强化行业协会的行业自律管理，规范行业内企业的竞争行为，促进行业健康发展，牵头制定相关的国际船舶港口服务业行业经营管理规范。吸纳船东公司、船舶管理公司、船舶代理企业、供应商、船厂、码头公司、驳船公司等船舶供应产业相关企业和人士加入外轮供应行业协会，逐步形成整个船舶供应产业链的组织机构。外供协会牵头组织开展各类业务培训和教育，与相关监管部门、船厂、码头等协商确定针对性的培训科目，提升行业规范化、专业化。建立企业信用评价机制，开展企业评级工作。强化与国内外外轮供应企业、国际航运企业之间的交流合作。支持舟山外供企业加入国际船舶供应服务商协会、国际海事采购协会等国际组织，组织会员参加大型活动，为企业提供更大的国际商务交流平台。通过与国外先进船供企业结成战略联盟，实现外供服务的全球延伸，为品牌化外供企业走向世界，形成全球供应网络奠定基础。

（二）强化职能部门协调监管

完善有关的监管制度和具体办法，加强对外供市场的管理，进一步健全市场准入、事中事后监管规则，建立完善企业退出机制；建立各相关监管部门间的联动，互通监管信息。规范市场行为，优化外供市场秩序，研究制订代报关行为整治方案，规范企业报关行为；规范船厂、港口经营码头收费行为，取缔进厂管理费等不合理收费项目；开展海上联合执法行动，严厉打击无证登轮、无证靠船、无证经营等行为；加强外轮登船人员核查，把牢登船关，确保人证合一。

（三）优化海关通关程序管理

以海关监管制度创新为核心，研究推进分送集报关、预报关、一单多船、跨港跨关区供应、一船多能、一船多供、船用配件（备件）快速转关等系列创新举措，进一步为国际航行船舶提供便利化服务，优化通关程序，提升清关效率。管理部门可利用信息化手段，实行"一站式"受理，联审联查、网上互认的联审制度，方便企业、改善服务、提高效率。实行口岸各监管部门监管信息的共享，正确掌握外供行业的业务量，把握市场动态。结合"单一窗口"申报平台，建立一个能整合港口、物流、申报、咨询等多功能的监管平台。

第六节　舟山外轮供应业重点保障

一、统筹规划

（一）制定外轮供应服务行业发展规划

对现有外轮供应服务企业进行结构优化，明确行业发展重点，做优做强大中企业，做大做好小企业，逐步淘汰规模小、服务质量低下的企业，提升行业整体竞争力，参与国际竞争。

（二）加强外轮供应行业战略研究

明确发展重点和发展方向，找准自身存在的优势和劣势。既要在存量上做文章，也要在增量上下功夫。前者包括对舟山现有的外轮供应质量、效益上的提升，特别是船舶修理中的外轮供应如何提质增效，后者需要进一步明确国际竞争目标。从国际市场来看，随着东北亚地区保税油供应能力的提升，澳线等国际航线的船舶已逐渐转在东北亚地区港口进行补给，船舶供应的市场需求不断增长，其中韩国釜山是船舶主要选择的补给港。建议舟山先立足东北亚市场，将韩国釜山列为首要的竞争者。组织对韩国釜山国际航行船舶供应进行全面研究，查找自身不足，对标新加坡等国家先进可复制的做法，制定针对性的对策，逐步吸引原先在韩国釜山补给的国际航行船舶到舟山进行补给，进一步扩大市场规模，确立舟山在东北亚地区的竞争优势。

二、政策扶持

（一）用好航运服务集聚区优惠政策

政府引导、企业主导，在资金、税收、人才培养、业务培训等方面给予支持。用好《促进航运业健康稳定发展的若干意见》《舟山新城航运服务集聚区产业发展扶持暂行办法实施细则》政策，对外供企业进驻、运营、人才引进等方面给予相应的政策支持，营造协同发展的良好环境。

（二）制定具有国际标准的扶持政策

对标新加坡在市场准入、政府监管、科技投入、员工培训等方面的政策措施，研究制定外轮供应行业扶持政策。针对外轮供应服务在物资配送、出入境管理、检验检疫等方面出台更符合产业发展的针对性政策，支持重点骨干企业参加国内外知名海事展或论坛提高影响力。

三、政策突破

突破锚地外轮供应政策。全力突破锚地外轮供应瓶颈，积极争取海关总署授权舟山海关对锚地外轮供应实施监管，实现锚地外轮供应业务常态化。突破锚地作为海关监管场所，并且具有相应的监管条件、设施，进出口物资物料需智能化卡口放行等政策，争取检验检疫部门对"一船多能"伙食供应、物资物料供应、饮用水供应等同船供应的突破。

突破浙江电子口岸外轮供应预报关政策。推进浙江电子口岸国际贸易"单一窗口"开放外轮供应预报关功能，支持外供企业开展外轮供应报关预申报，提高外供报关效率。当前，外轮供应企业报关需通过中国（浙江）国际贸易"单一窗口"统一申报，该系统必须等收到国际航行船舶正式入境抵港信息后才开放报关通道，企业若提前申报将会被系统自动退回。而国际航行船舶在舟山港卸货码头作业船期普遍较紧，若企业等报关通道开放后再申请报关，船供物资配送时间往往不够，造成该类业务无法正常开展。建议杭州海关将报关服务前移，通过浙江电子口岸在中国（浙江）国际贸易"单一窗口"开放预报关功能，准许企业提前申请报关，根据船舶入境抵港预申报信息进行预审核，待船舶正式入境抵港信息确认后，自动匹配受理，完成报关审核，缩短企业报关时间，提高报关效率。

突破外轮供应海关"分送集报"政策。舟山综保区船用备件、起卸物料报关采用"一单一报"模式，同一批货物分批供应需要支付多次报关代理费，报关程序复杂，报关代理费用较高。建议外轮供应领域采用"批次进出、集中申报"的通关分送集报模式，可以减少企业报关次数，提升清关效率和利润空间，增强外供企业积极性。"批次进出、集中申报"模式是上海自贸试验区海关监管创新制度之一，可在浙江自贸试验区复制使用。"批次进出、集中申报"模式应用到外轮供应领域时，可通过技术手段解决账册及核销问题，通过企业园区化管理，便于海关集中监管，解决海关监管力量不足问题。

突破保税肉类简易加工报关政策。积极争取海关总署、商务部支持，谋划推进保税肉类直供业务正常开展。比如当前从国外进口的牛肉以四分体物流账册的形式申报，因此不能加工，不能改变货物的形体，否则就形成了不同税号的商品。而实际的外轮供应业务需要将牛肉切成小块，因此无法开展外轮供应业务。需将物流账册改为加工贸易账册，并需要商务部门出具加工贸易生产能力证明以及检验检疫的相应相关要求，一般外供企业很难实现。这一政策突破将会促进保税区内的食品简单加工业务的形成，有利于采购全球低价的食品等，在保税区内做简单加工后，提供给外轮供应。

探索"保税物资船供直通车"政策。借鉴上海邮轮食品配送制度，对"未获准入"的国际采购保税商品，探索以过境方式供应国际船舶，对"一般贸易"商品采用集中申报、船边抽检、定期核查等监管方式，以提高通关效率，降低通关成本。对国产物资商品，鼓励支持外供企业采购诚信企业的优质产品，推动中国制造、中国生产和中国种植养殖的各类产品供应国际船舶。

第二篇

航运转型升级

第二章

舟山江海联运服务中心航运制度创新研究报告①

"一带一路"倡议的重点是共建国际大通道和经济走廊，通过依托高效的运输大通道，形成以多式联运为支撑，沟通中西部以及国家间的骨干通道，完成特定的运输使命，具有重要的战略意义。为更好地对接这一国家战略，各地区包括沿江沿海及内陆地区根据自身的基础条件以及港口陆向海向辐射，提出创新建设江海联运服务中心，成为有效对接"一带一路"集疏运网络的重要组成部分，建设江海联运服务中心已上升为国家战略。

舟山江海联运服务中心地处我国南北海运大通道与长江黄金水道的"T"字形交汇地带，紧邻国际航运主干线，是长江经济带江海联运的重要枢纽，也是我国与"21世纪海上丝绸之路"沿线国家经贸往来和开放合作的重要前沿，区位优势独特，深水港口资源丰富，江海联运服务优势明显，大宗商品中转储备交易基础良好。建设舟山江海联运服务中心，对深化实施国家区域发展战略、推动海洋强国建设具有重要意义。

基于江海联运服务中心建设的航运服务体制机制创新的研究对长江经济带国家战略具有重要支撑作用。依托黄金水道，推动长江经济带发展，有必要建设具有现代航运服务能力的江海联运服务中心；而浙江航运服务体制机制创新是构建舟山江海联运服务中心的必要支撑和基本保障。浙江的宁波—舟山港地处我国南北海运大通道和长江黄金水道的"T"字形交汇要冲，是长江流域江海联运的大关口，是我国发展江海联运的战略支点。浙江要建成江海联运服务中心，除应具备高效的江海联运集疏运体系、国家战略物资供应体系、江海联运服务体系、江海联运信息服务体系以外，还需转变服务、管理模式，深化体制改革，扩大江海联运对外开放，加强江海联运区域合作，改革江海联运管理体制，完善口岸监管服务模式，创新金融和税收等制度改革，创新江海联运制度，

---

① 课题负责人：方晨。

构建体系健全、功能完备、市场规范、便捷高效的江海联运服务，为长江经济带建设提供支撑，为东中西协调发展奠定基础，为陆海双向开放创造条件。

基于江海联运服务中心建设的浙江航运服务创新对建设舟山江海联运服务中心，提升舟山、宁波及长江经济带其他港口城市软实力，实现舟山、宁波、上海错位互补发展，营造国际化、市场化、法治化的营商环境具有十分重要的战略意义。经过改革开放四十多年的发展，长江经济带各城市间联系紧密，交往频繁，相互依赖程度逐渐增强，已初步形成了区域联动发展的新局面。长江经济带各主要城市基础设施完善，结构布局不断改善，已发展成为全国经济的核心区域之一。随着经济的快速发展，诸如对外开放程度、区域一体化水平与管理水平较低等问题日益凸显，成为制约舟山乃至整个长江经济带发展的瓶颈因素之一。基于江海联运服务中心建设的浙江航运服务体制创新有利于主动适应我国区域经济发展需求，以全面扩大开放促进制度创新，积极探索区域合作新机制，完善江海联运监管服务模式，有利于提升舟山及周边港口城市的软实力，吸引各类航运要素聚集，实现舟山、宁波、上海的错位发展，有利于长江经济带形成更加开放、合作、高效的新局面。

本报告以江海联运航运制度创新优化研究为主旨，选取我国首个江海联运服务中心作为研究对象，综合运用层次分析（AHP）、实地调查和问卷分析等方法，建立江海联运航运制度评价体系，通过问卷调查和调研访谈等形式了解江海联运航运制度的实施现状、存在问题并进行原因分析，在此基础上提出进一步优化江海联运航运制度的思路和对策。主要内容包括四大方面：首先，阐明本书研究背景、目的和意义，提出了创新依据和基本原则。其次，梳理国际上江海联运制度的经验，为优化舟山江海联运航运制度提供借鉴，同时从定性分析角度介绍了舟山江海联运航运制度的实施现状。再次，运用层次分析法，设计出舟山江海联运航运制度评价体系，从制度理念、重要任务、执行效果和保障性措施4个方面建立17项具体评价指标，发放调查问卷，借助各相关人员视角，通过定量分析对舟山江海联运航运制度的满意度进行考察。同时分析问卷结果，结合实地调研、专家访谈，得出目前舟山江海联运制度存在区域合作机制、对外开放、航运规范、港口投资建设、口岸监管服务等七大层面问题。最后，针对现存问题，一一对应，提出优化改进舟山江海联运制度的七大对策，包括：建立江海联运区域合作机制、全面扩大江海联运对外开放、创新江海联运航运规范、创新港口建设投资模式、完善口岸监管服务模式等，并从提高政府支持力度、优化产业发展环境、完善人才引进政策等三方面为舟山江海联运制度提供保障。

第一节　江海联运服务中心航运制度创新的依据与原则

一、创新依据

加快转变经济发展方式，实施创新驱动发展战略，推进经济结构战略性调整，提高开放型经济水平，是党的十八大和十八届三中全会的内在要求。促进沿海内陆沿边开放优势互补，形成引领国际经济合作和竞争的开放区域，培育带动区域发展的开放高地，是党的十八大和十八届三中全会的明确目标。

改革开放以来，长江经济带基础设施建设成效显著，结构布局不断改善，技术水平明显提升，运输能力大幅增强，初步形成了以长江黄金水道为依托，水路、铁路、公路、民航、管道等多种运输方式协同发展的综合网络。然而，与长江经济带的发展要求相比，长江经济带依然未形成高效的集疏运体系，长江航运依然未能充分发挥巨大的潜力，与长江经济带发展相适应的创新制度依然缺乏，无法为长江经济带的对外开放与区域一体化发展提供良好的制度支撑。

2013 年，中共中央总书记、国家主席习近平分别提出建设"新丝绸之路经济带"和"21 世纪海上丝绸之路"的战略构想，是党中央主动应对全球形势深刻变化、统筹国内国际两个大局作出的重大战略决策，对开创我国全方位对外开放新格局、促进地区及世界和平发展具有重大意义，对推进我国新一轮对外开放具有重大战略意义，长江经济带由此进入了宝贵的发展机遇期。

2014 年，李克强总理在考察浙江时明确指出，建设长江经济带是国家重大战略，希望浙江发挥优势，把自身改革发展和长江经济带建设紧密结合起来，依托黄金水道，打造江海联运服务基地，敢闯敢试，面向世界，带动腹地，促进转型升级。

在党中央、国务院大力关心支持下，2016 年 4 月 19 日，国务院批复同意设立舟山江海联运服务中心；同年 5 月 31 日，国家发改委印发《舟山江海联运服务中心总体方案》。其实施范围包括舟山群岛新区全域和宁波北仑、镇海、江东、江北等区域，陆域面积约 2500 平方千米，海域面积约 2.1 万平方千米；赋予四大定位；国际一流的江海联运综合枢纽港、国际一流的江海联运航运服务基地、国家重要的大宗商品储备加工交易基地和我国港口一体化改革发展示范区。明确六大任务；完善大宗商品及集装箱中转运输体系、打造大宗商品储运加工基地、提升现代航运服务功能、培育大宗商品交易市场体系、完善江海联运集疏运网络、创新体制机制。

二、基本原则

促进区域一体化。打破长江经济带和长三角地区行政区域划分，改革江海联动、陆海统筹的江海联运航运制度。统筹协调处理与上海、宁波以及长江沿江主要城市的关系，整合海事、航道、口岸、水上安全等管理资源，实现共同合作、错位发展、互补发展，提升江海联运服务功能，形成长江经济带区域一体化的合作机制。

扩大对外开放。紧密结合国家"一带一路"倡议、国家海洋战略和泛太平洋合作战略，主动承接双边和区域贸易协定各项任务，在舟山率先开展中韩、中澳等多个自贸协定试点，探索建立江海联运服务中心外商投资负面清单管理模式，进一步扩大外商投资准入，提高外资进入效率，扩大江海联运服务中心对外开放程度，形成引领国际经济合作和竞争的开放区域，培育带动区域发展的开放高地。

释放改革红利。把制度建设摆在突出位置是十八大的明确要求。江海联运服务中心航运制度创新涉及对外开放、区域合作、管理体制、口岸监管、金融税收等多项领域的改革，通过制度创新调动长江经济带发展的积极性、主动性、创造性，提升舟山、宁波及长江经济带其他港口城市发展水平，促进长江经济带上中下游协调发展，源源不断地释放改革红利，推动长江经济带健康发展。

第二节　江海联运服务中心航运制度创新的必要性分析

一、制度创新是我国对外开放新形势的必然要求

实施创新驱动发展战略，推进经济结构战略性调整，提高开放型经济水平，是党的十八大和十八届三中全会的明确要求。改革开放是强国之路，是党和国家发展进步的活力源泉。当前，我国正处于改革的攻坚阶段，发展进入关键时期，对外开放面临新的国际环境。适应新形势，提高参与国际竞争能力，需要在深化改革、扩大开放上不断进行新的探索。舟山拥有中国（浙江）自贸试验区及国家综合配套改革试验区舟山群岛新区，担负着更好发挥在改革开放和自主创新中重要作用的使命。

国际经验表明，只有大胆探索创新的、适合本国国情的制度，先行更加开

放的政策措施，探索适应区域发展的管理新模式，才能真正形成引领国际经济合作和竞争的开放区域，带动区域发展的开放高地，发挥引擎示范和龙头带动作用，为适应我国改革开放新形势，提高我国开放型经济水平闯出新路子。

舟山江海联运航运制度创新着眼于我国区域发展新形势的迫切要求，紧密结合国家"一带一路"倡议、国家海洋战略以及泛太平洋合作战略，通过制度创新，主动扩大开放，适应经济发展新常态，有助于提升长江经济带对外合作水平，有助于加速推进长江经济带区域合作一体化进程，有助于建立标准、高效的口岸监管服务模式，促进长江经济带乃至全国经济发展，是我国对外开放新形势的内在要求。

二、制度创新是长江经济带区域一体化发展的迫切需要

改革开放以来，长江经济带基础设施建设成效显著，结构布局不断改善，技术水平明显提升，运输能力大幅增强，初步形成了以长江黄金水道为依托，水路、铁路、公路、民航、管道等多种运输方式协同发展的综合交通网络。

同时，与推动长江经济带发展、促进长江经济带区域一体化的要求相比，长江经济带的制度创新能力与服务水平仍然存在较大差距。长江沿江主要港口依然未建立良好的区域合作机制，依然存在激烈的同质化竞争，海事、航道、口岸、水上安全等方面依然存在各自为政的现象，海关、质检、工商、税务、外汇等管理部门依然未能建立良好的协作机制，基础设施分散，管理资源亟待整合，制度创新已成为带动长江经济带区域一体化发展的迫切需要。

舟山江海联运航运制度创新主动适应经济发展新常态，以全面扩大开放促进制度创新，积极探索区域合作机制，完善江海联运监管服务模式，在对外开放、长江经济带区域合作机制、江海联运管理体制、口岸监管服务模式等方面开展制度创新，必然为长江经济带上中下游协调发展注入新的活力，是带动长江经济带区域一体化的重大机遇。

三、制度创新是舟山江海联运服务中心建设的内生需求

航运制度创新是舟山江海联运服务中心建设的制度保障，是舟山江海联运服务中心建设的关键任务与必由之路。

国际经验表明，航运服务中心地位的确立，必须建立一套与中心地位相匹配的政策与制度。舟山江海联运服务中心的建设，是谋划创新驱动，优化资源配置，打破行政区划，支撑和推动长江经济带一体化发展的重大举措，是推进"一带一路"倡议，引领泛太平洋合作战略，对接上海自贸试验区和上海国际航

运中心建设，承接双边和区域贸易协定，引领对外开放、释放改革红利的重要实践。重大的举措必然需要创新的制度，而扩大对外开放、优化资源配置、打破行政区划，更需要把制度建设摆在突出位置。只有抓住改革这个根本，才能牵一发而动全身，只有牵住制度创新这个关键，才能事半功倍。

舟山江海联运服务中心的建设，从客观上要求进一步扩大对外开放水平、创新长江经济带区域合作机制与管理机制、完善口岸监管服务模式。只有建立良好的江海联运制度，才能调动各方面的积极性、主动性、创造性，为舟山江海联运服务中心的建设营造良好的政策环境，与舟山江海联运服务中心实现共同发展。

四、制度创新是舟山江海联运服务中心建设的基本保障

坚持社会主义市场经济的改革方向，坚持对外开放的基本国策，不断推进制度创新，是推进我国社会主义制度自我完善和发展的要求。我国的改革开放，就是不断推动制度、体制与之相适应的过程。

舟山江海联运航运制度创新是集聚江海联运航运资源要素的基本保障。舟山与釜山、高雄、中国香港等西太平洋的主要港口形成等距离扇形辐射，海域拥有途经中国的 7 条主要国际航线中的 6 条，是我国大陆架进入太平洋的桥头堡，是长江三角洲以及长江沿线地区大进大出的海上门户和江海联运枢纽。扩大江海联运对外开放，提升开放合作水平，扩大外商投资准入，提高外资进入效率，这些制度创新举措是利用全球资源发展舟山江海联运服务中心的基本保障。

舟山江海联运航运制度创新是建设江海联运航运服务体系的基本保障。优化行政审批制度，简化行政审批环节，由事前审批转变为事中、事后监管，改变江海联运航运服务的供给方式和机制，营造有利于江海服务中心发展的法制环境，是推进现代航运服务体系建设，加快传统航运服务业转型升级的基本保障，是加强与上海、宁波及长江经济带其他港口城市的区域合作，打造江海联运航运服务链的基本保障，是构建体系健全、功能完备、服务优质的现代航运金融服务体系的基本保障，也是引导港口企业拓展港口服务功能的基本保障。

第三节　江海联运服务中心发展建设情况

一、重大项目建设情况

（一）重点工程建设情况

依托江海联运服务中心建设，2017 年舟山完成江海联运重大项目投资 501.72 亿元，其中水运建设投资完成 123.8 亿元；新增万吨级以上码头 6 个，形成七大重点工程。油品储运加工基地：黄泽山油品储运项目建成 151 万立方米储罐和 4 个万吨级以上油品泊位；建成万向二期 5 万吨级码头和 110 万立方米原油储罐、外钓光汇油品码头。铁矿石储运加工基地：全面建成鼠浪湖矿石中转码头一期，已靠泊 40 万吨大型矿船 21 艘，吞吐量突破 3000 万吨。粮油储运加工基地：建成国际粮油产业园公共码头 5000 吨级泊位 1 个，粮油一期正式投产，新增加工能力 120 万吨、仓储能力 12 万吨，和润物流 40 万吨和江海粮食 60 万吨仓储项目。加快建设煤炭中转基地：浙能六横煤炭项目成为郑商所华东首个动力煤交割基地，全年完成动力煤交易量 1596.02 万吨，实现交易额 90.76 亿元。中澳现代产业园：完成澳牛进境加工项目屠宰场征地工作，与新加坡太平集运、中国冷链物流中心签署 30 万吨冷链仓储项目合作协议。液化天然气（LNG）供应基地：新奥 LNG 加注站项目一期接靠 26.6 万立方米和 3 万立方米 LNG 船舶 2 个泊位完成主体结构施工，2 座 16 万立方米 LNG 储罐完工。集装箱中转物流基地：金塘大浦口集装箱码头二阶段工程稳步推进，危险货物集装箱堆场获核准。

（二）多式联运体系构建情况

公路建设：鱼山绿色石化疏港公路加速建设，富翅门大桥、鱼山大桥在建；六横大桥已完成初步设计、初勘工作。航道锚地建设：大型船舶进出航道、锚地和船舶加注专用锚地陆续建成投入使用，鱼山作业区进港航道加快建设，白泉港区进港航道可行性研究报告获批。铁路建设：甬舟铁路前期工作加快推进。空港建设：普陀山机场国内新航站楼基本建成，国际航站楼破土动工，综保区空港分区顺利通过国家验收。管网建设：绿色石化基地配套输油管线启动建设。

二、江海联运直达运输推进情况

（一）运输规范管理体系建设情况

舟山与长江航务管理局、中国船级社合作，开展大量前期研究、探索和实践。取得交通运输部大力支持，交通运输部先后制定出台安全监管规定、法定检验暂行规则、特定航线江海通航船舶建造规范、船员培训、考试和发证办法、最低安全配员标准及推进特定航线江海直达运输发展意见等系列文件，规范江海直达运输法规和技术基础。

（二）江海直达系列船型研发情况

舟山江海直达船型2万吨级散货（首制船）于2017年12月8日顺利接水，2018年4月投入运营。发挥首制船研发设计经验，加快江海直达系列船型研发，先后完成宁波—舟山港至武汉135万吨级散货船、738TEU集装箱船江海直达船型概念设计；与长航武汉汽车物流公司、长江船舶设计院、CCS武汉规范所、中船重工702所启动1500车位商品车滚装船型研发，并形成概念船型。

（三）江海直达运输市场培育

依托舟山港域特点，坚持船型研发与市场培育同步，舟山市相关部门通过对长江沿线重要港口城市重庆、武汉、南京、马鞍山等地深入调研，论证江海联运货源形成对流可行性，构建散装货物如矿石等江海联运体系，形成矿、煤、矿建材料等重点货种江海直达运输模型，聚焦"海进江""江出海"货源组织，协同企业主动对接冷链、粮食、内贸集装箱市场，稳步拓展市场。同时初步构建一体化服务保障体系，设立舟山江海通航船舶研发设计中心、审图中心和船员培训中心，涵盖船舶研发设计、建造管理、船员培养等，探索制定江海直达船舶建造补助政策。

三、江海联运公共信息平台的应用推广情况

（一）平台建设情况

加快江海联运数据标准化体系建设，完成江海联运信息平台总体规划的编制，打造平台四大功能，包括航运交易、行业监管、公共服务、数据交换。具备向政府部门、企业提供决策和服务参考，可提供港航资源、企业资源、水文气象等共计50余项信息服务，初步建成江海联运大数据中心。实现港检"单一窗口"，满足检验检疫部门与企业的双向需求，目前服务企业710家。打通与国家交通运输物流公共信息平台数据接口，成为国家交通物流运输公共信息平台

江海联运信息中心。

（二）信息互联实施情况

对接沿江沿海港口各信息平台，实现数据互联互通，涉及港口码头、港航企业、货物信息等十余类。先后对接长江航运物流公共信息平台、马鞍山信息平台等，与宁波舟山港实现互联互通，并与武汉新港委和航运交易所等实现信息共享互联。目前江海联运公共信息平台入驻沿江沿海企业 700 余家，服务 54 个国家和地区、33 个国内省（市），数十万用户。

（三）数据推广应用情况

利用江海联运大数据中心，与企业合作，建设集物流、信息流、资金流于一体的江海联运物流资源信息服务平台，为企业金融需求提供信息支持。支撑亚太铁矿石分销中心建设，与宁波舟山港集团达成合作意向构建全程物流组织平台开展船货交易。

四、现代航运服务基地建设情况

（一）国际海事服务基地建设情况

保税燃料油供应取得突破性进展。出台《国际航行船舶保税油经营管理暂行办法》和供应业务操作规范，新批 5 家保税油经营资质企业；在全国首创推行"跨关区供油""跨港区供油""内锚地供油""不同税号下混兑"等多项改革举措，舟山保税燃油加注"一口受理"平台上线运行，保税燃油调度服务中心常态化运作。外轮物资供应和服务能力进一步提升，加快建设外供农产品基地和外供物资配送中心，成功打造"一船多能"供应船舶，出台外轮供应鼓励政策，新引进新加坡 SINWA 和 RMS 润通两家国际知名外轮供应企业，累计 39 家企业陆续开展外供业务。

（二）现代航运服务集聚区建设情况

深化航运服务集聚区规划研究，制订集聚区建设方案。以"大宗商品+江海联运"特色定位，与上海、宁波等周边错位发展，重点打造新城区域千岛中央商务区建设，努力建成"两中心"即航运金融中心、航运信息和交易中心，"两基地"即航运企业区域总部基地和航运科技产业示范基地。按照"边谋划、边建设、边招商"的工作思路，开展了对现代航运服务机构的对接，并成功引进海事仲裁、航送金融、船舶管理的企业。目前挂牌成立中国首家海事法律服务中心，拟建设中国海事仲裁委员会（浙江）自由贸易试验区仲裁中心，中国人保总部批准在舟山设立航运保险中心，舶云供应链物流等公司先后落户小干岛。

五、沿江沿海区域合作情况

（一）多层协作机制运行情况

向国家发改委、交通运输部等有关部委争取建立高层统筹协调机制。通过省、市协调工作例会，解决江海联运服务中心建设中遇到的重点、难点问题；舟山市与省海港集团工作例会及时协商解决宁波舟山港建设运营中的重大问题。加强口岸协作，实现宁波、舟山口岸进出口货物直通放行、与上海口岸出口直放，实施国际航行船舶进出口岸网上审批，落实大宗商品提前报关等便捷通关措施，大宗散货进口 24 小时放行率达 100%，吸引全国 400 余家大宗商品经营企业在舟山口岸报关。出口货物直通放行、与上海口岸出口直放，实施国际航行船舶进出口岸网上审批，落实大宗商品提前报关等便捷通关措施，大宗散货进口 24 小时放行率达 100%，吸引全国 400 余家大宗商品经营企业在舟山口岸报关。

（二）跨区域合作情况

围绕内贸集装箱、农副产品冷链、商品汽车滚装、港口储运贸易、信息互联共享、江海直达船型研发等一批合作项目洽谈，全力推动合作项目落地，目前已与武汉航运交易所、马钢集团、长航速装签订有关合作协议，同省海港集团加强与沿江重要港口对接，加快大宗散货沿江战略布局，与上港集团、马钢集团等协商航线和服务。

（三）"一带一路"沿线港口布局合作情况

以宁波舟山港为依托，加强与"21 世纪海上丝绸之路"沿线港口、国际航运企业港口运营商等合作，省海港集团与招商国际签署合作意向书，洽谈参与其全球范围内的港口码头开发运输业务。

第四节 江海联运航运制度创新效果评价

一、制度效果评价方法选择

层次分析法（Analytic Hierarchy Process，AHP）是一种定量与定性相结合的分析方法，主要针对多方案、多目标的优化决策。层次分析法较适合于目标值又难于定量描述的决策问题，本书运用此方法对江海联运制度进行定性和定量分析。步骤如下：首先，构建不同层次的指标体系结构模型，然后运用德尔菲专家评分法，请专家构造两两比较判断矩阵。其次通过所构建的判断矩阵计算各指标相对权重，并进行一致性检验，当情况较为复杂时，可应用 YAAHP 软件来进行计算。然后，对整个体系指标的组合进行一致性检验，计算指标相应权重。最后，通过对各专家及相关人员发放问卷，得出每个指标的满意度（即为相对分值），同时，使用加权平均的方法对各个指标权重进行加权计算，通过这一方法来对江海联运制度进行综合评价。

二、制度效果评价指标体系的设计和构建

（一）评价指标的设计依据及构成

舟山江海联运制度评价指标的设计依据如下：一是参照现行江海联运制度设计中的发展目标、基本原则、制度创新设计、保障措施及其他事项等内容，设计形成评价体系的总体架构。二是借鉴前人研究经验，将制度制定是否完善、内容是否全面合理、制度可行性如何等常规评价维度纳入其中。三是通过前期调研和专家论证，获取实践和经验方面的指导。立足以上三点，将初步设计出的评价指标体系寄送给从事有关江海联运研究工作的专家及相关企事业单位和政府机构，通过汇总分析专家的指标体系修改意见，从中选取 4 大项指标和 17 项具体指标，构建最终的评价指标体系。这些指标具有典型代表性和可操作性，分别为：制度理念指标，下设制度模式合理性等 3 项具体指标；重要任务指标，下设江海联运区域合作机制有效程度等 6 项具体指标；执行效果指标，下设江海联运重大项目建设情况等 5 项具体指标；保障措施指标，下设政府支持力度等 3 项具体指标（具体构成见图 2-1）。

（二）评价指标权重的计算

在上述指标体系构建的基础上，进一步采用德尔菲法向从事舟山江海联运服务研究的专家、企事业单位、政府机关等相关人员发放调查问卷，同时结合电话和现场咨询，要求其对指标体系中的各个项目进行两两比较，采用 9 分制打分，其中得到了 31 位专家的有效反馈，以此为依据来计算指标权重。同时在计算指标对比分数时主要采用就近取整的方法。以二级指标为例，判断矩阵情况见表 2-1。

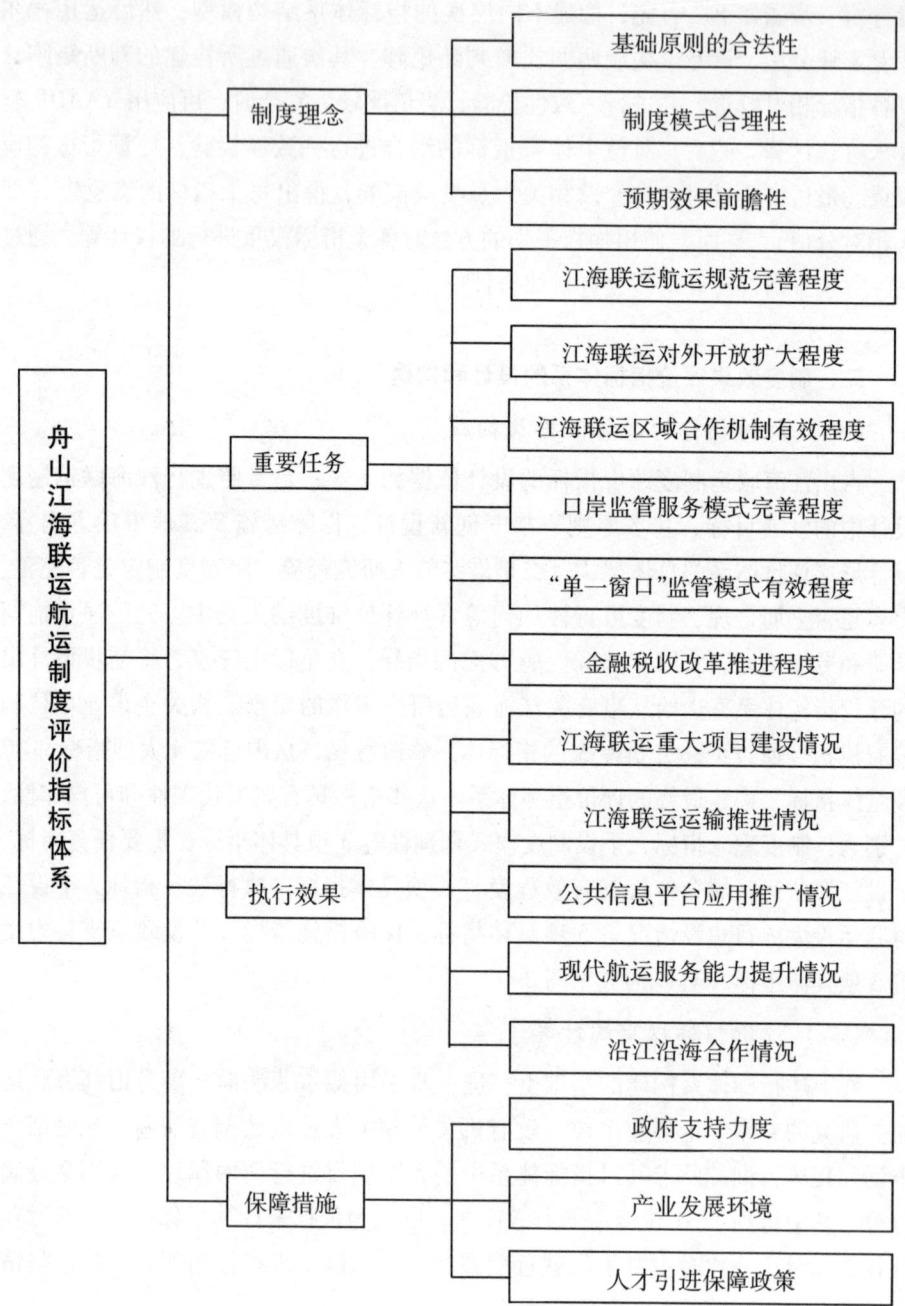

图 2-1 舟山江海联运航运制度评价指标体系图

表 2-1　舟山江海联运制度评价指标两两判断矩阵打分情况表

	制度理念	重要任务	执行效果	保障措施
制度理念	1	1/3	1/4	1/3
重要任务	3/1	1	1/2	1
执行效果	4/1	2/1	1	2/1
保障措施	3/1	1	1/2	1

接下来，对各级指标判断矩阵进行一致性检验，一致性指标计算公式为：$CI = (\lambda_{max} - n)/(n - 1)$，通过应用 YAAHP 软件来进行计算，所得结果见表 2-2。

表 2-2　舟山江海联运航运制度各级评价指标一致性比例

指标因素集	子项目数	最大特征值 λ_{max}	一致性比例 CR
江海联运航运制度	4	4.0206	0.0069
制度理念	3	3.0092	0.0046
重要任务	6	6.1983	0.0397
执行效果	5	5.0100	0.0025
保障措施	3	3.0183	0.0092

由上表可得，一致性比例 CR 值均<0.1，即符合误差率要求，可判定权重数据是稳定权重且可信。

为方便计算，用 A_1，A_2，… 来表示各指标因素，用 A_{11}，A_{12}，…，A_{21}，A_{22}，…，A_{31}，A_{32}，… 来表示子因素集，如表 2-3 所示：

表 2-3　指标权重汇总表

因素集	因素权重	子因素集	子因素权重	排序
制度理念 A_1	0.0890	基本原则合法性 A_{11}	0.0334	12
		制度模式合理性 A_{12}	0.0292	14
		预期效果前瞻性 A_{13}	0.0264	15
重要任务 A_2	0.2391	江海联运航运规范完善程度 A_{21}	0.0802	3
		江海联运对外开放扩大程度 A_{22}	0.0164	16
		江海联运区域合作机制有效程度 A_{23}	0.0484	8

因素集	因素权重	子因素集	子因素权重	排序
重要任务 A_2	0.2391	口岸监管服务模式完善程度 A_{24}	0.0372	10
		"单一窗口"监管模式有效程度 A_{25}	0.0405	9
		金融税收改革推进程度 A_{26}	0.0164	16
执行效果 A_3	0.4328	江海联运重大项目建设情况 A_{31}	0.0698	5
		江海联运运输推进情况 A_{32}	0.0568	7
		公共信息平台应用推广情况 A_{33}	0.0372	10
		现代航运服务能力提升情况 A_{34}	0.1892	1
		沿江沿海合作情况 A_{35}	0.0798	4
保障措施 A_4	0.2391	政府支持力度 A_{41}	0.1368	2
		产业发展环境 A_{42}	0.0698	5
		人才引进保障政策 A_{43}	0.0325	13

从表中可以看出，指标权重从高到低的顺序依次为执行效果、重要任务和保障措施，最后是制度理念。在具体项目指标中，现代航运服务能力提升情况、政府支持力度、航运规模完善程度等被认为是评价江海联运制度的重点因素。

三、评价结果分析

（一）制度体系满意度问卷设计及数据来源

通过对各项指标作出阐述并进行简要背景资料介绍，设计调查问卷，向相关人员发放获取满意评分值。调查问卷的内容包括：人员基本情况，对四大模块各项内容满意度评价，对制度整体满意度评价。为了保证调查问卷的易理解和准确性，以各项具体指标与实际相结合设计出题项内容。在满意度评价时，运用李克特5点量法，选取"符合、比较符合、一般、较不符合、不符合"5个维度，对应5分制，由问卷调查参与者对各项指标打分（符合-5、比较符合-4、一般-3、较不符合-2、不符合-1）。问卷中还设计了制度整体满意度评价的问题，用于对比验证用AHP方法的满意度值。

在数据统计时，将得分中的五分制换算为满意率，即用1.0、0.8、0.6、0.4、0.2，分别代表"很好""较好""一般""较差""很差"。对各指标的满意度的计算，采用如下模型来评价结果，计算公式如下：

$$E = \sum_{i=1}^{n} Q_i P_{ij} Z_{ij}$$

其中：

E：制度综合评价值；

Q_i：为第 i 个评价因素的权重值；

P_{ij}、Z_{ij}：分别为第 i 个评价因素中第 j 个评价因子的权重值和评价分值；

n：评价因子数。

（二）制度满意度评价结果分析

本书通过实证研究方法，从 2018 年 1 月至 2018 年 6 月，面向从事舟山江海联运服务研究的专家、企事业单位、政府机关等相关人员的访谈及问卷调查，共回收有效问卷 229 份。将其汇总为平均满意度，所得结果如下：

表 2-4　舟山江海联运航运制度及各因素集满意度分值（层次分析法）

项目	制度整体评价	制度理念	重要任务	执行效果	保障措施
分值	0.6883	0.8550	0.7070	0.6667	0.6486

通过对比发现，运用层次分析法计算出的舟山江海联运航运制度总体满意度为 0.6883，而通过问卷所得总体评价满意度为 0.6888，差距为 0.0005，可以看出两种方式所得制度满意度基本一致，保证计算结果具有一定的可信度和科学性，同时也可以看出被调查者给予问题的答案基本可信。

通过计算得出的舟山江海联运航运制度总体满意度为 0.6888，代表评价为"一般"，说明目前各相关人员对制度尚属认可，但还远达不到满意的标准。其中，制度理念获得了 0.8550 的满意度，达到基本满意的标准，说明对舟山江海联运航运制度的设计理念评价较好。其次是重要任务、执行效果和制度保障措施，满意度分别 0.7070、0.6667 和 0.6486，评价为中等，说明重要任务内容完善程度、执行效果、制度保障措施等总体尚可，但存在较大提升空间。

表 2-5 是针对具体 17 项指标的满意度评价，具体情况如下。

表 2-5　各评价指标满意度分值情况表

因素集	因素权重	子因素集	子因素权重	平均满意度	排序
制度理念 A_1	0.0890	基本原则合法性 A_{11}	0.0334	0.8293	1
		制度模式合理性 A_{12}	0.0292	0.856	2
		预期效果前瞻性 A_{13}	0.0264	0.799	3

续表

因素集	因素权重	子因素集	子因素权重	平均满意度	排序
重要任务 A_2	0.2391	江海联运航运规范完善程度 A_{21}	0.0802	0.7845	4
		江海联运对外开放扩大程度 A_{22}	0.0164	0.598	15
		江海联运区域合作机制有效程度 A_{23}	0.0484	0.6192	12
		口岸监管服务模式完善程度 A_{24}	0.0372	0.6983	8
		"单一窗口"监管模式有效程度 A_{25}	0.0405	0.7539	5
		金融税收改革推进程度 A_{26}	0.0164	0.5996	14
执行效果 A_3	0.4328	江海联运重大项目建设情况 A_{31}	0.0698	0.7395	6
		江海联运运输推进情况 A_{32}	0.0568	0.6543	11
		公共信息平台应用推广情况 A_{33}	0.0372	0.7207	7
		现代航运服务能力提升情况 A_{34}	0.1892	0.6880	10
		沿江沿海合作情况 A_{35}	0.0798	0.5363	17
保障措施 A_4	0.2391	政府支持力度 A_{41}	0.1368	0.6959	9
		产业发展环境 A_{42}	0.0698	0.5748	16
		人才引进保障政策 A_{43}	0.0325	0.6077	13
制度总体评价				0.6888	

从表 2-5 可以看出，制度理念（A_1）下的基本原则合法性（A_{11}）、制度模式合理性（A_{12}）、预期效果前瞻性（A_{13}）全部 3 个子因素指标均高于或接近"较好"的满意度评价；重要任务因素集（A_2）下的航运规范完善程度（A_{21}）、"单一窗口"监管服务模式有效程度（A_{25}）、口岸监管服务模式完善程度（A_{24}）、区域合作机制有效程度（A_{23}）4 个子因素和执行效果因素集（A_3）下的江海联运重大项目建设推进情况（A_{31}）、公共信息平台应用推广情况（A_{33}）、现代航运服务能力提升情况（A_{34}）、江海联运运输推进情况（A_{32}）4 个子因素，及保障措施因素集（A_4）下的政府支持力度（A_{41}）、人才引进保障政策（A_{43}）2 个子因素获得的满意度评价中等，为一般水平；而重要任务因素集（A_2）下的金融税收改革推进程度（A_{26}）、江海联运对外开放扩大因素（A_{22}），执行效果因素集（A_3）下的沿江沿海合作情况（A_{35}）以及保障措施因素集（A_4）下的产业发展环境（A_{42}）4 个子因素获得的满意度均低

于"一般"水平，可见江海联运相关产业发展环境不够完善、金融税收改革推进情况少有起色、对外开放力度不够、沿江沿海合作乏力等 4 大问题是当前对舟山江海联运航运制度最不满意之处。

通过层次分析法对各项指标的权重计算，得出结论与江海联运建设过程中实际遇到的问题重要程度基本相符，由此本书将按照重要程度对舟山江海联运制度存在的主要问题进行阐述。

第五节　江海联运航运制度创新要求

一、航运规范体系亟待完善

在江海联运服务中心的运输政策上，凡是涉及海事和海关等部门政策性问题的也需制定统一的制度规定和操作规范，可以设立公开的物流信息通报制度、制定相应的航运保障制度、建立统一的航运公共服务平台等，实现信息共享。

目前舟山港域 11 个港区，分散在南北约 140 千米、东西约 100 千米的海域范围内，各港区内的作业区较为分散，各港区的规模较小，整体互动效应难以发挥。舟山港域虽有 34 个万吨级以上泊位，但分散在多个港区内，未形成大型综合性港区，需求不集聚，影响了江海联运的全面发展。因此，各港区在各自加快发展的同时，要加强联动，形成规模效应。同时，发展江海联运服务中心，需要与其他港口之间进行协调发展，统一布局和建设泊位与基础设施。

对于江海联运专用船舶来说，它营运所面临的自然和地理环境对于单纯的河船和海船是比较复杂的，因为这类船舶既要从经济性上解决船舶载货量尽可能大与内河航道深度之间的矛盾，又要从安全性、稳定性和船舶自身的结构强度及航行的抗沉性等角度适应海上航行的要求。目前全国首艘 2 万吨级江海直达船舶已经开始投入使用，相关性能指标是否满足要求还有待验证。

国际经验表明，构建创新的满足江海联运的航运规范体系的管理体制是舟山能否成为世界一流江海联运服务中心的保障，这就需要政府提供良好的外部支撑环境，发挥航海学会、港口协会等社会团体的桥梁纽带作用，为企业与政府之间架起沟通平台，促进航运、船代、货代、货主等行业参与者共同建设，构建完善的航运规范体系来保障江海联运服务中心的发展。

二、对外开放水平亟待提高

舟山是以点状开放为特征、以海港开放为主线的口岸。自1987年正式对外开放，历经三十多年，舟山港口岸对外开放面积不断拓展，现有开放的海、陆域面积已达1193平方千米，总的趋势是口岸开放范围不断扩大，监管点数量在逐步增加，一类口岸监管点由开放初的2个发展到现在的12个，各项业务指标在迅速增长，查验机构设置在日益齐全，能基本适应临港产业对开放发展的要求。然而，口岸开放并不意味着与之匹配的制度环境的开放。随着国家实施更加主动的开放战略，不断增加的口岸开放需求将使舟山江海联运服务中心建设中的对外开放矛盾会更加突出。舟山应适应新形势，积极参与国际竞争和区域合作，在开放创新中先行先试，拓展对外开放领域，以改革增活力，以开放促开发。同时，科学谋划口岸工作，采取切实措施，破除思想上的禁锢，凡是有利于扩大开放、有利于推动舟山江海联运服务中心建设的事，要敢想、敢干，逐步形成多层次、多渠道、全方位开放的格局，为舟山江海联运服务中心的建设增加新的动力。

从国际船舶管理方面，目前还不允许外商独资的国际船舶代理企业和管理企业从事国际海运油品运输和装卸业务，支持舟山江海联运管理体制改革，放开相关行业的准入条件，对接上海、福建、广东等自由贸易区的创新制度与平台，分享自贸区溢出效应，是建设舟山江海联运服务中心的客观要求。

三、区域合作机制不健全

目前长江经济带已初步形成12个直属海关区域通关、转关运输为纽带的协作机制，关联密切。但从整体角度来看长江经济带区域相互之间缺乏江海联运统筹管理和规划，合作机制未完全建立。

区域合作制度化程度较低。长江经济带区域合作仍停留在倡导式，而非制度性，各区域地方政府所达成的合作共识的保障靠的是领导人的承诺，这种承诺缺少稳定性，一旦地方领导调动很容易使合作机制停滞，缺少法律层面的效力。区域合作的组织形式相对较为松散。没有建立起一套功能性的组织机构，未形成一套制度化的议事和决策机制，区域政府间的合作总成本大大增加，区域内政府间缺乏统一的战略合作规划。虽然近年来区域内各地政府间合作共识已经确立，各地纷纷融入长三角区域合作、大上海区域经济合作等，很大程度上是从各地地方政府自身的实际需求和内在逻辑展开的，并将此作为自身战略发展的主旋律，但是很少从整个长江经济带区域发展的角度来进行规划。

为了保持在竞争中处于优势和基于行政区划分割的影响，长三角地区港口小区域合作初现端倪，但大区域合作仍处在相对滞后的态势。在整个区域内以宁波—舟山港组成了南翼合作带，太仓港、常熟港、张家港组成"苏州港"合作带，南京港、镇江港、扬州港组成宁镇扬组合港，同时南通也加紧建设大型海港——洋口港。目前各港口面临更为激烈的竞争格局，这种带有政府背景的竞争态势、以地方利益为主导的小区域合作，使得区域内与区域外的税费标准、通关手续、行政执法、市场管理、运输标准、政策法规体系等方面存在明显的差异，导致长江经济带各港口之间的区域协调难以有效开展。

因此，舟山江海联运服务中心的建设，亟待突破行政区划，建立统筹各方利益的区域合作新机制。

四、口岸监管模式亟待转变

2014年9月，海关总署决定在上海、南京、杭州等12家海关启动长江经济带海关区域通关一体化改革，旨在建立区域通关中心，形成统一的申报、风险防控及审单的平台，形成一个通用与涵盖长江经济带的全流程一体化的通关管理机制和运行模式，实现海关通关作业一体化，在口岸监管服务模式转变方面迈出了关键步伐，但也应看到其他部门在大区域通关改革上还没有明显实质性动作。

同时，还应注意到，在口岸监管上舟山采取传统的监管模式，海关、海事、边防、出入境检验检疫与工商、税务、外汇管理等部门之间的大协作还未完全建立，延长了通关所需时间，消耗了大量的宝贵资源，阻碍了长江经济带的快速发展。

因此，建立舟山江海联运服务中心，应创新贸易监管模式，组建统一高效的口岸监管机构，推进口岸"大通关"建设，实现"一次申报、一次查验、一次放行"，构建长江经济带大通关模式，科学布局口岸查验单位，加大基础设施建设、信息化建设投入，优化机构查验人员配置，推动口岸电子化发展，提升口岸监管、查验效能，提高通关效率。

五、"单一窗口"模式亟待建立

现行口岸管理体制下实现信息共享、推进"单一窗口"存在整体规划未成型、管理体制不合理、单一系统不稳定、数据标准不统一、法律法规不完善等问题。随着舟山江海联运服务中心的发展，其对外贸易规模呈逐年增长态势，按照目前的口岸管理模式，还存在着深层次的矛盾和问题，主要表现在：口岸查验涉及单位多、事权层级多且分散，各部门之间相互协调机制不完善，配合不顺畅，协调和管理的难度大，各自为政的倾向较突出；口岸开放布局规划与口岸单位布点存在面广点少的现象，通关成本高；口岸查验管理机构的审核权和信息系统呈现集中化趋势。

目前，"单一窗口"建设虽然已经在部委层面开展合作，在海关、海事、商检和边防几家口岸单位初步形成了一个平台办理进出口相关手续的功能，但相应的标准制定和符合地方特性的制度建设相对滞后，相关系统在涉及各部门审批权限时仍需要将相关审批材料提交给不同政府部门申报。目前，进出口企业仍需分头向不同政府部门申报内容类似的通关相关数据，如人员进出境需向边防申报，货物报检信息需向国检部门申报，船舶进出港报告需向海事部门申报，货物信息及报关单需向海关申报，付汇、收汇信息需向外汇管理部门报送，退税、抵税信息需向税务部门申报，同时还涉及环保部门、食品药监部门、人民银行、外经贸部、商务部等各类许可证信息。在我国现行的口岸管理体制下，各口岸部门要求的数据标准不统一，从国家层面还未制定一套普遍适用于参与口岸管理和经营运作各方的信息和数据格式，从根本上影响和制约了口岸通关效率。

此外，目前阶段我国存在的一个主要问题是立法与经济社会发展水平不相符，目前各口岸单位还在用大量的规范性文件指导日常工作开展。由于各自的职能定位，各政府部门法律、法规制定往往具有局限性，法制建设不透明，导致各自执法、政出多门，在问题处理上缺乏有效的衔接性，法律法规的内容与各部门具体操作执行存在矛盾、脱节、交叉和重叠等问题，从而制约了口岸通关整体效能的发挥。

因此，要在江海联运服务中心积极地创新实践"单一窗口"监管模式，是提高江海联运服务中心口岸效率的基本保障，也是实现口岸监管统一标准的基础。

六、金融税收政策亟待改革

舟山金融总量小，存贷款规模不大，非银行金融机构较少，融资受限。2017年，舟山实现地区生产总值突破1000亿元，增长10.2%，财政总收入149亿元，固定资产投资961亿元，利用市外资金402亿元。在政府财力有限的情况下，通过对外负债的方式发展地方经济也是一条可供选择的路径。但就舟山市来说，舟山群岛新区由于人口基数小，金融机构少，融资平台受限，对外融资渠道相对缺乏，金融总量小且活跃度不高，对外融资能力较弱。

因此，舟山应创新投融资体制，积极引进保险、证券、基金、融资租赁等金融机构，扩大资本市场融资规模，推进企业上市和国企改革步伐，鼓励各类社会资本投资新区开发建设。同时，舟山还应实施积极的财政政策来支持新兴产业的发展，如税收减免、财政补贴和政府采购等方式。

七、建设投资模式亟待转变

港口投资主体在港口资源优化、港口建设经营中起着重要作用，有效实现内外资并存、国有民营并存的多元化发展模式，能加快带动港口企业的发展，中国港口投资主体多元化必将继续扩大和深化。为满足社会经济发展需求，舟山江海联运服务中心的建设必须坚持投资主体多元化，同时加快建设港口、有效调整港口结构，提升港口的现代化水平及服务能力。从政府对市场的作用来看，政府在港口投资建设的政策上逐步放宽，市场更具有主动性，这就进一步促进了投资主体多元化。交通运输部和各级地方政府对港口的政策设计始终围绕着放松管制，并从民营化、商业化、市场化的角度来进行，取得了一定的成效。江海联运服务中心建设在投资主体上也需积极放开，使市场起决定性作用并更好发挥政府作用。

舟山的地域规模、人口规模和经济规模总体偏小，融资平台规模受限，金融支撑相对较弱，这也从客观上要求舟山要加大江海联运服务中心的管理体制机制创新，拓展招商引资渠道，优化招商环境，加强项目规划和统筹协调，吸引包括央企、国际大公司、民营企业等各方参与到舟山江海联运服务中心建设。

舟山江海联运服务中心中的港口建设应采用"地主港"模式。其优势在于：第一，港区土地资源与岸线始终由政府掌控。政府采取地主港模式对港口进行开发建设，就意味着港口码头、岸线资源及港口土地等基础性设施所有权由政府掌控，有效体现港口这一公共资源的公益性，在对港口进行规划布局时，可以从长远发展及经济全局角度出发，有效避免同质化竞争和重复建设，提升港口岸线资源利用率。第二，有效兼顾政府及港口运营企业的利益关系。"地主港"模式的采用，可以允许港口运营企业加入，将公共基础设施和经营性设施交由不同主体投资建设。政府的主要精力可用于制定港口规章制度、保障港口作业安全、做好总体规划等，减轻由于繁杂的港口经营业务给政府带来的负担。同时，港口运营企业的主要精力用于做好港口经营投资，而无须过多考虑基础设施建设，避免经济性风险。"地主港"模式有效兼顾政府和企业的利益，有效避免政策和市场带来的冲击，保障政府权益，同时降低企业的投资风险及资金压力。第三，确保港口可持续发展。"地主港"模式下的开发主体和港口经营主体其主要收入来源是港区的土地、港口码头等的租金收入，维持其运营的需要，这也为港口基础设施的日常维护和港口扩建提供了强大的资金后盾，减轻了政府的财政压力，为港口的有效管理和长远发展提供保障。

因此，为社会有效投资拓展更大空间，在江海联运服务中心建设中，需创新建设投资方式，拓宽港口建设投融资渠道，使投资建设模式多元化，提高江海联运服务中心建设的现代化水平和管理水平。

第六节　江海联运航运制度的国际经验借鉴

一、莱茵河江海联运制度

作为欧洲"黄金水道"的莱茵河内河航运非常发达，由于其优秀的通航能力，被沿岸各国充分挖掘，其航运价值得到了充分发挥，以高于长江4倍的运输效率，形成了依托鹿特丹、辐射六大工业区的新格局，实现沿海、干流支流、内陆共同发展，同时也形成了功能完备、体系健全、灵活开放的江海联运制度。

（一）开放的政策环境

在莱茵河沿岸开发中，德国发挥了关键作用。德国当时综合多方优势进行沿河产业配套选择和培育，并大力引进和吸收英、法等西方发达国家的资金和技术，从而后来居上。德国之所以成为外国资本关注的热点国家，除了良好的投资环境外，与其一贯重视外国资本、大力推行促进外国企业来德投资的政策和措施也是密切相关的。德国的外资市场准入执行宽松政策，其投资者享受国民待遇，这为吸引国外投资莱茵河建设及周边产业建设提供了很好的条件，使得莱茵河成为重要的"黄金水道"和产业集聚轴。

（二）创新的合作机制

莱茵河沿岸的各国于1861年联合成立莱茵河航行中央委员会（CCR）。该委员会的职责是统一代表沿岸各国行使莱茵河的管理、建设、协调工作。根据公约制定的组织法规定，CCR负责对航行于莱茵河的船舶建造标准和航道规划等方面进行规范，形成技术标准，统一管理，从而使得莱茵河"江海直达"的航运网建设成为可能。

（三）健全的管理体制

莱茵河流域实行的跨国合作管理体制是一整套囊括国家、地区和辖区内企业遵守并且责任分工明确的体制，通过各个国家发挥行政权力，并在不同级别行政区设立监管机构，进行区域管理和协调，为实现江海联运及联运服务提供了基础保障。

同时，莱茵河沿岸国家通过技术手段和分析机制让政府掌握内河航运市场最新动态，了解内河航运政策实际效果，及时调整或制定相关政策和措施，避免因运输供求关系变化导致的市场无序、盲目发展、恶性竞争等现象的发生。

（四）完善的口岸监管

莱茵河处于欧盟境内，欧盟本身不设具体的口岸检验检疫部门，只设置监督欧盟成员国的海关、移民局、动植检和相应的口岸事务管理部门，为实现莱茵河江海联运及货物自由进出欧盟提供了便利。如莱茵河流域上的重要节点荷兰鹿特丹港，是世界上最繁忙的海港口岸之一，是欧盟进出口货物的集散地和货物转运中心。海关、移民局、动植检、卫检四个部门共同组成鹿特丹口岸查验机构。海关与动植检合署共同使用一个窗口和面对面办公，货主或货代向海关报关时，动植检从中积极予以配合。通过海关对货物单证的审核，作出判断，涉及动植检或食品卫生方面需要其他部门合作查验的货物，按照"统一地点，统一时间，统一查验"的制度，由海关牵头，相关部门配合，在非口岸通道进行一次性查验，形成了高效、便捷的口岸监管制度。

（五）丰厚的金融税收补贴

丰厚的金融税收补贴是保障莱茵河实现江海联运的基础，欧盟主要采用国家资助的形式来保障海运业的发展。其海运国家资助内容按经济影响力分为三大类：一是提升海员职业吸引力的海运资助政策；二是提高悬挂欧盟国船旗比例的海运资助政策；三是扶持航运相关产业发展的海运资助政策（造船业、修船业除外）。海运国家资助政策包括：直接现金补贴，即直接给予海运经营者现金补贴其营运成本；税收减免优惠，即减免航运公司登记税收、船舶税收及船员应缴纳的社会福利保障；其他间接性海运扶持补贴。

二、密西西比河江海联运制度

（一）开放的江海联运市场环境

密西西比河位于美国境内，运输政策与环境完全是美国的自由开放式，即对外国资本实行中立政策，既不补贴也不排斥，外国资本投资者享受国民待遇。

（二）健全的江海联运合作机制

美国通过法律条文的形式来保障内河航运的建设开发。设立全国统一的河流开发管理机构，通过整体规划全国内河航道的开发治理，统筹安排综合开发及日常管理，分步实施逐步建成全国性的深水航道网。通过国会拨款来完成所有内河航道的开发建设和维护，保障了江海联运基础建设的资金来源。

（三）完善的运输管理体制

美国交通运输管理采取由联邦运输部统一管理运输网络规划和建设的综合行政管理体制，避免重复建设，由联邦运输部通过经济结构的调整来应对运输市场的变化，从而实现各运输方式平衡发展，同时有效避免不同部门之间的竞争，密西西比河联运的发展在这一管理体制下有较为公平、公正的环境。

同时，美国实行统一的海上安全管理体制，由海岸警备队负责海上安全、海上执法、国防、海上环境和自然资源保护、助航设施管理等五大任务，作为美国海上唯一的执法力量，其预算经费的支出由联邦政府负责。综合、统一的水上安全管理体制，保障了密西西比河航运的发展。

（四）统一的监管服务模式

查验单位之间分工明确，协作配合密切。在口岸检查现场设立通道卡口的只有移民局、海关，其他查验单位查验的内容大多由海关、移民局代替，遇有问题，由海关代替其他部门执法把关，执行美国的法律。美国口岸各有关单位在工作中有需要协调的矛盾和问题，一般情况下是海关处于牵头地位，由其协调工作，使得在江海联运的中转过程中，其口岸检查能够统一便捷。

三、国际经验对我国江海联运制度的启示

（一）扩大江海联运对外开放

江海联运服务中心是面向世界的服务窗口和国际化的服务中心，建设江海联运服务中心应借鉴国外的开放政策，积极放开相关领域的投资限制，吸引更多外资共同建设。同时，紧密结合国家"一带一路"倡议、国家海洋战略以及泛太平洋合作战略的总体规划，扩大江海联运服务中心对外开放程度。

（二）创新区域合作机制

江海联运服务中心建设应充分借鉴莱茵河流域相关城市的做法，找准舟山及周边城市的角色定位，协调发展优势经济，实现整个长三角地区十余个城市的联动发展。在资源整合过程中，实现区域协作一体化机制，综合考虑地区和企业的整体利益，促进空间和产业合理配置，为江海联运服务中心发展提供支持。此外，应该借鉴国外流域治理经验，打破行政区划，成立联合管理机构，制定标准，统一长三角都市圈区域规划。

（三）创新江海联运管理体制

由于在运输标准、税费核定、通关手续、市场监督等方面存在差异，导致长江经济带港口之间在面临利益冲突时很难有效协调。建设江海联运服务中心应借鉴莱茵河及密西西比河的经验，从更高层级出发，设立水运的组织协调机构，推动包括江海联运、内河航运和港口资源等在内的水路运输分工合作，尤其要结合地方经济特点发展不同类别的货物运输。同时，积极借鉴国外建设的资金来源方式，拓展筹资渠道。

（四）创新江海联运监管服务模式

从国外的发展经验来看，口岸监管均采用"统一监管，统一查验，统一放行"模式。应借鉴国外"单一窗口模式"，充分整合口岸监管部门，简化进出口单证和手续的办理，有效实施口岸监管一体化。通过统一的数据信息标准，协调各部门监管模式，实现一个平台一次申报，简化进出口企业与政府部门之间的申报手续，降低通关成本，从而推进江海联运服务中心贸易投资便利化实质性发展。

（五）深化金融税收改革

从国际发展航运经验来看，实行优惠的航运税收制度是普遍做法，无论是欧盟还是美国，都在不同程度上对航运实行税收优惠制度，同时具有宽松的融资环境，促使航运业健康持续发展。应积极探索航运金融及税收的相关制度，积极研究有利于江海联运发展的财税政策，为江海联运服务中心建设提供基础保障。

第七节　江海联运航运制度优化对策

一、创新江海联运航运规范

建立江海联运航运监管制度。整合内河航运资源，促进江海联运服务中心的发展，应优化行政审批程序，简化行政审批环节，由注重事先审批转为注重事中、事后监管。培育与江海联运相关的社会组织和协会，改变江海联运服务的供给方式和机制。全力营造有利于江海服务中心发展的法制环境，为航运要素市场、航运机构、中介服务机构、行业协会等提供便捷高效的服务。

创新江海联运航运规范与管理。加强舟山国家船舶舾装产品质量监督检验中心建设。加快实施统一的江海联运规范，包括船员配置、能耗、排放、船型、信息、安全等。全面推进江海联运船型标准化，明确船舶设计、建造规范，制定统一的船型技术标准，出台船上船员配置、设施及设备操作规则。明确长江航道江海联运船舶适航范围，统筹布局与建设江海联运泊位，加快形成流域管理统筹协调、市场体系统一开放、基础设施共建共享的江海联运新秩序。

创新江海联运综合管理和安全保障机制，整合海事、海关、口岸、边检、检验检疫、港航等管理资源，积极推进江海联运所涉地方政府简政放权，中央直属部门加快行政事权下放，实现全行业综合管理。加强海事部门、港航、引航之间的管理协调，实现对江海联运航线船舶的统筹调度和引航。同时开放相关数据接口，建立江海联运信息共享协调机制。

二、扩大江海联运对外开放

全面扩大江海联运对外开放。从国际经验看，江海联运服务中心的建立，需要开放的政策环境支持。舟山应紧密结合国家"一带一路"倡议、国家海洋战略以及泛太平洋合作战略等，研究简化口岸开放程序，探索扩大政府口岸管理事权，扩大江海联运服务中心对外开放程度。舟山江海联运服务中心建设需要对接现有自由贸易试验区的创新制度与平台，尤其是中国（浙江）自贸试验区，分享自贸试验区溢出效应，释放改革红利。支持舟山创新国际船舶登记制度，降低船舶登记费用，扩大船舶登记机关权限，吸引境外登记的船舶回国登记。

发展国际船舶登记衍生服务产业，如船检、税收等，并为中资控股的境外登记的国际船舶、"方便旗"船舶提供配套服务。将舟山列入国家邮轮试点城市，开辟对我国台湾和国际航线，开展公海无目的港邮轮航线试点。

提升开放合作水平。主动承接双边和区域贸易协定项目，在舟山率先开展自贸协定试点，包括中美、中澳、中韩等，允许在江海联运服务中心设立外商独资国际船舶管理公司和代理企业，探索外商投资负面清单，允许有资质的航运公司设立单船航运公司。简化国际船舶运输经营许可流程，允许注册的中资控股非五星旗船开展"海进江"二程运输业务。进一步扩大外商投资准入，提高外资进入效率与利用效率，创新招商引资体制机制，优化利用外资结构，更多发挥外资在推动江海联运服务中心建设中的积极作用。

实施"请进来、走出去"战略。探索实行负面清单管理模式，建立"灵活、规范、开放、公平"的江海联运投资制度，实行准入前国民待遇制度。同时，探索实现外资、中资、民资、中外合资在相关领域投融资和市场准入标准的统一，包括保税燃料油加注和零售、船坞建设、船舶修造、自主引航与拖船服务、海铁运输与服务提供、船舶检验与设计、海员培训与派遣、海事仲裁、航运金融与航运信息等。允许企业开展原油进口、转口和离岸贸易，放开成品油经营资质审批，增加原油、成品油等大宗物资当地企业进口配额。对油品加工允许开展保税业务。国家粮食进口关税配额指标向舟山江海联运服务中心和相关企业倾斜。加强与"21世纪海上丝绸之路"港口城市、港口运营商和优秀船队之间的合作，吸引国内外有实力的航运服务企业总部落户。鼓励港航企业到国外投资建设港航设施。

三、创新江海联运区域合作机制

加快推进宁波—舟山港一体化。要按照宁波—舟山港一体化发展规划，以市场为导向，以资本为纽带，建立开放式、多元化的发展格局，增强宁波—舟山港的专业化水平和投融资能力，探索打造"地主港"模式，合理定位两港区功能，科学布局泊位项目，科学处理投资建设与运营管理关系，加快推进两港一体化深度融合，更好支持舟山江海联运服务中心建设，提高国际枢纽港的竞争能力，共同为长江经济带服务。提升对浙江沿海港口和内陆港辐射带动能力，有序建设嘉兴、台州、温州等相应港区，持续推进港口、港航联盟。加强与义乌国际陆港及金华、绍兴、衢州等内陆港的联动，强化浙江沿海港口和内陆港服务长江经济带的能力。

推进长江经济带区域一体化合作。将内河航运、江海联运、港口等相关资源整合，形成航运联盟，并设立相应的组织架构，创新协调机制，开展各层面的联动合作，包括政府、航运企业间的合作。一是要建立严格的准入制度，有效的价格协调机制，公平、公开、公正的竞争制度，来规范港口、航运联盟的建设，有效解决江海联运二次引航和集疏运网络布局的对接和协调等问题。二是要设立联盟协调机制，就发展过程中出现的问题组织定期协商、共同解决。从国家战略出发，正确处理各主体之间的利益分配、规模扩张、综合效益等因素，有效推进区域合作。

实现区域错位发展和互补发展。以资本、市场为纽带，建立江海联运港口联盟，深化江海联运港口合作的深度和广度。积极推进大洋山、小洋山北侧陆域一体化规划、建设和综合开发①，统筹协调流域管理、共建共享基础设施、统一开放市场体系，加快形成区域协同发展新机制。舟山江海联运服务中心应创新与上海、宁波及长江经济带其他港口城市之间的区域合作机制，打破行政区域划分，推动长三角地区、长江经济带港口城市共同参与舟山江海联运服务中心建设，优化江海联运泊位布局、提升其服务功能，避免各自为政、重复建设。加强协同合作，推进现代化、专业化、规模化建设，促进港口合理布局，实现区域共同合作、错位发展，优化区域资源配置，强化江海联运优势，扩大辐射面和服务范围，提升江海联运服务功能，形成长江经济带区域一体化的合作机制。加强江海联运统筹协调和规划，结合上海、宁波及长江经济带发展规划，制订江海联运总体方案，形成区域协同发展机制。整合海事、航道、口岸、水上安全等各项管理资源，加强港航发展政策合作研究，促进全行业综合管理。

四、完善口岸监管服务模式

组建统一高效的口岸监管机构。建立与海关、检验检疫和边检的协调机制，必要时成立统一的口岸监管机构，协调长江沿线港口各部门与海关及检验检疫局之间建立有效的合作机制，有效简化货物中转及通关手续，缩短货物进出口及中转时间，加快货物通关速率。可以有效借鉴海铁联运的"大通关"模式，最大简化通关手续，将进出境货物的申报、检验检疫、税收服务以及结汇等交由内陆相关部门负责。加快完善一体化监管模式，加强海关、外汇、税务、工商、质检等部门的协作，建立高效互动的工作机制主动服务企业通关，创新服务于长江经济带的口岸监管政策，推进组建统一高效的口岸监管机构。

构建大通关体制。加强长江经济带沿江沿海各口岸部门的协作，同时加强口岸与内陆各机构的合作。主动对接上海及宁波，加强跨区域口岸合作，加强与沿江口岸的协作联动，健全区域大通关合作工作推进机制。推进口岸各部门监管互认、信息互换和执法互助。有效实行启运港退税政策，在风险可控范围下，扩大启运地、运输工具等范围。构建长江经济带大通关体制，全面推进"一次申报、一次查验、一次放行"模式，有效实现通关一体化，促进跨区域口岸物流联动发展。

推进通关便利化和扩大口岸开放。支持舟山口岸率先推进大通关改革，实现通关一体化管理；在江海联运服务中心相关区域创新监管模式，简化进出境

---

① 俞韶华，罗宁. 基于"长江经济带"的舟山江海联运服务中心建设存在问题及对策[J]. 浙江海洋学院学报（人文科学版），2015，32（4）：45-49.

货物备案清单,简化国际中转、分拨等进出境手续,在确保有效监管的前提下,实行"进境检疫,适当放宽进出口检验"模式,加快推进浙江、宁波口岸与内陆检验检疫机构合作,尽快实现与长江经济带检验检疫一体化。积极推动江海联运泊位及周边海域对外开放等级提高,支持舟山水域陆域开放,扩大舟山口岸管理事权,整合口岸监管资源,适当给予查验机构和人员编制倾斜;深化功能拓展,在岑港港区设立海外粮食回运进境口岸,允许在特定区域设立保税展示交易平台。

五、实施"单一窗口"监管模式

创新实施"单一窗口"口岸监管模式,需进一步创新监管技术和方法,简化货物流转的口岸监管手续。探索建立适应舟山江海联运服务中心的口岸监管模式,有效地将"单一窗口"监管模式应用于江海联运服务中心的建设,几个因素尤为关键。一是江海联运管理机构及相关政府高层对推动"单一窗口"有强烈的意愿,政治意愿的确立是所有成功要素的基础要素,"单一窗口"建设的推进及资源可利用情况与政治承诺和政治意愿直接相关。二是建立跨部门领导机构,江海联运服务中心"单一窗口"的建设,需要指定一个主要负责单位,赋予权力执行领导、计划和协调职能。同时必须要有适当的政策支持、人力和资金支持以及法律授权调配和运作资源,并与外界联系合作。三是在江海联运服务中心实现一个入口一次申报,"一次申报""提供信息满足所有相关部门需求"是"单一窗口"的核心。在进出口环节中,一个政府窗口负责受理企业提供的材料,而该材料信息必须满足进出口监管的需要。四是统一数据标准,为确保"单一窗口"的统一性,必须有效协调相关贸易文件和信息,通过建立标准的数据格式,保证数据源与单证的整合。"单一窗口"管理模式的实施必定会带来口岸通关模式的调整,涉及多个口岸单位,江海联运服务中心发展应积极在法律上保障"单一窗口"的有效实施,因此营造一个符合国际规则、标准的法律环境也是执行"单一窗口"的重要因素。

同时,考虑江海联运服务中心"单一窗口"的数据与其他国际系统的适用性和兼容性,所有相关的贸易文件及信息要以国际标准为基础,采用世界海关组织的海关数据源,保证舟山江海联运服务中心的"单一窗口"系统的顺利运作,并与其他国家的系统能够实现有效对接,实现国际间信息共享。

六、开展金融和税收改革试点

创新江海联运服务金融政策。支持开展跨境贸易人民币业务和第三方支付机构入驻。开展相关税费扶持政策试点，集聚航运金融与保险领域的国内外产业基金、管理基金，建立市场化运作的江海联运产业发展基金。放宽外资银行等金融机构经营准入，允许符合条件的外资银行、外资航运保险公司等设立营业机构，经营相关特定业务；试点设立江海联运航运发展银行；降低舟山江海联运服务中心内设银行分支机构的年末资产要求，允许内设企业开设"离岸账户"，在内设银行开展离岸业务，并且允许同一企业的不同账户之间的资金划转。探索设立江海联运"开放账户"和在线支付手段。支持江海联运服务中心内设外资银行设立分支机构，开展跨国公司外汇资金集中运营管理试点。支持舟山江海联运服务中心企业借用外债并结汇，适当给予外债额度倾斜。建立以江海联运金融为特色的良好的金融信用生态环境。

探索江海联运服务税收改革。在国家税制改革框架下，积极研究有利于江海联运发展的财税政策，为各类企业、高层次人才、航运要素的集聚创造良好的社会和经济环境。有效整合舟山港综合保税区的各项税收政策，对舟山港尽快实施启运港退税政策。探索有利于舟山江海联运服务中心融资租赁项目发展的财税政策，推动融资租赁业务功能提升。支持国际航运税收政策试点，对注册在舟山江海联运服务中心的纳税人提供国内货物运输、仓储和装卸搬运等服务，实行增值税即征即退；对注册在中心的保险企业取得的国际航运保险收入，免征营业税。研究出台其他航运保险税收优惠政策，例如：无船承运责任险、油污责任险和货运险等。根据企业申请，对其内销货物试行按实际报验状态或按其对应进口料件征收关税的政策。研究实施长江沿线港口到舟山的启运港退税政策。实行中资方便旗船特案减免税政策。

七、创新港口建设投资模式

加大对重大项目建设的支持力度。国家投资建设重大港口基础设施项目、大宗商品战略储运项目、与江海联运相关的重大产业项目和基础配套项目重点布局在舟山。加大资金补助力度，将舟山辖区内征收的港建费全额返还，用于江海联运港航基础设施建设与维护。支持中央企业、国际港口运营和航运企业、民营企业参与舟山江海联运服务中心建设。加大用地保障，落实舟山群岛新区新增建设用地计划指标差别化管理政策，对本方案确定的重点建设区域和重大建设项目给予专项计划支持，允许使用市、县规划预留指标，开展国家统筹补充耕地试点。

创新基础设施建设投资模式。支持中央企业、国际港口运营商、航运企业、民营企业参与舟山江海联运服务中心建设，实现港口投资经营多元化。积极发展"地主港"开发建设模式,"地主港"模式是当今世界港口业发达国家所推崇的一种港口开发模式。它较好地解决了政府和企业在港口开发建设中的权责关系,凸显了政府在港口开发建设中的主导地位,既确保了岸线资源、港口土地以及港口码头等基础性设施的国家所有权,保持了港口的准公共产品属性,又通过港口经营权对企业的让渡,为港口注入了市场活力。舟山作为江海联运服务中心建设的主体,借鉴"地主港"模式,可以有效缓解港口开发建设的资金压力,分散港口建设风险。在此基础上,不断强化核心竞争力,全面拓展港口功能,实施多元化和一体化经营,促进舟山港口资源的整合,服务港口城市和腹地经济,推进江海联运服务中心港口建设和长江经济带新一轮开发开放。

第八节 进一步江海联运航运制度的保障措施

一、加大国家和省级层面的支持力度

江海联运服务中心的建设离不开国家和省级层面在政策、制度、人力、物力、财力等多方面的支持。舟山江海联运服务中心需要中央、部委、相关省市、大型央企等涉及江海联运金融、保险、海事仲裁、法律、航运交易、船舶修造等重大服务总部(如江海联运海事服务中心、大宗商品供应链中心)、科研机构(如江海直达船舶设计研究院)等设立在舟山。中央和相关部委应鼓励先行先试,支持舟山开展江海联运相关服务试点(如跨关区保税燃料油供给服务、船舶保税交易)。舟山江海联运服务中心的建设也需要加快落实舟山群岛新区省级经济社会管理权限,探索建立与舟山江海联运服务中心相协调的职能综合、结构合理、运行高效的行政管理体制;建立高效、公开、透明、规范、便捷的审批制度,简化审批流程,提高行政效能,创造良好的发展环境。

二、完善江海联运航运服务产业发展政策

依据舟山江海联运服务中心建设的总体要求,将江海联运服务纳入舟山群岛新区的总体发展规划。充分利用舟山群岛新区的软硬件环境,抓紧制定与落实产业发展政策,增强舟山江海联运服务中心的集聚和辐射功能,为船舶和货物的进出、通关及转运手续、资金融通提供便利。

将江海联运航运服务产业纳入地方重点扶持行业,细化江海联运航运服务发展的扶持政策、区域政策,加大中小航运服务企业的扶持力度,简化航运服

务企业开设所需的审批环节和手续，制定江海联运航运服务产业投资政策指南。对重点江海联运航运服务企业、高端航运服务企业、国际海事服务企业、江海联运船舶运输龙头企业、领先的江海联运船舶修造企业、国内外知名功能性航运机构给予财政支持。在舟山落户的江海联运航运服务机构，给予选址、税费、口岸、工商登记等方面的优惠政策，为落户企业提供便捷的交流通道。

舟山应在金融等领域拓宽开放力度，如金融期货、保险、银行、金融衍生品、融资租赁等，从而吸引更多更好的企业入驻。制订航运金融创新奖励计划，鼓励金融机构参与江海联运航运金融市场和创新产品。着力解决中小型江海联运公司融资问题，建立政府扶持的融资平台，研究制订中小企业帮扶计划，保障江海联运中小企业能得到足够的航运金融服务。

三、完善江海联运航运服务人才引进保障政策

人才是构建江海联运服务体系的关键，谙熟江海联运航运服务业经验的人才可极大地提升相关企业的竞争优势，增强服务的辐射能力，形成品牌效应。政府的人才扶持政策对人才集聚至关重要，政府应针对舟山江海联运服务领域的需求及高层次人才特点，制定行业高层次人才开发规划，制定给予引进高层次人才的相应公民待遇，诸如户籍、子女入学、住房保障、专业技术资格评审等。要重点引进航运经营、航运金融、航运经纪人、航运交易、法律和政策制定等方面的人才。

附录　A 江海联运航运制度满意度情况调查问卷

舟山江海联运航运制度满意度情况调查问卷

尊敬的各位受访者：

您好！本调查旨在了解当前所大力建设舟山江海联运服务中心其航运制度的满意度，为相关制度的制定、执行部门等提供决策依据或参考。本次问卷为匿名问卷，不会透露您的个人信息。请在符合您观点的选项前的"□"内打"√"，或在"＿＿＿＿＿"上填写；如无特殊注明，选择题均为单选。

如您方便，也非常欢迎您能对本问卷的问题提出补充意见。

感谢您对本次调查活动的配合与支持！

2018 年 6 月

一、个人基本信息

A1. 您的群体归属：

□1）江海联运服务中心工作人员　□2）相关政府、事业单位部门工作人员　□3）相关企业工作者　□4）相关研究人员　□5）直接相关群众

A2. 您的性别：

□1）男　□2）女

A3. 您的年龄（周岁）：

□1）小于 20 岁　□2）20~39 岁　□3）40~59 岁　□4）60 岁及以上

A4. 您的常住区域：

□1）舟山本岛　□2）舟山其他县区　□3）非舟山　□4）其他：＿＿＿＿＿

A5. 您的学历：

□1）高中及以下　□2）大专/大学（含自考/成教）　□3）研究生及以上

A6. 您的年平均收入水平（单位元）：

□1）小于 3 万　□2）3 万~5 万　□3）5 万~10 万　□4）10 万以上

二、舟山江海联运航运制度满意度情况

B1. 制度理念满意度

B1. 1 您认为当前舟山江海联运制度是否符合《舟山江海联运服务中心总体方案》中所描述的"深化改革、创新发展，江海联运、协调发展，开发开放、

融合发展，生态优先、集约发展"的基本原则？

□1）符合　□2）比较符合　□3）一般　□4）较不符合　□5）不符合

认为较不符合或不符合的主要原因（自愿选填）：_____

B1. 2 您认为当前舟山江海联运制度是否遵循了我国相关法规、制度确定的以政府部门为主导，鼓励社会参与的基本模式？

□1）遵循　□2）基本遵循　□3）一般　□4）基本未遵循　□5）未遵循

认为基本未遵循或未遵循的主要原因（自愿选填）：_____

B1. 3 您认为当前舟山江海联运制度预期目标设计是否具备前瞻性，能否满足《舟山江海联运服务总体方案》所提出的"到2030年，现代化的江海联运服务中心全面建成，成为我国乃至世界重要的大宗商品资源、交易和定价中心"的目标要求？

□1）具备　□2）比较具备　□3）一般　□4）不够具备　□5）不具备

B2. 重要任务满意度

B2. 1 您认为当前实行的航运规范制度是否完善合理？

□1）合理　□2）比较合理　□3）一般　□4）较不合理　□5）不合理

认为较不合理或不合理的主要原因（自愿选填）：_____

B2. 2 您认为当前实行的扩大江海联运服务中心对外开放程度，分享各自贸试验区溢出效应，释放改革红利，该制度设定是否合理，能够有效吸引境外登记的船舶回国登记和扩大开放合作水平吗？

□1）能够　□2）比较能够　□3）一般　□4）不太能够　□5）完全不能

认为不太能够或完全不能的主要原因（自愿选填）：_____

B2. 3 您认为当前舟山江海联运中心区域合作机制是否完善，能否有效推进长江经济带区域相互之间的江海联运统筹管理和规划？

□1）完善　□2）比较完善　□3）一般　□4）不太完善　□5）不完善

如认为不太完善或不完善，您认为还缺失哪些机制（自愿选填）：_____

B2. 4 您认为当前舟山江海联运服务中心所实行的"一次申报、一次查验、一次放行"口岸监管模式是否完善，其监管力度如何？

□1）力度强　　□2）较有力度　　□3）一般　　□4）缺乏监管　　□5）没有监管

B2.5 当前舟山江海联运"单一窗口"监管模式，即海关、海事、商检和边防几家口岸单位初步形成的一个平台办理进出口相关手续的功能，您认为这些功能是否完善，能否满足进出口企业申报的需求？

□1）完善　　□2）比较完善　　□3）一般　　□4）不太完善　　□5）不完善

如果认为不太完善或不完善，您认为还缺失哪些机制（自愿选填）：_____

B2.6 当前正在推进建立以江海联运金融为特色的良好的金融信用生态环境，探索江海联运服务税收改革。您认为该金融税收改革推进程度如何，是否合理，是否具备可执行性？

□1）合理　　□2）比较合理　　□3）一般　　□4）较不合理　　□5）不合理

认为较不合理或不合理的主要原因（自愿选填）：_____

B3. 执行效果满意度

B3.1 您认为目前通过舟山江海联运重点工程建设，舟山江海联运体系构建是否有了改观？

□1）明显改观　　□2）有一定改观　　□3）一般　　□4）少有改观　　□5）完全未改观

如选择少有改观或完全未改观，您认为目前仍然存在的主要问题（自愿选填）：_____

B3.2 您觉得通过目前运输规范体系建设、江海直达船型的研发、运输市场培育等，舟山江海联运总体建设情况是否改观？

□1）明显改观　　□2）有一定改观　　□3）一般　　□4）少有改观　　□5）完全未改观

如选择少有改观或完全未改观，您认为目前仍然存在的主要问题（自愿选填）：_____

B3.3 当前舟山江海联运公共信息平台应用推广的普及情况如何？

□1）普及度好　　□2）普及较好　　□3）一般　　□4）普及较差　　□5）普及不力

B3.4 目前国际海事服务基地以航运服务集聚区建设情况是否乐观，现代航运服务能力是否已达到较高水平？

□1）水平很高　□2）水平较高　□3）一般　□4）水平稍次　□5）水平低

如您认为水平稍次或水平很低，请问主要原因是什么（自愿选填）：_____

B3. 5 您对目前舟山江海联运服务中心建设过程中的沿江沿海合作情况是否满意？

□1）满意　□2）比较满意　□3）一般　□4）较不满意　□5）不满意

较不满意或不满意的主要问题（自愿选填）：_____

B4. 保障措施满意度

B4. 1 您认为当前政府部门对于舟山江海联运服务中心建设的保障是否充分完善？

□1）保障完善　□2）保障较好　□3）一般　□4）保障不足　□5）严重缺乏

如您认为保障不足或严重缺乏，请问您觉得哪些方面保障仍然缺乏（自愿选填）：_____

B4. 2 您觉得目前舟山江海联运服务相关产业发展环境如何？

□1）好　□2）较好　□3）一般　□4）较差　□5）差

如您认为产业发展环境差，请问您觉得体现在哪些方面（自愿选填）：_____

B4. 3 您认为当前舟山江海联运服务中心人才引进保障政策是否完善？

□1）完善　□2）比较完善　□3）一般　□4）不太完善　□5）不完善

B5. 总体性评价

B5. 1 从制度的制定、实施、调整、完善等整体视角来看，您觉得当前舟山江海联运制度的总体情况能否令人满意？

□1）满意　□2）比较满意　□3）一般　□4）较不满意　□5）不满意

三、舟山江海联运航运制度总体情况补充意见（自愿选填）

C1. 您对当前舟山江海联运制度哪些方面最为满意？

_____

C2. 您认为当前舟山江海联运制度哪些方面最不尽如人意？

C3. 您认为存在不尽如人意方面的主要原因有哪些?

C4. 您认为舟山江海联运制度还应从哪些方面加以优化改善?

第三章

浙江自贸区背景下集装箱港口物流服务业发展路径研究①

第一节　集装箱港口物流服务业背景及意义

集装箱运输是一种先进的现代运输方式，它具有经济性、安全性、可靠性和准时性等优点，且运输链较长、设计范围广，已经成为国际贸易往来的重要物流运输方式。同时，集装箱运输在一定区域能形成不同规模和功能的港口及港口群，并组成集装箱港口运输体系，对整个区域经济的发展能产生深远影响。综观国内外大型城市经济圈，其形成与发展也都与港口经济的作用紧密相关。"城以港兴，港为城用"的港口经济现象已成为世界经济和城市发展的普遍规律。无论在发达国家还是发展中国家，以功能作用不同的港口或港口群为核心的城市经济圈往往是一国经济的重心，例如，美国以纽约为中心的东海岸经济圈，以洛杉矶为中心的西海岸经济圈等。港口运输功能的增强和港口经济的壮大，有效地带动了腹地经济发展和对外开放。反之，港口经济在很大程度上取决于所在区域经济特别是外向型经济发展的规模大小，港口集装箱运输的发展主要取决于腹地内集装箱的生成量和运输条件、运输费用等方面。集装箱运输与集装箱港口的发展已经成为海洋经济中重要的推动力。

为有效延伸港口物流产业链，拓展港口物流服务领域，提高港口物流产业附加值，多年来，舟山始终努力谋求发展集装箱港口物流产业。其中，金塘港区地处北仑港区对岸，深水岸线多，是天然良港，是宁波—舟山港重要区块之

---

① 课题负责人：徐玮蔚。

一。2013 年国务院批复的《浙江舟山群岛新区发展规划》，提出金塘建设现代化、国际化的集装箱物流岛，发展以国际集装箱中转、储运和增值服务为主的现代港口物流服务业。《宁波—舟山港总体规划（2014—2030 年）》明确舟山港域"以散为主，集散并举"的发展定位，其中集装箱港区主要就是金塘港区。目前，金塘港区大浦口集装箱作业区已建成 2 个集装箱泊位，开通 12 条国际航线，是杭州海关关内唯一的国际集装箱干线港。2017 年，集装箱吞吐量首破100 万标箱，标志着金塘港已进入规模化发展的新阶段。但同时金塘港存在集装箱陆路运输条件有限、港区陆域少、开发成本高等不利因素，外部也面临周边口岸的竞争。此外，目前在大浦口卸货中转的集装箱目的港多写为"宁波港"，由于"舟山港"或"宁波—舟山港"目前无法单独出现在进口提单上，导致在舟山清关存在困难。集装箱港口应该带来的产业聚集效应，对临港产业的推动效应都无法在金塘实现。因此需要创造条件，使集装箱真正在舟山落地，带动仓储、配送、贸易、加工等业务功能，进一步吸引相关产业的聚集，从而实现港口与地区经济发展的良性互动。

自从中国（浙江）自贸试验区批准后，各级政府对新区进一步发展集装箱港口物流产业赋予更高的期望。同时，随着自贸区建设的逐步推进，贸易环境更加优越，贸易便利化程度快速提高，自贸红利将逐步释放，舟山港区，尤其是作为区内唯一的国际集装箱码头——大浦口集装箱码头理应抢抓机遇，谋求加快发展，不仅要争取提升吞吐量，更要带动仓储、配送、贸易和加工等业务功能逐步拓展。

第二节　集装箱港口物流服务业现状及问题

港口物流是一个复合的概念，实际上兼具区域物流、城市物流、海运物流、国际物流的某些特征，具有较强的集散效应和整合效应。根据多港经验，依托港口发展能带动运输、仓储、机械维修、理货、货代、船代、补给、垃圾回收、船员娱乐、外轮供应、港外堆场仓库、报关行等贸易、金融、信息、旅游各行业，故而人们把依托港口而发生的对城市发展有直接刺激和服务作用的经济流动称作口岸经济或口岸产业，它是港口型城市最基本的产业内容。由于两者的关系是相互依存、相互促进的，所以"一荣俱荣，一损俱损"。舟山背靠上海、杭州、宁波等大中城市和长江三角洲等辽阔腹地，踞我国南北沿海航线与长江水道交汇枢纽，是长江流域和长江三角洲对外开放的海上门户和通道。金塘港区凭借着优良的水深条件、区位优势等，集装箱吞吐量从 2011 年的 17.5 万标箱到 2017 年 102 万标箱，突破了 100 万标箱，累计达到 464 万标箱，数量上取得了重大突破，但作为舟山港域内最主要的集装箱港口仍存在一些棘手问题。

一、现状

金塘港区是舟山港域内开展集装箱物流最主要的港区，是杭州关区内唯一的干线集装箱港口，也是宁波—舟山港重要的港区之一。根据《浙江舟山群岛新区（城市）总体规划（2012—2030 年）》《宁波—舟山港总体规划（2014—2030 年）》《金塘岛总体规划（2009—2020 年）》，确定金塘岛将重点发展集装箱物流业务和临港装配产业，定位为建设现代化、国际化的集装箱物流岛。

（一）地理位置

金塘岛是舟山第四大岛，位于浙江舟山群岛新区的西南部，是舟山连接大陆的桥头堡和重要门户，地处中国黄金海岸线中心，长江、甬江和钱塘江入海口的交汇处，北距舟山本岛 6.25 千米，南距北仑港区仅 3.5 千米，是南北海运和远东国际航线的重要枢纽。金塘岛东邻册子岛，间隔册子水道；西南为金塘水道，与镇海、北仑隔港相望，是定海至宁波主要水道；北连灰鳖洋，为北往上海、青岛，南达温台、闽粤之必经航道，内外辐射便捷。其中，金塘大浦口码头背靠金塘岛，面朝大浦口湾，码头最大吃水−18 米，深水近岸，水域宽阔，海域风浪掩护条件好，地理位置更优于北仑码头。

（二）自然条件

金塘岛是舟山群岛拥有深水岸线最多、集疏运条件最好的岛屿，深水岸线资源丰富，拥有 60.32 千米的海岸线，其中−20 米以上的深水岸线 14.5 千米，−15米以上的深水岸线 27 千米，深水岸线离岸大多在 100 米以内。通航条件优越，进港航道主槽水深均在 30 米以上，最深可达百余米，常年不冻不淤，年工作时间超过 350 天，可确保 30 万吨船舶全天候通行。根据《宁波—舟山港总体规划（2014—2030 年）》，金塘港区规划港口岸线 33.2 千米，已开发利用 4.6 千米。金塘岛西南侧已建 7 万吨级集装箱泊位 2 个，总长为 745 米。木岙、大浦口、上岙规划布置集装箱泊位；双礁段规划为燃供及支持系统；张家岙、小李岙和北岙规划为预留港口，远期结合集装箱运输和海洋产业发展需要，逐步明确功能定位及平面方案。

（三）陆域面积

金塘岛陆域面积约 100 平方千米，70% 为丘陵山区，平原仅 24.6 平方千米，其中包括 13.6 平方千米基本农田。金塘港区规划陆域面积 22.3 平方千米（其中物流用地 14 平方千米），如港区全部建成，港口物流用地将十分紧张。金塘岛山多地少的特点造成可供开发土地少，单位土地开发成本大。金塘岛东南部上峧、张家峧、小李峧与北峧腹地面积小，人均占地面积少，农户分散，岸线售出拆迁难度大。

（四）集疏运体系

目前，金塘港区集疏运体系主要是水运、公路两种方式（见图 3-1）。

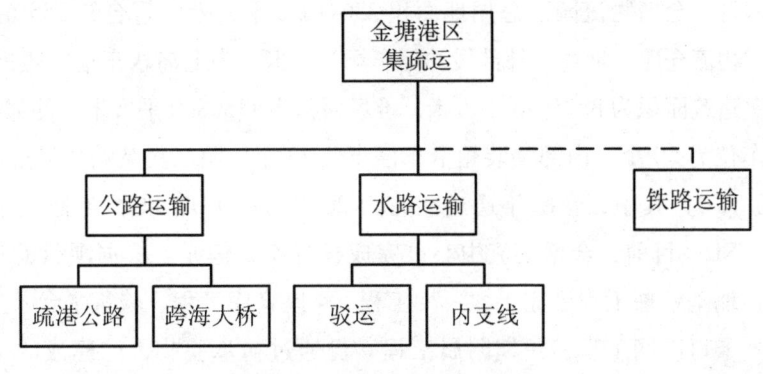

图 3-1　金塘港区集疏运方式

公路方面主要是两部分，一方面是岛内自身疏港公路线路，另一方面是港区与经济腹地之间联系的公路网络。一是金塘疏港公路全长约 15.9 千米，主要为金塘沥港互通至大浦口段、木峧至大桥服务区互通段和双礁支线段等三个路段，与舟山大陆连岛工程相配套，于 2013 年全线通车。其中，沥港互通至大浦口段起于舟山大陆连岛工程金塘接线互通，终于大浦口港区，按照一级公路标准建成，双向四车道，保证了集装箱卡车在 15 分钟内到达高速路口。二是金塘通过舟山跨海大桥与岛外的经济腹地相连。舟山跨海大桥于 2009 年 12 月 25 日正式通车，将大陆与舟山册子岛、本岛等连接，成为甬舟高速公路（G9211）的组成部分。其中，金塘路段向西通过金塘大桥与宁波地区连接，金塘大桥全长 18.5 千米，行车道路宽度为 26 米，双向四车道，通过宁波绕城高速，与杭甬高速、甬台温高速、甬金高速等高速公路相连。向东通过西侯门大桥与册子岛，与本岛相连接，使得甬舟高速同 G329、S72、S73 构成本岛"一横两纵"的干线公路网布局。

水运方面主要是以金塘与宁波北仑之间驳运为主，内支线为辅。受到来自舟山跨海大桥通行费用较高、航线覆盖范围局限、浙海港集团对金塘至宁波两地的免征驳运费等多种因素的影响，2017 年超过 95% 的集装箱通过驳运方式离开金塘港区。

随着甬舟铁路上岛时间逐渐靠近，未来金塘将会成为舟山境内唯一的客货两用的铁路场站，为金塘港区集装箱发展提供更加便利的集疏运条件。

（五）临港仓储

就目前发展而言，在大浦口集装箱码头后方陆域建有港口物流园区——金塘物流园区。金塘物流园区总用地面积 236410.6 平方米（折合约 355 亩），包括卡口、物流仓库、堆场、外部缓冲停车场等。卡口为七岛八车道，四进四出。物流仓库建筑面积为 88756.0 平方米，堆场面积为 11508.0 平方米。外部缓冲停车场停车位为 50 个，内部集装箱卡车停车位 13 个。园区集装箱年通过能力为 23.31 万 TEU，其中，仓库年通过能力为 20.18 万 TEU，堆场年通过能力为 3.13 万 TEU。目前，金塘物流中心已完成投资 4.3 亿元。根据项目的计划进度安排，地基处理工程已完工，一期工程（4 座仓库工程、验货平台及监管仓库工程，卡口围网工程、一期附属工程）已通过初步验收，已建成的 1#~4# 仓库面积达到了 22112 平方米，监管仓库及验货平台建筑面积为 1425 平方米，堆场面积达到了 19117 平方米，园区内配套防雷设施、给排水系统以及消防系统等均已建设完成。

（六）口岸服务

目前，各类型口岸服务企业均在金塘注册，包括报关企业、集装箱运输企业、货运代理、船代等。据不完全统计，岛内报关企业注册 6 家，集装箱运输企业 4 家，舟山挂牌集卡约有 62 辆。

（七）优惠政策

为了鼓励金塘大浦口集装箱码头的发展，舟山市政府、金塘管委会积极争取到舟山跨海大桥金塘路段优惠政策。根据《浙江省人民政府办公厅关于舟山跨海大桥收取车辆通行费的复函》（浙政办函〔2009〕88 号）、《浙江省交通运输厅 浙江省物价局关于舟山跨海大桥国际标准集装箱车辆继续实行通行费优惠有关事宜的函》《浙江省人民政府办公厅关于对舟山跨海大桥金塘大桥路段空载集装箱车辆通行费给予分时段优惠的复函》（浙政办函〔2017〕83号）中对国际标准集装箱车辆的收费标准及减免规定：①国际标准集装箱车辆进出金塘和沥港收费站在舟山跨海大桥路段的通行费按25%收费；②未装载集装箱的车辆从金塘或者沥港收费站单向驶往宁波蛟川收费站夜间享受对折优惠（见表3-1）。

表3-1　舟山跨海大桥金塘路段通行费优惠前后比较

装载箱类型和数量			起始收费站	优惠时间	通行费（元）	
20ft 数量	40ft 数量	45ft 数量			优惠前	优惠后
1			金塘（沥港）至宁波蛟川/宁波蛟川至金塘（沥港）	全天候	180	45
	2				220	55
		1				
			1			
0（未载有标准集装箱的卡车）			金塘（沥港）至宁波蛟川	夜间19点至次日7点	250	125

（八）运营情况

根据《宁波—舟山港总体规划（2014—2030年）》，金塘港区作为重要的港区之一，以集装箱运输为主，兼顾临港产业发展。将金塘港区划分为木岙、大浦口、上岙、张家岙、小李岙、北岙以及甬舟高速以北海洋产业及配套码头区共7个作业区，其中木岙、大浦口、上岙规划布置集装箱泊位，张家岙、小李岙和北岙规划为预留港口。

目前，大浦口作业区是重点发展区域。大浦口集装箱码头是由宁波港务集团和舟山港务集团成立的甬舟集装箱码头有限公司开发，规划建设5个7万~10万吨级集装箱泊位，可兼靠15万吨级大型集装箱船。码头岸线长1774米，陆域总面积243.4万平方米，设计年吞吐量250万标箱，总投资约64.3亿元人民币，已完成投资25亿元，建成总长745米的2个集装箱泊位。大浦口码头于2010年7月25日投入试生产，同年8月14日CSC、KLN和HLC合营的西非线首航船"尹戴维尔快航"靠泊作业。截至目前，大浦口共挂靠定期国际班轮航线15条，其中西非线7条，俄罗斯5条，韩国线1条，2017年集装箱吞吐量突破100万标箱，其中，陆运进港 10748TEU，陆运提空箱出港 6842TEU，陆运提重箱出港 327TEU，占比不到 2%。

表 3-2　2011—2017 年大浦口集装箱码头吞吐量

年份	2011	2012	2013	2014	2015	2016	2017
吞吐量（/万 TEU）	17.5	47.91	55.48	72.94	78.07	85.01	102.18
同比增长率（%）		173.77	15.80	31.47	7.03	8.88	20

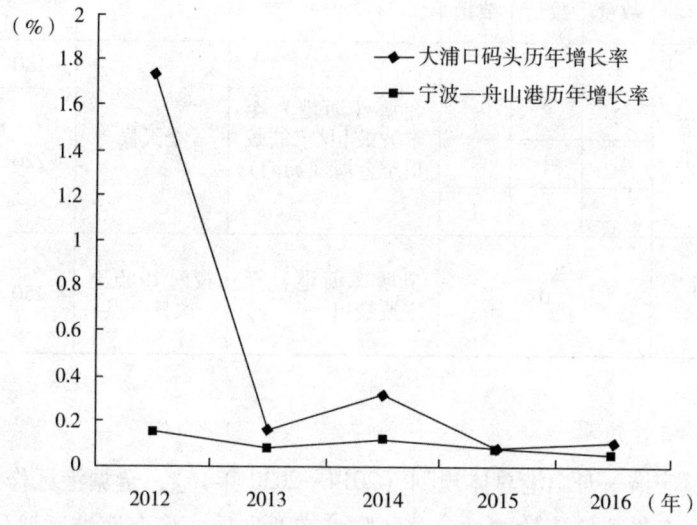

图 3-2　2012—2016 年大浦口码头集装箱吞吐量变化

木岙作业区，规划设立 7 个 7 万~10 万吨级的泊位。根据相关规划，该项目分为两期建设，首期计划建设 3 个泊位，其中两个为 7 万吨级泊位，一个 10 万吨兼靠 15 万吨级泊位，设计年吞吐量 150 万标箱，总投资约 43 亿元。目前，木岙自动化集装箱码头的前期准备工作正在推进中。

上岙作业区，原本打算布置集装箱泊位，但有可能受到甬舟铁路上岛等影响，将设置为铁路集装箱堆场等功能区域。

前期在疏港公路未通的情况下，使用宁波港股份有限公司下属联合集装箱海运有限公司的集装箱驳船，采用水路驳运方式进出口集装箱，与北仑港区（二、三期码头）进行对驳。不同航线对应不同的码头驳运点，由驳运点完成外贸进出口集装箱的进场提箱业务。采用此模式，2010 年、2011 年、2012 年分别

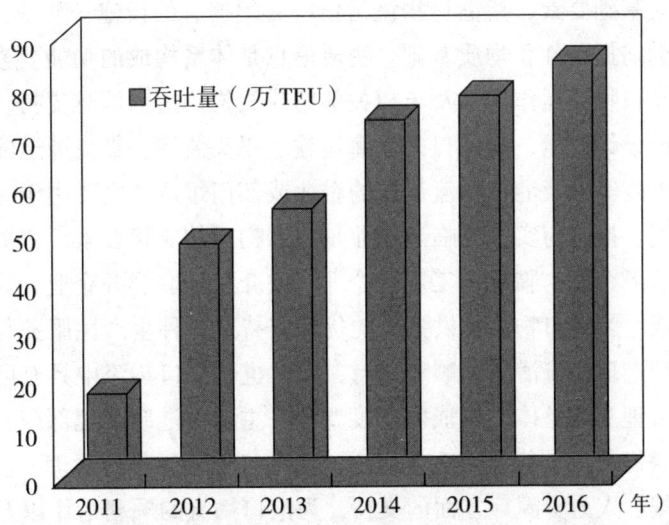

图 3-3　大浦口码头与宁波—舟山港集装箱吞吐量年增长率比较

完成集装箱吞吐量 5.4 万 TEU、17 万 TEU、47 万 TEU。2013 年疏港公路全线贯通后，部分集装箱以陆路形式集疏运，大部分仍采用驳船在北仑、金塘之间对驳。2013—2017 年集装箱吞吐量分别为 55.48 万 TEU、72.94 万 TEU、78.07 万 TEU、85.01 万 TEU、102.18 万 TEU，于 2017 年突破百万大关。多年来以陆运方式进出的集装箱一直很少。

二、问题

集装箱港口物流是我国发展对外开放型经济的重要支撑，是开展国际贸易重要的环节，促进货物能够高效运作，满足集装箱船舶大型化的要求。发展自由贸易区离不开港口，更离不开便捷高效的港口物流系统，同时自贸区建设也为集装箱港口发展带来更多利好政策，促使集装箱港口向前发展，两者之间相互影响和作用。金塘港区集装箱吞吐量占舟山港域集装箱吞吐量的 98% 以上，是宁波—舟山港最主要的港区之一，是浙江自贸区发展的集装箱最重要的组成部分。金塘开展集装箱物流主要是港口物流体系和产业支撑两方面存在问题。

（一）港口物流体系尚未形成

物流体系是由相互联系、相互作用的相关要素构成的具有特定功能的有机整体。港口物流体系依据物流经济发展的现状与未来趋势，主要由基础设施、物流信息、物流运营、临港产业和管理支撑 5 个基本要素构成。基础设施是体系构成的物质基础要素，指港口物流运作所必须拥有的设施、装备，是港口物流成功运作的前提条件和物质基础。物流信息是体系构成的功能要素，指覆盖或辐射整个港口物流运作过程及与相关部门或机构沟通的信息支持。物流运营是体系构成的设计要素，由港口的航海运输、码头装卸、集疏港运输以及港口生产监控与调度等涉及港口物流运作的企业或部门组成，主要用于完成港口物流活动的计划、控制与实施。临港产业是体系构成的支撑要素，主要由港口附近的生产性服务企业、临港加工贸易企业、中介及配套服务企业、物流增值服务企业等组成，为港口物流提供强大的货源支持及各种生产性服务与相关配套服务，以保证港口物流活动的顺利进行，同时也是港口物流中具有巨大发展潜力的领域。管理支撑是体系构成的制度要素，主要由港政管理部门、监督协调部门、海关联检部门、行业协会等组成，为港口物流运作的管理、监督、协调提供政策法规、人力资源等方面的支持，为港口物流的顺利运作以及发展提供了有力的保证。

1. 物流成本较高

目前，金塘港区形成了岛内疏港公路网和通过跨海大桥连接岛外公路网络的局面。但是，相比较宁波、上海等其他港口，金塘在公路运输中存在着诸多不利因素。一是舟山跨海大桥是连接岛内外，港区与经济腹地的唯一的通道；二是同其他集卡运输费用对比，该通道的集装箱卡车通行费相对较高。

考虑到卡车是否装载集装箱、不同的优惠政策，在金塘形成 4 种运输模式，包括：①重箱进+空车出（优惠时段）：集装箱通过卡车从外地运输至金塘（重箱进），空车在优惠时间段离开金塘（空车出）；②重箱进+空车出（非优惠时段）：集装箱从外地运输至金塘（重箱进），空车在非优惠时间段离开金塘（空车出）；③重箱进+提空/重：集装箱从外地运输至金塘（重箱进），在金塘开展提箱业务运至外地（提空/重）；④空车进+提空/重：空车从外地来金塘提箱（空车进），在金塘开展提箱业务运至外地（提空/重）。

表 3-3　集装箱车辆大桥通行费表　　　　　　　　　单位：元

大桥通行费　　　　　　箱型 运输方式	重箱进+ 空车出 （优惠时段）	重箱进+ 空车出 （非优惠时段）	重箱进+ 提空/重	空车进+ 提空/重
20ft	170	295	90	295
其他（2 个 20ft、40ft、45ft）	180	305	110	305

　　虽然政府已经为进出金塘的集卡争取了相对优惠的通行政策，但与宁波、上海等地区集卡通行费相比较，舟山跨海大桥的高通行费仍然是集装箱物流成本高的直接原因。一定程度上，这种情况造成了通过公路集散的集装箱数量少，码头外从事集装箱提还箱、装拼箱等业务的堆场企业不愿意在金塘开展提还箱业务，又造成了集卡需要将空箱放回宁波还箱点后空车返回金塘，无形中增加了集卡行驶距离、时间、人工等成本，造成了集卡全程运输成本高，进一步影响了货主、货代通过公路运输集装箱意愿，陆路箱数量没有明显增加，形成了恶性循环。由于公路运输成本较高，导致金塘港区集疏运体系各运输方式比例不协调，对金塘当地经济贡献率低，因此集装箱公路运输成本高是造成金塘集装箱陆路运输发展停滞不前的主要因素。从甬舟公司提供的 2015—2017 年陆路进提箱量统计表（见表3-4）可以反映出优惠政策并没有给金塘带来明显的陆路箱的增多。

表 3-4　陆路进提箱量统计表（单位：TEU）

时间	进重	提空	提重	合计
2015 年	12516	4512	542	17570
2016 年	11205.25	6878	563	18646.25
2017 年	10747.5	6842	327.25	17916.75

　　2. 通关不畅的问题

　　大浦口集装箱码头位于宁波—舟山港"一港四核"空间格局中的核心发展区中的重要港区——金塘港区内，是宁波—舟山港内非洲航线和俄罗斯航线的挂靠港。根据《中国及世界主要海运贸易港口代码》（GB/T 7407—2015），国家海关部门将进口提单中卸货港作为口岸报关依据。目前，除了中远海、太平船公司，其余船公司进口货物提单上卸货港均只能显示"NINGBO"，不能显示"ZHOUSHAN"或"NINGBO-ZHOUSHAN"，导致舟山港在国际集装箱船运公司成为"黑户"，使进口集装箱货物在金塘港区直接卸货后无法在舟山口岸报关，需通过驳船中转至宁波口岸清关，也影响了金塘港区内报关代理企业等集装箱配套产业发展缓慢。

　　3. 两地监管标准不一致

　　由于国家口岸监管单位实行按行政区划设置，并在计划单列市单设海关和检验检疫等机构，导致出现一个省或相同海域两套监管机构的情况，一些地方海关、检验检疫、边防检查、海事监管、引航服务等两套机构之间相互独立、各管一段。就宁波—舟山港来看，一是检验检疫政策方面。目前，舟山国检对于进口重箱按照 400 元/20ft、800 元/40ft，进口空箱按照 200 元/20ft、400 元/40ft 收费，而宁波国检对进口重箱按照 200 元/20ft、400 元/40ft，进口空箱按照 40 元/20ft、80 元/40ft 收费，舟山国检对于进口重箱和空箱的熏蒸费用分别比宁波高出 2 倍和 5 倍。该项费率标准的差异，增加了进口货主的物流成本，更直接影响到船公司挂靠甬舟码头的意愿，也影响到货主在金塘清关的意愿，对金塘口岸环境产生负面影响。二是海事监管政策方面。目前，宁波与舟山码头之间两靠的船舶，需要两次船舶申报手续，增加了船舶靠泊不便性，影响宁波—舟山港实质性一体化的发展；还包括锚地到码头靠泊条件、含有过境危险品船舶无法靠泊等问题存在两地之间监管不一致。监管标准的不一致，影响了船公司挂靠舟山金塘的意愿，削弱了金塘港区的竞争力，对口岸服务水平产生影响。

4. 港口配套服务功能单一

金塘港仍以传统的装卸、储存、转运为主，功能较单一，进出口货物均不在舟山"落地"。舟山市本地货代、船代及物流服务业，与金塘大浦口码头也很少有直接的业务关系，舟山本土的进出口集装箱绝大部分还在舟山至上海港、舟山至宁波港的路上来回折腾。出口方面，在大浦口码头装船出口的货物一般早已在内陆或北仑完成拼箱及报关，仅仅是通过陆路或驳船运往大浦口码头装船，这种整箱进出的方式仅能带动货代服务、车队运输、堆场存储等行业。进口方面，因为港口代码问题，货物不能在舟山清关，卸船后须驳运到北仑码头，对周边产业的需求更是涉及较少。各种理货、代理、集拼等港口服务机构缺乏，口岸监管基础设施简陋，监管人员不足，仅能勉强应对目前业务量。

宁波地区已经拥有了宁波保税区、宁象保税区、梅山保税港区、镇海保税物流中心（B 型）、保税物流园区等各种海关特殊监管区。上海自由贸易试验区范围涵盖上海市外高桥保税区、外高桥保税物流园区、洋山保税港区和上海浦东机场综合保税区等七个区域。可见，随着国际贸易不断向前推进，我国开放型经济发展需求港口周边建设含有保税功能的区域是必须具备的条件。目前，金塘港区本身在航线、集疏运条件方面存在劣势，物流园区又只作为普通仓库，无法同宁波地区、上海地区的含有保税功能的港口进行竞争。舟山综保区同金塘集装箱码头又存在一定的陆路距离，无法很好地形成联动。建议在金塘港区建设含有保税功能的物流园区，或者将自贸区范围涵盖金塘港区，为未来自贸港区建设奠定基础。

5. 市场缺乏规模化

以货代为例，货代市场存在"垄断效应"。一方面，"指定货代"较大限度地影响了货物进出口的通道。按照国际贸易习惯，一般由外方指定货运代理企业办理国际物流事务，特别是出口货物，成交方式大多为FOB，而外方指定货代多在上海、宁波，这些货代企业更倾向于在本地港口进出。即便是杭州关区内的货代企业，它们或是宁波等地货代的分支机构，或已经习惯在上海、宁波口岸通关，长期以来已经形成了固定的利益纽带，对打破惯有的进出口通道通关存有顾虑，这大大制约了大浦口集装箱码头的揽货能力。另一方面，货代市场的规模是货主选择的基础。以宁波为例，目前货代规模已发展到2000多家，货代市场和港口物流发展形成了良性互动，而舟山货代市场尚未形成规模。

6. 航线覆盖范围较小，不全面

宁波—舟山港的航线分布是由浙海港集团统一调配分布的。据浙海港集团解释，考虑到驳船费用、公路等运输成本高的原因，将非洲线、中东等海运费用较高的航线分配到金塘。航线主要集中在西非、中东、俄罗斯，没有对贸易往来频繁的日韩、欧洲、北美等地区和国家的航线。舟山的优势产业集中在工业品、油品、水产等传统产业，航线设置与舟山市外贸相关度太低，这些航线并不能满足舟山各类企业进出口业务的主要需求，这是企业不太愿意选择大浦口装卸货的重要因素。

7. 港口运营情况不佳

表3-5是港口硬件设施的对比，我们以码头作为对比标准，可以看出，缩小至码头范围进行对比时，大浦口码头的水深条件、最大靠泊能力与其他港区相差无几。相差稍大的指标出现在泊位数、年通过能力、堆场面积、装卸用机械设备的数量方面，这就体现出了港口的运营情况、港口的繁忙与否与这几个指标关系是比较大的。表3-6是装卸效率对比表，可以看出金塘在接待船舶及装卸效率方面运营情况也不是很好。

表 3-5　2016 年码头硬件设施对比表

码头名称		码头前沿水深（-m）	泊位数（个）	最大靠泊能力（万吨）	年通过能力（万TEU）	堆场面积（万m²）	装卸船桥吊数量（台）	轮胎吊或其他行车数量（台）	搬运机械数量（台）	完成箱量（万TEU）
上海	盛东	16	9	15	430	148	35	96	46	1364
	浦东	12.5	3	10	30.2		11	42	36	332.02
	沪东	外支线12.8内支线4.5	9	15	470	113	28	87	38	431.84
	冠东	17.5	7		720	238	30	72	44	1034
	振东	13.7/8.5-9	6	10		108	10	69	47	885.32
	宜东	10.5	7	5	137	36.6	16	39	33	311.35
	明东	外支线12.8内支线4	6				12			597.2
宁波	北仑二期	15	4	15	430	70	18	58	24	350.3
	梅山	17.5/19.5	5	15	336	97	20	61	36	284.6
	北仑	13.5	3	10	200	43	11	41	38	274.02
金塘	大浦口	18	2	15	140	26.3	8	25	68	85

表3-6　2016年装卸效率对比表

码头名称		平均船时装卸量（TEU/h）	平均桥吊台时装卸量（TEU/h）	船舶到港数（艘）	在场平均箱停留时间（天）
上海	盛东	126.55	30.26	7269	3.5
	浦东	117.33	42.86	6210	4.7
	沪东	121.44	44.40	2961	5.69
	冠东	123.77	30.97	6271	8.18
	振东	88.97	47.35	16000	6.59
	宜东	124.03	36.18	13023	4.26
	明东	99.97	45.72	3469	0.54
宁波	北仑二期	130.92	36.32	2731	
	梅山	115.32	59.33	2368	7.34
	北仑	115.07	54.00	2501	4.45
金塘	大浦口	59.46	36.08	1456	

（二）产业支撑薄弱

1. 临港产业

舟山的优势产业主要集中在工业品、油品、水产品等传统产业，其中工业品主要是修造船业，如图3-4所示。

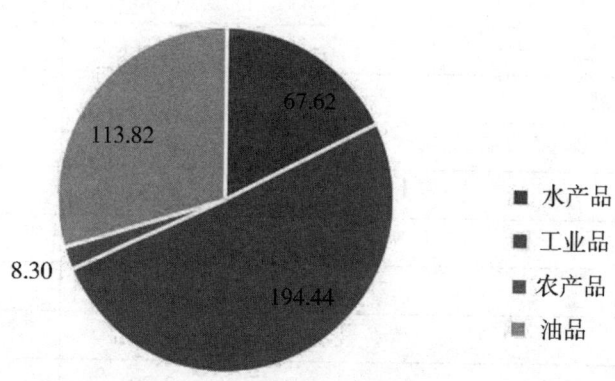

图3-4　舟山分产品出口统计总额（单位：亿元）

虽然近年来机械制造业、汽配制造业、高新技术产业、战略新兴产业、海洋电子信息产业、海洋新能源产业等加快发展，但这些产业对集装箱港口贡献都较小。具体数据见表3-7。

表3-7 舟山市分产品出口统计表（单位：亿元）

项目名称	总额	比重（%）
合计	384.18	100.0
一、水产品	67.62	17.6
其中：墨鱼、鱿鱼、章鱼及其制品	21.14	5.5
其中：冻墨鱼及鱿鱼	14.99	3.9
冻鱼	13.25	3.4
其中：冻鲭鱼	5.65	1.5
冻鲣鱼	1.80	0.5
加工后鱼制品	12.63	3.3
其中：金枪鱼、鲣鱼制品	9.70	2.5
冻虾仁	5.82	1.5
冻鱼片	3.69	1.0
冻蟹	3.31	0.9
加工后的虾及蟹等制品	2.65	0.7
鲜虾、冻虾	1.23	0.3
盐渍鱼类	0.88	0.2
二、工业品	194.44	50.6
其中：机电产品	167.52	43.6
其中：造船	105.12	27.4
修船	36.12	9.4
家具及其零件	4.53	1.2
塑机螺杆	3.85	1.0
服装	3.43	0.9
纺织品	2.30	0.6
高新技术产品	1.91	0.5
纺织机械及零件	1.71	0.4

项目名称	总额	比重（%）
鞋类	1.04	0.3
玩具	0.62	0.2
三、农产品	8.30	2.2
其中：植物榨油后剩余物	7.79	2.0
四、油品	113.82	29.6
其中：原油	22.32	5.8
成品油	91.50	23.8

渔业是舟山的传统优势产业，发展中进行了调整，慢慢地实现了从依靠传统的规模捕捞向依靠科技进步、资源节约和养护型转变。水产品加工也逐步实现从粗放型向精细型发展、从单一型向系列产品型发展、从食品型向医药型发展。陆续开发了休闲系列、模拟系列、方便系列、生物制品系列等产品，一些产品已占据加工技术高端。近年来，舟山海洋渔业一直在稳定地发展，水产品的产量也在逐步地攀升，出口保持较快增长。舟山现有规模以上水产品加工企业119家，拥有现代化的加工生产线300余条，年加工能力100余万吨，拥有冷库300多座，次冷藏能力30多万吨。2017年，水海产品工业总产值207亿元，出口11853批次，出口量20多万吨，出口额67.6亿元。主要出口产品以鱼类（包括鲣鱼、金枪鱼）、头足类、虾类、蟹类及其制品为主，产品远销全球近90个国家和地区，主要贸易国家为欧盟、日本、韩国、泰国、美国等。

渔业的发展带来的集装箱出口量虽然持续增加，但是涉及航线大部分都在宁波港域，对于金塘港集装箱贡献有限。2016年金塘大浦口码头集装箱吞吐量为85万 TEU，而口岸统计数据显示，该年度舟山口岸完成进出口集装箱运量仅为22.97万 TEU。可见本土进出口货物量偏少，不足以支撑航线及车队。

表3-8　2017、2016年舟山水产品出口主要国家和地区情况

国家	2017 年 1—12 月			2016 年 1—12 月			同比增长（%）	
	批次	重量（吨）	金额（万美元）	批次	重量（吨）	金额（万美元）	重量	金额
日本	3347	45835	27575.4	3124	41097	22252	11.53	23.92
欧盟	2605	50729	23602	2715	57136	22074	-11.21	6.92

国家	2017 年 1—12 月			2016 年 1—12 月			同比增长（%）	
	批次	重量（吨）	金额（万美元）	批次	重量（吨）	金额（万美元）	重量	金额
韩国	2086	40830	14262	2038	39423	13447	3.57	6.06
美国	494	9355	4675	432	6611	2687	41.51	73.99
泰国	261	21028	5761	441	28522	7688	-26.27	-25.07
俄罗斯	562	17937	4552	543	15405	4028	16.44	13.01
其他国家	2498	94400	26235.6	2041	77618	21623	21.62	21.33
合计	11853	280114	106663	11334	265812	93799	5.38	13.71

2. 腹地经济

虽然长三角地区作为我国对外开放的窗口，经济一直快速发展，但金塘、宁波、上海三港腹地重叠严重，而金塘港口竞争力不足导致来自长三角区域的货源并不多。目前，金塘港的直接陆向经济腹地为金华市，金华是传统的外贸强市，外贸呈明显出口导向特点。2017 年金华市全年货物进出口总额 25604 亿元，其中，出口 19446 亿元，增长 10.1%；进口 6158 亿元，增长 35.6%。表 3-9 是金华最主要的进出口市场，可以看出最主要的进出口市场其航线均不在金塘，但俄罗斯和韩国的货物出口增长率较高，为争取货源提供了可能性。

表 3-9　2017 年金华市货物进出口主要市场

国家和地区	出口额（亿元）	比上年增长（%）	进口额（亿元）	比上年增长（%）
欧盟	4326.7	9.6	766.1	31.1
美国	3698.6	13.8	499.1	30.9
东盟	1742.6	7.9	834.0	42.0
日本	804.8	7.7	657.9	32.6
俄罗斯	544.7	22.5	108.7	11.2
韩国	503.4	13.11	535.2	32.1
中国香港	239.2	-9.9	8.8	-9.8
中国台湾	193.0	9.1	528.1	18.5

　　金华市的东阳和义乌是目前金塘港区联系较紧密的经济腹地，图 3-5 是 2017 年两地出口情况，可以看出东阳市的出口额相对很小，表现更好的还是义乌市。

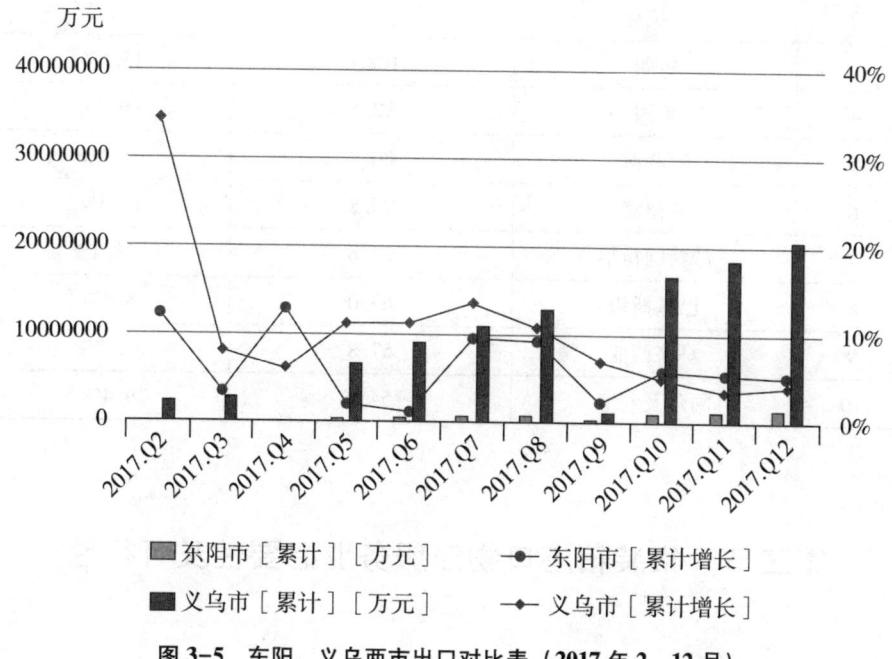

图 3-5　东阳、义乌两市出口对比表（2017 年 2—12 月）

　　表 3-10 显示，2016 年义乌出口排名前十的国家大部分与金塘港有航线往来。2017 年，据义乌海关统计，在各大主要出口贸易伙伴中，对匈牙利、安哥拉的出口增幅最为抢眼，2016 年 1—11 月分别出口 2.6 亿元、12.2 亿元，同比增长 232% 和 101%。从国别看，排名前三的出口国家分别为印度、伊拉克和伊朗，分别出口 123.1 亿元、112.6 亿元和 102 亿元，同比分别增长 7.1%、6.2% 和 18.6%。可见义乌出口现状与金塘现有的西非航线、伊朗航线颇有契合之处。综上所述，产业支撑不足、本土产业能力不够、周边腹地偏小是限制港口箱量的重要因素，现阶段可考虑积极争取与金华的战略合作，拓展俄罗斯、韩国、义乌的出口货源。

表 3-10　2016 年义乌出口排名前十的国家情况

序号	国别地区	累计出口额（亿元）	同比增减
1	印度	123.1	7.1%
2	伊拉克	112.6	6.2%
3	伊朗	102.0	18.6%
4	美国	92.5	−0.9%
5	阿联酋	80.2	−8.6%
6	菲律宾	75.8	19.5%
7	沙特阿拉伯	63.6	−10.1%
8	巴基斯坦	63.0	8.4%
9	马来西亚	57.8	−2.7%
10	阿尔及利亚	54.9	9.4%

第三节　集装箱港口物流服务业必要性及可行性

一、必要性

（一）有利于推动地区经济发展

港口对腹地经济发展能起到有效的带动作用。港口使各种资源向港口及港口周边地区集中，使更多相关的公司、供应商和集装箱港口对于地区经济的发展有强有力的拉动作用。按照世界银行的测算：修建一个集装箱码头 92% 的利益获得者是地区经济，剩下的 8% 才属于码头和船公司。集装箱港口的发展依赖于港口所在城市提供的相应仓储、运输、物流、加工、贸易、金融、保险、代理、信息、口岸服务等相关的支持。一只标准集装箱重箱的港口包干费（企业直接收益）约 800~1200 元，而由此引发的拖轮、引航、口岸以及港口配套服务收益，包括修箱、堆存、船舶代理、航运、金融结算、拖车运输等是港口直接收益的 6 倍，即 4800~7200 元，它给港口所在地带来的直接经济效益大约为 6000 元，因此一个运转良好的集装箱港口将为金塘带来巨大的收益。

此外，港口和临港产业带的结合能为港口城市创造巨大生产力。以往国际经济一体化，大多从国际贸易开始，扩展到金融领域。20 世纪 60 年代临港工业的崛起，经济一体化事实上已发展到"原料产地→海洋运输→临港工业制造→多种运输途径→进入不同区域市场"这种大生产和大运输相结合，再配上全球承运人的完善服务和全球金融信贷体系的服务，结合全球电讯、电脑网络的即时信息沟通，促成了一种完善的规模巨大的生产方式。这种生产方式是商务流、超大量物流、信息流的有机结合和统一，而超大量物流的规模决定了高效益。这种生产方式自然形成了以临港产业带为核心不分国界的世界化大生产的格局，随着它的巨大效益，越来越被广泛采用和发展。应该说这种生产运输及其产品流通模式是在全球规模范围内运行的，即它所利用的原料往往是地球上质优价廉的原料，在全球范围内的巨量运输，使用着全球范围内档次相宜的劳动力，生产着面向全球的消费用品。这都是世界化大生产的实际流转形式，也是临港产业带经济腾飞的基础。

（二）有利于推进自贸港建设

2017年11月1日浙江省委副书记、省长袁家军在金塘调研时指出，舟山要大力推动港口转型升级、由"大"变"强"，加快打造世界级港口集群、江海联运服务中心和海洋经济发展示范区。对标国际自由港，积极探索新模式，争创自由贸易港。6月8日，《浙江省打造"一带一路"枢纽行动计划》正式印发实施。浙江省发改委主任孟刚表示，枢纽将紧紧围绕"一带一路"倡议和全省高水平建设大湾区、大花园、大通道、大都市总体部署，充分发挥浙江综合优势，加快形成以"一区、一港、一网、一站、一园、一桥"为框架的"一带一路"建设总体格局。建好"一区"，即自贸试验区。以高水平建设中国（浙江）自由贸易试验区和积极探索建设自由贸易港为龙头，加快推进义甬舟开放大通道建设，提升大都市区国际化和各类平台开放水平，打造对外开放新高地。筑好"一港"，即国际枢纽港。以宁波舟山国际枢纽港为核心，加快推进海港、空港、陆港、信息港"四港"融合发展，加强与"一带一路"沿线国家和地区互联互通，打造辐射全球的国际现代物流体系。分析整理世界自贸港情况，能得出表3-11、表3-12自贸港功能及内容。

表3-11 自贸港的特点

自贸港功能	特点	内容
基本功能	自贸港的初始功能，也是所有自贸港都必须具备的功能	口岸功能：门户开放+对外贸易+港口作业+通关服务 保税仓储

续表

自贸港功能	特点	内容
拓展功能	在基本功能基础上发挥作用，不同自贸港拓展方向不同	运输衔接、分拨配送——物流型自贸港 加工制造功能——出口加工/贸易混合型自贸港 信息服务功能、货运代理功能——服务型自贸港
派生功能	基本功能和拓展功能在相互组合条件下产生的新功能，对自贸港各项功能的协同能力有较高要求	国际交往功能 物流金融功能 跨境电商一站式服务功能 产业化的服务功能

表3-12　自贸港功能细分

世界上自贸港常见主要功能	功能细分
贸易功能	进出口贸易、转口贸易、过境贸易、港内商品买卖、内销、商品展示、零售等
加工、制造功能	研发、生产、加工、包装、改装、组装、维修
物流运输功能	装卸、仓储、集散、中转、分拨、配送
金融功能	银行、信贷、证券、信托、期货、外汇兑换、资金进出和转移等
口岸功能	出入境、报关、退税、检验检疫
现代服务功能	餐饮、住宿、保险、税务、会计、法律、仲裁、信息处理、融资租赁、船舶管理、港口服务、旅游、教育、医疗

　　从以上两个表格可以看出，世界上的自贸港在功能、内容方面与集装箱港口的相生关系都非常密切，可以说一个发展良好的自贸港是以一个运营良好的集装箱港口为基础的，仅靠散货码头的发展是不足以支撑自贸港建设的。舟山建设自贸区一年来，在散货方面有了很大进步，未来自贸区建设进一步提升为自贸港建设，集装箱港区作用的发挥将会是一个重点。

二、可行性

（一）政策的持续支持

金塘港是舟山群岛拥有深水岸线最多、集疏运条件最好的岛屿。地处中国黄金海岸线中心，紧连长江、甬江和钱塘江入海口，东距舟山本岛最近岸线 6.25 千米，南与宁波北仑港相距 3.5 千米，直接面向东亚及整个环太平洋，是中国沿海向北美洲、大洋洲港口远洋运输的理想集散地，是远东国际航线要冲。早在 2003 年 5 月 13 日，习近平总书记（时任浙江省委书记）亲临金塘考察时就指出："金塘是一块风水宝地，是很好的天然良港，开发前景广阔。"根据 2013 年国务院批复的《浙江舟山群岛新区发展规划》指出，金塘的最重要目标是建设现代化、国际化的集装箱物流岛。重点发展以国际集装箱中转、储运和增值服务为主的现代港口物流业。2017 年 4 月 1 日，中国（浙江）自由贸易试验区挂牌成立，为舟山集装箱港口物流业发展带来了新机遇。作为杭州海关唯一的一座国际集装箱干线港，金塘港目前已经有 12 条国际航线连接"一带一路"。大浦口集装箱码头 2017 年吞吐量已突破 100 万标箱。同时金塘管委会也一直积极推动金塘集装箱港区的建设与发展，总投资 9.5 亿元的金塘物流园区一期工程基本建成。宁波舟山港首个智能化集装箱港区码头——总投资 80 亿元的金塘上吞集装箱码头，前期工作扎实推进。杭州海关积极配合，成为我国第一个船舶无纸化通关口岸，通关时间从 16 小时缩短到 3 小时，为集装箱船挂靠金塘港提供了便利和优势。这些政策的持续性支持，都使得金塘集装箱港口的发展成为必然。

（二）集疏运条件有望改善

随着甬舟铁路建设工作的推进，2017 年 12 月浙江省政府出台《加快建设海洋强省国际强港的若干意见》，其中提到要大力打造金塘成为海铁联运重要基地。《宁波—舟山港总体规划（2014—2030 年）》也指出要重点发展大宗商品储运中转和集装箱运输，在梅山、金塘等港区布局建设一批 10 万吨级以上集装箱泊位。以义甬舟开放大通道建设为重点，以海港、陆港、空港、信息港"四港"联动为支撑，进一步完善港口集疏运体系。同时提升海铁联运，大力发展北仑、镇海、穿山及金塘港区海铁联运等。

海铁联运作为与进出口贸易发展紧密联系的国际通行的一种货运方式将有效拓宽金塘港的经济腹地，使金塘成为内地边远省份从未有过的出海通道，大大推动金塘港的吞吐量增加。同时，海铁联运势必降低金塘物流运输的成本，有效提升金塘港集疏运体系的效率，解决金塘作为公路运输末端，物流陆运费用过高、陆路运输效率较低的问题，为金塘提供了一个直接、快捷、费用低廉的运输通道，改善交通条件和投资环境，加速经济发展。

第四节　集装箱港口物流服务业经验借鉴

一、集装箱中转物流经典——新加坡港

新加坡港位于新加坡南部沿海，西临马六甲海峡的东南侧，南临新加坡海峡的北侧，是亚太地区最大的转口港，也是世界最大的集装箱港口之一。该港扼太平洋及印度洋之间的航运要道，战略地位十分重要。自13世纪开始成为国际贸易港口，已发展成为国际著名的转口港。新加坡港地处世界航运十字路口，扼守马六甲海峡之咽喉，居欧洲、亚洲、澳洲海路交通之要冲，据不完全统计，新加坡港国际中转箱量占港口吞吐量的80%左右。

新加坡港口虽然自然地理条件优越，但是最大的不足在于其经济腹地受限，陆域面积不足。舟山地理位置优越、环境优良、土地紧缺、内需不足，与新加坡情况相似。当前舟山又以大宗商品储运、加工为基础发展油品全产业链，凭借大宗商品承接了自贸区、江海联运等诸多国家战略，获得了较为开放的环境，可以说在诸多方面与新加坡都有类似之处。但还有一点与新加坡相差甚远，那就是集装箱港口功能的发挥。作为全球知名的自由港，新加坡不仅在油品等散货领域占据重要地位，也凭借其自由的政策及优越的地理位置吸引了全球众多集装箱货源，发展成了国际航运中心，为本国的发展带来了非常大的利益。

（一）港口功能

1. 集装箱中转

从1960年开始，集装箱运输在世界上逐渐兴起。新加坡抓住机遇，开始大力兴建集装箱专用泊位，首个泊位于1972年投入运营。通过逐步改建和新建集装箱专用码头，配合积极的集装箱中转政策，并与政府当局和相关行业紧密协作，新加坡港迅速发展，转变成为地处东南亚的集装箱国际中转中心。

新加坡港与世界上123个国家和地区的600多个港口建立了业务联系，每周有430艘班轮发往世界各地，为货主提供多种航线选择。有了如此高密度、全方位的班轮航线作保证，需要中转的集装箱到了新加坡很快就会转到下一个

航班运往目的地。新加坡港的大部分集装箱在港堆存时间为3~5天，其中20%的堆存时间仅为1天。据不完全统计，新加坡港国际中转箱量占港口吞吐量的80%左右。

2. 综合服务

除了海运，新加坡还在空运、炼油、船舶修造等方面具备产业优势，同时又是重要的国际金融和贸易中心。利用这些优势条件，围绕集装箱国际中转，衍生出了许多附加功能和业务：

（1）国际集装箱管理和租赁中心。发达的集装箱国际中转业务，吸引了许多船公司把新加坡作为集装箱管理和调配基地，形成了一个国际性的集装箱管理与租赁服务市场。

（2）空港联运中心。这是新加坡海港与空港合作开展的一项增值业务。它是指通过海运和空运的配合与衔接，有交往地利用两种运输方式的优点，满足用户的特殊需求。

（3）国际船舶换装修造中心。新加坡港拥有一个40万吨级的巨型旱船坞和两个30万吨级的旱船坞，能够同时修理的船舶总吨位超过200万吨，是亚洲最大的修船基地之一。在为船舶提供维修服务的同时，新加坡港还提供国际船舶换装与修造一体化的服务。需要检修的船舶往往满载货物从其他港口驶往新加坡，将货物在新加坡港换到其他船舶后，就近在新加坡进行维修，节省了成本，方便了船主，也为新加坡的修船业带来了更多的生意。

（4）国际船舶燃料供应中心。新加坡是世界第三大炼油中心，世界排名前列的 Shell、ExxonMobil、BP 等石油公司均把新加坡作为石油提炼和仓储基地。产业的规模效应使得船用成品油的价格相对较低，加上位于国际航线的要冲，新加坡已发展成国际船舶燃料供应中心，往返欧亚航线的船舶大部分船只选择在新加坡或鹿特丹两地加油。

3. 临港工业

新加坡充分发挥港口的综合区位优势，利用海港的天然水深、便利的交通体系和宽阔的土地资源的优势，同时利用其作为物资集散中心各项生产要素非常集中的优越条件发展临港工业。新加坡临港工业的发展采用的是多元化、集群化的发展模式。新加坡最重要的临港工业区——裕廊工业区，根据地理环境的不同，规划了新兴工业区、重工业区和无污染工业区、住宅区、自由贸易区，通过综合开发，形成了一个轻、重工业合理布局的临港工业区，公园和绿化带相得益彰的花园式城镇，形成了以电子电器、炼油和船舶修造为三大支柱的工业产业。其中，重化工业主要为造船、修船、炼油、钢铁、水泥、化学、汽车装配等行业，入驻了伊斯曼、杜邦、埃克森美孚、壳牌等大型石化企业，是全球第三大石油炼制中心和全球十大乙烯生产中心之一。与此同时，为满足工业品出口对第三方物流发展的需要，新加坡鼓励大型跨国企业在裕廊港区兴建物流中心、配送中心等，发展港口物流网络，为临港工业提供专业高效的物流服务。港口园区建设与吸引外资相结合，将一些临港土地和泊位提供给跨国公司作为专用中转基地使用，鼓励大型跨国企业在港区建设物流中心、配送中心等。这样，港口物流为临港工业提供专业、高效的物流服务，提升加工工业水平，进而又促进港口经营效益的提高。现如今，新加坡港凭借先进的制造技术和管理经验，形成了集设计、建造、研发、法律服务、金融服务乃至教育、培训等全套产业于一体的高端产业链条。

（二）竞争优势

1. 灵活的自由港和航运优惠政策

灵活的自由港政策和系统的航运优惠措施是新加坡港拥有大量国际集装箱中转量、建设国际航运中心的最大特色。自由港是指全部或绝大多数外国商品可以免税进出的港口，被规划在一国的关税国境（即"关境"）以外，又称自由口岸、自由贸易区、对外贸易区。新加坡同美国、日本、加拿大、中东等世界许多国家和地区签订了自由贸易协定，大约 95% 的国外货物可以自由进入新加坡港，实行自由通航、自由贸易，境外货物、资金自由进出。全球超过 90% 的货物可以自由进出新加坡港而不需要缴纳关税，应税货物只有酒类、烟草产品、石油产品以及车辆等四大类商品。新加坡港的自由贸易政策是其国际贸易政策的核心，极大地方便了货物的流通，节省了贸易成本，带动了集装箱国际中转业务的发展，使新加坡港在国际航运、贸易和金融业务中发挥了举足轻重的作用。

为了凸显港口在亚太地区的经济和航运中心地位，新加坡港不断推出各类优惠政策，尤其加大对航运企业的优惠力度，吸引企业落户，例如，核准国际船务企业计划、核准船务物流企业计划、海事金融优惠计划、新交所亚洲结算行和船舶注册登记制度等。此外，新加坡港还从 2012 年 10 月开始豁免海事福利费，每年能为企业节省 700 万新元。

2. 高效完善的物流服务

在经济腹地受限、世界经济不景气、制造业萎靡的情况下，新加坡港采用"国际配送中心"的模式，变身为国际商品、物资等集散的场所，成为世界物流网络的重要环节，促使新加坡港数十年保持较高吞吐量。其中吞吐量的 80% 是国际中转箱。所谓国际配送中心是从供应者手中接受大量货物，进行分类、保管、流通加工，并按照顾客的订货要求经过分拣、配货后，把货物送交顾客的配送机构。该中心结合了高效率的信息情报网，能够迅速、准确地掌握流通过程中的库存情况，从而避免库存积压和库存量的分布不均。新加坡港通过配送中心实现对整个系统库存量的控制。该中心采取集中进货模式，使工厂与仓库之间按计划、有规律地进行大批量运输，降低了运输费用。对于品种、规格繁多的商品，通过国际配送中心进行配售，减少了中间环节，提高了流通效率。

3. 实时准确的信息平台

目前，新加坡港通过两大网络平台，在港口物流涉及的多个环节中实现了无纸化和自动化，不仅节省了人力与财力，还将制造商、供应商、各分销商和客户联系起来，为整个供应链提供及时咨询交流服务，满足客户不同要求。客户在网络平台上可以进行订货、订舱、保险、付费等业务，还能随时了解所要托运货物所处的运送环节、空间位置、预计送达时间等信息。

"港口网"是新加坡国际港务集团有限公司（PSA）建立的，利用高速的数据交换和通信将港口和航运业的各方面连接起来，简化为点到点的信息流程。通过该网，船舶可对港口服务进行在线预订、使港口用户获得船舶进出港信息、舱位安排、货物在港所处的状态、预订舱位、指定泊位、起重机布置、集装箱即时追踪等资讯，可大大缩短船舶等待时间。该网也是一个新加坡全国范围内的电子商务系统，连接整个航运界，包括政府部门、代理、海关、港务集团、港口用户等，并逐步向世界其他港口延伸，平均每年处理超过 7000 万宗交易。

另一个平台是"贸易网"。该网连接了海关、税务、军控、安全、经济发展局、企业发展局、农粮局等政府部门，使得公共和私营部门可以实行电子数据交换。通过该网实现了单一窗口报关，与进出口及转口贸易有关的手续事务都可通过该网进行，降低了成本和时间准备，实现了货物快速清关以及扣费和缴税的电子化。在该网络平台上，企业和贸易商只需要递交一份完整的电子文件，就可以完成通关的所有程序。通关处理时间由之前的 2~7 天缩短到了不到 10 小时，费用由 6~12 美元降至 2 美元，需要递交的文件数量由 3~35 件减少为 1 件，参与通关处理的人员由 134 人减少为 1 人。

二、东北亚国际中转港——釜山港

釜山是韩国第二大城市，也是第一大港口城市。釜山港是世界第五大集装箱中转港口，与世界 150 多个国家和地区 500 多个港口相通航。釜山港位于连接欧亚和北美的主要航线的枢纽位置，区域条件得天独厚，腹地面积达 1200 平方千米，人口 7 亿多，是世界顶级的集装箱处理港口。釜山港的中转货物比重为 45%，这让国际著名船公司纷纷挂靠釜山港，将其作为自己的中转枢纽港。随着中国经济和对外贸易发展，环渤海经济圈里的大连、天津、青岛三大港口和东北亚经济圈的韩国釜山港形成了强劲竞争，但目前国内的三大枢纽港口仍难以撼动釜山港的地位。作为东北亚地区门户港之一的釜山港，位于中国—日本—俄罗斯的中心地带，也位于连接大陆与海洋的世界三大主航线之上，其地理位置与舟山具有很大的相似性。

（一）港口功能

1. 高附加值的港口物流服务

作为东北亚最大的国际中转枢纽港，港口物流是釜山港的运营命脉。韩国政府于 1994 年启动了釜山新港建设工程，新港的总面积达 11.3 平方千米，2010 年建设工程完工，拥有 30 个集装箱专用泊位，设计吞吐能力达 1500 万标准集装箱。目前，美国生产的约 80% 的产品，日本、中国台湾、中国香港、欧盟生产的 20% 的产品都经过釜山港中转。釜山新港的物流园区（保税区）面积达 6.2 平方千米，其提供的港口物流综合服务和优惠的外资 FDI 政策对中国企业来说尤其有吸引力。物流园区的事业模式主要是对货物进行加工、组装、分类、包装等高附加值的流程和制造。先将世界各地生产的产品集中在釜山港，再根据需求，利用釜山港繁密的航线和集装箱，将相关产品运送到日本或其他地方的最终消费者手中，韩国政府只收取低廉的租金费，并提供各种优惠政策。例如，投资总额达到 2.35 亿美元的安利中国总部位于广州，而美国安利总部的亚洲物流中心则位于韩国釜山港。在中国、美国各地生产的安利公司的产品先被集存到釜山港，然后在釜山的物流中心经过贴标、分类、包装等加工后，并利用釜山港将相关产品运送到中国或者澳大利亚等各个城市。

2. 汽车、造船等临港产业同步发展

事实上，港口是国际物流的一个重要载体，开展国际港口综合服务体系，港口物流的发展路径不应该只是考虑中转量的竞争，应该看能否创造出高价值的港口的可持续发展方案。釜山不仅拥有世界一流的物流产业基础设施，其中造船及船舶设备产业位居世界第一，汽车产业及零配件产业位居世界第五，也是综合港口经济体系中的亮眼产业。

2018 年前 6 个月，全球新船订单量共计 1234 万 CGT。其中，韩国船企接单量为 115 艘、496 万 CGT，排名全球第一，占全球总订单量的 40%。中国船企接单量排名全球第二，共计 203 艘、439 万 CGT，占全球市场份额的 36%。

同时，韩国是世界第五大汽车生产国，汽车零部件产业已经发展成为韩国的高附加值产业。目前全球销售额排名前 30 位的零部件企业中美国的 Delphi、Visteon；德国的 Bosch、Continental；日本的 Denso、Calsonic；法国的 Valeo、Faurecia 等知名企业都在韩国投资建厂。韩国汽车零部件企业共 910 家都位于釜山和釜山周边。此外，雷诺三星的亚洲物流中心也落点釜山港，从而享受高附加值服务，把釜山港作为国际汽车零部件物流集散中心和供应链管理中心。大宇造船的物流中心也位于釜山港，主要是来釜山港托管进口材料、对国内材料进行入场、检查、包装。

（二）竞争优势

国际集装箱物流中转服务能力，向来被作为评估国际航运中心及枢纽港核心竞争力的重要指标，我国虽然有诸多港口都在争创国际航运中心，然而除香港外，至今为止却没有一个国际中转大港。金塘港目前虽然发展状况一般，但对于国际中转业务来说，与宁波、上海等大港的起跑线差距并不大。釜山港国际中转业务的发展离不开以下因素：

1. 自贸区政策

釜山港自由贸易区是韩国具有代表性的自贸区之一，实施"境内关外"相对宽松的海关监管政策，国外集装箱货物从釜山港中转非常便利，国际物流中转自由。例如，在釜山港开展物流中转出口不需要进行备案等，手续简便，效率很高。在海关监管方面，釜山港为方便国际集装箱物流运作，提高集装箱物流处理效率，将其港口作业区、自贸区以及工业经济加工区进行一体化监管，在整个区域内，集装箱货物可以自由流动中转以及加工增值再出口，货物运转快速便捷，中间环节少，物流速度快、效率高，极大地吸引了中国、日本等亚洲周边港口的集装箱货源。

2. 政府资金支持

釜山港在发展国际集装箱物流中转服务过程中，长期采用经济手段（如降低港口费率、减免港口费用等）吸引货源，并对忠实的集装箱航运客户进行补贴以维持稳定的货源，巩固其国际集装箱物流中转服务大港地位和持续竞争力。例如，釜山港根据集装箱航运企业的国际中转发展贡献实施两种奖励措施：国际中转箱总量贡献奖励、国际中转箱增量奖励。这种经济奖励机制是釜山港开发国际集装箱货源市场、维护稳定客户的重要手段，对其国际集装箱物流服务发展起到了较大的促进作用。

3. 营销与战略合作方式

釜山港高度重视其集装箱物流中转服务营销及与其他港口建立战略合作关系。为推广其物流中转服务，专门成立了釜山港口营销协会，宣传和推广釜山港国际集装箱物流服务。针对客户需求，开展市场调研和访问，采取差别客户策略，制定差别港口费率。同时，为强化港口营销功能，构建了港口物流服务营销信息系统，对生产企业、周边客户港口、航运企业以及管理机构实行信息共享，并建立了一站式复合港口物流信息系统。为吸引更多的国际集装箱中转货源，釜山港不断增加中国北部和南亚地区等周边港口间的支线运输，同时为这些国际中转货源提供免费的港口设施服务，减免服务费用，与周边港口建立长期的战略合作关系。

4. 增值服务功能

釜山港国际集装箱物流中转增值服务功能系统完善，适应了全球供应链模式的港口功能需求。釜山港根据国际物流增值服务需求，在港区周围建设了经济加工自由区，从而实施面向全球供应链采购、加工和增值服务的模式。

三、产业集聚——宁波保税物流区域

宁波利用保税物流区域（Bonded Logistics Area，BLA）高度开放的政策功能优势和较为完备高效的外向型商务运行体制和环境，吸引了周围区域的生产要素，形成了产业集群和规模经济，成为区域经济增长极，影响着城市的经济空间结构。产业支撑薄弱是限制金塘港口发展的因素之一，借鉴宁波 BLA 经验对于发展产业有一定帮助。宁波形成产业集聚有以下几个发展阶段：

（一）政策优势带来投资集聚

由于 BLA 的海关特殊监管区域政策功能优势，巨额的基础设施投资和大量的内资、外资新企业不断进入。BLA 投资集聚效应的空间范围，可以分为国际、国内外地、本地三个层次。2014 年 BLA 投资总额 18.21 亿元，其中，新注册内资企业中，宁波本市投资占 36.37%，实际利用本市外内资 5.71 亿元，占总投资的 31.38%；新注册外商企业投资 9686 万美元，占总投资的 32.55%。从总体来看，近年来宁波 BLA 投资集聚效应的空间范围，首先是来自本地资本投入，其次是国外投资，还有一部分是国内其他区域资本投入，三个部分各占 1/3 左右。

（二）投资集聚形成产业集聚

BLA 通过其特殊监管区域的独特功能导向，成为以加工贸易、一般贸易、

保税仓储物流服务业为主导产业，优势加工制造业和高科技制造业为依存产业的先行区域之一，形成产业链和产业聚集优势，如表 3-13 所示。

表 3-13　保税物流区域的产业特征

产业集群	与保税物流区域的关系	产业特征	主要构成
保税物流产业集群	主导产业	保税物流服务业为主体	1. 保税物流服务业集群：保税仓储、物流分拨、包装、国际货代、装卸运输、报关报检等企业集群； 2. 国际采购、分拨企业集群：形成了铁矿砂分拨中心、固体化工品分拨配送中心、进口食品仓储配送中心、出口采购配送中心等四大物流分拨中心； 3. 物流贸易服务业集群：进口代理、税务代理、期货交割、物流金融、保险、产销服务、信息咨询等物流贸易服务
国际贸易产业集群		以国际贸易为主体	1. 进出口贸易企业集群； 2. 进口跨境电商新业态企业集群
优势加工业和高科技制造产业集群	依存产业	以加工制造优势产业、高科技制造业为主体	1. 外向型加工制造业集群； 2. 传统优势工业集群：石化、能源、造纸、钢铁、造船等； 3. 高新技术制造业集群：包括液晶光电产业集群、计算机产业集群、集成电路产业集群三大主体产业
区港服务业产业集群	关联产业	以区港服务业为主体	商贸服务业、旅游业、娱乐业等综合配套服务产业

（三）产业集聚带来经济增长

保税物流区域对城市经济空间结构的影响主要体现在促进了城市的保税加工、国际贸易、保税物流及代理服务业等主导产业布局重心向区内集中，依存产业外向型优势制造业和高新技术制造业在区域集聚，新业态跨境电商和相关服务业等新兴产业在保税物流区域聚集等三个方面；保税物流区域还对城市商业、娱乐旅游服务业、研发和信息产业等空间结构产生了深远的影响，在很大程度上主导着城市"互联网+外贸+制造业+国际物流产业"经济空间结构的变化。

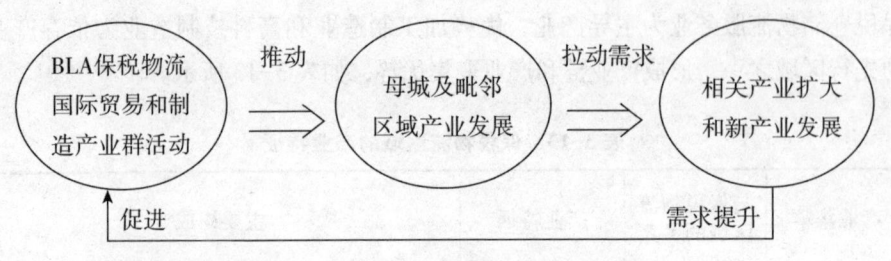

图 3-6　保税物流区域与产业发展关系

四、对舟山的借鉴

除以上几个案例外，也有不少港口、区域的发展经验值得借鉴，归纳起来有以下几点：

（一）实行自由开放的政策

自由贸易港实施的保税仓储、加工、低税等政策不仅对船公司吸引力很大，对产业资金吸引力也很大。有了自贸港政策支持，港口不再仅仅是货物吞吐口岸，而是货物聚集、加工、贸易的中心，尤其是发展国际集拼业务。如果能设立保税仓库供转口货物使用，不收取关税，仅收取仓储费用，绝大部分货物都可以自由出入港口，能给货运公司带来极大便利，大大促进过境贸易的发展，也促进港口自身及配套物流服务的发展。

（二）政府资金支持

各港口发展初期均离不开资金方面的投入，常见的有以下三种：

1. 直接投资

如日本对港口基础设施的资金援助占港口总投资的比例一般在 50%～100%，法国为 60%～80%，加拿大为 50%。比利时、法国等国把港口建设的投资纳入中央政府的财政预算，根据项目审批程序直接拨款。日本在中央财政收入中设"港口建设专项基金"。美国征收港口商品价值的 0.04% 港口维护税，把此税纳入"港口维护委托基金"，由财政部门专门用于港口航道的维护。除此以外，发达国家还采取发行各种债券来保证港口建设资金来源。

2. 税收优惠

有些国家对港口虽不投资，但给予税收优惠。如英国的港务局除经营码头出租外，还从事货物装卸业务，其收入直接上交港务局，用于港口建设，不向国家交税。美国纽约港务局兼营 6 个飞机场，收入 2 亿多美元，用于港口建设，不向国家和地方交税。

3. 财政补贴

国家给予港口一定数额的财政补贴，予以扶持。如日本港口出现亏损由政府补贴，英国港口出现赤字通过减免债务方式给予港口补贴，法国 1988 年开始就向六大自治港拨款 1400 万法郎，减轻港口 1/3 的债务。包括以上提到的新加坡、釜山，最初都通过建立国际中转物流贡献奖励机制来吸引国际集装箱海运企业挂靠，而国内港口更是如此。最近海南洋浦港为促进集装箱航运的发展，对在洋浦港新开通集装箱班轮航线的航运企业进行补贴，开一条航线补助 600 万元。福建泉州市投资 5000 万元对从泉州港进出的集装箱进行扶持，船公司每家奖 300 万元，货代每家近 100 万元。根据该政策，共有 29 家企业符合奖励扶持条件，获得奖励金额总计为人民币 5216.6 万元。广东中山市黄圃镇也出台了惠企新政策，将对年度内在黄圃港出口外贸集装箱超过 30 个自然箱的企业，每个自然重箱补贴 100 元，单个企业每年补贴总额最高可达 20 万元。

（三）采取国际化经营战略

除大力完善集运疏网络，重视信息化建设外，各大港口还采取国际化的经营战略，以增强本港口在国际航运中的竞争力和影响力。如采用参股或控股形式加强与世界各国港口、船运公司、跨国集团的合作等。

（四）建立完善的物流网络

完善的港口物流网络是港口发展的基础。任何一个具有活力的港口，其物流网络都十分发达，由深水货运码头、物流服务企业和腹地连接网络等要素组成。各港口都非常重视港口集疏运系统基础设施和区域交通枢纽基础设施的建设，一般都具备高速公路网、海铁联运、江海联运等集疏运条件。

（五）注重信息化建设

货物运输的过程是信息不断更新的过程，也是各大港口的信息化建设不断完善的过程。比如装卸过程完全用电脑控制、对船舶实施全程监控追踪、跟踪掌握集装箱的入港、装卸、储存等信息、航运信息综合分析等。各港口都在充分利用互联网、卫星定位、大数据等技术为运输船舶提供服务。

（六）培育临港产业集群

各国在规划工业布局时，都非常注重产业集群理念，通过集群式发展培育自己的主导产业链，促使工业在较短的时间内呈现出强大的生命力。在整个产业集群中设置各类产业园，以临港产业园区为载体，促进产业链向上下两头延伸，形成完整的现代临港工业体系。

（七）发展航运服务业

金融、保险、海事规范、政策咨询、国际中转贸易运输、船舶租赁、船舶修理、码头仓储、内陆运输、报关代理等发达的港口服务业态可以为航运业提供全面周到的服务，是各个发达港口提升竞争力的必备之选。综合物流业务是港口业务的有力支撑，物流业务作为"第三利润源"，是未来区域经济增长的利润增长点，一直以来全球各大港口对所谓的航运中心建设都很热衷。

第五节　金塘集装箱物流业发展路径探讨

一、提升物流能力

（一）当务之急——实现集装箱"落地"金塘

2017年金塘港年吞吐量达100万标箱，但这100万标箱中只有2%真正通过陆路运输，通过金塘港卡口进入港区。造成这一现象的主要原因有两个，一是海运提单上无法出现金塘港，只能写上宁波港，因此大部分客户仍然选择将出口货物运送至北仑港区并在北仑提货。二是集卡车队对于陆运至金塘和陆运至北仑的报价相差很多。一个40英尺的集装箱运送至金塘要比运送至北仑贵800元，而由北仑驳运至金塘的驳船费用则是由甬舟公司承担，并不需要客户支付。对于那些对时间要求没有那么高的客户来说，必然选择陆运成本更低的北仑作为启运港和到货港。因此要使集装箱实现"落地"金塘，必须从以下两个方面来着手：

1. 解决港口代码问题

若金塘港无法解决港口代码问题，则客户的海运提单上永远只能填上"NINGBO"。这也就意味着金塘永远就只是宁波港的一个附属泊位而已，客户也都会倾向于继续选择北仑作为启运港和到货港。因此相关部门必须继续积极申请金塘港港口代码，力争进入国际港口序列。

2. 降低集装箱陆运费用

根据前文的分析得出，降低集装箱陆运费用的途径主要有三个：

（1）实现大桥对集卡全面免费通行。集装箱陆运至金塘的费用高，主要原因是跨海大桥对集卡收费。虽然经过相关部门的积极争取，目前大桥对集卡的收费已经予以了一定的优惠，但优惠力度远不及东海大桥的免费通行来得大。

尤其是未载集装箱的空集卡即使在夜间优惠时段过桥也需要支付125元的费用。因此近期金塘港发展需要着手解决的最重要问题之一就是继续努力争取，实现大桥对集卡全面免费通行。

（2）在金塘港区设置集装箱还箱点。由于金塘港区没有还箱点，所以舟山本地车队的集卡将重箱运送至客户目的地后，需先将空箱送还至宁波还箱点，再将空车开回金塘。绕路北仑换箱大大增加了集卡运输的成本，因此金塘港必须设立还箱点，这是有效降低陆运费用的途径之一。

（3）取消北仑与金塘港区之间的免费驳运服务。目前20英尺标箱在金塘和北仑往返驳运的费用在100元左右，而且每周只有两次驳运服务。这也意味着如果集装箱从北仑卡口进出，而装卸港却在金塘，则集装箱的堆存时间要增加1~3天。若取消北仑与金塘之间驳运免费的政策，驳运费用须由客户自行承担，再加上陆运费用的降低，堆存时间更短的金塘港自然对客户更有吸引力，客户必然会选择将集装箱直接陆运至金塘并在金塘提重箱。

（二）近期——完善集疏运体系，积极拓展箱量

1. 完善集疏运体系

金塘港口集装箱集疏运目前仅有水—水、水—公两种方式，而国际知名的港口鹿特丹、汉堡港、釜山港都将铁路作为其集疏运体系的重点，大力发展海铁联运。海铁联运不仅是一种绿色环保的先进集疏运模式，也是现代港航经济的重要组成部分。根据浙江省大通道《行动计划》，甬舟铁路将于2022年通车，跨越金塘、西堠门等水道连接舟山本岛与宁波北仑。金塘港要抓住甬舟铁路开发的契机，借助四通八达的铁路运输网络把集装箱运往更广阔的腹地。目前"甬新欧"铁路已经开通。甬金铁路，极大地缩短了宁波与赣、湘、鄂等西南地区的运距，对于增强金塘港集疏运能力有极深的意义；景衢铁路可直达宁波、温州海港，同时它与长江中游线网连接，形成了四通八达的铁路网，是对接长江黄金航道的重要通道，也是应对上海港长江战略的重要举措；杭州湾跨海铁路将构筑海铁联运业务至上海、南京及东南沿海和珠三角地区的重要通道。待甬舟铁路投入运营，金塘港的内陆腹地将变得更广阔，集疏运的效率也将大幅提升，不再受制于公路运输。在海铁联运的发展中金塘港需重点解决好"最后一公里"设施衔接问题，实现海铁联运无缝对接。

除了海铁联运之外，金塘还可以考虑扩大水—水中转的量。这里的水—水中转并不是指简单地用驳船连接北仑和金塘港区，而是考虑通过国际航线的中转以及集装箱直达船江海联运来完善集疏运体系。

2. 积极探索新箱源

在可拓箱源方面，目前金塘拥有非洲、俄罗斯等 15 条航线，对这几条目前已拥有的航线进行分析后发现以下货物可为未来港口的发展提供足够的箱源。

（1）粮食。目前中国粮食安全战略主要分两部分：直接粮食进口＋"走出去"海外租地种。在直接进口方面，俄罗斯成为我国粮食进口的新方向。近年来中俄农产品贸易快速发展，2017 年中国自俄罗斯粮食进口量达 71.24 万吨，与 2014 年相比增长 4.5 倍，进口种类也不断丰富，从谷物及其制品增加到大豆、亚麻籽和油菜籽等。根据俄罗斯海关数据，俄罗斯对华食品出口已经占到俄食品出口总额的 11%，中国目前已经成为俄罗斯食品的最大进口国。就食品采购规模来说，2016 年中国采购了价值约为 16.2 亿美元的俄罗斯食品，主要产品为玉米、面粉、坚果、大豆、植物油、奶制品以及鱼虾等海产品。随着中俄贸易的进一步推进以及中国对俄罗斯进口粮食规模进一步扩大，中俄集装箱航线将有望带来大量的俄罗斯进口粮食。

直接从国际市场上进口粮食容易受到主要粮食出口国影响，当粮食进口量较大时，进口价格无法得到保障。"走出去"战略使我国能够通过在海外租地种地有效掌握国外的粮食资源，保证对国内的供给。非洲东部地区，属于热带雨林气候，常年高温多雨，非常适合水稻的种植和生长。过去几年中，我国将优质的水稻品种、种植技术都带到了非洲，由于非洲人天性不能吃苦耐劳，这些水稻田往往还需要雇用中国人进行管理才能有较好的产量。这种"走出去"的政策不仅缓解了许多非洲贫穷国家粮食短缺的局面，也为水稻进口回国内提供了充足的货源。因此，中非集装箱航线在未来有望带来大量的非洲粮食进口。

（2）俄罗斯食品。据俄罗斯海关统计，2016 年中国成为俄罗斯食品的最大进口国，2017 年第四届中俄博览会首次设立"俄罗斯食品专馆"，60 余家俄方企业展出千余种产品，集中推介以巧克力、鱼子酱、蜂蜜、面粉、红酒为主打的俄罗斯特色产品。随着中国经济高速发展，居民收入不断增长，对进口食品的需求不断增加，俄罗斯积极寻求扩大对华出口食品的机会，食品贸易成为巩固中俄经济联系的重要环节。根据俄罗斯海关数据，2016 年前 9 个月，中国从俄罗斯进口的食品比上年同期增长 22%，其中对华出口占俄罗斯食品对外出口的 11%。目前，有食品出口能力的俄罗斯各联邦主体都在积极扩大对华贸易。布里亚特共和国行政长官表示要在奶制品和糖果领域开发能够吸引中国消费者的新产品。此外，2017 年中国降低了一系列进口产品的关税，这一信息也使俄罗斯的沿海省份感到振奋，积极寻求扩大对华鱼类出口。据俄方统计，目前中国从俄罗斯进口最多的食品是冷冻水产、大豆、大豆油和葵花籽油。根据中国海关信息网，俄罗斯连续两年成为中国最大的鱼类供应国。

（3）俄罗斯木材。俄罗斯木材的最大进口国是中国。中国作为木材消耗大国，同时又是林木资源相对短缺的国家，对木材进口的依存度居高不下。尤其是中国大兴安岭等林区商业性采伐全面停止后，为俄罗斯木材进口提供了增长空间。2014年，美国对俄实施经济制裁，卢布对世界主要货币大幅贬值，使得俄罗斯木材出口商在国际市场上处于劣势。在该轮贸易制裁中，俄罗斯企业调整贸易策略，减少对欧洲主要进口国的供应，而更多关注中国木材市场，并从新西兰出口商手上夺走了大量份额。此外，出于保护本国森林资源及扩大就业人口的考虑，俄罗斯对出口原木征收高额关税的同时鼓励半加工木材和深加工木制品出口，该政策导致口岸进口锯材、板材量逐渐增加，原木数量逐渐下降，有利于散改集运输。

（三）中期——借助江海联运发展冷链物流

宁波、上海已经运作多年冷链物流，且早已比较成熟，规模也已经比较大。但是金塘发展冷链物流并不是没可能，如果跟江海联运服务中心的建设结合起来，结合集装箱冷链江海直达船，拓展长江流域市场，发展内贸是有可行性的。此处采用简单的SWOT分析方式论证如下。

1. 优势

（1）水产品资源丰富。舟山渔场作为全国最大的渔场，同时也是世界著名的渔场，渔业资源丰富，品类繁多，其中鱼类365种，虾类60种，蟹类11种，贝类134种，海藻类154种。同时舟山作为全国最大的水产品生产、加工和销售基地，具有"渔都""海鲜之都"的美称，其丰富的渔业资源可以为水产品冷链物流的发展提供足够的货源。

（2）由于船公司冷藏箱收费高，利润也高，通常为普通货柜的3倍之多，虽然每艘集装箱船能装载的冷藏箱比例不大，其所带来的利润量却非常可观。因此班轮公司、货代都愿意积极开展冷藏箱的运输业务。

2. 劣势

（1）冷链相关货物进出口航线目前均不在金塘港，海运冷藏集装箱吞吐量占金塘港总吞吐量的比例也不足1%。目前挂靠金塘的航线几乎没有冷藏箱在金塘装卸，金塘也没有冷藏箱提箱点。内贸支线以及内河航线也尚未开展，金塘相关的冷链物流服务配套几乎为零。此外，舟山水产品发往内陆的运输多靠冷藏车完成，成本较高，也无法为舟山水产品流通系统提供足够的低温保障。

（2）第三方冷链物流发展滞后。舟山现有的冷链物流企业经销规模小，实力弱，服务标准不统一，拥有一定规模和布局合理的自有冷库，且有较先进的管理信息系统的第三方冷链物流企业仍处于起步阶段。目前舟山市从事冷链物流的企业（含自营）只有十几家，拥有低温冷库及冷藏车数量也不多。

3. 机遇

（1）2014年11月，李克强总理在浙江调研期间就提出了设立舟山江海联运服务中心，并将其定位为长江经济带和长三角发展的一个战略支点。舟山江海联运服务中心建设"7234"工程中提到打造七大基地，其中之一是打造集装箱中转物流基地，这里指的就是金塘集装箱码头。江海联运发展战略中提到"做强两大支撑"，其中之一是发展江海直达运输船队。"推进四大合作"指的是推进沿江合作、沿海合作、省内内河合作和"21世纪海上丝绸之路"沿线港口国际合作。因此，金塘集装箱港的发展是江海联运服务中心建设的重要组成部分，可以积极进行对接，共同拓展沿江市场。

（2）目前长江沿线水产品多是从福建、山东等地使用卡车进行运输，物流成本高，且时效性差。而长江沿线对中低端水产品需求量大，不同于国外市场喜欢高端水产品，此需求更符合舟山水产品货种的供应。目前，江海联运散货船已开始运营且收效不错，舟山江海联运服务中心又研发了集装箱江海直达船，研发工作已经完成。该船有利于将舟山口岸进口的水产品运到长江沿线销售。另一方面，集装箱江海直达船有望进一步推进粮食散改集运输，结合舟山发展农产品交易中心的契机，从长江沿线揽收农产品运往沿海地区，实现有进有出，降低运输成本，提高运输效率。

（3）舟山江海联运服务中心建设工作逐步推进，相关单位也正在积极引进水产品相关产业。据说目前已经联系了几十家长江沿线的贸易企业、集散企业、加工企业等，在长江沿岸建立销售网络，以保证其集装箱江海联运直达船舶的实用性。

（4）目前长江沿线货物通过上海外高桥、洋山港出口时，压港问题严重，有时集装箱压港长达一周，重庆、武汉相关部门均已多次来舟山对接，寻找第二出海口。希望舟山考虑开展与长江沿线的保税区、自贸区、港区间合作，共同发展内贸集装箱运输。

4. 挑战

（1）消费者对于食品的质量及安全的要求越来越高。国民经济的不断发展，越来越多的消费者开始关注食品质量及安全，这也使得冷链物流企业在面对食品运输特别是鲜活水产品运输时，不仅要在运输环节上保质保量，更要对整个冷链运输体系进行监督监控，即冷链物流企业必须具备控制上游下游及整条供应链的能力。金塘普通货物流体系尚不完善，从事冷链物流挑战更大。

（2）国内港口的竞争激烈。近年来宁波、上海、大连等港口亦将冷链物流作为重要的发展目标，宁波积极打造长三角冷链物流集散地，签约"中欧班列冷链物流""两岸食品一日配送""两岸海产品贸易与冷链物流合作"等项目。上海洋山港大力打造自贸区冷链物流，已有国内外多家大型冷链企业落户洋山。

（四）远期——争取开展国际中转集拼业务

亚洲地区的国际中转集拼业务一直集中在韩国釜山港、中国香港港和新加坡港，我国沿海港口由于受到航运政策的限制，国际中转集拼业务一直未能开展。一个港口能否成为国际中转港需要众多条件：良好的硬件设施——港口的水深与岸线资源、港口的地理位置和经济腹地、港口的基础设施等；软件要素——港口的自由度、政府的相应政策、口岸的通关效率等。目前国内港口在该业务领域所处起跑线的差别不大，基本都处于从无到有的阶段。

1. 国际中转集拼业务简介

国际中转集拼业务是指境外货物经过近洋、远洋国际航线运至港口，与内地通过沿海、沿江内支线船舶转关至港口的出口货物，或内地陆运转关至港口的货物，在海关特殊监管区域内拆箱、分拣、包装，并根据不同目的地港或不同客户，重新装箱后再运送出境的一种港口物流业务。我国目前开展国际中转集拼业务的仅有上海港，且上海由于洋山和外高桥两个港区的距离较远导致中转集拼的效率和成本都不理想，因此中转集拼业务量一直不大，在年吞吐量中，国际中转的比例仅达到10%。

集装箱港口腹地通常分为两类：一类是陆向腹地，这些地区通过陆路与内河运输为港口提供货源，如长江三角洲就是金塘港的陆向腹地；另一类是海向腹地，这些地区通过海上支线网络向港口提供货源。人们把那些主要依靠陆向腹地提供货源的港口称为"腹地型港口"，把主要依靠海上支线网络提供货源的港口称为"中转型港口"。此外，另有"复合型港口"之说，这是指集装箱货源既来自内陆腹地、又来自海上支线网络港口。实际上，任何一个集装箱港都是复合型港，其差别仅在于货源主要来自内陆腹地还是主要来自海向腹地。所谓集装箱国际中转就是指在港口中转的集装箱主要来自国外或境外。

集装箱海运中转方式有两类，即干（线）支（线）中转与干（线）干（线）中转。集装箱运输系统之所以需要干支中转是规模经济发展的需要。由于集装箱船舶的大型化，船舶只能靠泊几个货源比较充足且具有接纳大型船舶条件的港口。为提高船舶箱位利用率，也为使周边小港的货物能顺利进出，以这个港为中心形成一个支线网络，为其提供集疏运服务。干干中转基本上发生在基地港。基地港是指某一班轮公司或班轮公司联盟航线交汇的港口。为了提高船舶营运效率，在某一航线营运的船舶可能装载非该航线挂靠港口的货物，然后在基地港交换。

2. 金塘发展国际中转集拼业务的分析

通常情况下发展集装箱国际中转集拼运输必须具备4大条件：一是经济腹地强大；二是港口坐落在国际航运要道上；三是自由港或者实施自由港区政策的港（区）；四是港口设施优良。金塘港背靠长三角，面向太平洋，该地区经济活动活跃，进出口需求大，能产生大量的集装箱。金塘港的地理位置、港口水深条件都非常好，能接受大型国际干线船舶进出，对于发展干支中转也是有利条件。具体分析如下：

（1）优势。一是区位优势。金塘港处于我国沿海经济带和长江沿岸经济带的交汇点，长江经济带是我国最大的东西经济走廊，拥有广阔的腹地和发展空间，是我国目前和今后一段时间经济增长潜力最大的地区，也是世界上可开发规模最大、影响范围最广的内河经济带。背靠长三角地区，可通过长江与沿线九省通航，陆向腹地广阔，地理位置十分优越，有着"黄金海岸"和"黄金水道"于一体的双重优势。金塘港在太平洋西岸，周边国际航线密集，从地理位置上讲，日、韩、中国台湾的港口与金塘港相比，并没有特别的突出优势。只要金塘港的硬件配置、软件环境跟上，以宽松的政策吸引国际航运干线挂靠，与日、韩、中国台湾互为补充是可行的。

二是水深优势。2013年已经启用的1.8万TEU超大型集装箱船，满载吃水要求-18米，目前洋山港区深水条件为-16.5米，这类超大型集装箱船已经不能满载进港。而金塘港港区水深条件可接纳第五、第六代等大型集装箱船靠泊，吃水则能满足这一水深要求。近年来国际经济形势不明朗，国际航运受此影响一直未能摆脱低迷状态，所以集装箱船满载问题也并不突出，一旦国际形势向好，各港口吃水深度的问题将会暴露。

（2）劣势。一是非自由港。我国目前所有级别的开放区，包括自贸区，都只是海关的特殊监管区域，仅税收政策处于关外，尚未实现真正的"境内关外"，法律制度不健全、管理体制落后、海关实际监管不到位，航运服务业发展相对滞后。从国际港口发展历程看，实行自由港政策是所有国际大港的共同特征，如新加坡港从一个无足轻重的小港发展成为世界著名的现代化集装箱港口，就是得益于1968年起实施的自由港政策，汉堡、纽约等一些国际大港也是如此。金塘港要发展成为国际大港，必须建设成为自由港。

二是航线均为小线。上海洋山港发展国际中转业务之初，航线也仅十多条，但是有多条北美、地中海、欧洲的大线，目前金塘港航线均为小线，航班不多，物流量不大。但是上海港也有其劣势，洋山、外高桥将远洋、近洋航线分割开，航线布置不集中，许多货物到港后，需要通过"穿梭巴士"在洋山港区与外高桥港区之间进行转驳，而两港区货物转驳时间在 10 小时以上，"穿梭巴士"运力不足、转驳费用过高等问题也迟迟没有得到解决，这些都会影响到洋山港区国际中转量。由于长三角有宁波、上海两个大港，抢走了大量的集装箱箱量，金塘港受限于港口知名度、港口代码、大桥收费等问题，陆向腹地未能得到有效利用。金塘港如果能争取大线进驻，货量提升将有利于国际中转集拼业务的推进。航线与货源是相辅相成的，两者解决其一即可自然扭转这一局面。争取航线，需要与船东协会、船公司等斡旋，开出优惠的条件，辅以良好的服务，吸引来、服务好船公司。争取货源则按照当前管委会思路，解决大桥收费问题、港口代码问题、产业问题……逐步扩大箱量。

三是集疏运体系结构不合理。目前集疏运体系过分依赖水—水中转，即便减免大桥通行费，采用公路运输也仅是提高现阶段集疏运质量，实现高效的集疏运还需江海联运项目的推进、公铁两用桥的新建同时积极推进，实现多种运输方式全面发展。

（3）机遇。一是世界经济增长明显回升。2018 年 1 月，国际货币基金组织（IMF）发布的最新一期《世界经济展望》报告显示：2017 年世界经济增长率按购买力平价（PPP）计算约为 3.7%，比 2016 年上升 0.5 个百分点；发达经济体 GDP 增长率为 2.2%，比 2016 年上升 0.5 个百分点；新兴市场与发展中经济体 GDP 增长率为 4.6%，比 2016 年上升 0.3 个百分点。根据世界贸易组织（WTO）的数据，世界货物出口总额从 2014 年第四季度开始出现负增长，到 2016 年第四季度增长率转负为正，2017 年延续了出口总额正增长的趋势，表现出量价齐升的特点。国际贸易量价齐升是 2017 年世界经济的一个很重要的亮点，主要国家经济复苏拉动了世界经济繁荣。IMF 认为，此轮全球经济增长基础广泛，特别是欧洲和亚洲地区出现了令人惊喜的显著增长。同时，IMF 将 2018 年和 2019 年全球经济增长预测值均上调了 0.2 个百分点至 3.9%，反映了全球增长势头加强及最近批准的美国税收政策变化带来的预期影响。

二是集装箱运输发展趋势的变化。随着现代集装箱船舶的大型化、高速化、干线化和联盟化的发展趋势，大型的集装箱干线船为追求运营的经济性，要求尽可能满载并减少船舶在港停留时间。因此，国际集装箱主干线班轮船舶只停靠一些大型高效的枢纽港，再由这些集装箱枢纽港向周边地区进行港口辐射，且国际贸易订小单、短单趋势越来越明显，拼箱业务在国际贸易中所占比重不断提高，集装箱转运已成为国际集装箱运输中的一个重要作业方式，转运量日益增多。

据 DHL、Damco 等公司统计，宁波口岸每年约有 50 万 TEU 的货物到新加坡中转，十几万 TEU 的货物到中国香港和釜山中转。如能直接在本地中转，能为腹地企业在国外中转的外贸拼箱业务降低物流成本 20%~30%。金塘可考虑与国际大型物流公司联手，利用对方所掌握的国际拼箱中转货源。

三是自贸区的建设。自贸区具有先行先试的政策优势，自贸区内贸易自由化将推动港口货运量的上升，能促进资本、货物自由流通，完善港航产业链和提升服务附加值，从而推动金塘港成为供国外货物自由起卸、搬运、转口和加工、长期储存的港口区域，这些都将有助于做大做强集装箱国际中转业务。从目前形势来看，海南自贸区批复后，各自贸区扩区问题纷纷浮上水面，要积极推进金塘集装箱港纳入其中。此外，江海联运服务中心建设作为国家战略，有望促进集疏运体系的改进，进一步拓展内陆腹地，建立和完善与内陆地区的合作机制，从而增加集装箱吞吐量，提升港口竞争力。

（4）挑战。一是国内国际竞争。国际中转集拼业务的竞争对手不只是上海、宁波等国内大港，还有韩国釜山港、中国台湾的高雄港、日本的神户和横滨等港口，在软、硬件条件方面，要拓展国际中转集拼，必须迎接周边上述港口的严峻挑战。

二是软硬件服务。目前金塘港泊位少、机械设备能力仅能满足当前需求，港口后方尚无海关特殊监管区。如果发展国际集拼，前期可以考虑与综保区合作，但长久来看依然需要启用并拓展保税物流中心的范围及功能。且随着业务量的扩大，必须提前进行港口布局建设。此外，目前"一线放开、二线管住"的监管理念在国内并未得到落实，海关管理中仍然存在通关放行手续较繁杂、效率不高、港口行政费用高昂、收费不合理等问题，造成物流转运成本较高。目前国内港口未能发展国际中转集拼，均有政策因素限制这一原因。国际中转集拼最需要宽松的政策，船只、集装箱进出口自由、手续便捷快速、服务优良，对于国际中转集拼业务起步帮助巨大。

3. 国际中转集拼业务流程

国际中转集拼中心的基本作业流程，包含以下几步：

（1）货物入库：根据图 3-7 可知，进入国际中转集拼中心主要有六种货源：境外周边港装船的货物、境内沿海港口装船的货物、境内长江流域港口装船的货物、境内陆运直接出口货物、境内陆运转关出口货物、海关监管保税拼箱货物。这六种货物中,境外货物凭舱单信息向海关进境备案申报。经海关放行后,货物由场内车运至集拼中心。境内非海关监管货物完成出口申报进入集拼中心。海关监管保税拼箱货物直接进入集拼中心。

(2)货物存储:集拼中心应具备符合海关监管要求的安全隔离设施、监管设施和保税仓库计算机管理系统并与海关联网;海关监管保税仓储货物与口岸清关拼箱货物应当分开储存、分别管理,并接受海关 24 小时视频监控。

(3)货物集拼出库:集拼中心以出境货物场站收的提单号为单位将海关监管保税拼箱货物与口岸清关拼箱货物加载装箱。

(4)货物离境:集拼货物凭海关放行信息进入港区卡口,海关系统自动识货放行后,货物装船离境。

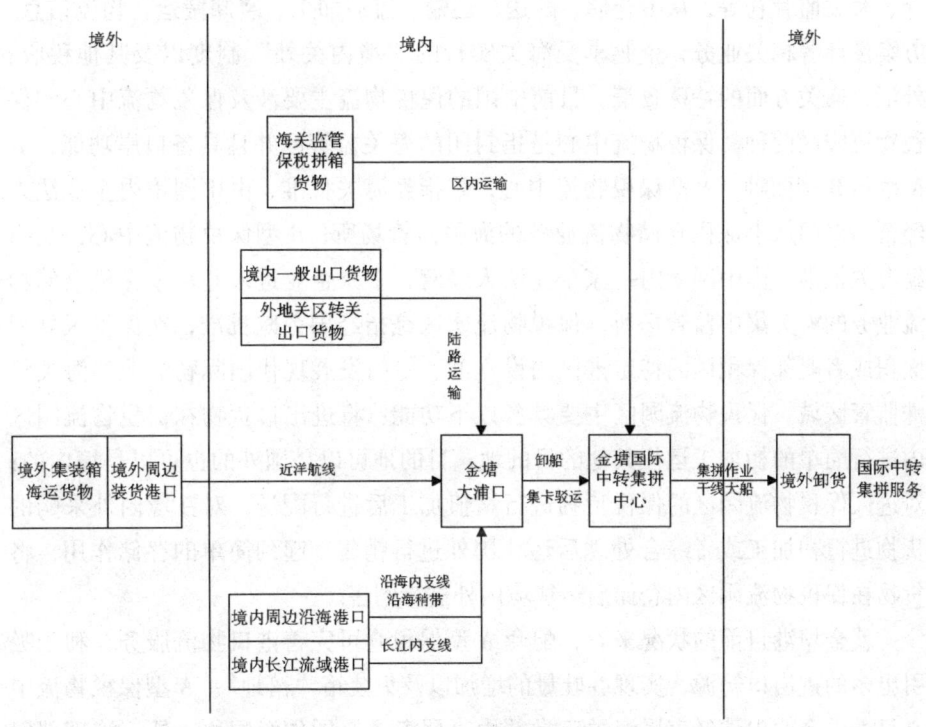

图 3-7 国际中转集拼中心运作模式

4. 国际中转集拼业务发展路径

(1)提升港口服务体系。一方面通过引进大型货代、船代、集装箱班轮公司,有效增加货源。另一方面与国际大型物流公司达成战略合作,利用对方所掌握的国际拼箱中转货源,增加拼箱量。港口吞吐量的增加有助于实现规模经济，从而降低港口的单位作业成本，进一步提升港口竞争力。足够的箱源、高效的服务、有竞争力的价格才能有效支撑港口的良性发展。

（2）拓展港口物流增值服务。韩国釜山港、新加坡港等国际集装箱物流的核心竞争力主要依靠其自贸区和经济工业园区的物流增值服务。因此金塘港除了引进相关船务、货代、报关等传统运输类物流业务外，还需要拓展国际中转或集拼所涉及的增值服务，建立相配套的功能。增值服务需要涵盖：国际物流配送、国际物流采购、制造加工以及国际物流金融保险等高附加值功能。配套功能需要包括：物流贸易、国际中转物流库场、精制造加工、采购配送等。通过功能完善来增加竞争力。

（3）提供保税物流。保税物流特指在海关监管区域内，包括保税区、保税仓、海关监管仓等，从事仓储、配送、运输、流通加工、装卸搬运、物流信息、方案设计等相关业务，企业享受海关实行的"境内关外"制度以及其他税收、外汇、通关方面的特殊政策。目前中国的保税物流主要涉及保税物流中心和保税物流园区两种。保税物流中心是指封闭的海关监管区并且具备口岸功能，分A型和B型两种。A型保税物流中心，是指经海关批准，由中国境内企业法人经营、专门从事保税仓储物流业务的海关监管场所；B型保税物流中心，是指经海关批准，由中国境内一家企业法人经营，多家企业进入并从事保税仓储物流业务的海关集中监管场所。保税物流园区是指经国务院批准，在保税区规划面积或者毗邻保税区的特定港区内设立的、专门发展现代国际物流业的海关特殊监管区域。保税物流园区主要具备以下功能：将进出口货物在保税物流园区内进行简单的初加工运往其他的目的地，目的地可以是国外的也可以是境内的；对进入保税物流园区的保税货物进行增值加工后进行配送；对在境内外采购的货物进行初加工或者综合处理后运往国外进行销售；起到简单的存储作用，将货物在保税物流园区内仓储后运往境内外进行销售。

就金塘港目前的状况来看，配套A型保税仓可完善港口物流服务，利于吸引更多的进出口箱源，实现吞吐量的增加以及集装箱"落地"。A型保税物流中心只需由企业申请经直属海关审批并由直属海关会同省级国税、外汇管理部门验收，比B型更容易获批。但长期来看，发展国际集拼则必须配备复合型的保税物流园区，能够实现流通加工、进出口拼箱、进口分拨、转口贸易等保税功能。

（4）创新口岸监管机制。国际中转集拼对货物全球化调拨、快速化转运、精细化拆拼等要求极高，目前世界集装箱中转量排名靠前的港口均通过实施免除关税障碍、促进货物自由流通的"自由贸易港"政策，努力提高货物流转的通畅度和自由度，吸引中转货物靠泊。而港口自由度越高，越有条件吸引国外货物在此进行加工、仓储和转运活动，越能吸引货源和船舶挂靠。金塘港首先要积极在自贸区扩区进程中争取一席之地，并把握住自贸港申请的机遇。同时，考虑如何按照"简化国际中转、集拼和分拨等业务进出境手续"的要求，以加快通关作业时效、理顺通关流程为突破点，对出口集拼货物，探索简化其通关备案环节，允许企业依据海运舱单信息完成商品账册备案及进出境申报手续，研究简化备案清单格式要素，满足快速集拼及高效通关的业务需求。

（5）申请港口危化品资质。按照《中华人民共和国船舶载运危险货物安全监督管理规定》要求，"船舶载运危险货物进、出港口，或者在港口过境停留，应当在进、出港口之前提前 24 小时，直接或者通过代理人向海事管理机构办理申报手续，经海事管理机构批准后，方可进、出港口"。但是"如果本港尚不具备相应的安全航行、停泊、作业条件或者相应的应急、防污染、保安等措施"或存在有"交通部规定不允许船舶进出港口的其他情形"，海事管理机构应当禁止船舶进、出港口。目前甬舟码头就存在这种情况，携带有 17 类危化品的船舶需要过境卸普货箱，但船代申报后海事部门不同意进港。在全球十大化学品贸易航线中，有 7 条航线涉及亚洲市场。没有危化品资质也就意味着将航线拒之门外，而该航线上的非危化货物也同时被拒之门外。

申请危化品资质的有利因素：有利于带动航线及箱量增加，尤其是大线的增加，从而带动国际集拼业务发展。

2017 年，全球危险化学品海运运输贸易量增长 7.3% 至 1.96 亿吨，远高于过去 5 年 2% 的平均增长率和过去 10 年 3% 的平均增长率。预计 2019 年危险化学品贸易量将温和增长 4%，高于平均水平。在危险化学品运输航线中，东北亚区域内航线（Intra—NEAsia）以总贸易量 2690 万吨排名第一，同比增长 6.9%；英国—欧陆航线（Intra—UKCont）排名第二，为 2530 万吨，同比增长 9%。排名第三的是中东/东北亚航线（Millde—East/NEAsia），总贸易量为 1710 万吨，同比增加 4.8%。NAFTA—南美航线暴涨 20% 至 670 万吨，跻身前五行列。

从货物种类来看，甲醇以 3000 万吨的贸易量成危险化学品运输的"香饽饽"，伊朗、特立尼达和多巴哥两个国家出口最多，各是 420 万吨。对二甲苯是第二大贸易化工产品，去年贸易量为 2050 万吨。排名第三的是硫酸，完成贸易量 1780 万吨，中国对硫酸需求非常大，而韩国则为硫酸最大出口国。

2017 年，东北亚区域内航线贸易量为 2690 万吨，同比增长 6.9%，这其中包括多种多样的石油化工产品，而对二甲苯占比最多，为 44%。从前五大贸易国（地区）来看，中国参与了近 75% 的危险化学品贸易，并贡献了 70% 的净增长。

中东地区是危险化学产品最集中的供应地之一，而东北亚地区则是危险化学产品非常重要的接收地。该航线 2018 年完成贸易量 1710 万吨，其中沙特阿拉伯—中国、伊朗—中国、阿曼—中国、沙特阿拉伯—日本、沙特阿拉伯—中国台湾这 5 条航线占贸易总量的 76%，而沙特阿拉伯—中国航线的贸易量占比近 4 成，产生 380 亿吨海里需求。

申请危化品资质的不利因素：舟山可能被开辟为危化品港区或堆场。

目前金塘港没有危化品资质，所以携带有危化品的船舶不能靠泊，危化品货物更不可能卸载。一旦有了危化品资质，在当前宁波—舟山港一体化形势下，金塘港若想仅仅接受携带有危化品的航线及船舶，而不接受危化品箱卸载，可能性有多少需要思考。而一旦接受危化品卸载，由于受跨海大桥限制，不论港口代码问题能不能解决，都不可能通过陆运进行危化品的集拼，集装箱依然不能落地，通过驳船在宁波与舟山之间转驳，不但对地区经济的带动意义不大，且存在危化品泄漏、爆炸、污染等风险。

二、发展木结构产业

浙江木材加工产业成熟，木材需求量大，金塘港的国际航线主要是非洲航线和俄罗斯远东线，发展进口木材业务既具有良好的腹地基础，也有利于实现打造国家级进口木材加工贸易示范区的目标。木材作为四大建材之一，是唯一可再生的绿色建材。木结构建筑具有节能、低碳、抗震、居住舒适等特征，并且能够进行工厂预制、装配化施工，是重要的绿色建筑形式之一。随着中国政府对节能减排、绿色发展的重视，近几年国务院及住建部、工信部、旅游局等国家政府部门及地方政府都相继出台了有利于木结构产业发展的政策措施，推动了木结构在"装配式建筑""特色小镇""绿色建材""全域旅游"等领域建筑和景观工程中的应用。

（一）政策导向

2015 年以来，倡导发展现代木结构建筑的政策导向逐渐明朗。中国政府为推进木结构产业发展出台了一系列政策措施。主要有：

（1）2015 年 9 月，工业和信息化部与住房和城乡建设部印发《促进绿色建材生产和应用行动方案》的通知（工信部联原〔2015〕309 号）提出，鼓励发展木结构建筑。促进城镇木结构建筑应用，推动木结构建筑在政府投资的学校、幼托、敬老院、园林景观等低层新建公共建筑，以及城镇平改坡中使用。推进多层木—钢、木—混凝土混合结构建筑，在以木结构建筑为特色的地区、旅游度假区重点推广木结构建筑。在经济发达地区的农村自建住宅、新农村居民点建设中重点推进木结构农房建设。

（2）2016年2月，《中共中央国务院关于进一步加强城市规划建设管理工作的若干意见》，2016年9月《国务院办公厅关于大力发展装配式建筑的指导意见》（国办发〔2016〕71号）提出，加大政策支持力度，力争用10年左右的时间，使装配式建筑占新建建筑的比例达到30%。在具备条件的地方，倡导发展现代木结构建筑。

（3）2016年2月，《国家发展改革委　住房城乡建设部关于印发城市适应气候变化行动方案的通知》（发改气候〔2016〕245号）提出，加快装配式建筑的产业化推广。在地震多发地区积极发展木结构建筑。政府投资的学校、幼托、敬老院、园林景观等新建低层公共建筑采用木结构。

（4）《住房城乡建设部关于印发〈"十三五"装配式建筑行动方案〉〈装配式建筑示范城市管理办法〉〈装配式建筑产业基地管理办法〉的通知》（建科〔2017〕77号）提出，到2020年，全国装配式建筑占新建建筑的比例达到15%以上，其中重点推进地区达到20%以上，积极推进地区达到15%以上，鼓励推进地区达到10%以上。制定全国木结构建筑发展规划，明确发展目标和任务，确定重点发展地区，开展试点示范。具备木结构建筑发展条件的地区可编制专项规划。

风险：虽然政策很多，但是目前还没落地，很多政策是一纸空文。绿色建材财政补贴目前流于形式，投入高补贴少（二星45元/平方米，三星80元/平方米），政府通过增加土地出让面积、减少出让金等措施来刺激。

（二）产业规模

2000年前，全国专业木结构施工企业不到20家，目前有一定规模的超过300家，遍布全国各地。近两年，全国每年木结构建筑面积约350万~400万平方米。其中，70%左右为轻型木结构。木结构别墅占已建木结构建筑的一半以上。在中国一些少数民族地区、旅游景观区已经出现了大量纯木结构或砖木结构、钢木结构等混合结构建筑。在部分城市的一些公共建筑，也使用了大跨度的胶合木结构，形成了独特的地标性建筑。

风险：中国木结构建筑政府项目偏多，真正靠房地产开发商开发的商品房很少。许多项目也是国外少数国家为了推销木材积极参与或鼓动有关政府部门支持下完成的。木结构建筑发展还没有真正商品化、住宅化、社会化，尤其是木材资源问题突出。近几年，中国木材对外依存度超过 50%，结构材基本依赖进口。2019 年起全国停止天然林商业性采伐，优质结构材成为战略资源。假如进口木材价格上涨，木结构建筑成本提升，相比钢结构、混凝土结构等建筑，市场优势将变得不明显。

（三）技术装备

近几年，中国木结构加工技术装备自动化、机械化水平大幅提升。目前，国内已有木屋加工中心 30 条，木梁生产线 60 条左右，墙体预制化生产线 7 条。圆柱生产线 2 条，CLT 生产线 1 条，弯曲梁生产线 7 条。同时，中国建筑和林业院校也培养了一部分建筑及木结构设计、施工、验收人才。大部分木结构生产企业是由防腐木生产企业演变过来的，许多企业技术装备简陋。大企业，尤其是像北美、北欧等现代化木结构生产企业不多。木结构生产设备国产化率不高。由于最近几十年中国木结构建筑失去了市场优势，绝大多数高校还没有将木结构列入土木工程专业教学计划，木结构人才断层严重。许多木结构设计和施工企业大部分缺乏专业技术人才。

（四）金塘发展木结构加工产业的建议

近年来国家开始倡导发展现代木结构建筑，但是政策出台后的后续力度不大，木结构建筑在国内仍属朝阳产业，尤其是木结构建筑中需要的大量辅配材仍需进口，预计短时间内建筑方面需求不大。相关产品的大部分需求来自市政设施、旅游景区、新农村建设等领域，所以考虑"出口+内销"的方式。

发展模式可以借鉴两种：一是以少量企业带动整个行业。例如浙江云和县，1972 年一个偶然的机会，云和人从上海带回了"溜溜球""响板"和"竹蹦猴"3 个木质玩具的生产订单。一笔外贸订单，缔造了几十年后的一个木质玩具"王国"。尝到了接订单生产的甜头，云和一批二轻、乡镇集体企业依托本地资源优势，转产木质玩具，形成了木玩具产业。

二是依靠商会、专业市场等中介形成聚集。例如广东东莞厚街，1999 年 3 月起，厚街镇政府牵头每年举办两届名家具展，吸引和聚集更多的家具企业到厚街来，逐步形成了产业链。国际名家具（东莞）展览会迄今已经成功举办了 19 届。每年展会都汇集了大量中国大陆、中国香港、中国台湾地区的诸多企业以及海外赞助商。

（五）金塘发展木结构需要注意的问题

当前木结构产业市场并未成熟，木屋、木别墅和木景观等大量涌入各种旅游度假景区、高档小区以及高端运动休闲场所，使木结构建筑被定位在别墅化

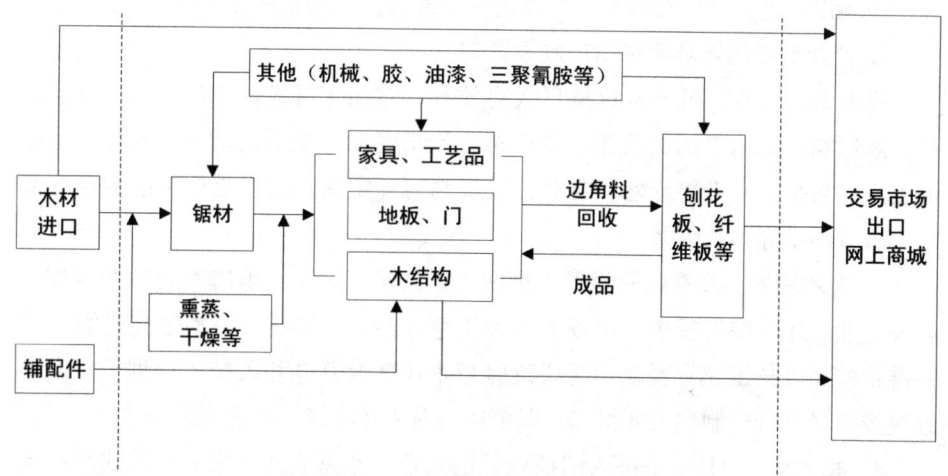

图 3-8　木结构加工产业链

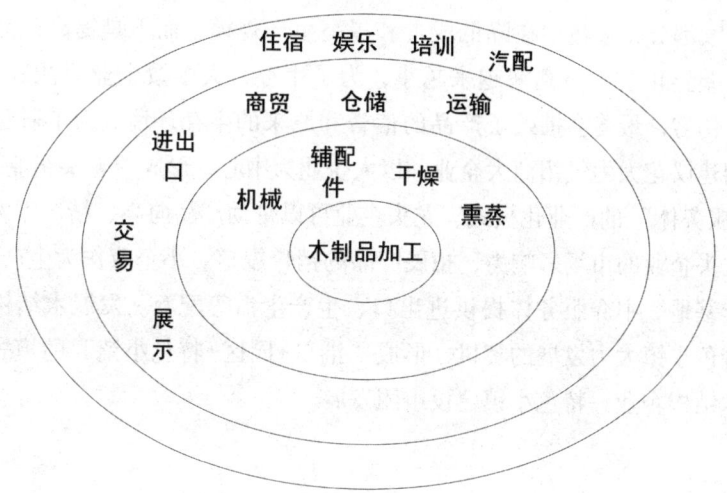

图 3-9　木结构产业拓展图

用途的单一印象，若要发展木结构产业还需摸着石头过河，多方注意。最易面临的问题有以下几方面：

1. 市场规模不足

木结构行业在我国尚属发展初期，企业规模、市场规模均不大。我国木结构相关企业中，95% 为中小型企业，即便是较大型的企业，年生产建造能力为 100 栋（每栋按 200 平方米计），仍不及国外木屋企业能力的 1%。若要招商引进龙头企业，以期带动相关产业发展，国内企业能担此任的可能不多，国外企业不但难以引进，且引进后不易与国内企业融合，市场拓展也需时间。

2. 产业易受国际环境和出口政策影响

借助港口优势，对于木材进口大有便利，然而木材进口依赖度高，就容易受国际影响，如出口国的政策、供应量、价格变动、汇率变动等。木材交易中心引进贸易企业对平衡价格、应对进口限制有一定帮助，但是要考虑资金沉淀期、融资困难等不利因素。

3. 人才缺乏。高素质的管理人员缺乏、技术工缺乏。国内专业培养木加工相关专业人才的院校很少，市场上木加工企业众多，熟练工、精通先进设备使用维护的高级技工非常紧缺。建议政府与企业联合开办相关技术培训班，或借助院校力量进行定制型人才培养，既解决自身人才需求，又能实现创收。

4. 木材加工业是一个进入门槛较低的行业，小型企业、家庭作坊式小厂比较多。当一个新产品出现时，会引来大量企业对其进行模仿，容易形成低价竞争的恶性循环，且低端模仿、同质化特征明显，缺乏技术创新、管理创新、市场创新，大部分企业集中在降低成本和提高生产规模，而不是提高产品质量或提高产品差异化上。当利润越来越小，为了生存，大多数企业只能降低质量，甚至假冒伪劣，最终会摧毁了产品的信誉和原来的生存环境。为了避免这一现象，初期建议花大力气招商大企业，以大企业为中心，形成"龙头企业+生产基地+中介服务体"的产业化模式。龙头企业可以带动产品向高、精、深发展，同时通过龙头企业的市场影响力，拓展产品的销售渠道。小企业作为生产型配套，形成生产基地。中介服务体提供进出口、生产生活等配套。发展木结构产业链可借助特色小镇大力发展的契机，形成"港口+园区+特色小镇"的模式，进口木材—木结构企业—特色小镇建设组团发展。

第六节　政府政策支持

一、物流提升政策

（一）完善港口物流体系

1. 解决港口代码问题

解决港口代码问题，使金塘港成为启运港或到货港，同时取消甬舟公司对北仑至金塘的驳船费用的补贴。由于航线本身就挂靠金塘港，挂靠航线涉及义乌与东阳的进出口企业，若不选择从舟山口岸直接进出口货物，将自付经由北仑中转的费用及时间成本。此举可有效推动集装箱"落地"金塘。

2. 实现大桥对集装箱车辆免费通行

陆运成本已经成为金塘港发展的重要制约因素。解决金塘港的发展问题，重中之重就是彻底取消大桥对集装箱车辆收费。目前的收费虽然有一定优惠，但是优惠力度完全不够，与东海大桥的零通行费用相比完全没有竞争力。而且对于未载集装箱的空集卡普通时段收费竟然高达 250 元，优惠时段也高达 125 元，这些都非常不利于集装箱港口的发展。金塘管委会和舟山市政府必须积极努力争取取消大桥对集装箱车辆的所有费用，解决陆运费用过高这一瓶颈问题。

（二）加大资金投入

虽然港口吞吐量已超过 100 万 TEU，鉴于航线是划拨而非自然拓展而来，加上营运现状不佳，可以说金塘港依然是发展初期。对于一个发展初期的港口来说，其地方政策支持，尤其是资金支持力度的大小对后续发展影响很大。而且，资金支持不能缺少持续性，短期优惠政策吸引来的是市场投机行为，容易导致昙花一现的成效。

（1）吸引大型货代、世界知名航运公司进入舟山。利用自贸区政策，对进驻的国际集装箱班轮公司、大型跨国配送中心和货代公司总部落户等给予一次性搬迁费用资助，并享受区内商务办公用楼优惠租金。规划建设国际集装箱班轮公司总部基地园区，大力吸引国际班轮公司地区性总部或操作中心落户。

（2）对船公司在金塘港新开辟的国际集装箱班轮航线、内支线和驳船公司新开辟的公共驳船航线，审核航线对港口的贡献程度，根据审核结果对相关航运企业、货代企业分别给予相应的奖励。

（3）对于在金塘进出口的相关企业进行补贴。例如根据年度累计进出口箱数，设置阶梯式折扣，甚至可以按年度进出口的箱量进行奖励。

（4）制定针对航运企业的中转奖励制度。对集装箱航运企业可以考虑按照集装箱航运企业几个年度一个周期的集装箱处理量，设置中转总量贡献忠诚度奖励，根据其组织到金塘中转的实际重箱出口量的排名情况，对排名靠前的企业给予一定奖励以及港口使用费和装卸费用的优惠；同时按照航运公司集装箱货物的增加率变化设置不同的费用减免率。对于忠诚度高的集装箱航运企业，还可采取繁忙时期优先靠泊、优先装卸以及对其开展驳运经济补偿等特殊优惠措施。另外，在世界航运发展呈现联盟化的趋势下，也可以将忠诚度指标整体应用在航运公司联盟内，按照整个联盟的集装箱处理量来计算忠诚度，以此充分带动联盟成员的相继进入，扩大集装箱物流中转服务的保有量。

（三）建立联席会议制度

港口相关行业牵涉众多，沟通不畅容易导致服务水平低下、效率不佳的后果。建议采用联席会议制度，联系各部门，每季度定期召开联席会议，研究、制定应对措施，及时有效解决海运过程中的新矛盾、新问题。口岸和港口主管部门分别负责收集、确定相关议题，政府相关部门、海关、海事、国检、边检等口岸单位、港口、海运、船代、货代等协会负责人参加。定期开展调研座谈，密切多方信息联通，群策群力、共同解决中转集拼中心运作过程中出现的发展难题。

（四）加强宣传推介

港口缺少知名度也是金塘目前面临的重要问题，建议政府和企业互相配合，加强金塘港的宣传推介工作，全面扩大金塘港的影响。积极参加国际港航业交流活动，同时通过多种途径、多种形式有针对性地做好对港口客户的宣传、沟通和服务工作。

二、产业发展政策

产业发展也是舟山市一直在做的工作，金塘临港产业发展政策很多与舟山市政策有一定相关性，有一些也是市级层面正在争取的政策，这里主要围绕木结构产业提出一些政策，力争与舟山市同步，组团进行突破。

（一）金融支持

（1）鼓励企业、团体、个人依法发起组建产业投资机构，通过项目资助、贷款贴息、股权投资、风险补偿等方式引导社会资金投向木结构产业。

（2）鼓励、引导金融机构支持木结构产业发展，支持金融机构和企业综合运用融资租赁、出口信贷等方式为企业提供融资支持。

（3）设立木结构产业发展基金，通过基金带动社会资本投资。

（4）设立中小微企业贷款风险补偿资金池和民营企业应急周转金，放宽资金使用条件和范围，促进中小微企业融资规模。

（5）设立市级再担保公司和小额再贷款公司，为中小微企业融资增信。

（二）土地支持

（1）争取将木结构产业链项目纳入省重点推进项目并匹配土地资源。

（2）在符合政策、具备供地条件下，对重点企业按需供地。

（3）合理确定土地出让价格，对鼓励类项目实行地价优惠政策。

（4）引导不具备单独供地条件的中小微企业租赁使用厂房，并予以租金减免支持。

（三）人才政策

（1）联系相关企业、高校、职业技术（技工）院校等单位进行合作办学，合作开展木结构专业人才培养；合作建设学生实训（实习）基地。

（2）以资金奖励方式鼓励企业建立首席技师制度、设立首席技师工作室等，以提升职工技能和专业技术水平。

（3）与舟山市人才引进政策对接，将各类急需紧缺人才纳入舟山市"千岛工匠"计划范围，享受舟山市人才待遇。

（四）对外宣传

积极对接各类行业协会、中介机构、交易平台、相关组织等，充分发挥其窗口作用，通过举办高水平展会、交易会、论坛等形式扩大宣传推广力度，提升金塘木结构产业知名度，促进项目、资金、人才聚集。

第三篇

人才引进培育

第四章

浙江自贸区人才统计与发展报告①

第一节 建立人才统计指标体系

一、人才概念的界定

根据《中共中央国务院关于进一步加强人才工作的决定》和《国家中长期人才发展规划纲要（2010—2020 年）》等中央文件政策规定，我们摘录了相关人才的概念：人才是指具有一定的专业知识或专门技能，进行创造性劳动并对社会作出贡献的人，是人力资源中能力和素质较高的劳动者，是经济社会发展的第一资源。具体到企业中，人才的概念是这样的：指具有一定的专业知识或专门技能，能够胜任岗位能力要求，进行创造性劳动并对企业发展作出贡献的人，是人力资源中能力和素质较高的员工。

企业的人才总量包括经营人才、管理型人才、专业技术型人才和技能人才。经营人才指企业的单位负责人和部门负责人；管理型人才是具有广博知识和社会经验的人才，是深刻了解人的行为及其人际关系的人才，是具有很强组织能力和交际能力的人才，他们不但了解为什么做，而且能把握行为变换，调动一切积极性去完成为什么做的目标。高级管理人才，是指在一定的组织中处于最高或较高的管理层级，具有与所在职位相适应的高素质，其较高的工作绩效对组织绩效有关键甚至是决定性影响的人才。高级管理人才本身应该是高级技术人才或技能人才。专业技术型人才是指掌握和应用技术手段为社会谋取直接利益的人才，由于技术型人才的任务是为社会谋取直接利益，因而，他们常处于工作现场或生产一线工作。技能人才是在生产技能岗位工作，具有高级工及以上技能等级或具有专业技术资格的人员。各类专业技术型人才和技能人才的层

---

① 审题负责人：沈最意。

次都应该由国家省市核发的证书来核定。

社会学家分析，21世纪第一层次的职业当数高智力集团。因此，近几年国内企业不惜以年薪50万元、100万元招聘高级知识人才，组成企业高智力集团。新的职业结构对高级人才的素质要求越来越高，未来的高级知识人才既不是单纯的技术专家，也不是精通领导艺术的专家。他们不仅要胜任卓有成效的管理工作，还要有力地领导自己的团队在同心协力完成既定目标的同时，时刻准备迎接新的挑战。

一个国家或一定区域内想拥有人才统计数据的一个重要技术基础就是要确立人才统计指标体系，没有统计指标体系是无法进行人才统计工作的。人才数据是人才管理的依据，人才发展（TD）相对于企业来讲，一般会被纳入人才管理（简称TM），人才管理在知识经济时代发展趋势下越发成为企业管理的核心管理活动，人才和知识成了企业资源中最核心也是竞争最激烈的资源类型，与此对应的即是人才发展（TD）和学习发展（LD）。人才管理中的人才发展主要是担负组织的胜任力模型建设、人才盘点以及具体的人才发展和培养计划等方面，相对于传统人才的相关概念，TM要求具备一定的人才管理技术和能力，通过专业的方法运用达到科学的人才培养和人才发展的目的。

二、现有的自贸区人才资源现状

（一）人才统计的必要性和遵循原则

1. 人才统计是必要的

人们探讨供给侧结构性改革，就会涉及人才或人力资源的结构改革或调整问题，因此人才统计是摸清楚人才底数以及人才结构的前提。虽然人才统计在具体的操作方面仍然会有许多的难点，但正是有难点，开展人才统计指标体系分析和研究才有必要。随着全球化和市场化进程的加快，信息成为重要的决策资源，社会对统计信息的需求也越来越大。人才体现国家综合实力，有必要进行科学统计以摸清底数。既能够体现"党管人才"的原则，又可以为实施人才优先战略和制定"十三五"人才规划提供基础信息。人才统计服务于宏观决策。一般来说，人才统计必须首先明确目的，即人才统计是干什么的。人才工作要区分研究、管理、评价和统计等不同形态的需要。政府必须以为社会提供公共服务为目的，要从事宏观管理、创造宏观环境，而不要或少做直接从事微观管理的事。统计工作是为宏观分析与决策服务的。人才统计可以为社会和公众提供必要的公共信息服务。随着全球化、市场化进程的加快，以互联网、计算机和现代通信为核心的信息技术的应用越来越广泛、越来越快捷，社会和公众对公共信息的需求也越来越多。人才统计可以为社会和公众提供人才工作领域必要的公共信息服务与公共信息产品，引导用人单位和人才自身科学、合理和有效地参与人才市场竞争，促使人才市场趋于完善、公开和透明。应该说，做好人才统计指标体系研究是全面落实人才优先战略的一项重要举措，也是人才统计实际工作的需要，是一项具有创新意义的重要工作。

2. 人才统计的遵循原则

（1）人才统计要注意淡化总量。人才统计要淡化数量，强化质量；淡化总量，强化分类；淡化静态，强化动态。总量可以交给决策者确定，即把各类人员统计出来，再将人员数汇总后，由决策者确定哪些进入人才总量。当然，所谓淡化人才总量，并不是不要总量，作为统计工作，总量还是应该有的，只是要正确认识和科学对待总量问题，即不唯人才总量而更注重人才结构。

（2）人才统计要注意分类进行。

按照需要和科学原则，人才统计应当分类进行，如行业、职业、专业的标准分类，既按照国家标准又可以与国际接轨，当然暂时或短期内应该考虑重点关注六支队伍（党政人才、企业经营管理人才、专业技术人才、高技能人才、农村实用人才、社会工作人才），但从长远看应当关注人才塑造发展环境与自由竞争。

（3）人才统计要科学把握分群与分层问题。人才统计工作在科学分层分类基础上，才能抓住重点和核心。人才统计可以进行多个方面的分群、分层和分布，如按照行业、职业、专业的标准分类。如果按照国家标准，就可以进行必要的比较分析，如纵向的历史分析、横向的地区或行业与产业分析，还要在一定程度上与国际接轨，开展国际比较分析，为国家参与国际人才竞争提供必要的基础信息。

（4）人才统计要解决区域发展不平衡问题。用一个全社会通用标准统计人才是很困难的。这个难点如何解决，值得研究和探讨。而分层次的起点，即人才的底线属于决策平衡问题。区域人才的统计指标或界定标准，要和区域经济发展与社会进步需要相适应，可以有一定的超前性，但不能太脱离实际需要。

（二）自贸区人才现状统计分析

根据《国家中长期人才发展规划纲要（2010—2020年）》等中央文件政策规定的人才统计指标，选择浙江自贸区三个片区内的基础统计单位为大宗商品交易管委会、岱山自贸区、金融特色产业单位、市发改委、市港航局、口岸通关事务管理局、市商务局、航空产业园管委会、市政法委、舟山绿色石化基地、舟山普陀机场、舟山市市场监督管理局。通过对自贸区三个片区内的基础统计单位的调研，得到自贸区的人才统计结果如下。

表4-1　自贸区内12个基础单位人才统计　　　　单位：人

指标名称	总数	有证情况		学历状况			
		具有国家评定的专业技术职称的	取得国家职业资格证书的	研究生及以上	大学本科	大学专科	中专及以下
1. 年末从业人员	22033	4496	1193	614	8441	5788	7626
2. 经营管理人员（事业单位则为"管理人员"）	4773	0	0	250	2502	1365	880
其中：高级	304	0	0	46	214	34	7
中级	1362	0	0	108	884	327	92
初级	2975	0	0	96	1351	940	718
3. 专业技术人员	9166	4076	0	233	4799	2140	1906
其中：在管理岗位工作	1617	1116	0	72	1019	447	55
其中：正高级	19	14	0	3	10	4	2
副高级	109	81	0	14	77	17	1
中级	1530	1299	0	94	893	329	221
初级	6120	2708	0	106	3398	1472	1131
4. 技能人员	4477	0	1024	14	408	1519	2669
其中：高级技师	22	0	17	1	4	13	7
技师	258	0	165	1	16	96	160
高级工	557	0	326	0	64	126	393
中级工	387	0	255	1	28	110	266
初级工	624	0	246	1	38	131	464
5. 党政人才（仅指公务员和参公编制人员，限机关事业单位填写）	3746	94	267	229	2780	686	51
6. 其他人员（主要指机关事业单位中劳动派遣、临时聘用等人员）	405	106	8	14	159	116	116

　　从表 4-1 可以看出，首先数据的统计有点出入，调研的时候可能对基础单位统计人员的培训没有到位，统计人员缺乏相关专业基础知识。数据尽管不精确，但大致还是能反映自贸区人才结构状况的。依据初步统计，自贸区从业人员总数 22033 人，具有国家评定的专业技术职称的专业技术人才 4496 人，取得国家职业资格证书的人才 1193 人；研究生及以上 614 人，仅占从业人员数的 2.78%；大学本科 8441 人，大学专科 5788 人，中专及以下 7626 人；正高级专业技术人员 19 人，占专业技术人员的比例为 0.21%；高级技师 22 人，占技能人员的比例为 0.49%。根据国家人才发展主要 6 项指标——浙江自贸区人才资源总量 22567 人（所有 5 项人才之和，有可能存在经营管理人员与专业技术人员的重复计算）、每万劳动力中研发人员 152 人（这里没有相应统计数据，用高级人才占比代替）与国家平均水平每万人 278 人（国家总的人才资源 1.75 亿，研发人员突破 418 万）相比低很多，高技能人才（这里指高级工以上人数）占技能劳动者比例 19%，远远低于国家目标的 30%，主要劳动年龄人口受过高等教育的比例（要有自贸区劳动年龄人口数据）、人力资本投资占自贸区内生产总值比例（目前统计指标无法计算）、人才贡献率（目前统计指标无法计算），反映了自贸区人才发展的整体水平。

　　从这些统计数据可以看出，自贸区缺乏高级的专业技术人才和技能人才。至于高级经营管理人才，统计时并没有严格按高级概念来分。高级管理人才，不仅具有某个专业的高级证书，并且具有广阔的视野，有很强的组织能力和交际能力，涉猎所有相关边沿专业，有较高的工作绩效和组织绩效。自贸区的特色是油品产业一体化，需要把石油开采的起始端、加工终端、油品的贸易端衔接得很好的高端人才。为了进一步了解自贸区各个产业的人才结构情况和缺乏哪些专业技术人才，我们把自贸区内的基础统计单位重新按照产业进行了分类。自贸区缺少千人计划、万人计划人才，创新型团队、高新技术企业、上市企业，缺少金融、贸易、法律专业人才。

三、建立更完整的自贸区人才统计指标体系

　　上述自贸区人才统计只是对人才总量的统计，这对自贸区人才的管理与发展是远远不够的，为了自贸区人才发展研究需要，我们需要建立更完整的自贸区人才统计指标体系。因为人才统计要以现有统计工作格局和统计体制为基础进行创新，不必在体制上"另起炉灶"，所以自贸区人才统计指标体系要以舟山市的人才统计指标体系为基础进行创新。统计时要重视各种技能人才尤其是高

技能人才，如技师和高级技师；要科学区分人才层次，重点做好高层次人才统计工作。统计工作中对在岗而被统计为人才的人，年度考核最低要求必须是合格者，不合格者不予统计。可以分产业或分部门对基础统计工作者的数据进行合并。

（一）建立自贸区人才统计体系一级指标

舟山市有5个一级统计指标：人才总量、人才结构、人才效能、人才平台、人才综合管理。所有一级指标包含了15个具体二级指标。借鉴国家级和省级的一级指标，衔接舟山市一级指标，我们建立健全了自贸区的人才发展统计指标，其8个一级统计指标如下：1. 人才规模；2. 人才结构；3. 人才效能；4. 人才平台；5. 人才的投入；6. 人才的引进；7. 人才培养；8. 人才使用。

每个一级指标又可以拆分为许多二级指标选择，下面进行具体细分。

（二）建立自贸区人才统计体系二、三级指标

1. 人才规模

①自贸区（机关）党政人才；②专业技术人才；③高技能人才；④企业经营管理人才；⑤社会工作人才；⑥自贸区从业人数。

自贸区从业人数表示自贸区三个片区内就业人数总和。自贸区企业经营管理人才指在依法纳税、重合同、守信用的企业中从事经营管理工作，具有一定的企业经营管理知识和管理能力，在企业生产经营活动中取得一定的成效，为市场和出资人认可的管理人员。包括具有经营管理专业类中专学历或经营管理初级职称以上，并从事经营管理岗位工作的企业经营管理人员、私营企业（不含个体户）主要负责人。企业经营管理人才按照其管理的人员和企业纳税规模可以分为初级企业经营管理人才、中级企业经营管理人才和高级企业经营管理人才，其中初级企业经营管理人才：从业人员规模在20人以上，或年缴税5万元人民币以上的企业董事长、总经理（厂长）、副经理（副厂长）及从事思想政治工作的副职以上管理者；中级企业经营管理人才：从业人员规模在200人以上，或年缴税200万元人民币以上的企业董事长、总经理（厂长）、副总经理（副厂长）及从事思想政治工作的副职以上管理者；高级企业经营管理人才：从业人员规模在500人以上，或年缴税500万元人民币以上的企业董事长、总经理（厂长）、副总经理（副厂长）及财务负责人、上市公司董事会秘书和公司章程规定的其他的副职以上管理者。专业技术人员指通过学习接受某方面技术知识，具备该专业技术能力的人员。其中较为突出的，熟悉相关技术，并具有自主创新能力的，称为专业技术人才。区别于专业技能人才，技术人才需要借助自身

以外的载体来完成任务，即是需要掌握一定的专业工具适用能力；而专业技能人才通过语言和行动就可以表达其专业技能，完成任务。专业技术人才表示自贸区内有专业技术职称的人员总数。技能人才是指在生产和服务等领域岗位一线，掌握专门知识和技术，具备一定的操作技能，并在工作实践中能够运用自己的技术和能力进行实际操作的人员。技能人才主要包括取得技工、技师及其他相应水平或拥有各种技能的人员。其中技师分高级技师和技师两类；技工分高级工、中级工、初级工三类，都有国家或省市颁布的相应证书来认证。

2. 人才结构

①年龄结构；②学历结构；③专业结构；④性别结构（男、女）；⑤智能结构；⑥R&D 研究人员总数。其中年龄结构可以具体细分为老年（50 岁以上），中年（35 岁以上 50 岁以下），青年（35 岁以下）；学历可以分为本科、硕士、博士、专科、专科以下；自贸区内人才的专业结构可以主要选取石油化工、金融贸易、法律、港航物流、工程专业来划分；智能结构是指高级专家、"5313"科技创新团队、"高精尖"人才，其中高级专家包含两院院士、全国杰出专业技术人才、百千万人才工程国家级人选、中宣部 4 个一批人才、教育部新世纪人才、享受国务院政府特殊津贴、省政府特殊津贴专家、省管专家等。

3. 人才效能

①签订科技成果交易合同数；②输出吸纳科技数量；③国家级省级自然科学社会科学基金项目；④科技进步奖省级以上科技奖总数；⑤科技论文被引用量；⑥三大检索论文总量；⑦万人拥有的技术发明专利数；⑧申请 PCT 国际专利量；⑨科技成果交易额；⑩主要或参与修订各类标准个数。

4. 人才平台

高新技术企业总数，国家省部级重点实验室，国家双创示范基地，高技能人才实训基地，企业专业技术研究中心，大学科技园，上市企业，新引进高校院所，授牌的省企事业单位博士后工作站，高级专家工作站。

5. 人才引进

人才引进和挂职干部或工作专家，人才服务驿家，公租房，人才工作信息宣传投稿录用数。

6. 人才培养

市新世纪 111 人才工程培养人选，省 151 人才培养工程人数，党政（机关）、企业经营管理、专业技术、职业技能的人才培训，创新团队建设数量，省突出贡献的中青年专家，获国家职业资格三级证书及以上人数。

7. 人才投入

R&D 经费支出，财政科技投入支出，人才发展专项基金投入。

8. 人才使用

选聘大学生村官总人数，百名博士教授进企业人数，竞争性方式选拔各级领导干部，主动承担国家省市里的任务项数，接收优秀毕业生人数，选派、接收挂职干部人数。

（三）建立自贸区人才统计指标体系表

根据上面一、二级统计指标的分解，建立自贸区人才统计表如下。

表 4-2　浙江自贸区人才统计表

一级指标	二级指标	三级指标
人才规模	自贸区从业人数	
	自贸区企业经营管理人才总量	高级
		中级
		初级
	自贸区行政管理人才总量	高级
		中级
		初级
	自贸区社会工作人才总量	高级
		中级
		初级
	自贸区企业专业技术人才总量	高级
		中级
		初级
	自贸区技能人才总量	
人才投入	R&D 经费支出	
	财政科技投入支出	
	人才发展专项基金投入	
人才结构	年龄结构	老年（50 岁以上）
		中年（35 岁以上 50 岁以下）
		青年（35 岁以下）

一级指标	二级指标	三级指标
人才结构	学历结构	本科
		硕士
		博士
		专科
		专科以下
	R&D 研究人员总数	
	专业结构	石油化工
		国际金融贸易
		国际法律
		工程专业
		港航物流
	性别结构	男性
		女性
	智能结构	高级专家
		"5313"科技创业人才
		"高精尖"人才
人才引进	自贸区内挂职干部	
	柔性引进人才	
	引进人才数	
人才培养	党政人才培训总数	
	企业经营管理人才培训总数	
	专业技术人才培训总数	
	职业技能鉴定总人数	
	获国家职业资格三级证书及以上人数	
	省突出贡献的中青年专家	
	创新团队建设数量	
	入选省 151 人才培养工程人数	
	入选市新世纪 111 人才工程	

一级指标	二级指标	三级指标
人才使用	竞争性方式选拔各级领导干部	
	百名博士教授进企业人数	
	选派、接收挂职干部人数	
	接收优秀毕业生人数	
	选聘大学生村官总人数	
	主动承担国家省市里的任务项数	
人才平台	高新技术企业总数	
	重点实验室	国家级
		省部级
	企业技术研究中心	国家级
		省级
	省级以上大学科技园	
	双创示范基地	国家级
		省级
	上市企业	
	新引进高校院所	
	高技能人才实训基地	国家级
		省级
	授牌的省企事业单位博士后工作站	
	高级专家工作站	
人才效能	签订科技成果交易合同数	
	输出吸纳技术数	
	科技成果交易额	
	获得自然科学、社会科学基金项目数	国家级
		省级
	科技进步奖总数	国家级
		省级
	科技论文被引用量	

一级指标	二级指标	三级指标
人才效能	三大检索论文总量	
	万人拥有的发明专利数	
	主要或参与修订各类标准	
	申请 PCT 国际专利量	

自贸区总部必须配备一名具有统计专业知识的人才管理人员，通过对自贸区三个片区内的基础统计单位的人才统计人员的培训，得到自贸区三个片区内的基础统计单位的人才统计表，可以按自贸区三个片区统计，也可以按特色产业分类统计，例如绿色石化、航空、海洋电子信息、国际金融贸易。

离岛片区的特色产业是鱼山岛重点建设的国际一流的绿色石化基地；鼠浪湖岛、黄泽山岛、双子山岛、衢山岛、小衢山岛、马迹山岛重点发展的油品、铁矿石等大宗商品储存、中转、贸易产业。秀山东锚地重点发展的保税燃料油供应服务业。舟山岛北部片区（由舟山经济开发区和舟山港综合保税区本岛分区组成）重点发展油品等大宗商品交易、保税燃料油供应、石油石化和航空制造产业配套装备保税物流、仓储、制造等产业。舟山岛南部片区（由新城、小干岛、沈家门、东港、朱家尖等区块组成）重点发展大宗商品交易、航空制造、零部件物流、研发设计及相关配套产业，建设舟山航空产业园，着力发展水产品贸易、海洋旅游、海水利用、现代商贸、金融服务、航运、信息咨询、高新技术等产业。

第二节 制定人才引培三年规划

人才发展包含人才培养、开发、使用和评价等环节。其中，人才培养要求加大人才投入力度；人才开发要求能够详细识别人才各个方面的特征，实现人才向高层次、创新型、高技能人才的转变；人才使用要求搭建人才载体，营造政策环境，发挥人才效能；人才评价则要求对现有的人才进行客观公正的评价，识别人才发展过程中存在的问题以及发展的潜力，并制定符合该地区发展特色的人才培养、开发和使用政策，从而能够做到人尽其才、才尽其用，避免优秀的人才由于没有得到正确的评价而被长期闲置，造成人才、经济和社会发展的低效率。国家人才发展主要指标包括人才资源总量、每万劳动力中研发人员、高技能人才占技能劳动者比例、主要劳动年龄人口受过高等教育的比例、人力资本投资占国内生产总值比例、人才贡献率6项，反映了人才发展的整体水平。

为认真贯彻中共中央《关于深化人才发展体制机制改革的意见》和中共浙江省委《关于深化人才发展体制机制改革的实施意见》，参照国家、省市人才培养计划的顶层设计，围绕市委、市政府"5313"发展战略的人才需求，凝聚各方人才，投身"同心同力，发展舟山"的共同事业，为全面实施人才强市战略、建设一流国际化的浙江自贸区提供有力的人才保障和智力支持，制定自贸区人才引进培养的三年（2019—2011年）规划。

一、自贸区人才现有发展趋势

市委、市政府高度重视人才工作，突出抓好人才的引进、培养与使用，人才工作向好发展。到2019年，加快建设规模宏大、结构合理、素质优良的人才队伍，初步实现区域性、特色性海洋经济人才高地的建设目标，基本确立海洋经济人才竞争比较优势。具体发展态势如下。

（一）人才资源总量稳步增长

截至2018年底，自贸区内人才总量达到2.3万人，人才与人力资源总量的比重达到24%。其中，党政人才0.37万人，企业经营管理人才0.48万人，专业技术人才0.92万人，高技能人才0.45万人，社会工作人才0.08万人。人才素质大幅度提高，每万劳动力中研发人员达到145人/年，高技能人才占技能劳动者比例达到20.2%，主要劳动年龄人口受过高等教育的比例达到58.6%。由于统计指标不完整，目前无法统计人力资本投资占GDP的比例和人才贡献率。

（二）创新性项目人才加速向自贸区集聚

政企联动招商引才，多措施引进企业、集团和高层次人才，发展自贸区经济。宽领域、多层次对接杭州、上海的各类人才项目，统筹考虑杭州、宁波、义乌三大开放合作支柱的规划建设，加强顶层设计、优势互补，协力构筑"一带一路"新中心，为国家以及浙江开放合作升级作出建设性贡献。在杭州建立"浙江自贸区招商引才基地"，开展驻京沪杭企业投资、千人计划专家舟山行、引老乡回故乡建家乡等系列活动，项目引才形成氛围，海洋经济产业和油品一体化产业人才合作取得新突破，成立"5313"特色产业园。技术人才是自贸区产业转型升级中最急需的资源之一，自贸区的人才工作就是尽可能为自贸区吸引人才、留住人才。为此，自贸区还特别对创业人才最高给予3000元的奖励等政策，对引进的海外高层次人才，按人才分类实施最高不超过 200 万元的奖励，在自贸区设立人才服务机构，进一步加强了人才保障服务。

（三）科技创新平台建设初具规模

建立国家级引智园区 1 个，科创园区 1 个，相继建成研发、技术中心、科技成果转化中心 58 个，电子商务、孵化基地、众创空间等 10 多个创客中心，一大批科研人才聚集自贸区创业。

（四）人才发展的体制机制逐步完善

大胆突破，锐意改革，建立统一高效的人才工作领导体制；实施了"项目+人才+团队"的领军人才引进计划，创新了人才引进机制；搭建了"一会两赛"平台，建立了引才长效机制；产业人才调查分析、人才项目需求信息征求等机制常态化，尊重人才、服务人才的环境和氛围更加浓厚。

面对经济新常态，人才发展新形势、新任务，自贸区的人才发展步伐与海洋经济人才高地建设要求还不相适应。主要表现在：人才总量和密度指数与自贸区海洋油品经济发展需求不相适应，党政人才能力素质与新时期干部队伍建设新要求还有较大差距，高层次人才、产业领军人才短缺的状况还未根本改变；人才引不来留不住、用不好用不活的情况还比较突出，高学历研创人才辞职跳槽多，舟山籍毕业生不愿回家乡工作，大量流失到杭沪等发达地区；人才培养、使用、评价、激励等机制联动不足，人才创新创业的整体环境还不够优化，成为制约舟山市融入长三角协同发展、"一带一路"合作发展一体化进程的重要因素。

二、指导思想和基本原则

（一）指导思想

全面贯彻党的十九大和二中、三中全会精神，以习近平新时代中国特色社会主义思想为指导，按照习总书记"择天下英才而用之"的总体要求和关于人才工作的系列重要指示精神，进一步强化育才、引才、爱才、重才意识。实施"人才兴区"战略，加快浙江自贸区油品产业一体化进程，努力构建高能级人才平台。坚持规划引领，系统完善科学规范、运行有效的制度体系，以好的政策广聚人才，以大的平台吸引人才，以活的机制使用人才，以优的环境服务人才，形成人才发展、创新竞争新优势，为建设国际一流自贸区提供人才智力支撑。

（二）基本原则

（1）人才优先，科学谋划。把人才工作放在自贸区大局中来谋划和推动，立足自贸区功能定位、产业发展要求，人才投入优先保证，人才需求优先满足，人才资源优先开发，人才资本优先积累，以人才优先发展保证和促进经济社会科学发展。

（2）以用为本，服务发展。根据全市经济社会发展对各类人才的需求，引进与培养两手抓，综合用好、用足、用活各方面人才资源。搭建各类人才发挥作用的平台，在实践中发现、检验人才，提高人才引进、培养、使用效能，依靠人才干事创业、推动发展。

（3）突出重点，统筹推进。以深化人才发展体制机制改革为重点，着力突破人才发展瓶颈。以高端人才为引领，实施人才重点工程，分类推进人才、资金、技术等优势资源集聚，扩大增量，盘活存量，促进企业各专业领域人才合理布局，构建多层次的人才队伍体系。

（4）改革创新，优化环境。充分发挥市场对人才资源配置的决定性作用，有效调动人才和用人主体"两个积极性"，创新完善人才政策，积极改善"硬环境"和"软环境"，为各类人才成长与发挥作用提供良好平台，为引进、培育、留住、用好人才创造优越的条件。

三、三年人才引旨培养目标

（一）总体目标

紧紧围绕省市经济社会发展"千人计划""万人计划"战略目标人才需求，加快转变政府人才管理职能，健全人才管理服务体系，全面落实用人主体自主权，完善人才培养、使用和激励机制。立足"引培选用"，突出"高精尖缺"，加大与杭州、宁波、上海等区域人才对接交流力度，实施"5313"自贸区人才规划，力争用三年左右的时间，重点引进30名左右高层次博士研究生、优化党政人才队伍结构，激活培养30名左右本土产业领军人才，组建20个保税燃料油、港航物流、自贸金融、海洋电子信息等专业化科技创业领军团队。培养80名科技创业家，力争25名列入国家、省"千人计划"。利用乡情吸引100名左右在外成功人士回乡创业，定点培育2000名左右乡土拔尖人才。择优选派100名左右专业技术人才服务基层，努力让进入自贸区的资金多于流出自贸区的资金、进入自贸区的人才多于流出自贸区的人才、进入自贸区的企业多于流出自贸区的企业。大幅度提高人才活力、效率、贡献率，全面形成惜才、爱才、聚才、用才的良好环境。建立1个石油化工能源院士工作站，1个国家海洋工程技术中心工作站，完善海洋经济开发区人才平台。引进兼具专业背景和管理属性的金融、贸易、法律等专业的 3 名国家"千人计划"、7 名省"百人计划"专家（团队）总计 25 名高层次创业创新人才，新增国家级重点实验室 2 家、国家级企业技术中心 3 家、院士工作站 2 个、专家工作站 7 个、博士后科研工作站 2 个，省级企业技术中心 6 家、省级（企业）工程技术研究中心 6 家，为自贸区摆脱传统产业束缚、走向高新技术聚集打下坚实基础。

（二）年度计划实现目标

（1）2019 年，制定三年规划，完善人才发展制度体系，建设结构合理、人岗相适的党政人才队伍。启动以"千人计划、万人计划"为重点的各类专业人才工程，大力推进对接上海、杭州、宁波企业、人才项目落地。组团赴西安、成都等重点高校实践基地和石化、教育、卫生等专业类高校，招引优秀大学生。全年引进高校优秀毕业生 8000 人、硕士生 2000 人。激活培养 30 名左右本土产业领军人才，利用乡情吸引 100 名左右在外成功人士回乡创业，定点培育 2000 名左右乡土拔尖人才，择优选派 100 名左右专业技术人才服务基层，做好舟山人才网的网页优化和公众号创新平台建设，初步形成重视人才、引领发展的良好局面。

（2）2020 年，集中建设一批人才承载平台。大力引入兼具专业背景和管理属性的金融贸易、法律等方面高层次专业化人才不少于 20 人，多层次、全方位开展育才、引才、用才特色系列活动，重点组建 20 个保税燃料油、港航物流、自贸金融、海洋电子信息等专业化人才科技创业领军团队，培养 80 名科技创业家，力争 25 名列入国家、省"千人计划"，促进各类人才向浙江自贸区流动，智慧园区集聚企业人才效应初步显现。

（3）2021 年，建立多元化科技创新体系，建立 1 个石油化工能源院士工作站，1 个国家海洋工程技术中心工作站，完善海洋经济开发区人才平台，新增国家级重点实验室 2 家、国家级企业技术中心 3 家、院士工作站 2 个、专家工作站 7 个、博士后科研工作站 2 个，省级企业技术中心 6 家、省级（企业）工程技术研究中心 6 家。推进科技园、科创中心和智慧城有效运转，扶持帮助海洋科学城科技创新成果的转化应用，确保海内外人才在舟山市来得了、待得住、用得好、流得动，人才培养、服务、保障机制基本形成，人才总量、结构素质与自贸区油品一体化进程基本匹配。

四、目标实现的具体措施

（一）2019 年目标实现的具体措施

（1）实施"党政人才"优化工程。把培养年轻干部提高到战略地位，紧紧抓住培养、选拔、使用三个环节，拓宽党政人才来源渠道和成长路径。围绕自贸区旅游、石化、建筑、环保、油品、物流、经贸、供应链等领域急需紧缺人才和长远发展需求，有计划地引进储备一批研究生以上高学历专业化人才。积极构建组织遴选、集中培训、实践锻炼、跟踪管理、择优使用、动态调整"六位一体"培养链条，优先使用后备干部，进一步优化干部年龄、学历和专业结构，逐步使40岁以下专业化干部达到一定比例。综合运用《党政领导干部选拔任用工作条例》和新时期人才发展体制机制改革等干部人才政策，改革创新，探索打通行政、企业、高校、科研院所单位优秀人才和不同行业领域之间人才的交流成长通道，加大对熟悉和善抓经济党政人才的培养选拔力度，每年从工业企业管理部门、高等院校和科研院所选派一批懂海洋经济、善管理的专业人才到各级政府挂职、任职。

（2）激活本土产业领军人才培养，实施"优秀青年企业家"培育工程。制定企业家队伍培育工程具体实施意见，采取扶持创业、选派到知名高校学习研修、到发达地区企业挂职锻炼、组织参加省内外展销推介和招商引智等措施，培养一批具有广阔视野、战略眼光、引领行业创新发展的成长型本土青年企业家队伍，使之成为推动技术进步和创新型城市建设的生力军。建立健全职业经理人制度，每年评选奖励具有青年企业家潜质的"十佳青年职业经理人"。

（3）实行"企业+项目+人才"捆绑引进计划。瞄准高新企业和上市企业集团，注重在油品产业链上招才引智。鼓励企业带项目和人才团队来自贸区发展，重点引入一批保税燃料油、港航物流、海洋电子信息专业化团队。根据投资强度和人才团队规模，按照省、市招商政策和人才优惠政策，分别奖励企业和人才，提高引才的实用性和对接的成功率。对于具有国际一流、国内顶尖水平，能够引领海洋经济产业发展，产生重大经济效益的领军人才及其团队，采取一人一策、一事一议的引进方式，给予专项资金支持。

（4）实行"家燕归巢"行动计划。建立舟山籍在外优秀人才库，采取兼职聘任、柔性引进等方式，每年开展"引老乡、回故乡、建家乡"活动，借故乡故土之情，吸引在外舟山籍人才回故土工作。搭建信息互通、资源共享平台，发挥桥梁纽带作用，助推本土人才回流、能人回乡、总部回迁、资金技术回传。定期组织回乡创业恳谈、考察等活动，充分发挥舟山籍在外优秀人才的组织网络及人脉关系优势，为家乡发展带人才、带资金、带项目。

（5）打造"自贸区特色聚才平台"。成功举办首届浙江自贸试验区"海洋经济"国际青年学者论坛，有效引育一批40周岁以下，具有博士学历或副高以上职称，或达到一定年薪标准的青年拔尖人才。开展世界舟山人大会，深入对接省"希望之光"人才开发项目，配合组织省院士专家围绕自贸金融、海洋经济等重点领域举办行业论坛，开展专题对接，推动人才引进和项目深入合作。

（6）搭建校地人才协同平台。利用浙江大学海洋学院、浙江海洋大学学科优势，通过研究院、合办技术研发合作中心、重点实验室、产学研基地等形式，在园区建设、产业升级、企业创新等领域进行联合攻关，促进大学专家人才资源与自贸区特色产业发展对接与共享。允许和鼓励高校、科研院所科技成果转让转化所得净收益，按80%的比例奖励课题负责人、骨干技术人员和研发团队。

（二）2020年目标实现的具体措施

（1）实施"产业领军人才"培养工程。围绕新兴产业发展，建立产业领军人才开放性、组合式的人才政策体系。选拔3~5名引领国内先进水平、有突出贡献的科创领军人才进行重点培养、跟踪服务，对重大产业技术开发、成果转化及产业化项目实行专项资金政策扶持。特别是对领衔组建油气、海洋战略新兴产业团队的，进行为期3年的支持培养，按照每人50万元标准给予专项资助，用于领军人才科技咨询、技术攻关、学术交流、团队建设、培训考察、成果奖励等支出，在安排重大科技专项、重点学科、重点实验室建设等项目上给予优先考虑，支持其核心团队建设。积极推动自贸区现代服务业、先进制造业、油气、海洋战略性新兴产业发展和传统产业转型升级，形成人才引领产业、产业集聚人才、人才与产业良性互动的发展格局。

（2）实施"自贸区蓝领"高技能人才开发工程。重点围绕绿色石化、船舶海工、海洋旅游国际海员、现代航空等特色产业发展需要，采取联合培养、定向实习、建设培训基地等措施，深化"千岛工匠"培育行动计划，培养1000名左右复合型、创新型、技艺精湛的高技能人才。加强海航学校、旅游职业技术学校、市职业学校与相关企业集团的合作，建立高技能人才培养联合体和企业技能人才实习创业基地或技能工作室，实现学校教育与企业岗位技能对接、毕业生就业与岗位用工对接。开展职业技能竞赛活动，鼓励企业一线技术岗位的人员提升技能水平，增强创新能力。

（3）启动"高校寻才"计划。政府与在舟高校主动牵手，企业与人才积极对接，留住高校毕业生在自贸区工作。根据自贸区特色产业人才需求，每年组织用人单位赴国内知名高校开展"自贸区紧缺专业人才校园招聘会"，引入高校创新人才、项目资源，吸引更多优秀高校毕业生来舟就业创业。推动高校与舟山市在项目、技术、人才、资金等方面对接，组织高校学生来自贸区体验创新创业环境，对接技术创新成果，促进校企互动、校地联动，全年引进高校毕业生不少于 8000 人。

（4）建设多功能人才孵化基地。通过自建或民办公助等方式建设一批创新创业孵化平台。在各类产业园区建设创新创业人才孵化中心，重点建设一批人才创业园、科技合作园、工业设计园、文化服务园，促进政产学研协同和创业资源集聚。推动与浙江大学国家科技园、宁波科技园、北仑科技园合作共建科技产业园。加快建设一批市场化主导的市级众创空间、创客服务中心，根据规模大小，经认定分别给予 20 万~200 万元补助，对入驻的人才创业项目，可由自贸区所在片区给予办公场地租金补贴、启动资金资助等扶持。

（5）举办"人才创新创业大赛"。每年组织一次人才创新创业大赛，以赛荐才、以赛聚才，发现一批初创优秀人才，奖励一批敢于创新创业的优秀人才及团队，资助扶持一批有较强发展潜力的人才项目。

（6）开展"人才创新创业项目路演"。每年举办一次。邀请创投机构进行现场评选奖励，项目投资人现场对接，推动新人才、新技术进企业，新项目、新产业进园区，促进科技创新和成果加速转化。建立创业项目库、举办创业推介会，搭建项目展示平台。建立创新创业人才资源库，培育优秀创新创业项目运营团队。通过引入天使投资、创业投资和互联网金融等方式，提供投融资服务。

（三）2021 年目标实现的具体措施

（1）实施"青年金融人才"强化工程。把金融、贸易人才队伍建设纳入自贸区人才发展总体规划重点任务，跟进和对接经济结构战略调整对金融人才的迫切需求，通过与上海财经大学、复旦大学等高等院校建立合作关系，采取中、短期强化训练的方法，计划每年举办两期商务、经济等领域金融强化训练培训班。定期邀请国内经济学家举行"同城经济论坛"，传播金融新理念、推介金融新模式，提升本地人才运用金融知识更好服务经济社会发展的能力。

（2）实施"中小微企业人才"扶持工程。建立中小微企业人才公共服务平台，每年开展行业人才评选和"专精特新"产品展示等活动，发现和奖励"百佳"创新创业优秀人才，重点扶持在全国、全省同行业中排名靠前、成长性较好、发展潜力较大的中小微企业人才项目，在税收、政策、环境等方面出台优惠政策，着力培育具有自贸区产业特色的经营精细化、技术高新化的中小微企业团队。

（3）实施"科创英才"引进计划。聚焦重点产业、重点企业、重点园区和其他重要领域，邀请国内外专业能力、科研学术在全省、全国乃至国际居领先水平的各类高端人才助力自贸区海洋经济发展，帮助企事业单位对接国家院士、"千人计划"和省"新百人计划"等"高精尖"海洋创新人才，常态化进行岗位和人才需求排摸，大力引进产业发展最前沿、科技创新最核心的领军型人才。全年引进兼具专业背景和管理属性的金融、贸易、法律等方面高层次专业化人才不少于 30 名。

（4）推进"百名博士"引进计划。拓宽引才渠道，采取特殊政策、特殊机制、特事特办的办法，利用 3 年时间，为自贸区各特色专业引进 100 名左右博士研究生，围绕保税燃料油、融资租赁等重点领域，加快聚集一批专业骨干人才，着力打造"自贸通才"升级版，为自贸区各片区、各特色产业储备高端人才。实行先挂后用、兼职聘用等多元培养使用方式，促进人才合理流动、共享共用。

（5）打造高能级园区平台。加强院士工作站、博士后工作站、技术中心、工程技术研究中心、重点实验室等平台建设，促进企业、高校、科研院所合作，组建一批科技顾问团、产业技术研发集团，为高层次人才搭建发挥作用、实现价值的平台。对引进国内外高层次人才（团队）申报并批准设立的院士工作站、博士后流动站和科研工作站，在省专项资金给予 10 万元建站经费的基础上，市级再配套 10 万元。对经认定批准建立的专家工作站、技术中心、工程技术研究中心，每年给予 3 万~5 万元资金补助。

（6）探索建设人才"飞地"平台。在杭州选址构建"舟山特色+杭城支撑"的海洋特色创业创新大平台，围绕海洋电子信息、海洋生物、石油化工等产业领域进行布局，打造海洋产业交流展示、高端人才生活服务、在舟企业转型升级支撑、科创项目异地孵化等五类功能平台，推动人才引育和战略性新兴产业孵化端口前移，加快融入"大湾区"战略和长三角一体化发展。

（7）打造海洋油品产业和人才融合新高地。坚持以产引才、以才促产，集聚特色产业人才，打造"产业+人才"特区。鼓励自贸区与浙江大学海洋学院、浙江海洋大学、省内外高校、科研院所共建研究院所和产业技术创新联盟。加快建设海洋、石化等特色产业类型的人才创业园、科技合作园、工业设计园和高校毕业生实践基地。

（8）建设"互联网+特色人才项目"公共平台。汇集自贸区各行业领域特色人才项目信息，建设体现自贸区海洋特色的海洋生物、海洋电子信息、油品一体化等人才交流服务平台，每年在热点行业中评选具有引领性质的"十佳青创人才"，鼓励引导青年人创新创业。

五、目标实现的政策支持与机制保障

（一）重点支持领军人才创新创业

（1）初创扶持。加大对各类园区和孵化园区创新创业人才与科技型中小微企业人才的扶持力度，支持领军人才企业申请科技型中小企业信贷风险补偿专项资金、科技保险费补贴资金、科技贷款贴息资金资助。对引进国际国内一流科研、管理和产业化团队的企业，在办公用房、申报项目、成果产业化及院士专家工作站、博士后科研工作站建设等方面给予优先支持。对落地中国自贸区内拟进入资本市场的企业，从进入上市辅导期开始，每年奖励 200 万元，上市后给予最高 1500 万元的奖励。对拟通过新三板挂牌的企业，挂牌辅导期内每年奖励 20 万元，连同辅导期内给予的奖励总计不超过 100 万元，力争在高新技术企业培育及企业股份制改造等方面取得新突破。

（2）帮助升级。对已经立项支持的领军人才企业，3 年内年销售收入超过 5000 万元的，再择优给予 1000 万元以内的担保融资贷款，以及 300 万~500 万元的科研经费资助，支持其开展新的研发项目。

（3）总部奖励。鼓励各大企业总部来自贸区发展。对于行业知名领军企业，以及销售额、基本盈利达到一定水平的企业，总部搬到自贸区，政府一次性给予搬家费。对大型央企、沪杭苏宁地区大型企业集团以及其他地区的全国性大型企业集团在大自贸区建设集团总部、区域性地区总部的，给予最高 1500 万元的奖励。

（4）优先举荐。优先聘任优秀创新创业领军人才，以及在舟山高校和科研院所客座教授、研究员以及博士生或硕士生导师为省委、市委联系专家和市政府科技咨询顾问。优先推荐申报"浙江省高层次创新创业人才"，引进第三批新"百人计划""浙江省青年拔尖人才"和国家"千人计划"。

（二）建立健全人才保障机制

（1）建立人才动态分析研判机制。建设"自贸区人才"云大数据平台，动态掌握人才家底，系统分析人才现状及结构，加强人才需求预测。广泛征求人才需求信息，加强需求分析，确定招才引智目标方向。每年召开一次自贸区人才工作分析会议，研究人才政策，探讨解决影响人才发展体制机制的具体问题。

（2）建立留住优化人才保障机制。加快建设样板式、品质化的国际人才社区和青年人才社区，打造一批品质高端、配套齐全的人才社区和人才服务驿家，委托专家机构定期举办各类人才联谊会，着力打造青年人才社团服务平台。完

善"5313"培训服务体系。与金融机构开展深度合作，创新优化金融产品，为"5313"企业提供无抵押信用贷款等金融服务。

（3）建立人才发展多元投入机制。建立政府、企业、社会多元投入机制，发挥政府投入的撬动作用，引导社会资本支持人才创新创业。自贸区按照经济转型升级和创业创新要求，积极调整财政支出结构，进一步加大人才发展专项资金投入，科学配置人才投入资源，满足海外高层次人才引进计划等重大人才项目实施的需求。在重大建设和科研项目经费中，应适当提高用于人才开发的投入比例。贯彻落实企业职工教育经费支出所得税前扣除政策，促进企业加大人才投入。完善财政、税收等优惠激励政策，强化用人单位在人才投入中的主体地位，鼓励和引导社会、用人单位、个人以建立人才发展基金等多种方式加大人才投入，形成多元化的人才投入体系。积极争取省市有关部门加大自贸区人才工作的支持力度。

（4）建立能位匹配人才评价机制。制定各类人才评选管理办法，各行业系统主管部门制订具体实施方案，在自贸区建立形成以领军人才为重点、激励各类优秀人才脱颖而出的科学评价机制。以能力、业绩为导向，以考核实绩成果为依据，着重评价各类人才对发展的实质贡献。依据能力、实绩和贡献评价人才，探索建立专业技术人才评聘分离的职称评价办法。

（5）建立创新创业人才激励机制。按照《浙江省舟山群岛新区引进培养高层次人才奖励办法》落实引进人才待遇；制定本土人才激励办法，从制度机制上防止人才流失；分行业制定激励人才实施细则，鼓励在外舟山籍人才回流，进一步厚实以事业留人、感情留人、适当待遇留人的土壤，在自贸区推动形成人人皆可成才、人人尽展其才的局面。

（6）建立健全招商引才结合机制。制定出台《自贸区关于建立招才引智和招商引资工作联动机制的意见》，集聚人才部门与招商部门力量，共同策划、协同推进重大招商引资和招才引智活动。突出"引以致用"，以招商发现人才、吸引资金、留住技术，让招才带动项目、集聚产业、引领创新创业，引领带动全自贸区油品产业发展和项目建设的快速推进。

（三）组织领导

（1）提升对人才的政治引领和吸纳。自觉用习近平新时代中国特色社会主义思想指导人才工作。结合"不忘初心、牢记使命"主题教育，分层、分类开展"弘扬爱国奋斗精神、建功立业新时代"活动，举办高层次人才国情研修培训班，加大在优秀专家和人才团队中发展党员力度，基层党委实行高知识群体发展党员计划单列，不限名额。落实党委（党组）书记人才工作第一责任人责任，推动形成政府引导市场运作、用人单位为主体的人才工作机制。

（2）完善人才激励评价保障机制。探索以赛代评、以投代评等创新创业人才评价新模式，进一步完善保税燃料油、航空、自贸金融等重点领域人才分类认定标准。研究建立"高精尖"人才举荐制度，推行以同行评价为基础的人才推荐和评价机制。认真落实浙江省关于深化职称制度改革的实施意见，推进学校和医院职称自主评聘，探索船舶、螺杆等特色产业领域企业职称自主评定。

（3）探索政产学研人才协同共享创新机制。围绕政府、高校、科研院所和企业之间人才互通互用，开展政产学研协同创新。制定实施双向挂职，设施设备共建共享、技术成果共研共用机制。认真贯彻落实上级关于赋予科研机构和人员更大自主权有关精神要求，会同科技、人社、财政等部门，研究并制定科研人员兼职兼薪，科技成果转化收益科研项目管理等方面的实施细则。

（4）建立健全人才统计指标体系。优化完善自贸特色的人才资源调查统计工作，健全人才资源统计指标体系，聚焦企业人才需求，及时发布自贸区紧缺人才目录和引培一批急需专业人才。依据人才统计结果，监管自贸区人才发展状况。

（5）深化人才工作宣传报告。制订重大人才工作宣传计划，加大《浙江日报》、浙江卫视、《中国组织人事报》等重点媒体宣传力度，研究互联网新媒体形势下人才工作宣传新思路、新方法，与第三方机构合作开展重点领域人才净流量统计等工作，加大人才工作的上报力度。

第三节　自贸区紧缺人才目录公布

一、自贸区紧缺的领军人才和团队

依据对自贸区人才现状分析和自贸区产业特点，自贸区紧缺高端管理和专业技术技能的"T"形人才，特别是在船舶产业、电子信息、临港石化产业、海洋旅游产业、新能源等战略性新兴领域内能突破核心技术、提升产业发展水平的高层次领军人才和团队。

（一）领军人才标准

科技创业领军人才（以下简称领军人才）是指自带技术、项目、资金来舟

<<< 第三篇 人才引进培育

山创业的海内外高层次人才，具体条件如下。

（1）领军人才一般应具有理工科专业硕士研究生及以上学历或副高级及以上职称，准备在舟创业（获得领军人才入选资格后，须在6个月内在舟注册落户）或已在舟创业（2年内）；此前一般应在国内外知名高校、科研院所担任过相当于讲师及以上层次的专业技术职务，或在国内外知名企业、科研机构担任过相当于部门经理及以上层次的管理职务；年龄一般不超过55周岁，每年在舟工作时间不少于6个月。特别优秀的人才，可适当放宽相关条件限制。

（2）领军人才掌握的核心技术应当拥有自主知识产权，技术成果应具备国内先进水平，符合新区产业发展方向，产品或服务具有较好市场前景并能实现产业化。

（3）领军人才在舟创办的企业，注册资金不低于100万元，其中实际到位的货币出资不低于30万元；领军人才为所在企业的主要创办人，股权不少于30%或为第一大股东（持股比例不低于10%），特殊情况可酌情考虑；领军人才创办的企业须承诺在获得资助后10年内不搬离舟山。

（二）科技创业领军团队标准

科技创业领军团队（以下简称领军团队）是指自带技术、项目、资金来舟山创业的海内外高端团队。具体条件为：

（1）领军团队应包括1名带头人和至少4名核心成员，准备在舟创业（获得领军团队入选资格后，须在6个月内在舟注册落户）或已在舟创业（2年内）。团队带头人一般应取得博士学位，专业方向应与所申报项目产业领域相符，此前应在国内外知名高校、科研院所担任相当于副教授及以上层次的专业技术职务，或在跨国公司、知名企业担任过相当于副总经理及以上层次的管理职务，或有3年以上自主创业经历；团队核心成员一般应取得硕士及以上学位，至少2名核心成员此前应在项目、产品等方面与带头人稳定合作1年以上。团队带头人年龄一般不超过55周岁，核心成员年龄一般不超过50周岁，带头人和至少2名核心成员在舟工作时间不少于6个月。特别优秀的团队，可适当放宽相关条件限制。

（2）领军团队掌握的核心技术应当拥有自主知识产权，技术成果应具备国际一流、国内领先水平，具有实现产业化的良好条件和较好市场前景，对新区产业发展具有引领作用。

（3）领军团队在舟创办的企业，注册资金不低于500万元，其中实际到位的货币出资不少于50%；带头人及核心成员（自然人）持股比例须超过50%；

带头人须为企业法人代表，持股比例不低于 20% 且为第一大股东，其实际到位的货币出资不少于 50 万元，特殊情况可酌情考虑；领军团队创办的企业须承诺在获得资助后 10 年内不搬离舟山。

二、自贸区各重点领域的紧缺人才和团队

（一）绿色石化产业

围绕把自贸区建设成为经济规模大、技术水平高、工艺装备新、聚集效益好、生态环境优、持续发展能力强的国家级石化产业基地的目标，自贸区缺少一批能攻克重大关键技术的高端人才，缺少一批掌握先进技术的高素质专业人才。

（二）船舶产业

围绕把自贸区建设成为国内重要的造船基地、世界级船舶修理基地和全国船舶工业新型工业化示范基地，推进船舶产业向高端化、高值化和品牌化发展的目标，以提升企业自主创新能力为核心，自贸区紧缺一批船舶设计、研发、制造等高级专业技术人才和管理人才。

（三）临港物流产业

围绕"以港兴市"和把自贸区建成国际物流岛的目标，以现代港口物流高端人才为重点，自贸区缺少一批专门研究现代港口物流业方面的专家人才，缺少一批港口物流领军人才，缺少能促进港口现代物流业发展的航运人才和现代物流人才。

（四）海洋旅游产业

围绕把自贸区打造成我国最受喜爱的佛教文化旅游胜地和海洋休闲度假旅游目的地的目标，以旅游高端人才为重点，以"八大游"精品项目为载体，自贸区缺少一批旅游管理、营销、服务和产品开发高素质专业人才。

（五）大宗物资加工产业

围绕把自贸区建设成为我国沿海重要的大宗物资加工基地，推动大宗货物加工配送产业发展的目标，以煤炭、矿砂、粮油、木材、有色金属、LNG 等加工项目为重点，自贸区紧缺一批熟悉国内外物资市场形势、采购政策法规的大宗物资采购、管理、财务方面人才，缺少一批战略物资加工、储运、配送的人才。

（六）战略性新兴产业

围绕自贸区战略性新兴产业的培育和发展目标，以先进装备制造业、海洋生物产业、新能源产业、海水综合利用为引育的重点产业，自贸区缺少一批掌

握关键技术、拥有自主知识产权、能够引领新兴产业发展的高层次创新创业人才和创新能力强的优秀人才。

（七）航空产业

围绕在朱家尖岛布局建设舟山航空产业园，推动航空制造、零部件物流、研发设计及相关配套产业，自贸区缺少具有丰富的项目资源、具有成功招商引资业绩和成果的金融、国际贸易、航空相关专业的领军人才和团队。

三、自贸区紧缺人才的岗位目录

浙江自贸区地处"一带一路"的交会点，功能定位集中体现在面向原油相关交易开辟国际化大宗商品交易市场。自贸区以打造国际大宗商品交易市场为重点的建设任务，力争成为全球大宗商品的交易物流中心、信息中心和定价中心，发展跨境电子商务，打造高水平对外开放合作平台。自贸区支持跨境零售网商直接开展国际市场在线的销售与采购，并完善相应的海关监管检验检疫跨境支付物流等支撑系统，着力推动我国跨境电子商务的发展。针对自贸区的功能定位，通过调查采访自贸区内各特色产业的企业和管委会、集聚区、舟山发改委、商务局等，整理列出自贸区内的紧缺专业人才岗位目录如下：

表4-3　自贸区内的紧缺专业人才岗位目录

单位名称	岗位名称	岗位职责
中国（浙江）自由贸易试验区管理委员会	大宗商品交易高级主管	负责自贸试验区内大宗商品（石化行业）交易政策研究制定，相关业务发展的规划、设计、实施与管理
	国际金融高级主管	负责自贸试验区内相关金融政策研究制定，大宗商品交易相关金融衍生品业务发展的规划、设计、实施与管理
中国（舟山）海洋科学城建设管理局	招商专员	1. 负责科学城产业链招商工作； 2. 负责制订产业链招商相关计划
舟山市小干岛商务区开发建设指挥部	规划设计主管	1. 组织设定投融资规划； 2. 负责工程设计全过程管理公司负债和资本合理结构；建立健全财务管理体系，进行总体控制； 3. 建立健全财务管理体系，进行总体控制； 4. 对重大经营活动提供建议和决策支持
	投融资主管	编制年度综合财务计划、报表及预决算，确定和监控

续表

单位名称	岗位名称	岗位职责
舟山绿色石化基地管理委员会	安全生产高级主管	负责新区绿色石化基地项目安全生产政策制定及组织实施、应急事务处理等工作
	环境保护主管	参与新区绿色石化基地项目环境保护政策制定和基地内水、大气、固废等污染防治，组织实施环境监督检查和应急事务处理等工作
	消防工程师	1. 负责建立基地消防管理规章制度、火灾应急预案，并定期组织应急演练； 2. 负责指导基地及其企业的消防培训、设备运行技术监管和日常防火安全检查，完善消防图纸及管理档案； 3. 参与基地及企业消防规划审核和事故调查
	安全工程师	1. 编制基地安全管理制度、检查计划、应急预案； 2. 负责开展基地安全检查，做好突发事件处置
舟山市商务局	国际油品高级主管	1. 分析国际油品贸易现状动态，开展油品贸易专业研究； 2. 负责新区油品贸易相关建设项目的规划、管理和服务工作
	金融贸易高级主管	1. 负责管理指导全市金融贸易工作； 2. 研究制定航运金融及衍生品相关政策，创新产品功能； 3. 负责促进创新类项目落地
舟山市发展改革委员会	环境工程规划师	负责研究循环经济和低碳产业发展相关政策及规划，谋划、推进和落实相关工作方案
	服务业高级主管	1. 负责研究提出新区（市）服务业发展规划和政策； 2. 参与自贸油品全产业链建设和管理，起草相关规范性文件

续表

单位名称	岗位名称	岗位职责
舟山市港航管理局	总经济师	1. 负责研究区域产能（市场）空间与港口转型期发展趋势、舟山港航经济发展的综合研判、各类港航物流产业及发展方向、江海联运服务中心和自由贸易试验区建设中的港航发展战略； 2. 负责研究编制港航物流相关规划并落实相关规划的实施，推进江海联运服务中心和自由贸易试验区建设的相关政策，落实地方港航物流产业重大政策实施前评估工作，促进地方港航物流产业发展的重大体制机制配套改革； 3. 协调开展港航服务业体系建设，推进航运企业总部和营运中心、国家级重大公共服务平台等相关航运服务集聚协调发展
	海事发展政策研究员	负责江海联运与自贸港区融合发展、国际海事服务业发展政策研究、舟山航运服务集聚区建设发展扶持政策研究
	自贸政策研究员	负责江海联运与自贸港区融合发展、大宗商品加工贸易现代港口物流体系、江海联运发展政策体制机制突破，舟山航运服务集聚区发展扶持政策研究以及沿港沿海港航联盟合作战略研究工作
舟山市金融工作办公室	主任助理（自贸金融）	1. 负责企业上市、上柜、股权投资、多层次资本市场建设工作； 2. 负责推进债券融资、多元化融资渠道和金融招商引资等工作； 3. 负责海洋金融研究院工作
	主任助理（资本市场）	1. 负责自贸区金融工作，制定自贸区相关金融政策； 2. 负责银行、保险、证券等金融机构和融资租赁企业引进工作
舟山市经济信息委员会	信息化高级主管	负责政府信息化和数据资源开发项目的规划、监督、评估和管理，负责数据资源管理工作
	海洋生物产业高级主管	负责研究海洋生物产业发展，牵头制定相关政策，推动产业发展
	输变电技术高级主管	指导、培育和发展海洋输变电行业及产业
	企业上市高级主管	负责指导企业上市，研究制定股改相关政策

续表

单位名称	岗位名称	岗位职责
政府外事与舟山市人民侨办办公室	英语同传翻译高级主管	1. 担任领导重要外事活动的翻译和重要国际会议、经贸、文化等重大涉外活动的同传及交传翻译； 2. 负责有关法律法规、公报、协议等重要文本的笔译及翻译校审工作
舟山市安监局	石化安监专员	负责指导石化企业安全生产及管理，参与企业相关项目设计
舟山市海洋与渔业局	绿色渔业高级主管招商专员/顾问	1. 负责绿色渔业发展的研究、规划及实施等； 2. 负责绿色渔业项目编制、审报和管理； 3. 负责海洋牧场建设和增殖放流管理； 4. 负责渔业资源和海洋生态修复项目申报、实施和管理
浙江舟山群岛新区航空产业园管委会	招商专员/顾问	负责航空产业园区的招商引资和投融资运作
	通用航空工程师	负责通用航空产业发展政策制定、通用航空产业服务与管理、招商、引资工作
	航空战略规划师	负责航空产业政策研究、发展规划制定、重大项目咨询等
浙江舟山群岛新区海洋产业集聚区管理委员会	投融资主管	1. 负责金融平台总体运营机制建设及日常管理等相关工作； 2. 负责金融风险研判、管理控制，进行风险管理研究，建立整体风险评估机制
	建筑项目工程主管	负责集聚区建设项目的质量安全管理、建筑业管理
中国（舟山）大宗商品交易管理委员会	市场运营高级主管	1. 负责开展大宗商品交易市场拓展、制度创新研究等工作； 2. 参与中心发展战略、经营、管理等决策
	市场开发总管	1. 协助总经理制定总体市场发展战略以及市场发展目标； 2. 负责拓展公司的市场策略，把握公司在行业中的发展方向，完成公司在行业中的市场定位，及时提供市场反馈； 3. 对公司的市场计划提出建议，制订和实施年度市场推广计划； 4. 负责指导、参与市场的开拓、渠道管理等日常工作； 5. 负责管理监督公司市场费用使用、控制工作以及本部门管理工作

续表

单位名称	岗位名称	岗位职责
中国（舟山）大宗商品交易管理委员会	高级研究员	1. 执行油气相关行业的政策研究和市场调研； 2. 及时捕捉油气行业动态，提供相关决策建议； 3. 负责确定研究课题的总体研究框架与课题计划，牵头组织重大课题研究工作的开展，并对研究报告进行审定； 4. 响应公司战略研究需求，及时提供指导意见； 5. 根据领导需要，牵头组织高质量的领导材料； 6. 指导相关研究人员开展研究工作，提升团队能力，培养后备人才
光汇石油储运（舟山）有限公司	监控中心主任	1. 指挥调度监督油库、码头、综合楼的全面生产运作； 2. 草拟本部门的工作流程和盖章制度，上报并监督执行； 3. 带领报关、海事、海关、船务、调度等做好作业前准备，并制订指令计划； 4. 通知各部门对油库作业做好准备，及时按计划进行，做好收尾工作； 5. 通过监控系统对生产作业过程以及进出库区码头的人员物资进行监督，及时发现安全隐患； 6. 完成供油所需的联检部门的申报工作
	商务经理	1. 负责油库库区的仓储招商业务（成品油、化工品）； 2. 组织进行市场调研，形成调研报告，完成租赁物业产品定位、业态规划与组合、功能需求及设计配合等工作； 3. 根据项目发展的整体目标，制订并执行长中短期招商计划、招商策略、招商政策等，对招商工作进行统筹管理、协调和推进； 4. 编制招商资料，前期与公共活动部配合开展招商的广告、宣传、策划工作； 5. 制定与实施已签约的商家的协调工作； 6. 在市场调查和商业情报成果的基础上，结合招商进度回馈情况，编制后期项目业态布局调整的规划方案； 7. 编制和控制招商及运营的收支预算

单位名称	岗位名称	岗位职责
光汇石油储运（舟山）有限公司	商务副总	1. 负责库区（成品油、化工品）的仓储和码头接卸中转业务的市场拓展和招商； 2. 编制招商资料，与相关部门配合开展招商的广告、宣传、策划工作； 3. 制定商务相关部门的业绩目标，保证业绩目标的达成； 4. 编制和控制商务及运营的收支预算； 5. 制定与实施已签约商家的协调工作； 6. 建立健全部门管理体系，制定、完善管理制度、流程、岗位职责等，保证部门工作的正常开展
浙江新一海海运有限公司	海务管理兼指导船长 机务管理兼指导轮机长	负责监督和指导分管船舶的航行、环境保护和应急操作，确保人员及船舶安全； 负责监督和指导分管船舶的设备设施维护保养、环境保护和应急操作，控制预算，确保人员及船舶安全
浙江省海洋开发研究院	化工学科带头人	1. 负责提出海洋防腐蚀应用新技术开发及成果转化计划，并组织开展具体技术研发、成果转化工作； 2. 带领团队人员经过1—2年研发，成功开发1—2项可产业化的应用于海洋船舶及港口机械高性能防腐涂料技术； 3. 经过3—5年建设，组建一个在海洋防腐蚀应用技术领域有一定知名度的团队

四、紧缺人才的专业目录

自贸区的发展定位和核心任务。核心是围绕国家能源保障安全，推进以油品全产业链为核心的大宗商品投资便利化贸易自由化，提升大宗商品全球配置能力，成为中国东部地区重要海上开放门户示范区、国际大宗商品贸易自由化先导区和具有国际影响力的资源配置基地，建成自由贸易港区先行区。所以自贸区主要是紧缺涉及海洋油品相关的一些专业的高端人才，例如化学、船舶海洋、国际金融贸易、国际物流、国际法律等。通过对自贸区内紧缺产业岗位的梳理，分解出各紧缺岗位涉及的相关自贸区紧缺专业人才和条件要求如下。

表4-4　自贸区内的紧缺人才的专业目录

产业或行业	主要涉及领域	主要涉及岗位	专业要求	条件要求
自贸区建设	经营管理	国际招商策划	经济学、法学、外国语言文学、计算机科学与技术、交通运输工程、船舶与海洋工程、城乡规划学、软件工程、管理科学与工程、工商管理、公共管理、物流管理与工程、电子商务、旅游管理、国际金融、国际航运、国际贸易、国际物流、国际法律	1. 具有博士学位或副高以上职称 2. 年龄在40周岁以下 3. 有较高的专业技术水平
		国际化经营管理		
		营销管理		
		旅游策划运营		
	国际贸易	国际贸易实务		
		国际商务谈判		
		国际标准化		
		国际法律		
	产业服务	国际金融服务		
		跨境电子商务		
		国际物流		
		国际航运业务管理		
海洋电子信息	软件产业	软件程序开发	电子信息工程、电子科学与技术、通信工程、微电子科学与工程、光电信息科学与工程、信息工程、集成电路设计与集成系统、电磁场与无线技术、计算机科学与技术、软件工程、网络工程、数字媒体技术、电子与计算机工程、电气工程、机械电子工程、控制科学与工程、纳米材料与技术、新能源材料与器件、知识产权、动漫设计与制作、材料科学与工程、卫星数字技术、机电一体化、自动化、3D打印技术、工业工程、机器人应用、智能科学与技术	1. 具有博士学位或硕士学位，副高以上职称 2. 年龄在40周岁以下 3. 有较强研发能力和较高的专业技术水平
		系统架构和分析		
		嵌入式开发、信息系统集成		
		软件设计、软件外包		
		交互设计、界面设计		
		动漫游戏、三维动画		
		集成电路设计		
	信息技术产品制造	计算机及网络产品研发		
		数字视听产品研发		
		移动通信产品研发		
		集成电路产品研发		
		光电子产品研发		
		农业物联网工程应用		
	信息技术应用	信息系统工程建设		

续表

产业或行业	主要涉及领域	主要涉及岗位	专业要求	条件要求
海洋电子信息	信息技术应用	信息化及网络应用	电子信息工程、电子科学与技术、通信工程、微电子科学与工程、光电信息科学与工程、信息工程、集成电路设计与集成系统、电磁场与无线技术、计算机科学与技术、软件工程、网络工程、数字媒体技术、电子与计算机工程、电气工程、机械电子工程、控制科学与工程、纳米材料与技术、新能源材料与器件、知识产权、动漫设计与制作、材料科学与工程、卫星数字技术、机电一体化、自动化、3D打印技术、工业工程、机器人应用、智能科学与技术	1. 具有副高以上职称或硕士以上学位，或高级技师资格 2. 年龄在45周岁以下 3. 有较强研发能力和较高的专业技术水平
		交通工程自动控制		
		射频网络设计与分析		
		信息技术公共服务		
		智慧农业技术应用		
	无线电管理	频谱规划与台站管理		
		无线电监测与电磁兼容分析		
		指挥通信		
	电子商务	市场营销、品牌推广		
	产品检验、专利审查	电子信息产品检验与研究		
		电子信息产品专利审查		
装备制造	机械工程	机械设计、制造与控制	机械工程、机械设计制造及其自动化、电气工程、机械电子工程、控制科学与工程、机械工艺技术、仪器科学与技术、测控技术与仪器、材料科学与工程、金属材料工程、焊接技术与工程、动力工程及工程热物理、兵器科学与技术、飞行器设计与工程、生物医学工程、知识产权、光电信息科学与工程、电子信息工程、工程力学、工业工程、能源与动力工程、计算机科学与技术、车辆工程、工业设计、粒子物理与原子核物理、智能科学与技术、3D打印技术、化工设备与机械、环境科学与工程、阀门设计与制造	1. 具有博士学位或硕士学位，副高以上职称 2. 年龄在40周岁以下 3. 有较强研发能力和较高的专业技术水平
		液压传动		
		机电一体化		
		数控机床、电气装备研发		
	检测技术应用	特种设备标准体系建设		
		工程机械振动测试平台建设		
	特种设备节能技术	电梯节能技术研究		1. 具有副高以上职称或硕士以上学位 2. 年龄在45周岁以下 3. 有较强研发能力和较高的专业技术水平
		锅炉节能技术应用		
	承压设备安全评价与修复	断裂力学失效分析		
		金相分析		
		焊接工艺		
	阀门设计与制造	阀门技术研究及故障诊断维修		
	电梯起重机电气控制	电梯起重机检测技术研究		
	机器人技术	特种设备应急救援、机器人在检验中的应用		

164

续表

产业或行业	主要涉及领域	主要涉及岗位	专业要求	条件要求
石化工业	石油加工	石油加工	石油与天然气工程、化学工程与技术、高分子材料与工程、生物技术、控制科学与工程、仪器科学与技术、电气工程、自动化、材料科学与工程、材料化学、应用化学、橡塑制品成型工艺、知识产权、油气储运工程、能源化学工程、兵器科学与技术、机械工程、纺织科学与工程	1. 具有博士学位或硕士学位，副高以上职称 2. 年龄在45周岁以下 3. 有较强的研发能力，3年以上相关工作经历
		芳烃烯烃等上游产品加工		
	化学工业	合成材料		1. 具有副高以上职称或硕士以上学位，或高级技师资格 2. 年龄在45周岁以下 3. 有较强研发能力和较高的专业技术水平
		橡胶制品及轮胎		
		精细化工		
		化工机械		
		仪器仪表自动化		
		基础化学原料		
		化肥、农药		
		替代能源		
		承压设备腐蚀与防护研究		
		石油化工工艺数据采集		
	产品研发、专利审查	产品检验与研究		
		专利审查		
		高级经营管理、研发		
		新能源汽车设计开发		
船舶工业	船舶制造	船舶工程	机械工程、机械设计制造及其自动化、船舶与海洋工程、机械电子工程、船舶电子电气工程、动力工程及工程热物理、控制科学与工程、工业设计、机械工艺技术、焊接技术与工程、轮机工程、港口航道与海岸工程、化学工程与技术、给排水科学与工程、土木工程、知识产权、工商管理、市场营销、材料成型及控制工程、计算机科学与技术、软件工程、视觉传达、艺术设计	1. 具有副高以上职称或硕士学位，或高级技师资格 2. 年龄在45周岁以下 3. 有较强研发能力和较高的专业技术水平，具有中央企业及其子企业经营管理经验优先
		船舶动力装置		
		船舶电气		
		高级经营管理、研发		
		豪华邮轮内装设计		

续表

产业或行业	主要涉及领域	主要涉及岗位	专业要求	条件要求
地质矿产	地质找矿	区域地质调查、矿产勘查、农业地质调查	地质资源与地质工程、海洋地质、资源勘查工程、勘查技术与工程、测绘科学与技术、地质工程、矿业工程、水文与水资源工程、资源环境科学、地球物理学、工程物理、土地资源管理、化学工程与技术、应用化学、机械设计制造及其自动化、机械电子工程、环境科学与工程、土木工程、给排水科学与工程、道路桥梁与渡河工程、工程管理、地理信息科学、地球化学、工程造价、农业资源与环境、土壤学、水土保持及荒漠化防治、遥感科学与技术、大地测量学、航空摄影测量、摄影测量与遥感	1. 具有博士学位或硕士学位，副高以上职称 2. 年龄在45周岁以下 3. 有较强研发能力和较高的专业技术水平
	水文、工程地质	矿山水文地质勘查、地质灾害调查评估、环境地质调查		
	勘探、遥感、测绘、测量	矿山地球物理勘查、钻探、坑探、遥感解译、地理信息、工程测量		1. 具有副高以上职称或硕士以上学位 2. 年龄在45周岁以下 3. 有较强研发能力和较高的专业技术水平
	化验分析	摄影测量与遥感技术开发及应用		
	产品质量检验			
	食品加工			
	纺织品加工面料检测、纺织品检测			
电机电器	机械制造	机械设计	机械工程、机械设计制造及其自动化、机械工艺技术、焊接技术与工程、动力工程及工程热物理、电气工程、自动化、计算机科学与技术、控制科学与工程、材料科学与工程、金属材料工程、机械电子工程、电子信息工程、仪器科学与技术、智能科学与技术、微机电系统工程、机电技术、光电信息科学与工程、电子科学与技术、工商管理、高电压与绝缘技术、通信工程	1. 具有博士学位或硕士学位，副高以上职称 2. 年龄在45周岁以下 3. 有较强研发能力和较高的专业技术水平
		机械加工工艺		
		内燃机制造工艺		
	电机电器、电缆	电机电器设计、制造与控制		
		电磁兼容与检验技术		
		智能仪表		

续表

产业或行业	主要涉及领域	主要涉及岗位	专业要求	条件要求
电机电器	工业自动化	自动化系统设计	机械工程、机械设计制造及其自动化、机械工艺技术、焊接技术与工程、动力工程及工程热物理、电气工程、自动化、计算机科学与技术、控制科学与工程、材料科学与工程、金属材料工程、机械电子工程、电子信息工程、仪器科学与技术、智能科学与技术、微机电系统工程、机电技术、光电信息科学与工程、电子科学与技术、工商管理、高电压与绝缘技术、通信工程	1. 具有副高以上职称或硕士以上学位 2. 年龄在45周岁以下 3. 有较强研发能力和较高的专业技术水平
		工厂信息化		
	质量、计量检测	电子、电气检验与研究		
	企业管理	研发管理、专利审查		
生物医药	医药制造与研发	生物制药	药学、药物制剂、药事管理、药物分析、药物化学、海洋药学、中药学、中药资源与开发、中草药栽培与鉴定、制药工程、生物制药、仪器科学与技术、生物学、生物技术、生物工程、生物医学工程、化学工程与技术、医学影像学、医学检验技术、知识产权、化学、分子科学与工程	1. 具有博士学位或硕士学位，副高以上职称 2. 年龄在45周岁以下 3. 有较强研发能力和较高的专业技术水平
		化学制药		
		现代中药		
		药物制剂研究		1. 具有副高以上职称或硕士以上学位 2. 年龄在45周岁以下 3. 有较强研发能力和较高的专业技术水平
		药物合成研究		

续表

产业或行业	主要涉及领域	主要涉及岗位	专业要求	条件要求
生物医药	医药制造与研发	药品分析、检验	药学、药物制剂、药事管理、药物分析、药物化学、海洋药学、中药学、中药资源与开发、中草药栽培与鉴定、制药工程、生物制药、仪器科学与技术、生物学、生物技术、生物工程、生物医学工程、化学工程与技术、医学影像学、医学检验技术、知识产权、化学、分子科学与工程	1. 具有硕士以上学位或学士学位，中级以上职称 2. 年龄在40周岁以下 3. 有较强研发能力和较高的专业技术水平
		质量研究、专利审查		
环境保护	环境科研、监测	水、气、土壤污染治理控制	环境科学与工程、分析化学、环境化学、核科学与技术、资源循环科学与工程、环保设备工程、化学工程与技术、大气科学、水利工程、气象学、生物防治、物理化学、放化分析、无线电物理、工业环保与安全技术、救援技术、环境监察、环境管理、仪器仪表工程、土壤科学、辐射防护、核物理	1. 具有博士学位或硕士学位，副高以上职称 2. 年龄在40周岁以下 3. 有较强研发能力和较高的专业技术水平
		生态环境保护研究		
		监测综合技术		1. 具有副高以上职称或硕士以上学位 2. 年龄在40周岁以下 3. 有较强研发能力和较高的专业技术水平
		仪器分析		
海洋渔业	渔业	水产养殖	海洋渔业科学与技术、水产养殖学、水族科学与技术、海洋生物学、生态学、食品营养与检测、分析化学、食品科学与工程、水产品加工和贮藏、微生物学	1. 具有硕士以上学位，或学士学位，中级以上职称 2. 年龄在45周岁以下 3. 有较强研发能力和较高的专业技术水平
		水产品精深加工		
		水产品病害防治研究		

续表

产业或行业	主要涉及领域	主要涉及岗位	专业要求	条件要求
海洋渔业	海洋资源开发	海洋药物研究	海洋科学、海洋技术、船舶与海洋工程、海洋资源与环境、海洋工程与技术、海洋资源开发技术、海洋生物学、港口航道与海岸工程、海洋经济学、航海技术、交通管理、生物技术、报关与国际货运、海事管理、勘查技术与工程、轮机工程、应用气象学、地理信息科学、分析化学、农林经济管理、金融学、统计学、化学生物学、海洋地质、海洋测绘、海洋机电装备与仪器、海洋药物学、港口、海岸及近海工程、救助与打捞工程、船舶电子电气工程、海上交通工程、海洋生态学、渔业环境保护与治理	1. 具有博士学位或硕士学位，副高以上职称 2. 年龄在45周岁以下 3. 有较强研发能力和较高的专业技术水平
		海洋生物资源开发		
		海洋工程		
	海洋综合管理	海洋经济研究		
		海洋资源评估		
		海洋战略研究		
	海洋环境监测	检测分析		1. 具有副高以上职称或硕士以上学位 2. 年龄在45周岁以下 3. 有较强研发能力和较高的专业技术水平
		海洋生态		
交通运输	交通运输管理	公路养护管理	交通运输工程、汽车维修工程、机械维修及检测技术、电子商务、道路桥梁与渡河工程、土木工程、通信工程、自动化、机械电子工程、安全工程、国际经济与贸易、管理科学与工程、会计学、工商管理、物流管理与工程、英语、城市轨道交通、地下工程、车辆工程、电气工程	1. 具有副高以上职称或硕士以上学位 2. 年龄在45周岁以下 3. 有较强研发能力和较高的专业技术水平
		交通营运		
		物流网络建设		
		交通工程设计		
		民航管理		
	轨道交通	轨道交通管理		
	公路桥梁、隧道工程	项目管理		

续表

产业或行业	主要涉及领域	主要涉及岗位	专业要求	条件要求
交通运输	港口航道	港航建设管理	机械工程、电气工程、机械电子工程、港口航道与海岸工程、航海技术、水利水电工程	1. 具有副高以上职称或硕士以上学位 2. 年龄在45周岁以下 3. 港口机械工程人才具有较强的维修技能；航海技术人员具有二级引航员或海船甲类一等大副以上资格
		船舶引航		1. 具有硕士以上学位，或学士学位，中级以上职称 2. 年龄在40周岁以下 3. 港口机械工程人才具有较强的维修技能；航海技术人员具有三级引航员或海船甲类一等大副以上资格
				1. 具有正高职称，年龄在50周岁以下；具有副高职称或博士学位，年龄在45周岁以下；具有硕士学位，年龄在40周岁以下 2. 有较高的专业技术水平

产业或行业	主要涉及领域	主要涉及岗位	专业要求	条件要求
现代服务业	物流管理	集装箱管理、商贸流通、航运	物流管理、物流工程、机械工程、计算机科学与技术、交通运输工程、交通管理、船舶与海洋工程、电气工程、海事管理、港口航道与海岸工程、金融学、国际经济与贸易、管理科学与工程、海商法、信息工程、物联网工程、电子商务	1. 具有博士学位或硕士学位，副高以上职称 2. 年龄在45周岁以下 3. 有较高专业技术水平、外语水平和较强计算机应用能力
		物流网络建设、物流策划		
		物流信息化、物联网技术		
		供应链（含冷链）与物流采购		
		物流技术研发及应用		
	金融产品研发	金融市场咨询分析	经济学、金融学、财政学、会计学、统计学、数学、国际经济与贸易、法学、工商管理、保险学、公共管理、投资学、税收学、审计学、财务管理	1. 具有博士学位或硕士学位，副高以上职称 2. 年龄在45周岁以下 3. 取得相关执业资格证书，5年以上资本运作、投资银行等方面工作经验
		金融产品开发		
		证券投资与开发		
		保险、信托、基金、典当产品设计开发		
		互联网金融		
		国际经济与贸易		
	金融业务管理	IT项目管理		1. 具有副高以上职称或硕士以上学位 2. 年龄在45周岁以下 3. 取得相关执业资格证书，5年以上资本运作、投资银行等方面工作经验
		投资业务管理		
		证券交易		
		资金交易		
		外汇交易		
	金融风险控制	风险评估与管理		
		保险精算		
		核保核赔		
		财务监控、高级财务分析		
		体育赛事运营、活动策划、场馆经营		

续表

产业或行业	主要涉及领域	主要涉及岗位	专业要求	条件要求
现代服务业	旅游产业管理	旅游产业规划与策划	旅游管理、景区开发与管理、会展策划与管理、旅游服务与管理、酒店管理、历史文化旅游、休闲服务与管理	1. 具有博士学位或具有硕士学位，副高以上职称 2. 年龄在40周岁以下 3. 有较强研发能力和较高的专业技术水平
		旅游开发		1. 具有副高以上职称或硕士以上学位 2. 年龄在40周岁以下 3. 有较高的营销管理水平，3年以上相关工作经历
		旅游文化创意以及智慧旅游		
	质量检测、监督	食品药品检验检测	药学、中药学、生药学、中药鉴定与质量检测技术、药物分析学、药物制剂、药物化学、微生物与生化药学、药理学、分析化学、应用化学、生物工程、生物学、化学工程与技术、食品科学与工程、流行病学与卫生统计学、遗传学、生物信息学、临床医学、医学技术、生物医学工程、医疗电子工程、高分子材料与工程、医疗器械工程、电子测量技术与仪器	1. 具有博士学位 2. 年龄在40周岁以下 3. 有较强研发能力和较高的专业技术水平
	计量科研	食品药品审评认证与不良反应监测		1. 具有正高职称，年龄在50周岁以下；具有副高职称或博士学位，年龄在45周岁以下；具有硕士学位，年龄在40周岁以下 2. 有较高的专业技术水平

产业或行业	主要涉及领域	主要涉及岗位	专业要求	条件要求
现代服务业	计量科研	电子、电气检验与研究	电气工程、自动化、机电技术、电子测量技术与仪器、高电压与绝缘技术、电子信息工程、光电信息科学与工程、电子科学与技术、通信工程	1. 具有副高以上职称或博士学位 2. 年龄在40周岁以下 3. 有较强研发能力和较高的专业技术水平
		长度计量	精密仪器及机械	1. 具有博士学位或具有硕士学位，副高以上职称 2. 年龄在45周岁以下 3. 有较强研发能力和较高的专业技术水平
		电学计量	电气工程与自动化、电磁场与微波技术	
		流量计量	检测技术及应用、机械工程及其自动化、过程装备及控制工程	
航空产业	航空管理	航空无线电维修	飞行器制造工程、测控技术与仪器、自动化、电子信息工程、通信工程、计算机科学与技术、网络工程、电子科学与技术、生物医学工程、软件工程、土木工程、给水排水工程、环境工程、国际金融、投资学	1. 国内外大型航空领域企业、机构任职经历，熟悉国际金融等业务，有国内外航空制造、服务、金融等领域投融资运作经验，在行业内有一定的知名度和影响力 2. 金融、国际贸易、航空相关等专业全日制硕士研究生及以上学历 3. 有丰富的项目资源、成功的招商引资业绩和成果
		航空调度		
		航线管理		
	航空营销	航空战略规划		
		航空产业规划		
	航空制造	机型设计		

从表4-3自贸区产业岗位的紧缺人才目录和表4-4自贸区产业专业的紧缺人才目录可以看出，由于浙江自贸区位于舟山，不是一线城市，在人才竞争日趋激烈的形势下，很难招到人才，又由于城市的基础条件、商务设施、研发能力、专业服务、政府服务和开放程度相对偏弱，城市的区域位置、自身资源、承接载体、产业层次等引才条件与国内先进城市相比有一定差距，尤其是城市对周围地区的辐射和带动效应明显不足，自贸区很难留住人才。所以，当前自贸区急需大量人才，尤其是缺少高层次创新创业的 A、B 类人才的引领和支撑，如果人才工作不能持续创新创优，自贸区的建设就缺失了强有力的智力保障。

第五章

保税船用燃料油供应专业人才集聚研究①

随着我国实行全面深化改革，扩大对外开放政策的实施，自贸试验区成为对外开放的桥头堡。舟山自贸港区地处"长三角"核心区域，是"一带一路"的核心节点，对标国际先进港口，不断完善保税船用燃料油供应体系。保税油年供应量从 2014 年的 66.5 万吨快速增长至 2018 年的 359.3 万吨，占全国总量的 31%，位居全国港口首位，并首次跻身全球十大船供油港口行列。舟山已发展成为我国保税油供应体量最大、增速最快、竞争最活跃、通关效率最高、交易交割最集中的区域。

自贸试验区船供油行业的迅速发展，船供油企业集聚加快，央企总部逐个落户，牵引形成了产业链人才体系，舟山已经成为我国船供油经营人才集聚高地。但据现实情况而言，舟山自贸区与新加坡、中国香港等大型港口的企业规模、人才结构及薪资水平等还存在一定的差距。通过对舟山 29 家船供油企业和相关企业的 88 名员工问卷调研，对 15 家企业进行实地调研和召开座谈会，得到人才发展的第一手资料和数据，发现诸多亮点，同时也存在亟须解决的问题。

我们从《浙江自贸试验区保税船用燃料油供应行业人才发展报告》出发，对国际国内船供油行业人才进行对比，并从多角度分析舟山船供油行业的人才现状、存在问题及发展需求，从政策制定、人才培养等角度提出合理建议，为政府机构、行业协会、相关企业及从业人员发展提供参考。

---

① 课题负责人：李追阳。

第一节　船供油行业人才类型与内涵

一、船供油人才内涵界定

船供油行业人才需求广泛，从事油品炼化、采购、仓储、检测、物流、加注、销售、结算、管理及相关服务，都属于广义的船供油行业人才范畴。

二、船供油人才类型

船供油行业是一个综合性的服务行业，行业参与者众多，以上任何一个环节的行业参与者皆可作为行业人才来进行分类。根据船供油产业链的业务流程将人才分为六类，包括专业化管理人才（政府和企业）、研发生产人才、贸易采购人才、仓储物流与加注人才、市场销售人才和金融人才。

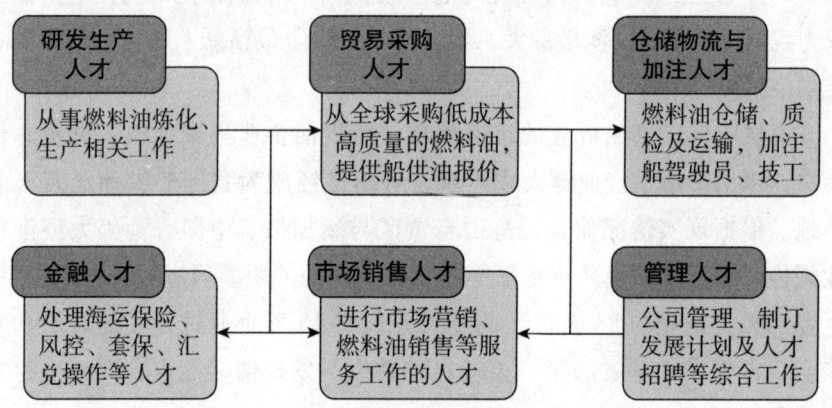

图 5-1　船供油行业人才界定与分类标准

数据来源：中国知网，公开资料整理。

第二节　船供油行业人才分布现状

一、国际与国内船供油人才现状及分布

全球船供油企业按照股东背景划分为众多类型，行业人才具有国际化和专

业化的特点，从招聘、薪资及福利政策等方面都具有完善体系。国内保税油市场属国家特许经营，目前拥有经营保税油业务资质的企业共有 14 家，包括国务院批准的 5 家和舟山市批准的 9 家，保税油市场份额也相对集中。

与国际大型港口的船供油人才相比，国内保税油行业人才具备一定规模，但从专业化、国际化及复合背景方面来看，还存在一定欠缺。主要是目前没有建立起针对这一行业专业人才的培养、招聘及培训体系。

新加坡港人才引进政策
- 1.成立国家猎头公司：建立平台聚拢人才和雇主，吸引国际人才到港工作、投资和生活
- 2.港区内推行自由港政策，企业税收优惠，船只采购货物免税，海事人员免税政策等
- 3.吸引年轻人才加入海洋职业，注重技能提升和知识培养，高校设立课程及鼓励出国深造
- 4.提供外籍专业人才免税，亲属安置，个人化就业许可证，放宽移居政策，完善医疗保障制度

广东大湾区人才政策
- 1.各个城市配合在粤港澳大湾区中的定位和主导产业制定差异化人才政策，如羊城人才计划
- 2.进行人才认定，给予人才所得税优惠，特殊人才奖励，个税补贴双十五优惠政策
- 3.专业资格"内地-港澳-国际"互认，重大项目人才配额，推进外籍人才出入境和定居便利化
- 4.落实人才市民待遇，解决高端人才子女入学、设立人才服务中心及知识产权法律服务机制

香港人才引进政策
- 1.香港人才引进重点专业：海运保险专才、造船师、轮机工程及船舶总管、国际法律专业人才
- 2.海运保险专才：加强香港国际航运中心地位，提供高增值航运服务，提升海运服务整体能力
- 3.造船与轮机人才：海运事业中，需要造船业务发展配合，并提供高增值船舶管理服务
- 4.国际法律人才：主要是基于海运服务中的国际争议、投资者与国家之间的争议进行仲裁

浙江自贸区人才政策
- 1.提升外商投资便利化，加强重点领域和专业的扶持，明确外籍人才引入、居留及服务政策
- 2.引育"高精尖"海洋创新人才和重点部门急需人才，吸引给予奖励、个税补贴及提升保障水平
- 3.推动科技成果转移转化，优化人事管理机制、人才审批和指导，加强服务平台建设
- 4.建立人才培训体系，强化校企合作及特色学院，开展技能人才评价和认定工作

图 5-2　各大自贸港区人才引进政策对比

数据来源：各政府网站，公开资料整理。

二、国内外船供油人才政策对比

对比发现，一是人才策略制定：舟山从人才发展多个角度去制定政策，考虑全面，新加坡、中国香港更多从实际出发，结合自身人才结构问题和经济发展情况来制定相应人才政策；二是人才政策实施：新加坡有明显优势，政府指导并结合市场，设立各种基金会和海事培训机构，从吸引人才到留住人才再到延长人才的职业生涯，新加坡都做得非常完备。相比新加坡，舟山和中国香港在此方面有明显不足；三是外来人才引进：由于新加坡和中国香港自身人口经济原因，比较注重吸引外来人才，这方面人才政策比较完备，例如税收、子女

入学、医疗等政策，舟山需要细化人才引进政策，借鉴像新加坡和中国香港的国际型港口经验。

表5-1　舟山、新加坡和中国香港在海事人才政策上的对比总结

	舟山	新加坡	中国香港
人才引进培养政策	大力引进海洋创新创业人才、专门人才、海外人才等	颁布"外来人才政策"，大力引进顶尖人才、专业人才和技术工人等	发布人才清单，引进重点专业人才，如海运保险专才、造船师、轮机工程师等
人才创新创业扶持政策	改革资源配置方式，强化金融支持，大力推动科技成果转化		
人才管理机制	利用市场机制开发人才，创新人才编制和薪酬管理，优化人才评价机制	政府政策与市场机制结合奖励和管理人才。人力部、经济发展局和教育部分工协调发挥作用	优秀人才入境计划采用"综合计分制"和"成就计分制"办法甄选
人才平台载体建设	加强海洋特色科教基地建设，建立人才管理改革试验区，如舟山海洋科学城，发展人才创业园区	国家猎头公司吸引和招聘全球人才；海事集群基金，提高员工相关技能；海事办公室提供便捷的海事职业和培训机会	"人才发展计划"是香港雇员再培训局推出的培训课程，为来港就业的人提供职业培训和技能培训
人才发展环境	加大人才激励力度，提升人才保障水平，建设人才服务平台	提供外籍专业人才免税，亲属安置，就业许可证，放宽移居政策，完善医疗保障制度	引进的优秀人才可以享受亲属安置等优惠政策

数据来源：公开资料整理。

第三节　浙江自贸区船供油行业人才发展现状

一、人才现状与发展需求

通过对舟山自贸区29家船供油及相关企业调研发现，目前舟山船供油企业主要性质包括国有、民营及合资企业，以民营企业为主，占比达到62.1%，国有企业规模较大，包括央企总部落户。由于发展时间尚短、企业性质等因素，公司人员规模相比国际港口和企业偏小。

油品全产业链投资便利化和贸易自由化是建设中国（浙江）自由贸易试验区的核心，是浙江自贸试验区承接国家战略，增强国际制度性话语权的重要探索路径。从船供油企业调研数据发现，企业对于船供油行业未来发展前景普遍表现乐观，认为发展的核心要素是成熟完整的产业链。随着我国保税油供应全行业企业在舟山集聚，船供油行业人才也逐渐集聚舟山。人才发展需求也围绕船供油全产业链展开，包括专业管理人才、研发与生产人才、销售人才及金融相关人才。

二、目前存在的问题

舟山自贸试验区成立以来，油品全产业链和国际海事服务体系逐渐形成，船供油产业链人才集聚基本成型，在国内具有一定的竞争力，但与国际先进自贸港口比较，差距依然很大。主要表现为人才招引难、培养通道不完善、复合型及国际型人才缺乏等，导致行业发展的速度和规模受到一定影响。舟山船供油企业的专业人才相对匮乏，主要原因包括人才引进政策、人才培养及发展规划、地域劣势限制等方面。

调研发现一个"三低"特征，主要是非省内员工、复合型人才及985/211高校毕业人才占比偏低。同样，船供油人才还呈现出"三高"特征，主要是无高校合作的企业、无业务培训的企业及无专业证书的人才比例相对偏高。

调研数据发现，生活环境、工作环境、住房条件、子女教育及医疗保障等问题也对人才吸引产生一定的影响，尤其是子女就学、医疗方面。此外，随着舟山保税船供油加注服务的快速提升，加注服务人才捉襟见肘，尤其是船供油的船员缺乏，成为制约船供油服务快速发展的短板。

第四节　加快浙江自贸区船供油人才集聚的对策建议

2018 年是浙江自贸试验区保税船用燃料油行业蓬勃发展的一年，这一年浙江自贸试验区实现了燃料油供应的快速增长，不仅成为全国最大的船供油港，而且首次跻身全球前十大船供油港口行列。

随着油品全产业链的快速完善，保税船供燃料油基地的成型及国际海事服务的逐步推进，船供油及上下游经营人才聚落基本形成，舟山港在国内已经具备较强吸引力，在国际上也有一定影响，但与新加坡这一标杆相比，差距依然巨大。

此次调研立足于国际大型先进贸易港区的人才分析，通过对比国内船供油行业发展、人才集聚等特征，发现国内外在人才结构、薪资体系及培训晋升通道上还存在较大的差异，这是我们需要认清，并且积极补足的地方。

通过对舟山自贸试验区船供油相关企业调研数据发现，自贸试验区建设两年多以来，随着油品全产业链和国际海事服务体系的逐步形成，目前，人才集聚的成果丰硕，但同样存在诸多问题。诉求主要来自薪酬体系、生活环境、子女教育及医疗保障等方面。

舟山作为浙江改革先行区、国家"一带一路"桥头堡，对于人才的吸引要不拘一格，要从吸引机构落户来集聚专业人才，制定完善特色化人才政策及有效创新工作机制方面下功夫，真正推动人才改革的实施，为船供油行业发展带来更大的推动力，早日实现舟山国际化自贸港区的目标。

一、大力吸引机构聚集专业人才

（一）招引中央、国企等高质量企业

招引大型央企、国企及分支机构等落户浙江自贸区，不仅对于完善油品产业链、加强船舶服务与港口综合业务有重要作用，并且在吸引国际化、复合型人才方面有重要意义。

一方面，行业高质量企业的入驻，尤其是 2018 年引进中石化全球船供油中心及中石化长江燃料油全球船供油总部落户，自带行业优质资源，包括行业高端人才，对于完善舟山油品全产业链，打造综合服务能力非常重要。另一方面，船供油行业高质量企业对于船供油行业的人才非常有吸引力，尤其是对于挖掘全球专业型、复合型人才意义重大，也能增加人才的流动性。

（二）引进检测、计量等高水平机构

质量检测、计量等企业都属于专业性较强、人才质量要求相对较高的行业。引入这些企业对于监控油品质量、解决服务争端等问题非常重要，也对提升舟山港的海事服务水平和加注体验具有重要意义，能够更快地让舟山进阶为国际型港口。

舟山港具备天然的停泊和加注优势，随着船供油加注和服务进一步深入，需要引进检测和计量等高水平机构，不断提高自身的专业化水平和完善各项保障、服务环节。

在保税燃料油的采购过程中，对于油品质量的检测和监控至关重要，采购人员的专业程度对于质量把控异常关键。在加注过程中，燃料油常出现质量、油量争议等情况，影响港口运转效率。因此需要引入计量机构和质量检测机构，提高第三方检验公司在供油过程中的参与度，加强港口服务质量和争议解决，提升服务水平。

（三）发展市场化代理服务主体

通过政府的引导作用，引进一批海事服务企业，如船舶代理服务、代理金融服务等类型企业，在加注燃料油的基础上，不断丰富舟山的海事服务范围和提升服务能力。

发挥市场化机制，加强代理服务机构交流，提升专业化水平和人才培养。在船舶代理服务方面，舟山相比新加坡的国际船舶代理在规范性上有所欠缺，并未按国际航运常用的到港时间通知方式，造成船舶到港、加注等一系列调度受到影响，进而影响锚地运转效率。因此，需要发挥市场化机制，加强代理服务机构的业务培训和与国际代理公司的交流，提升本地船舶代理企业的专业化操作水平，从而培养出一批专业化的代理服务公司和专业型人才。

吸引一批具备实力的专业型金融代理服务公司，加强人才培养和服务体系建设。在代理金融服务方面，海运保险、报关通关及退税等金融服务机构的专业性仍需加强，企业和人才规模也需要快速提升。因此，需要引进具备一定实力的专业型的金融代理服务公司，同时加强对于专业人才的吸引和培训工作，建立港口的配套服务工作。

（四）建设船员评估中心

船型类别的技术区分度比较大，工作相对辛苦，薪资待遇的性价比相对较低，流动性大，因此需要针对船员这一群体制定出更多的针对性政策，比如建立船员评估中心，评估中心包括船员招聘、培训、资质证书及等级评估，薪资和社保等福利保障。

（1）针对不同船员技术区分度大的问题，应该进行船员的技术评估。针对不同船型的开船证书、技术等级等方面进行专业评估与分类，并给予一定的待遇指导，提升船员的待遇和福利水平。

（2）将评估中心作为加注船专业人员与企业的服务平台。包括船员招聘、业务培训等，不断提升专业化水平，更好地进行加注服务。此外，针对船员、水手、技工等加注行业的专业人才要进行一系列保障措施，比如薪资和社保等方面福利的保障。

二、制定完善的特色化人才政策

（一）制定国际化人才引进培养政策

针对目前国内船供油人才培养专业化程度不足，复合人才与国际化人才缺乏的实际情况，建议制定国际化人才引进培养政策。

（1）人才开发培养：建立政校企合作，探索人才定向培养引进机制。舟山高等院校的学科设置也基本覆盖了相关专业，建议相关部门牵头，保税油经营企业配合，与浙大海洋学院、浙江海洋大学等高等院校建立"校企合作"，如浙大海洋学院开设能源化工专业、浙江海洋大学优化油气储运专业课程等定向或倾向性培养相关专业生源，加大人才本地供给能力。

从长期看，要集中资源做大浙江海洋大学石化学院，迁入浙江大学化工学院，引进中国石油大学舟山校区，形成全产业链人才培养体系。

（2）人才招聘：建议在每年3月和7月的高校毕业季组织高校专场招聘会，每年定期举办面向全球专业人才的专场社会招聘。组织保税油经营企业集体赴高校或人才集中地召开专场招聘会，加快引进保税油经营高层次及基础人才。同时积极探索"国际石油合作型"高级专门人才培养新模式，为产业链企业提供贴合需求的人才支撑。

（3）人才提升：建立健全人才培训体系。不仅要完成"引才"，更要注重"用才"。通过政府或协会资源引导，聘请行业专家、人力资源专家等对行业船供油人才进行定期的专业技能、综合能力培训，可以通过理论知识或操作技能进行授课，颁发结业证书并进行相关认证。

（二）建立专业化人才评价认定办法

（1）建立专业人才评定标准，学历、职称等互通互认。针对专业人才缺乏这一实际情况，尤其是驳船公司专业化人才体系评价、认定方面，建议相关部门牵头，对参与船供油行业的实务型人才专门拟定认定标准，对专业人才的学历学位、技术职称及相关专业技能进行评定，并实现互通互认，能够享受现有人才政策。

（2）建立高端专业化管理人才的个性化认定标准。随着一大批央企、国企落户舟山，高级管理型人才对于舟山船供油行业的发展和人才培养至关重要。政府需要进行相应研究，制定个性化的评定标准。油品经营人才收入普遍较高，中高层基本达到45%的个税征收门槛，尽管集聚区管委会在招引此类企业时明确了有5名高管可以享受80%地方留成部分返还的政策，但与新加坡和我国粤港澳在湾区的优惠政策相比还存在一定差距。同时还应在购房补贴、子女就学等方面出台优惠政策，吸引保税油经营管理人才集聚。

（3）加强政府部门相应的专业化管理人才引进和培养。船供油行业对于舟山的重要性不言而喻，因此，政府需要建立一支专业化的管理团队，对于舟山船供油行业发展和人才库引进及培养意义重大。

（三）研究针对性人才奖励激励机制

在舟山自贸区的油品全产业链发展过程中，需要全产业链大量的专业化人才，不同岗位的人才需求、专业性和稀缺性有差异，需要对此进行研究，并给予针对性人才的激励机制。包括人才薪酬体系建设、优化人才薪酬结构、专项人才激励。

（1）建立专项人才激励政策，提升人才保障措施。在人才厚度和深度上开展系统摸底，为出台船供油人才专项政策提供依据。根据行业人才的稀缺性和贡献程度，需要建设专项人才激励政策，如大型央企的高管人才，对于行业发展和专业人才队伍的建设意义重大，需要给予一定的专项激励。再如供油船船员，其工作环境差、薪资待遇一般及专业性强，对此需要评估与提升薪资待遇和保障措施等。由市人才办设立保税燃料油企业人才专项资金池，专项用于人才个人所得税奖励，对于初创期5年内企业的所有人员个人所得税给予100%扶持，5年以上企业给予50%的人员80%的扶持，扶持期限暂定5年。

此外，制定国际化人才的人才激励政策，如个税奖励、子女教育和医疗保障等，对于吸引国际型人才非常重要。

（2）根据此前针对人才评定标准，加强船供油人才薪酬体系建设。根据自身情况、不同人才类型和重要性等因素，进行人才薪酬体系建设。先要缩小与国际港口和企业的薪资水平差异，然后达到国际化薪酬水平，这对高端人才吸引具有相当大的吸引力。尤其是对于海外及国际型人才，更是要做到薪酬同等优价。

（3）根据行业发展和人才类型差异，不断优化人才薪酬结构。随着船供油行业不断发展，需要学习大型港口的先进经验，根据学历学位、专业水平、工作年限等方面进行人才薪酬体系框架的搭建，此外，还要根据不同人才的个性化需求不断优化。

（四）完善个性化人才服务保障体系

调研发现，船供油行业人才的诉求有差异，就需要我们从人才本身的诉求出发，对于人才的吸引要不拘一格，需要加大针对人才进行定制化或个性化的政策支持。比如单身的人可能对于薪资水平有一定要求；成家的人员可能对于住房、家属就业等有需求；有孩子的人可能对于子女教育方面有需求；外省人员就对交通出行的便利化程度有较高需求；国际型人才对出入境和生活环境有很大需求。

根据专业人才的差异性需求，完善个性化人才服务保障体系。舟山市委组织部、人才办先后出台了《关于实施人才发展新政策打造海洋经济人才新高地的意见》《浙江舟山群岛新区人才住房保障办法》等人才政策，从住房、医疗、职称评审、家属就业、子女就学、社会保障等多方面，为船供油经营人才工作生活提供了极大便利。未来仍需要不断完善个性化人才服务保障体系，以吸引更多的人才来舟山工作和生活，真正达到人才的集聚。

此外，可以依据企业情况，考虑取消人才住房补贴中的企业补贴硬性规定，减轻企业负担，让企业的人才招聘更具积极性。

（五）加快推进外籍船员引进政策

舟山定位全球海运服务中心，对于外籍船员的需求必不可少，借鉴新加坡港经验，目前对于引进外籍船员应从以下几方面入手：

（1）政府牵头，联合相关企业协会等，建立人才平台和服务中心宣传舟山的定位和优势，向全球招揽优秀的专业化人才。

（2）大力引进外资企业入驻，能够吸引一批外籍船员，首先在薪资待遇上要有一定的竞争力，加大外籍人士的税收优惠。

（3）放宽外籍专业人才的定居政策。应当给予一定的购房/租房补贴、婚育计划，子女教育及医疗体系等配套服务。

三、有效创新工作机制

（一）构建组团式人才作用发挥机制

（1）建立相应油品经营圈子吸引人才。油品经营圈子在国际上也是比较封闭和紧密的关系圈，在交易中往往依赖人际关系和熟客介绍。组建专业化行政管理人才团队，遴选集聚区管委会、港航和口岸管理局、金融办以及高校、银行等单位一批懂专业、会管理、善实操的专家人才，利用圈子吸引专业化人才来区就业。

（2）利用好舟山保税燃料行业协会平台留住人才。依托舟山保税燃料行业协会力量组织舟山油品全产业链人才进行沙龙联谊、培训拓展、房产团购等活动，一方面提升外地人才对舟山的认可度，另一方面促进人才行业内交流，构筑油品圈人才小环境。

（二）构建常态化重点城市交流机制

（1）建立常态化交流机制，学习国内外大型港口城市的先进政策，不断优化舟山引才政策。建议政府要组建一支政策制定、专业化管理的团队，与国内外先进的港口城市建立交流通道，以参访、培训等方式进行学习交流，制定和完善符合舟山模式的创新人才政策。

（2）充分利用政府优势，加强企业间的交流合作。建议以政府或协会牵头，组织舟山燃料油协会的相关企业，以考察团的形式去往国内外相关大型港口城市进行学习交流、参观访问等，促成双方相关企业之间的合作交流关系，不断学习海事服务及综合服务、人才引进和培养机制等经验。

（三）构建常态化引才工作机制

（1）建立综合宣传机制，加大人才政策等宣传推介，如召开人才政策宣讲会。目前，舟山的很多政策都非常具有吸引力，但很多往往效果不佳，主要是宣传工作不到位，相应地专业化人才并没有对引才政策有充分了解。需要相关部门建立常态化的宣传机制，包括城市发展、优势产业、居住环境及人才政策等，打造舟山名片。

（2）搭建省部属各单位在内的人才工作者平台。加强企业、高校和政府部门的交流，不仅能够定期掌握企业人才需求、高校人才类型和求职需求，还能定期组织企业和高校之间的人才招聘对接，彻底打通人才求职和需求的双向通道。

（3）搭建保税油行业人才交流沟通平台。保税油圈子比较封闭和紧密，需要建立人才沟通平台，便于舟山产业链上的不同企业之间进行交流，加强全产业链的紧密合作关系。另外加强企业对外交流，包括向国内和国际同行进行交流学习，不断提升舟山保税油的质量和服务水平。

第四篇

新领域探索

第六章

数字自贸区[①]

新一代信息技术在经济社会领域的渗透日益深入，未来经济发展的技术延展性不断增强，商业、产业、企业活动的边界不断拓展。根植于新技术群落的全新经济系统——数字经济，跃上历史舞台。全球经济数字化转型已经成为一个大趋势。随着云计算、大数据、物联网、人工智能、下一代移动网络技术的逐步成熟和应用，以数据的深度挖掘和融合应用为主要特征的智慧化，将成为未来数字化的主要标志。

大力实施大数据战略、加快数字经济发展已经成为各国的广泛共识。党中央、国务院高度重视数字经济发展。习近平主席指出，我们要主动适应数字化变革，培育经济增长新动力，积极推动结构性改革，促进数字经济同实体经济融合发展。党的十九大对建设网络强国、数字中国、智慧社会作出了战略部署。发展数字经济，加快推动数字产业化，依靠信息技术创新驱动，不断催生新产业新业态新模式，用新动能推动新发展。2019 年政府工作报告提出，深化大数据、人工智能等研发应用，培育新一代信息技术等产业集群，壮大数字经济。数字经济基于新一代信息技术，孕育全新的商业模式和经济范式，不仅是对原有经济体系的补充和融合，更是从底层进行深刻变革，重塑全球经济图景。

中国（浙江）自由贸易试验区是中国唯一由陆域和海域组成的自由贸易试验区，中国立足环太平洋经济圈的前沿地区以及与"一带一路"沿线国家建立合作的重要窗口，肩负推动以油品全产业链为核心的大宗商品投资便利化、贸易自由化和提升中国大宗商品全球配置能力的使命。数字经济对浙江自贸试验区实现创新增长、推动高质量发展具有重要意义，也是"在更广领域、更大范围形成各具特色、各有侧重的自贸区试点格局，推动全面深化改革扩大开放"的要求。浙江自贸区利用"数字浙江"建设形成的先发优势，率先提出打造数字自贸区，既符合数字经济发展大势，又能助力完成自身提档升级。

[①] 课题负责人：易传剑。

第一节　数字自贸区研究背景

一、数字经济及其发展趋势

数字经济是以信息和知识的数字化为关键生产要素、以现代信息网络为重要载体、以有效利用信息通信技术来提升效率和优化经济结构的一系列经济活动。① 数字技术创新是核心驱动，通过数字技术与实体经济的深度融合，重构经济发展范式，转变政府治理模式。

数字经济包括数字产业化与产业数字化两大部分。数字产业化主要集中在信息的生产与使用环节，涉及信息技术创新、信息产品与信息服务的生产与供给，主要包括"互联网+产业"、大数据产业和人工智能产业，还包括基于互联网平台的信息技术服务新业态、新模式。产业数字化主要集中在传统产业部门对信息技术的应用环节，数字化投入为传统产业部门带来了生产数量和生产效率的提升。工业、商贸业、服务业和金融业中数字经济与实体经济融合的表现为工业互联网、智慧供应链、共享经济和金融科技。

数字经济具有平台支撑、数据驱动、普惠共享三大特征。数字经济发展呈现出规模大、增速快、动力强、结构优的整体特征。互联网、大数据、人工智能与实体经济融合程度不断加速，新模式新业态层出不穷。赛迪智库的研究表明，全球正经历一场更大范围、更深层次的科技革命，新一代信息技术创新应用正引领新一轮产业变革，工业互联网、能源互联网、智能制造等新模式不断孕育，共享经济、平台经济等新业态加速兴起。在产业数字化和数字产业化建设方面，数据要素包括数据、算法、算力成为核心生产力；数字经济与实体经济融合发展成为新常态；多元共治成为治理模式新转型；智能技术群落成为关键推动力。

数字经济的高级阶段是智能经济，智能经济是使用"数据+算法+算力"的决策机制去应对不确定性的一种经济形态。产品、个体、组织、产业、世界都将完成微粒化的解构和智能化的重组。人工智能、云计算、大数据、物联网、区块链、5G 等新一代信息技术基础设施，正在形成新的社会经济运行操作系统。② 以 5G、物联网、人工智能、数字孪生、云计算、边缘计算等技术为代表

---

① 见 2016 年 9 月杭州 G20 领导人峰会《二十国集团数字经济发展与合作倡议》。

② 从"互联网+"到"智能+"——智能技术群落的聚变与赋能，阿里研究院，2019。

的智能技术群落迅速成熟，从万物互联到万物智能、从连接到赋能的"智能+"浪潮即将开启。

二、数字自贸区的概念内涵

2016年3月，阿里巴巴集团董事局主席马云提出了世界电子贸易平台（Electronic World Trade Platform，eWTP）倡议，呼吁顺应数字经济发展潮流，帮助中小微企业发展，降低贸易投资壁垒，孵化贸易新规则。世界电子贸易平台是数字自贸区的最初底稿和初始形态。

数字自贸区是一个庞大系统，内容丰富，其中关键内容是贯彻落实供给侧结构性改革要求，依托数字经济所产生的强大动力，以元创新放大存量资源，优化增量资源，实现以新产业、新业态、新商业模式为代表的新经济跨越发展。① 第一，经济发展的主要动力从要素积累转为创新导向，经济发展的核心驱动力来自研发和创新，而不是传统的资本和要素投入。第二，依靠"互联网+"等现代信息技术突破经济发展的地域和空间界限，使生产和消费在更大范围内交会流通，更多更大地释放经济动力，产品和服务面对的市场空前扩大，使服务业获得进一步集聚的充分可能。第三，以创新和现代技术为基本支撑力的经济发展减少了对土地、能源、原材料的需求，城市群内的分工深化，更细更实的分工体系促使经济活力在全域融汇，地域之间的经济协同更加便利，进一步挖掘了经济潜力，促使区域经济容纳量得到大幅度提升。数字经济具有强大的辐射力和带动作用，不但能满足新经济发展条件，而且能发挥新经济不同形态之间协同联络的作用，形成发展合力，促进创新经济发展。

数字自贸区是基于数据开放共享常态化，用数字化手段赋能自贸区产业转型升级，加快数字产业培育，提升政府治理能力的数字化水平，推动自贸区经济高质量发展，实现质量变革、效率提升和动力转换。数字自贸区是以信息和知识的数字化为关键生产要素、以现代信息网络为重要载体、以有效利用信息通信技术来提升效率、优化经济结构和营造更加高效便利营商环境的新模式。数字自贸区的核心在于数字技术创新，重点在于数字技术与实体经济的深度融合，关键点在于政府监管与服务模式的数字化转型。

浙江数字自贸区主要包含了产业数字化、数字产业化和智慧监管决策三个部分，产业数字化包括数字化对油气全产业链、国际海事服务业和金融业的改造提升，具体表现为油气产业工业互联网、数字石化、智慧海事供应链和智慧

---

① 山东财经大学，大思潮公众号。

金融等；数字产业化包括数据的生产、使用和协同，具体表现为海洋大数据、智慧海洋和数字贸易等；智慧监管决策包括通关、贸易监管、智慧政务，具体表现为移动办公办事、数字口岸、国际贸易单一窗口数字平台等。

三、建设浙江数字自贸区的重大意义

数字经济作为一种新业态，是推动经济高质量发展，实现质量变革、效率提升、动力转换的内生因子，也是全球新一轮产业竞争的制高点和促进实体经济振兴、加快经济结构转型升级的新动能。发展数字经济，是紧跟时代步伐顺应历史规律的发展要求，是着眼全球提升自贸试验区国际综合竞争力的客观要求，是推动新旧动能接续转换的内在要求。

1. 推动经济发展质量变革——数字经济是赋能自贸试验区高质量发展的重要途径

数字经济是融合性经济，赋能效应明显，正成为推动经济发展质量变革、效率变革、动力变革的重要驱动力，以数据流动的自动化、化解复杂系统的不确定性，实现资源优化配置，支撑经济高质量发展的经济新形态。发展数字经济是推动经济结构优化升级的重要内容。数字经济的快速发展，能够通过信息技术与传统产业的深度融合，促使传统产业转型升级。同时为油品全产业链、航空制造等机会产业奠定发展基础。在智能技术与智能设备不断革新的基础上，以物联网、云计算和大数据为技术手段的工业互联网的快速发展，不仅能显著提升资源的利用效率，更能够促进制造业产业链各个环节的高度融合，形成新的数据变现模式，从而推动实现产业结构的转型升级。

高起点建设数字自贸区，将带动数字基础设施完善和人才集聚，为大宗商品贸易、保税燃料油供应、海洋旅游、国际海事服务等传统优势产业带来新的增长动力，进而提升浙江自贸区的全球资源配置能力，完成自身的提档升级与高质量发展。

2. 推动经济发展动力转换——数字自贸区是数字浙江的先发阵容

数字经济代表着新的技术范式，动力变革的关键是改造提升传统产业和培育发展新兴产业，形成发展新动能。2017年，浙江省第十四次党代会明确提出打造数据强省、云上浙江的发展任务，聚焦人工智能、数字创意等重量级未来产业发展。浙江自贸区作为全省改革创新、先行先试的最前线，理应在数字化建设中充分发挥自身优势，形成线上线下融合、数据驱动、平台支撑、高效协同的自贸区数字经济生态系统；同时紧抓国家新一轮高水平开放机遇窗口，撬动国际、国内两个市场，对接长三角一体化发展。探索数据开放共享常态化、

产业和贸易数字化、监管智慧化，牢牢占据数字浙江建设的"首发阵地"。

数字经济已经成为新时代推动自贸试验区经济发展的新动能，数字经济体成为转变发展方式、优化经济结构、转换增长动力的新引擎。经济发展的主要动力从要素积累转为创新导向，经济发展的核心驱动力来自研发和创新，而不是传统的资本和要素投入。用数字思维和数字逻辑来认识自贸试验区建设，通过数字化赋能，深度融合线上线下资源，打通供给需求瓶颈，在产业数字化和监管数字化上重点发力，加快形成数字化优势。

3. 推动经济发展效率提升——数字自贸区是探索贸易新规则的重要发源地

网络化、平台化、生态化的产业组织方式将成为加快管理创新的重要方向。深化产业专业化分工，提升企业间生产协同水平，实现供需精准匹配。新一代信息技术与经济各领域加速融合渗透，有助于加快油气全产业链的数字化、网络化、智能化步伐，构建协同化、定制化、柔性化、绿色化的新型产业体系，提升产业运行整体效率。从交易效率看，泛在、及时、准确的数据和信息交互大幅降低了交易成本，使得交易半径扩大和交易过程更具效率。数字经济具有不受物理空间限制的典型特点，有利于促进浙江自贸区扩大开放，推动全要素的流动，并与"一带一路"倡议结合起来，推进数字贸易规则建立。

利用数字技术赋能自贸区产业转型和监管升级，可以快速推进数字自贸区建设，并逐步探索整体数字化转型路径，有力贯彻国家数字经济战略，使浙江自贸试验区经济发展获得更大腹地，将形成数字自贸区建设的"浙江经验"。加强数字贸易隐私保护、安全威胁等规则的国际交流与合作，争取参与制定新型国际数字贸易规则，引领全国自贸区数字化转型。

四、浙江数字自贸区的建设基础

1. 区位优势明显，多重国家战略叠加

浙江自贸区位于"21世纪海上丝绸之路"和长江经济带、长三角协同发展三大国家战略的重要支点上，数字经济成为推动国家战略落实的重要抓手。浙江自贸区肩负推动以油品为核心的大宗商品投资便利化、贸易自由化和提升中国大宗商品全球配置能力的使命。众多国家级载体平台，为浙江数字自贸区发展提供了人才、政策、信息、资金等创新要素集聚的实体场所。

2. 海洋大数据特色优势明显

海洋特色数据基础较好，浙江自贸区船舶、渔业、海洋、港航等涉海数据资源丰富，具备产业发展的数据基础，海洋大数据产业是发展蓝色数字经济的重要支撑。保税燃料油加注规模居全国沿海港口首位，渔业发达、水产品加工先进、海洋装备制造业基础雄厚、港航物流发展迅速。在"智慧海洋工程"引领下海洋电子信息产值突破40亿元，海洋药物和生物制品、海洋新能源等新兴产业蓬勃兴起，智慧海洋建设引领全国。

3. 产业数字化潜力巨大

多重国家战略叠加，吸引了绿色石化基地、波音飞机项目、中澳现代产业园等国家级重大项目落地，为浙江自贸区产业数字化提供了坚实支撑。油气全产业链发展迅速，信息化程度得到极大提升。大力实施"中国制造2025舟山行动纲要"，联动推进"数字化+""互联网+""智能化+"行动，重点行业内骨干企业实施智能化技术改造覆盖面达到70%以上，骨干企业装备数控化率达到50%。引进了中船工业、中船重工等一批电子信息央企。

4. 数字化助力自贸区建设成效显现

浙江自贸区引领"最多跑一次"改革，成为全国首个船舶进出境无纸化通关口岸，并利用"数据共享百日攻坚行动"，实现了各部门数据信息的共联共享，数字化建设成效初显。国际贸易"单一窗口"，已把通关时间压缩80%以上。舟山江海联运数字服务平台、保税油供应信息平台初步建成。

同时，浙江数字自贸区建设发展中还存在不少突出问题。腾讯研究院的研究表明：2018年"互联网+"指数舟山位居全国351个城市第200位。① 浙江数字自贸区在数字基础设施、专业人才培养、应用场景扩展、政务服务等方面仍存在较大短板。一是数字基础设施滞后，融合发展能力有待增强。数字化基础设施部署缓慢，工业互联网发展乏力，数字技术与油气产业深度融合亟须加强。引领自贸区发展的标志性数字产业项目几乎没有，数字服务应用企业、数字经济制造业数量少。二是数据资源利用率低，应用场景不足。在舟山港综合保税区、江海联运公共信息平台等载体平台集聚了一批工业企业经济指标、出口交货数量及种类、港航资源、船期跟踪、船员服务、船货交易、旅游信息等数据，但缺乏对大数据的深入系统分析和市场化应用。新一代信息技术与舟山船舶修造、现代渔业、海洋旅游、港航物流等传统优势产业缺乏融合应用。三是政务数字化水平低，治理能力和治理水平有待提高。政府监管体系不适应新业态发展，市场准入缺失与门槛过高。对照国际上自由贸易港，数字化的投资、贸易便利程度不够。四是发展氛围不浓、人才支撑不足，集聚效应不强。浙江数字自贸区总体氛围不浓，城市发展能级、科研力量、产业平台的支撑力明显不足，物联网、云计算、人工智能、区块链的专业人才不足。数字经济发展的高端人

---

① 腾讯研究院，中国互联网+指数报告，2018。

才和复合型人才结构性短缺。

第二节　数字自贸区总体要求

一、指导思想

全面贯彻落实党的十九大精神，以习近平新时代中国特色社会主义思想为指导，牢牢把握国家赋予自贸试验区更大改革自主权的历史机遇，紧紧围绕大宗商品贸易自由化，构建投资贸易便利、高端产业集聚、法治环境规范、金融服务完善、监管高效便捷、辐射带动作用突出的自由贸易港区先行区。以"最多跑一次"改革为牵引，以"产业数字化、数字产业和智慧监管决策"为主线，聚焦聚力油气全产业链高质量竞争力现代化，助力自贸区产业转型升级，加快数字产业培育，提升政府治理能力的数字化水平，推动自贸区经济高质量发展，构建线上线下融合、数据驱动、平台支撑、高效协同的自贸区数字经济体系。

二、发展定位

着眼全球自由贸易港发展趋势，把握当今数字经济时代发展特征，全面建成通关监管体制机制创新引领区、数字经济特殊功能区、油气产业数字化转型示范区、新型数字贸易先导区，形成四区融合、特色鲜明、国际一流、可防可控的自贸区数字生态新格局、新优势。

通关监管体制机制创新引领区。以最多跑一次改革为牵引，加快涉海、涉船、涉港数据共享，打通货物通关、支付结算、贸易监管、政务服务等功能，促进投资贸易便利化，形成全国领先的单一窗口和数字口岸综合平台。

数字经济特殊功能区。对标国际先进，发展自贸区国际服务外包，建设离岸数据中心、离岸呼叫中心，探索打造数字离岛特区。发展高水平国际海事服务，探索离岸金融新路径，成为国家对外开放的压力测试区和风险缓冲区。

油气产业数字化转型示范区。推动互联网、大数据、人工智能和油气全产业链深度融合，聚焦聚力油气全产业链高质量发展，推动体系重构、流程再造，形成世界级数字油气产业集群，成为全国特色产业数字化转型的示范区。

新型数字贸易先导区。推进跨境电商、世界电子贸易平台（eWTP）、服务贸易、智慧物流新模式发展，完善开放格局，凸显自贸试验区的开放引领作用，打造"海上数字丝绸之路"战略门户。

三、建设目标

第一阶段，到2020年，数字自贸区进入创新突破期。全面建成移动办公办事，实现数字技术与油气产业链全面融合，通关服务便捷化水平显著提高，政府监管决策智能化程度明显深化。在海洋大数据的中心建设、数字贸易、智能制造、智慧监管四大领域形成一批可复制、可推广的改革创新成果，形成数字自贸区建设的"浙江经验"。

产业数字化方面，油气产业工业互联网、数字石化、智慧海事供应链和智慧金融等取得创新突破，基本完成数字化改造，形成一批重要成果。数字产业化方面，海洋大数据的数据资源开发利用水平全国领先，新型数字贸易引领全球电子商务核心功能。通关体制机制方面，初步建立具有国际先进水平的通关、贸易监管、智慧政务体系，移动办公办事、数字口岸、国际贸易单一窗口数字平台等基本建成。

第二阶段，再经过5年的努力，数字自贸区进入成熟发展期，基本建成"全域覆盖、产业互联、通关便利、智慧监管"的数字自贸区。数字经济综合发展水平位居国内自贸区前列，智慧海洋建设全球领先，数字油气全产业链产业竞争力全球领先，成为世界级"数字湾区"的先发引领区。数字离岛特区建设有重大突破，离岸数据中心、离岸呼叫中心基本建成。

第三节　数字自贸区建设重点

一、数字化助力自贸区产业高质量发展

浙江自贸区可以充分利用自身产业基础，积极推动产业与新一代信息技术、数字技术的深度融合，实现产业高端化、智能化、数字化转型。

1. 推动油气产业数字化转型，打造世界级数字油气产业集群

推进数字石化基地建设。推动5G、物联网、人工智能、数字孪生等智能技术群和油气全产业链深度融合，打造油气产业链工业互联网平台。加快油气工业互联网平台建设，实施油品产业链"企业上云"行动，推进云计算广泛覆盖，推广设备联网上云、数据集成上云等深度用云，推广油品全产业链工业互联网应用，推动油品企业数字化转型。促进基于油气数据的跨区域、分布式生产、运营，提升油气全产业链资源要素配置效率，满足绿色石化基地日常管理、规划

建设、企业服务、应急指挥等需要，加快基地综合管理平台建设，推动部门数据兼容共享，建成区域性油气工业互联网平台集群，共建世界级油气产业集群。

打造大宗商品（油品）数字化交易中心。组建数字化规划项目组，牵头推进顶层设计，推进数字化交易平台建设；利用互联网等现代信息技术，全方位整合生产端、消费端和码头、管网、油罐、油库、运输等油品全产业链数据资源，推进交易信息互通互联，促进交易要素优化配置。高标准布局数字化交易系统，在实施国际油品交易中心各阶段的过程中，将成熟的交易体系、清算体系、服务体系作全面数字化升级。依托大数据、云计算、物联网等现代信息技术推进科技创新，打造集交易所模块、清算模块、资产存托模块、分级会员前中后台模块、监管模块等于一体的智能化、数字化交易生态系统。整合挂牌交易、场外现货撮合、中远期撮合交易、订单通交易等现有交易模式及产品，建立合规交易规则体系；探索中远期撮合交易，保税燃料油、混合橡胶订单通交易模式，实现油品交易模式创新的落地；运用信息技术完善数字化交易所交易模块功能，配套推进手机 App、网站、展示交互等建设，逐步实现交易系统的移动终端运用。高水平建设油品全产业链数据库，在大数据基础上建立油品价格发布机制，形成（舟山）油品价格指数。

协同构建智慧储运、智慧安防体系。加快码头、管网、油罐、地下油库、锚地、物流基地等物流基础设施的数字化改造，构建智慧储运的网络体系。运用大数据、云计算、物联网、移动区块链等技术提升油气储运智能水平，打通产—供—储—运—销整个智慧供应链。打造环境监测监控网络，建立基地安全监管平台，搭建应急消防管理体系，完成智慧安防软硬件基础框架，建立完备的应急管理体制，实现和各职能部门系统之间的互联互通和协同联动，实现基地在安全环保应急消防等方面的管理功能。

建设自贸区智慧加油站。借助先进的 ICT 技术手段监测、搜集加油站运行过程中的各项关键信息，并运用大数据技术及时进行信息的过滤、清洗、整理和挖掘，从而实现对相关人员及流程，如客户、管理人员、油品、非油品、设备、销售渠道、营销、环保等的智能响应和指挥决策。

2. 推动国际海事服务产业数字化转型，助力自贸区国际海事服务竞争力提升

打造智慧海事供应链。构建国际海事服务网络电商平台，打造国际海事服务数字供应链。针对浙江自贸区国际海事服务产业发展方向，建设智慧海事服务平台，支持国际航行船舶船修船供、大宗散货直卸直装、大型货物"快速分拨"、区港联动、多式联运、航空产业互联、国际邮轮分类管理等服务功能；通过数据业务化、业务数据化，构建线上线下、全流程、一体化的供应链体系，

打造"三船一海"（船油、船修、船供、海员）国际海事服务品牌。全力打造海上保税油供应信息化平台，为船用燃料油供应突破提供有力支撑。发展高水平国际海事服务，允许国际海员凭国际海员证自由进出离岛特区，提供国际互联网接入、高水平健康疗养、文化休闲、免税购物、信息咨询、人民币自由兑换等综合服务。

推进智慧港口建设。深化港口一体化、信息化、智能化发展，积极发展国际智慧物流，打造国际一流的港航智慧物流体系。跨区域整合全球航运信息形成航运数据库，加快建设舟山江海联运数字服务平台，完善和提升公共服务、行业监管、数据交换、航运交易四大功能，推动沿海港口和长江沿线港口之间的数据共享。在港航资源、港航企业、船期跟踪、江海联运、港航 EDI、船盘、货盘等众多信息服务，船货交易撮合、全程物流跟踪、金融保险、信用监督等领域形成数字经济应用场景。优化提升港口生产业务协同管理平台，开展智能理货、智能堆场管理、智慧引航等建设，推进海洋港口码头装卸、平面运输、堆场作业、引航等环节智能化和可视化，打造智能码头。促进自贸区在地理互联、经济互联、数字互联上深度参与全球资源、资本、人才流动。

提升保税燃料油供应及衍生服务数字化水平。依托江海联运信息平台形成航运数据库，遴选实力软件公司开发各类功能实用的 App，以精准服务、多元服务提升保税燃料油贸易规模。强化自贸区保税燃料油供应链服务水平，建立自贸区油品供应链信息服务平台，引导银行、第三方平台等支付机构为供应链企业提供安全高效、便捷可靠的移动支付新方式，运用电子商业汇票拓宽融资渠道、加速资金周转、提高资金使用率。依托自贸区航海院校船员培养基地和舟山船员品牌优势，整合船员、船舶、船公司、涉海企业数据资源，为船员和船公司相关用户提供各类信息服务。

二、推进海洋数字产业化，打造数字经济特殊功能区

自贸区作为全面深化改革的试验田，需要适应全球数字经济发展大势，浙江自贸区可以牢牢把握国家赋予自贸试验区更大改革自主权的历史机遇，先行先试，率先开放，做好国家对外开放的压力测试区和风险缓冲区。

1. 以海洋大数据为特色，建设离岸数据中心

建设海洋大数据中心。围绕数据的全生命周期，重点发展海洋大数据采集、存储管理、清洗处理、智能分析等服务及硬件产品，发展面向化工、医疗、海事、物流、安防等重点领域及油气产业集群的大数据软硬件系统解决方案。加快中船（浙江）海洋科技有限公司的海洋数据中心建设，争取多方面、多层次

的数据资源和运维资源，争取国家、省在舟山设立各类数据中心或分中心，为行业提供数据服务。重点突破船舶电子装备、海洋卫星通信装备、海洋大数据应用等领域的新产品研发，加快推进数字经济建设及其成果的转化应用。重点开展海洋大数据智能处理及应用技术、新一代海洋通信装备技术攻关，积极培育海洋大数据应用、海洋卫星通信等产业的创新发展。打造"东北亚信息高速公路"国家级海洋大数据中心，服务于丝绸之路经济带海洋产业的海洋规划、地质、水文、生物、环境等各类海洋数据的整合加工服务。

探索离岛片区建设离岸数据中心。舟山群岛新区作为中国对外开放的战略门户，具备探索信息和数据层面进一步开放的先行先试基础，其天然岛域离岸条件与较小的经济规模能够有效控制相关风险传导。探索离岛片区建设离岸数据中心。设立对日、对韩通信业务出入口局，为自贸区进一步探索国际离岸数据合作和舟山国际服务外包业务发展提供高速国际网络支撑。允许离岸数据中心为"特别管理区"内企业提供国际互联网接入服务，为境外公司提供数据存储、数据清洗、数据分析等国际数据处理外包服务。申报国际互联网数据专用通道。在自贸区南部片区规划专门区域，建设外向型园区，聚焦云计算、软件和信息技术、大数据分析、工业设计、文化创意等领域的国际服务外包。

2. 率先开放，对标国际，探索打造数字离岛特区

探索打造数字离岛特区。立足离岸数据中心的运行监管经验，在离岛范围内数据开放基础上探索金融创新和外籍人员出入境管理创新，实现资金流、人流和信息流的自由流通，为我国国际监管环境进行全方位改革探索和压力测试。实现跨境互联网数据自由流动。在条件成熟时放松互联网访问限制，实现浙江自贸区互联网无屏蔽访问，实现跨境互联网数据自由流动。

打造国际创新创业基地，引进各类知名服务组织，提供低成本、便利化、全要素服务保障，同时联动海洋科学城、开发区、产业集聚区构建形成创新孵化全链条。建设海洋产业创新服务综合体仪器设备共享网络服务平台，面向社会提供数字经济（海洋大数据）产业仪器设备的仪器管理、仪器预约、预约审核、使用登记等功能，实现仪器设备综合信息的采集和信息共享。

探索离岸金融新路径，鼓励自贸区企业和境外企业在特区内设立区域性财务中心，促进企业资金运营总部集聚；进一步探索离岸金融账户，打造人民币离岸资产交易中心，支持注册在自贸区内的金融企业开展跨境融资租赁。以服务大宗商品贸易自由化为目标，汇集货物流、订单流、运输工具信息流、融资抵押信息流等多方面数据，通过大数据分析与比对，提升大宗商品贸易与交易环节的风险防控能力与金融服务可获得性，有效缓解仓单质押融资难、贸易背

景真实性审核难等制约大宗商品跨境贸易的难题。打通海关和外汇管理之间保税核注清单、货权转移单或货物出库审批单等货权凭证数据共享，加强外汇事中事后监测。推动人民币国际化，推进飞机租赁跨境融资和跨境人民币结算相结合。从资金来源、租金收取和残值处理三方面推动自贸区跨境人民币业务政策落地实施。打造人民币离岸资产交易中心，开展支付结算、跨境融资租赁、供应链金融。

三、发展数字贸易，建设"海上数字丝绸之路"桥头堡

浙江自贸区可以进一步塑造便利、公平、开放的数字贸易发展环境，在为区内企业对接全球资源提供有利条件的同时，服务浙江数字经济"一号工程"，为杭州湾大湾区发展成为全球数字经济高地提供重要支撑，凸显自贸试验区的开放引领作用，建设"海上数字丝绸之路"战略门户。

1. 高起点打造数字贸易平台

打造新型国际化数字贸易中心。利用长三角一体化发展国家战略建设机遇，依托浙江自贸区开放门户战略优势以及上海、杭州、宁波等地在数字技术、高端制造、"互联网+"、跨境电商等领域的发展基础，扩大云服务等数字经济领域服务出口，联合打造国际化、高端化，以数字贸易为标志的新型贸易中心。推动国际数字贸易服务系统建设，打造快速退税、分拨中心智能化监管、跨境转租赁等服务新模式。依托人工智能深度学习技术、电子证据链技术和跨境物联网技术，搭建国际数字贸易综合服务系统。构建具有浙江特色的进口商品展销平台，进一步推进国际农产品交易中心、船舶交易市场、大宗商品交易中心等贸易平台建设，完善功能拓展新模式新领域，建设国内外具有一定影响力的跨境数字贸易平台。

打造特色 eWTP 平台。与阿里巴巴集团达成战略合作，争取在自贸区建设落地 eWTP 平台，打造契合自贸区需求的贸易服务平台；集成非特化妆品贸易、保税燃料油加注、大宗商品交易、保税维修等多种浙江自贸区特色功能板块。

建设创新型保税物流中心（B 型）。在保税区搭建贸易数字中枢（eHub），并申请建设创新型保税物流中心（B 型），开展服务智能制造的保税 VMI/DC 业务和保税展示业务、服务国际水产品销售的保税 O2O 业务。

2. 发展数字新型贸易模式

拓展跨境电子商务。拓展跨境电商，加快建设浙江自贸区跨境电子商务园区，强化公共海外仓布局，优化跨境外贸服务体系，提升跨境贸易便利化水平。加快数字"单一窗口"建设，提升跨境贸易便利化水平。围绕以大宗商品国际枢纽港、海洋休闲旅游目的地、佛教文化旅游，以海洋渔业、船舶与海洋工程

装备、海洋新兴产业为核心的海洋产业，建设建成辐射全球的电子商务服务体系。

创新国际大宗商品电商模式。立足舟山作为大宗商品储运中转加工交易中心的发展基础，以大宗商品储运物流为基础，以大宗商品全程供应链服务为突破，以大宗商品供应链在线管理应用服务为切入点，以大宗商品交易相关方共同参与电子交易活动为特色，构建新型大宗商品电子交易方式和电商服务模式，为舟山建立国际大宗商品贸易话语权提供支撑。

发展全球离岸集采模式。搭建以跨境大数据、供应链金融等分析为信息核心的一站式跨境综合服务载体，实现浙江自贸区 B2B 跨境电商撮合"供需对接"订单和"商机对接"服务的双平台。

四、数字化提升营商环境便利化水平，打造通关监管体制机制创新引领区

自贸区利用新一代信息技术、数字技术对精细化管理产生的庞大数据量进行处理，可以加强数据利用与实时监控力度，提高监管能力、优化市场环境与行政服务质量，保障自贸区平稳运行。

1. 以"最多跑一次"改革为引领，提升政务服务便捷度

全面推广移动办公办事。全面完成"浙政钉"（自贸区）掌上 OA 应用推广，各级行政机关实现公文流转、督察督办、决策辅助等办公业务自动化；全面创新"浙里办"（自贸区）应用，从掌上办理便利化、人性化角度，对移动办事应用系统进行顶层设计；推进"一窗受理"平台系统对接，推行"一证通办"改革，提升网上办事便捷度；开展工程建设项目全流程审批管理系统建设，统一工程建设项目审批流程、精简审批环节，大幅压缩申报材料和办理时间；建设"多规合一"业务协同平台，统一全市的空间坐标体系和数据标准，开展用地规划许可阶段的审批制度改革，简化前置环节，实现项目生成和用地用海许可审批环节的流程再造和联审联评。

完善数字政务服务。政务服务数字化是政府提升服务效率、创造社会福利的抓手。政务服务将数字化进一步整合，越来越多的政务服务有望实现"最多跑一次"，甚至"一次都不用跑"。运用更多云计算、大数据、人工智能工具，能大大提升政务服务工作的细致性、准确性和时效性。"网络通、数据通、业务通"不断深化，为公众、市场主体提供更大便利。学习借鉴"零跑动+即刻办"政务服务模式、带方案出让项目"交地即开工"，"互联网+"服务实现足不出户申请办理，打造快速退税服务新模式、分拨中心智能化监管模式、跨境转租赁等方面进一步提高营商环境的便利性。

2. 推进单一窗口（浙江自贸区）特色功能平台暨数字口岸建设，提升大宗商品贸易通关便利度

完善单一窗口特色功能平台建设。推进国际贸易"单一窗口"（浙江自贸区）特色功能平台建设，全面应用国际贸易"单一窗口"标准版功能，积极争取标准版涉船相关新功能率先在浙江自贸区试点，持续打造"舟山样板"。在全面应用标准版现有基本功能的基础上，积极争取标准版新增功能的首批试点机会，如海事危险品申报、船舶吨税申请等。积极试点国际贸易"单一窗口"浙江特色版功能，如船舶联合登临检查、口岸监管服务平台等。依托国际贸易"单一窗口"，建设船舶供退物料通关服务平台，实现船舶供退物料通关全程无纸化办理。

加快"数字口岸"建设。打通涉外监管部门的数据壁垒，争取实现口岸全业务数据落地。巩固扩大国际贸易"单一窗口"和国际航行船舶无纸化改革成果，争取口岸通关业务全面实现无纸化。对口岸监管部门、经营服务企业及相关行业部门的原有纸质办理流程进行梳理和简化，变"串联"为"并联"，实现与海关、海事、边检等监管部门，港口、码头、船代、货代等物流服务企业互联互通，将物联网、人脸识别等技术运用于口岸通关管理，探索建设大数据时代人员货物跨境流动管理体系。推进大通关和电子口岸建设，推进口岸资源优化配置，整合一线查验资源，分流二线辅助资源，完善信息化支撑体系。重点建设口岸协同监管平台、智慧物流服务平台和智能应用服务平台，实现口岸辅助监管服务的协同、口岸物流服务的延伸和贸易便利化服务的拓展。

3. 示范引领，创新体制机制，构建智慧化的监管决策体系

监管数据共建共享。建立部门数据共享与协同联动的自贸区监管顶层机制。推动国家相关部门在涉海、涉港、涉船监管数据实现共享，依托舟山港航 EDI 中心，推动舟山江海联运中心信息平台与国际贸易"单一窗口"信息交换共享。以舟山大数据局和政府大数据中心为依托，建立浙江自贸区与舟山群岛新区的数据共享平台；构建政务信息资源目录体系和交换体系，依照信息资源目录与统计局、江海联运数据中心、口岸办、海关、海洋大数据中心等部门实现数据跨层级、跨部门对接交换。基于统一云平台开发"监管云"特色板块。借助监管云平台，整合升级浙江自贸区分散建设的信息化基础设施，实现基础设施集约建设、统一管理。

构建自贸区监管应用新体系。按照"数据一体化、应用一体化、监管智慧化"建设目标，建立统一的市场监管数据资源整合、共享、交换平台。构建浙江自贸区"信息技术+产品+业务"三维度监管新体系，运用大数据实现电子证照、企业档案、产品档案、政务公开、稽查执法的高效管理和运作，运用移动互联网、物联网、区块链提升水产品、海洋生物药品、非特化妆品、船舶保税维修、保税燃料油加注追溯能力，运用人工智能提高风险监测、风险分析、预警、应急管理等能力。建立自贸试验区油品贸易企业事中事后监管协同推进机制，打造油品贸易企业事中事后数字化监管平台。建设生态环保综合协同管理系统。加快建设危化品管控灭平台。基于全省统一公共信用信息平台提供的公共信用产品（531X）和数据服务，推行自贸区油品全产业链全方位数字化信用监管。

绘制自贸区监管"数字全息图"。以浙江自贸区大宗商品贸易、保税燃料油供应、海洋旅游、国际海事服务、航空制造等特色产业的产品及企业数据为基础，构建覆盖产品全生命周期的产品数字档案和企业数字档案，运用数字链串联产业链、利润链、风险链、信用链，最终形成自贸区企业的"数字全息图"。探索税收征管创新。研究推出面向国际的新型电子化发票体系，并作为数字贸易交易信息的电子化载体，提升自贸区税收征管的信息化水平。

推进建设自贸区智慧决策系统。加快涉海、涉船、涉港数据共享，打造自贸区数字化大平台，合力构建集税收、金融、监管、备案、信用、签证、检验检疫、风险防控等于一体的全系统数字化平台。构建"自贸区智慧大脑"，推动人工智能等新技术在自贸区落地，通过对数据的挖掘及深度分析，提升资源要素配置效率，为政府决策分析提供数字化依据。自贸区利用新一代信息技术、数字技术对精细化管理产生的庞大数据量进行处理，可以加强数据利用与实时监控力度，提高监管能力、优化市场环境与行政服务质量，保障自贸区平稳运行。研究设立专门的大数据分析系统，根据涉外商事、金融、知识产权等类别，整理分析与浙江自贸区甚至是全国自贸区相关的案件数据，协助自贸区数字经济企业规避法律风险，提升自贸区内数据、信息、产权等风险动态监管防范水平。

探索建立数字围网。探索建立数字围网监管新模式，电子化"虚拟"监管，基于非可视、非可触、非可感的"虚拟"围网监控体系，通过综合应用各种信息化技术手段，对获得授权的人员、货物及交通工具进入控制区域进行实时数据集成，并对未获得授权的各类行为进行即时干预，以实现对控制区域进行高效管控。

第四节　数字自贸区保障机制

一、做好顶层设计和总体谋划

整体统筹设计浙江自贸试验区数字经济发展路径，数字技术联通特色产业和经济结构各环节，发挥数字经济"放大、叠加、倍增"的作用，在更高水平、更深层次上推进自贸试验区经济融合发展，突破物理空间限制、弥合发展水平差距，推进周边区域合作，实现比较优势最大化。

二、健全数据保障体系

制定浙江自贸区信息化标准。重点聚焦政务信息资源、目录分类与管理、数据共享交换、大数据应用、数据质量控制、电子证照、统一身份认证、政务云、网络安全保障等领域标准规范的编制，加强标准管理与测试。强化浙江自贸区三大关键信息安全。以落实浙江自贸区信息安全等级保护制度为抓手，加强关键基础设施的安全防护；建立浙江自贸区数据灾备中心，健全审查管理制度，加大对关键信息资源的保护力度；建立浙江自贸区统一的数字证书（CA）管理平台，实现跨业务系统的统一身份认证，提高关键信息系统的访问控制能力。在保证网络信息安全的前提下，扩大与油气等大宗商品贸易、交易、金融等业务相关领域数据开放。

三、完善政策支持

加快完善数字经济发展的政策支持体系。制定完善适应数字经济新技术、新应用、新业态、新产业发展政策法规，深化放管服改革，推动从单纯的政府监管向社会协同治理转变，促进数字基础设施、平台经济、组织模式变革，为数字经济发展提供良好的政策环境。制定数据资源确权、流通、交易相关制度，健全市场发展机制，引导数据有序流通。完善数字经济发展的法律法规，通过法律规范数字知识产权申请、授权等行为。

四、强化发展保障

加强数字经济与自贸试验区发展的战略研究，分析研判发展趋势。建立数字自贸区建设推进协调机制，及时研究解决相关问题。加强技术和人才招引，与大院大所合作共享，大力引进数字技术人才。加强高端复合型、国际化人才储备，并积极为外籍高端信息技术人才提供支持。明确数字自贸区建设指标体系、工作体系、政策体系、评价体系，目标、任务和责任到人、时间到点。加强与横、纵向沟通合作。总结可复制的改革试点经验，做好压力测试。

第七章

舟山航空产业新动能培育及对策研究[①]

党的十九大报告提出，要贯彻新发展理念，建设现代化经济体系。加快发展航空产业，是落实党的十九大精神、深化供给侧结构性改革、加快建设创新型国家的战略举措，也是舟山群岛新区深化承担国家战略内涵，转变发展方式、优化经济结构、转换增长动力，培育国际经济合作和竞争新优势的重要抓手。波音737完工和交付中心的落户，为舟山航空产业发展带来了重大战略机遇，如何抓住这一机遇，乘势而上，扬长避短，培育壮大舟山航空产业，是我们当前面临的重要课题。为此，我们组织航空产业园管委会、经信委、综保区等部门，通过深入调研、参观考察、专家咨询、对策研究，形成了课题报告。

第一节　舟山发展航空产业的重要意义

航空产业是围绕航空器所进行的一系列生产、经营和消费活动的总称，包含了设计研发、航空制造、运营服务、维修保障和服务配套五大生产和服务环节，是典型的高科技、高带动性的产业。培育壮大航空产业是深入贯彻落实党的十九大精神，落实新发展理念，发挥舟山独特优势，建设现代化经济体系，推进"四个舟山"建设的战略需要。

一、大力吸引机构聚集专业人才

（一）招引央企、国企等高质量企业

招引大型央企、国企及分支机构等落户浙江自贸区，不仅对于完善油品产业链、加强船舶服务与港口综合业务有重要作用，并且在吸引国际化、复合型

[①]　课题负责人：叶芳。

人才方面有重要意义。

一方面，行业高质量企业的入驻，尤其是近年引进中石化全球船供油中心及中石化长江燃料油全球船供油总部落户，自带行业优质资源，包括行业高端人才，对于完善舟山油品全产业链，打造综合服务能力非常重要。另一方面，船供油行业高质量企业对于船供油行业的人才非常有吸引力，尤其是对于挖掘全球专业型、复合型人才意义重大，也能增加人才的流动性。

（二）引进检测、计量等高水平机构

质量检测、计量等企业都属于专业性较强、人才质量要求相对较高的行业。引入这些企业对于监控油品质量、解决服务争端等问题非常重要，也对提升舟山港的海事服务水平和加注体验具有重要意义，能够更快地让舟山进阶为国际型港口。

舟山港具备天然的停泊和加注优势，随着船供油加注和服务进一步深入，需要引进检测和计量等高水平机构，不断提高自身的专业化水平和完善各项保障、服务环节。

在保税燃料油的采购过程中，对于油品质量的检测和监控至关重要，采购人员的专业程度对于质量把控异常关键。在加注过程中，燃料油常出现质量、油量争议等情况，影响港口运转效率。因此需要引入计量机构和质量检测机构，提高第三方检验公司在供油过程中的参与度，加强港口服务质量和争议解决，提升服务水平。

（三）发展市场化代理服务主体

通过政府的引导作用，引进一批海事服务企业，如船舶代理服务、代理金融服务等类型企业，在加注燃料油的基础上，不断丰富舟山的海事服务范围和提升服务能力。

发挥市场化机制，加强代理服务机构交流，提升专业化水平和人才培养。在船舶代理服务方面，舟山相比新加坡的国际船舶代理在规范性上有所欠缺，并未按国际航运常用的到港时间通知方式，造成船舶到港、加注等一系列调度受到影响，进而影响锚地运转效率。因此，需要发挥市场化机制，加强代理服务机构的业务培训和与国际代理公司的交流，提升本地船舶代理企业的专业化操作水平，从而培养出一批专业化的代理服务公司和专业型人才。

招引一批具备实力的专业型金融代理服务公司，加强人才培养和服务体系建设。在代理金融服务方面，海运保险、报关通关及退税等金融服务机构的专业性仍需加强，企业和人才规模也需要快速提升。因此，需要引进具备一定实力的专业型的金融代理服务公司，同时加强对于专业人才的吸引和培训工作，建立港口的配套服务工作。

（四）建设船员评估中心

船型类别的技术区分度比较大，工作相对辛苦，薪资待遇的性价比相对较低，流动性大，因此需要针对船员这一群体制定出更多的针对性政策，比如建立船员评估中心，评估中心包括船员招聘、培训、资质证书及等级评估，薪资和社保等福利保障。

（1）针对不同船员技术区分度大的问题，应该进行船员的技术评估。针对不同船型的开船证书、技术等级等方面进行专业评估与分类，并给予一定的待遇指导，提升船员的待遇和福利水平。

（2）将评估中心作为加注船专业人员与企业的服务平台。包括船员招聘、业务培训等，不断提升专业化水平，更好地进行加注服务。此外，针对船员、水手、技工等加注行业的专业人才要进行一系列保障措施，比如薪资和社保等方面福利的保障。

二、航空产业是战略产业，能为舟山发展注入新动能

航空产业被誉为工业制造"皇冠"，是国家重大战略性产业，是一个国家国际地位、综合国力、科技水平、国防现代化的重要标志。从投资条件、生产条件、科研投入等方面来看，航空产业有着一般生产性行业无法比拟的资金壁垒和科技门槛，涉及机械制造、空气动力、材料科学、电子信息、计算机技术、通信导航、管理科学等，是多学科交叉、技术密集的高科技领域。航空行业普遍采用大跨度厂房，厂房建设条件严苛、建设成本高；配套工艺设备多为高精度、高技术要求的数控设备、智能装备，能力建设成本高。舟山群岛新区作为国家级新区，已经承担了海洋经济科学发展、自由贸易港建设等重大任务，依托波音项目加快发展航空产业，有助于培育发展新优势，提高产业整体技术水平，打造全球重要的航空制造基地，进一步助推中国航空工业向世界价值链中高端迈进，提升舟山在国家战略全局中的地位和作用。

三、航空产业是朝阳产业，能为舟山经济带来新活力

在国际航协发布的年度预测报告中，预计到 2036 年全球客运量将达到 78 亿人次，几乎比现在增长两倍。到 2022 年，中国将取代美国成为世界最大的航空市场。波音公司预测未来 20 年中国将需要 7240 架新飞机，总价值达 1.1 万亿美元。中国经济的持续增长、中产阶级人群的不断扩大、对基础设施建设的巨大投入以及航空商业模式的发展变化等因素为这一长期预测提供了依据。中国机队规模的增长速度则远高于世界平均水平，未来20年全球新飞机需求中的近20%将来自中国的航空公司。单通道飞机依然是服务于中国国内及亚洲区域市场的主力。波音预测截至2036年中国单通道市场将需要5420架新飞机，占新飞机需求总量的75%。低成本航空公司和全服务航空公司将继续增购新飞机，扩张"点对点"航线网络，以满足中国乃至全亚洲范围内休闲及商务方面的出行需求。加快发展航空产业，是舟山顺应全球市场需求，深化供给侧结构性改革，抢抓新的"风口"，加快培育战略性新兴产业，实现有效益有质量增长的重大举措。

四、航空产业是全球产业，能为舟山开放拓展新空间

航空产业具有全球化分布的特征，全球的航空制造业里，客机制造商普遍采取了"主制造商+供应商"的运作模式，即主机厂负责设计，供应商则按图加工，主机厂再组装整机，没有任何一款有竞争力的大型客机是一个企业完全"单打独斗"独立完成的，波音、空客等整机制造商逐步将重点放在了关键技术研究、飞机设计、总装试飞和销售服务等核心能力建设上，而将大量的部件和零件生产转移到全球供应商分包。通过严格的供应商管理体系，对产品质量、工艺标准进行统一规范。全球范围内的转包生产已经成为航空产业体系中最重要的一环。波音民机作为航空制造业的跨国巨头，其在全球上百个国家和地区拥有超过5400家供应商，约50万人为其配套服务。加快发展航空产业，有助于提高舟山引入国际性航空制造和服务企业能力，增强舟山与世界各国的经济联系和合作交流，提高产业开放度和城市国际化水平，有助于舟山从自由贸易试验区向自由贸易港升级。

五、航空产业是全局产业，能为舟山品质实现新提升

航空产业具有产业链条长、辐射面宽、带动效应强的特点，同时也是支持高薪就业、增加国民收入的重要业务领域。根据有关数据统计，航空产业的投入产出比为1∶80，技术转移比为1∶16，就业带动比为1∶12，显著高于其他产业的带动效益。航空产业所创造的国民生产总值是制药业的1.5倍、汽车制造业的1.3倍。全球航空运输业每年可直接提供550万个就业机会，并创造4250亿美元的国民收入。波音在美国和全球各地共有14万人，4.5万名工程师，对美国的经济和就业起到重要作用。2016年，波音支付了450亿美元给美国 13600 家企业，支持了供应商 130 万个就业岗位。加快培育发展航空产业，有助于提升舟山的城市品质、生活品质，带动舟山旅游、工业、物流、金融、会展等产业融合发展，促进一批传统企业转型，形成一批高收入、高技能人才，提高当地群众就业和收入水平。

第二节 舟山培育发展航空产业的基础和优势

舟山具有发展航空产业的独特优势，20 世纪末就与航空结缘，经过多年不断的探索和努力，积累了一些产业基础，也取得了一些重大突破。

一、超前建设和平稳运营舟山普陀山机场

普陀山机场是舟山航空产业发展的基石和核心资源。1997 年 8 月 8 日，舟山普陀山机场正式通航，运营 20 年来舟山普陀山机场航线网络不断拓展，客流规模不断扩大，从通航初期的两三个航点、10 万人次左右的吞吐量，发展到现在 18 个空中直达航点，客流量有望突破 100 万人次。航线网络基本覆盖我国沿海主要城市和京津沪、广深汕佛等经济热点地区。近年旅客吞吐量增长幅度在20% 以上，增速位列浙江省 7 个机场之首，旅客满意度和航班正点率始终保持在90% 和 80% 以上，位居全省机场前列。同时，坚持以打造"舟山第一窗口"为目标，创建"祥云服务"品牌，推动优质服务水平不断提升，圆满完成首届世界佛教论坛等重要任务、一系列中央领导专机保障任务及各项要客、贵宾接待服务工作。

二、规划设立舟山群岛新区航空产业园

舟山航空产业园由浙江省政府设立，实行省级经济开发区政策，在全市范围内以"一园两区"的方式协同布局。其中，飞机制造区位于朱家尖岛，规划面积 16 平方千米。零部件制造区位于海洋产业集聚区，面积约为 4 平方千米。产业园整体功能以大飞机制造、通航飞机制造运营、飞机维修改装、飞机零部件制造、飞机租赁和航空金融、航材保税物流、航空研发和培训、航空文化旅游等为主。

三、成功引入波音 737 完工和交付中心项目

2016 年 10 月 28 日，波音 737 完工和交付中心落户浙江舟山发布会暨签约

仪式在省人民大会堂举行，国家发改委副主任林念修宣布项目落户舟山群岛新区，百年波音首个海外工厂花落舟山。建设该项目是落实习近平主席 2015 年 9 月访美成果的重大行动，是波音公司与中国航空工业合作进程中具有里程碑意义的一件大事，是中美经贸互联合作具有标志性意义的重大成果。波音项目有两个主要组成部分，一个是波音公司与中国商飞合资的波音 737 飞机完工中心，另一个是波音公司独资的 737 飞机交付中心。项目一期占地 40 公顷，建筑面积约 6.07 万平方米，主要设施包括一个制造机库、一个喷漆机库、交付中心办公大楼、检修机库以及消防站、仓储设施、停机坪和滑行道等。由舟山代建的厂房设施总投资约 18.07 亿元。根据计划，合资公司将开展 737MAX 系列飞机内饰安装、涂装、试飞、维修维护、交付等工作，实现完全产能时一年交付 100 架飞机，创造 2000 个就业机会。国家发改委专门为这个项目建立了协调工作机制和每月现场调研制度，并与省委、省政府共同确定了项目推进的 6 个时间节点。一是 2017 年 3 月底完成完工中心项目核准；二是 2017 年 5 月前完成四方投资协议的签署；三是举行项目开工仪式；四是党的十九大，项目建设要有标志性的工程；五是 2018 年 7 月开始交付波音厂房及设施；六是 2018 年底交付第一架飞机。

四、通用航空产业位居华东首位

凭借天然的海岛地域优势，经过多年的培育发展，舟山通用航空业务呈现出驻场公司多、飞行量大、业务范围广的发展格局。据统计，通用航空年作业飞行时间超过 2 万小时，2016 年保障通用航空飞行 9153 架次，在华东地区名列前茅。现有 11 家通用航空企业、19 架通用航空飞行器常年驻场，形成了以中信海直、中航工业、中船工业等四家"中字头"企业为龙头的通航企业群。通过多年的发展，舟山发展航空工业已经具备以下几大优势。一是定位高。2017 年 3 月发布的浙江航空产业"十三五"发展规划提出要重点实施"12105"战略，首要的"一核"就是打造一个以大飞机为核心的舟山航空产业园，力争将舟山打造成为全国领先的航空高端研发制造基地。9 月，国家发改委副主任林念修在致辞中提出要把舟山打造成全球重要的航空制造基地。二是资源优。舟山位于我国南北海运大通道和长江黄金水道"T"字形交汇处，有利于舟山连接和开辟国内外航路航线，开展空海联运，加强与国内外航空企业的贸易交流与合作，进一步推进飞机总装、航空零部件转包生产等产业发展。同时，丰富的空域资源为试验试飞、通航飞行提供保障。舟山是国家低空空域试点开放城市，拥有长三角地区最大的 2000 平方千米的报告空域，并建有 6 个直升机起降点。普陀山机场按满足年旅客吞吐量 200 万人次、货邮吞吐量 10000 吨、年起降 25419 架次规划。目前，普陀山机场年起降仅 10000 架次左右，机场流量富余，便于开展干、支线飞机总装集成、交付试飞等活动。三是龙头强。波音 737 完工和交付中心的建设，将吸引波音后续项目总装线及一大批通用航空、零部件配套企业进驻或靠近舟山航空产业园，年带动相关产业的产值可达到千亿级别，有助于进一步提升区域辐射能力，为舟山航空产业的发展提供核心发展动力，从而实现航空产业促进舟山产业结构升级、带动周边区域发展。2015 年，国家发展和改革委员会与波音公司签署了"通过四大支柱合作伙伴关系提升合作的谅解备忘录"，内容非常丰富，为舟山争取相关规划业务和项目落地提供了极大的空间。四是支撑实。舟山船舶海工装备制造实力雄厚，旅游资源丰富，为发展航空制造业和空中观光游览、娱乐飞行奠定了扎实的产业基础。同时，平台政策叠加，舟山国家级新区、自由贸易试验区、综保区在保税、退税、免税等方面的特殊优惠政策和海关监管、口岸开放、金融服务、产业扶持等方面的体制创新和机制改革，对航空制造企业集聚舟山、融入国际航空供应商链条极具吸引力。

当然，舟山也存在着较明显的劣势。一是航空产业基础极为薄弱。已有航空配套企业数量少、价值低、实力弱。舟山已有岱美等部分企业产品在航空领域得到应用，为中国商飞、中航产业、无人机企业提供配套服务，但数量少、规模小，以零件级基础配套为主，产品附加值低，缺乏专业技术与行业影响力。二是航空人才缺乏。航空制造、航空维修、航空运营方面的人才极为匮乏。三是土地资源紧缺、环境承载能力有限。朱尖家岛用于机场和园区建设需要较大的土石方量与填海工程，成本高、难度大。且舟山水资源匮乏，陆路交通的不便一定程度上加重了一些企业的运营成本。四是国内航空产业发展竞争激烈。上海浦东已形成集设计、制造、配套于一体的商飞产业链。波音的一级二级供应商基本为国外跨国公司，或是国内的成飞、西飞、沈飞等企业，而宁波、镇江、南通、杭州等周边城市也已规划建设航空产业园区。舟山发展航空产业将面临长三角地区其他城市的激烈竞争，特别是优质项目的引进将是各地争夺的焦点。

第三节　舟山发展航空产业的基本思路

当前和今后一个时期舟山发展航空产业的思路是，高举习近平新时代中国特色社会主义思想伟大旗帜，以党的十九大精神为指导，落实国家发展改革委提出的"把舟山打造成全球重要航空制造基地"这一重大定位和浙江省航空产业"十三五"规划提出的"一核"地位，以波音 737 完工和交付中心项目为牵引，以大飞机总装完工交付为核心，着力打造集制造、维修、金融、文旅、培训、研发于一体的航空全产业链，着力把航空产业打造成新区发展的重要支柱产业。计划到 2025 年，全面形成航空产业链条，实现总装、交付、改装各类飞机 600 架份，航空制造产业形成体系，运营与保障形成网络，衍生与服务初具规模，产业链带动效益千亿元。

具体要打造"一体、两翼、四发、一港"。

一、"一体"就是突出大飞机总装、完工、交付中心这个核心

按照波音项目发展的步调，实施两步走战略。第一步，做好波音 737 完工和交付中心。按计划建设完工中心、交付中心，在确保有效运行的同时，扩大内饰完工中心业务范围，2018 年 7 月开始交付厂房，第一架飞机于年底完成，2019 年 20 架飞机改装，2020 年 50 架改装。同时，增加第二个工作包，把厨房、卫浴纳入改装和专机完工，承接全球内饰市场的业务，建立一家世界级的用于内饰完工和改装的卓越中心。第二步，争取波音 737MAX 总装线落地。这是落实波音与国家发改委的合作备忘录的重要举措。备忘录中提出，双方要联合探索在波音下一个重大飞机项目的生产环节中承担重要角色。在舟山新设 737MAX 总装线能够把这一战略合作关系提至一个新的高度，也是基于波音自身发展的需要。未来 20 年中国将有 5420 架单通道飞机市场需求。目前，波音在中国新建总装中心的条件比空客更加优越，其组件供应商多数来自日本、澳大利亚、中国等地，且中美海运距离比中欧更近。为了更好地与空客竞争在中国的单通道飞机订单市场，波音必须在中国设立 737 总装生产线。如今波音 737MAX 的销售形势非常好，全球已有约 4000 架订单，其中来自中国的订单近 1000 架。要消化这些订单，光靠美国现有的生产线是远远不足的。2017 年，737 飞机月产量是 47 架。而空客 A320 达到每月 50 架，2019 年将达到 60~63 架。在舟山设立新的总装线，形成制造、完工、测试、交付、配套一条龙的产业链条，可以大幅提高737MAX产量，有利于分享亚太、中国、浙江快速发展的航空市场蛋糕，在与空客的订单争夺战中抢占先机。所以，要通过国家发改委，锲而不舍地促成波音在完工交付中心的基础上，推动波音737飞机总装生产线项目在中国舟山落地，逐步形成系列化生产能力。

二、"两翼"，就是以通用飞机制造运营、飞机业载设备及零部件制造为两翼

一是通用飞机制造和运营。通用飞机制造以固定翼飞机、水上飞机、直升机等整机总装为主，固定翼飞机制造要把握国际通航制造转移生产的发展趋势，开展2~6座小型固定翼通用飞机、6~11座涡桨多用途飞机的研制生产。发展适合短途运输、海洋领航、海事监测、航空测绘、应急救援的轻小型直升机生产，开展2吨级以下、2~4吨级直升机的装配生产。开展适合个人飞行、飞行体验、航空游览的超轻型水上飞机的生产，打造水上飞机生产基地。当前，要抓紧推进美国温德克通用飞机和发动机总装项目落户。积极引进国外高端公务机生产技术，从组装生产起步，发展小型公务机的生产制造，逐步向双发涡扇喷气公务机方向拓展，争取波音BBJ飞机到舟山总装、完工和交付。通用飞机运营是舟山的传统优势，要将通航运营产业与旅游产业有机融合，打造国际化、精品化的通航旅游品牌，开辟空中岛际观光旅游线路，布局FBO、航空运动、飞行营地，开展联结长三角的民生短途运输及海上救援、海洋维权、巡航监管、海上石油平台、海上油污监测、城市救护、渔汛监测、渔场服务、直升机领航等。当前，要抓紧推进美国APA公司FBO项目的落地，打造国内一流的公务机接待、展示中心，飞行学校和MRO基地。

二是开展飞机零部件制造配套生产。首先，依托波音737完工和交付中心项目，积极打造业载中心建设。重点开展波音737MAX的座椅制造与装配、天花板、行李舱、盥洗室、厨房系统等机载设备的制造，同时走高端定制化道路，积极吸引国际航空内饰顶尖企业，开展客舱整装工程设计、公务机内饰高端定制、通用飞机内饰改装定制等工程服务，打造中国航空重要的业载制造中心。依托完工中心的维修项目，把相关部件供应商集聚到航空产业园，为以后生产大部件做好准备。其次，依托将来的飞机总装项目，推进机体大部件生产、机载设备装配生产及系统集成，积极开展机身框架、壁板、结构件、梁、钣金等机体零部件的产品转包生产，重点引进以碳纤维和高性能树脂为主的航空复合材料的研制生产。仅以舟山年产 100 架单通道飞机生产需求计算，配套大部件生产价值将达到 42 亿美元。要加大力度，争取沈飞民机、成飞民机、西飞国际、上飞等国内航空制造企业的转包生产板块落户舟山；积极吸引国内外航空机载企业入驻，先期重点开展机电液压系统、飞机灯光与照明系统、飞行仪表系统等研制生产。后期以通信导航系统、环控系统、燃油系统、电源系统、起落架等为重点突破方向，适时开展工程研究用飞行模拟器、训练用飞行模拟器等设备的研制生产，积极引进标准件、紧固件、密封件、航空线缆、精密轴承等航空基础件生产，实现高端基础件配套。过去两年，飞机与发动机制造商的平均利润率为 9%，而联合技术公司和罗克韦尔柯林斯这样的"一级"供应商的利润率却达到 14%，提供更小组件的二级供应商的利润率更是达到 17%。因此，要盯牢瞄准这些企业，加大招引力度。

三、"四发"，就是打造维修和改装、租赁和融资、培训和研发、贸展和文旅四大发动机

一是维修和改装产业。2017—2027 年这 10 年间，全球商用飞机 MRO 市场预计将保持 3.8% 的年增长率，2027 年市场投入将达到 1092 亿美元。在国内，厦门自贸片区已形成航空维修"产业聚集"，拥有太古飞机、新科宇航、霍尼韦尔等航空维修企业 13 家，2016 年实现产值 121.1 亿元。舟山的飞机 MRO 产业，重点是飞机定检、客改货、部件维修、公务机改装、发动机维修等领域。飞机定检重点要放在停场时间长、修理附加值高的 C 检、D 检、退租检上。客改货重点放在 737 级别的客改货。根据波音预测，未来 20 年将需要超过 1000 架 737 级别的改装货机，其中三分之一的需求来自中国。浙江是电子商务、快递业非常发达的区域，可依托波音项目的运营，把舟山作为波音 737 客改货的重要基地，引进相关企业，实现年改装飞机 50 架的规模。部件维修重点放在飞机结构改装、航电系统升级、起落架大修、部件翻修、器材加工、退漆喷漆、工程咨询、维修培训与制造和航材销售、地面设备校验等方面的服务等。公务机改装重点放在波音 BBJ 和 BBJMAX 等机型的改装上，开展概念设计、工程设计、适航认证、内饰制造、改装施工等内容，为客户提供客舱娱乐系统升级、客舱内饰翻新、机身部件系统维修等综合服务。发动机维修以完工交付测试 CFM－LEAP 发动机为切入口，引入先进的发动机维修企业，再逐步扩大。

二是租赁和融资产业。到 2025 年，中国民航机队规模将增加 3000 架，按 60% 的租赁率测算，意味着将有大约 1600 架额外租赁飞机进入中国市场，届时中国民航租赁市场金额将达到 1300 多亿美元。要借助波音在舟山设立交付中心

之际，积极发展飞机整机融资租赁、航空发动机融资租赁等业务，学习借鉴天津东疆保税港区的经验，向飞机租赁公司提供包括税务结构优化和简化外币结算手续等一系列优惠政策，鼓励国内外投资者在自贸试验区设立与航空相关的租赁、融资、资产管理、专业认证等企业；积极推动知名飞机租赁公司在舟山成立专业子公司，在空港分区设立 SPV 公司，充分发挥综保区政策优势，推出保税租赁、离岸租赁、出口租赁、资产包转让租赁、飞机租赁资产证券化等多种业务，打造我国飞机租赁产业发展的重要创新平台。同时，积极开展包括航运保险、飞机资产管理、航空投资咨询、飞机交易经纪、贸易融资等诸多内容在内的航空金融服务业。借波音项目落地契机，着力引进一批从事航空金融发展的咨询机构、资产管理机构、第三方服务机构、律师事务所等专门机构，打造航空金融咨询服务的高地。尤其是要瞄准国内外知名的航空金融咨询服务机构，比如提供飞机价值评估服务的 ASCEND、IBA 公司，提供税务、法务咨询的 KPMG（毕马威）、PWC（普华永道）等会计师事务所，争取其在舟山成立分支机构。

三是培训和研发产业。航空培训方面，备忘录中提出要扩充波音的课程设置，覆盖来自航空业价值链各环节的航空专业人员。对此，我们要做大做强波音培训中心，依托波音这块金字招牌，积极开展组装完工、维修改装、航空电子、现场管理等一线技术工人培训，加快建成全国飞机维修和改装方面重要的培训基地，吸引中航、商飞、太古等知名企业的员工前来培训。同时，搭建完善的民用航空教育培训体系，拓宽培训内容，积极开展商照/私照飞行员驾驶培训、乘务培训及独具特色的专业模拟机培训。据测算，到 2035 年全球需要新增 61.7 万名飞行员，飞行员培训大有可为。要主动与北航、南航、西工大等知名航空院校签订战略协议，设立分校或研究机构，开展航空专项人才培育，推进产学研项目。航空研发方面，备忘录提出要建立一个"创新中心"，在飞机内饰材料、飞机部件的循环利用、可持续性项目方面展开联合研究，同时成立一个中国客舱与乘客偏好研究中心，以便中国航空公司展示和参与共同开发针对客户的新内饰，通过开展乘客研究和内饰定制来满足乘客的偏好。因此，我们要积极争取创新中心和研究中心落地舟山，积极引进相关创新团队，推进航空复合新材料研制、航空大数据分析、发动机运营大数据、MRO 管理软件开发、机上 Wi-Fi 应用、飞机零部件 3D 打印、航空机器人等的新型产业。

四是贸展和文旅产业。要着力发展航材内饰贸易、航空会展、航空文化旅游等相关服务业。充分发挥舟山综保区空港分区的优势，吸引国内外的航材进出口贸易公司，将航空发动机、机载设备、飞机零部件和原材料等多种类型的航材作为贸易对象，重点开展航材进出口贸易、销售代理、仓储配送、检验认证等业务，形成区域保税物流网络，打造国内航材贸易中心。要建设"737MAX飞机展厅"，打造飞机内饰一站式选购体验中心，把航空公司与BEF内饰构型供应商的订购合同、资金结算放到舟山。积极发展航空会展业，争取2018年举办波音全球供应商大会，搭建我国航空工业与世界领先航空配套制造企业深入对接合作的平台。依托业载中心建设，谋划设立舟山亚太航空内饰博览会。德国汉堡的国际航空内饰博览会是世界上最大的内饰博览会，并且与世界旅游餐饮和机上服务博览会、乘客体验会议套开，参展企业多达500家以上。我们要依托波音项目的集聚效应，积极与国际展会组织商、波音公司等合作，争取在舟山设立国际航空内饰博览会，并打造成亚太地区最大的航空内饰博览会，依托将来总装中心的落地，谋划开展综合性航空会展。大力发展航空文化旅游产业，谋划打造波音主题街区，仿制西雅图包括伦顿、艾佛雷特一些标志性建筑，布局波音商店、北美商品免税购物中心、航空文化展示馆、航空工业旅游等项目，打造航空文化旅游综合体，使航空产业园和波音项目成为朱家尖旅游的新热点。

四、"一港"，就是要打造具有一定集散功能和独特竞争力的中型国际化空港

抓住省机场集团整合的机遇，加大对普陀山机场的建设提升力度，挖掘潜在市场需求，引进基地航空公司，不断巩固国内干、支线航线网络，完善国内航线网络结构，拓展国际和地区航线网络。积极拓展并构建新区现代航线网络，5年内争取新开通国内航线5条，国际或地区航线2条，至2021年实现各类空中直达航线数量20条以上，旅客吞吐量突破150万人次。同时，完善航空货运基础设施建设，引进国内外知名航空货运、货代、物流企业进驻机场开展业务，强化航空货运服务能力。

第四节　加快培育舟山航空产业的具体路径和保障支撑

一、规划引领

完善航空产业园规划。按照"全球重要的航空制造基地"和"浙江航空产业一核"的定位，修订完善航空产业园控制性详细规划。主要是将朱家尖园区的规划范围向西北侧及南侧扩展，由目前的7.88平方千米扩展到17.6平方千米，加上舟山本岛北部零部件制造区4平方千米，形成总面积约20平方千米的国内一流的航空产业园。进一步优化产业的空间布局，要打造一个波音制造核，作为整个园区的产业发展引擎，依托正在建设的波音完工和交付中心，发展干线飞机总装制造业、大部件与系统集成以及通航飞机的总装，主要布局在波音737 完工和交付中心项目的东面和南面，紧邻拖机道，且与海港相连，满足物流集散要求。落实航空运营保障，依托普陀山机场及其周边用地，发展民航及通航运营保障产业。朱家尖大桥西南侧、机场路西侧至茶山山脉北侧的区块，主要布局研发、文创、商务等功能，形成地标效应。茶山南侧结合现状村庄，建设居住服务中心。舟山本岛北部集聚区零件制造区主要布局飞机零件、结构件、紧固件、机载设备、航空新材料等制造业。

二、精准招商

要把精准招商作为培育航空产业的头号工程来抓，优化招商策略，力求重大突破。要围绕波音引一批。积极争取国家发改委和波音公司合作谅解备忘录中的关联业务及项目落地舟山，借助国家发改委争取波音在中国新建飞机总装线。深化和波音公司合作，梳理排摸波音配套供应商名单，办好波音全球供应商大会，围绕前期的完工中心运营，按照先技术服务、后制造实体的顺序，近期要抓紧 App、霍尼韦尔、PPG、罗克韦尔柯林斯以及相关座椅商等落户舟山。依托央企招一批。要主动对接，积极与中航工业、中国商飞等航空央企签订战略合作协议，特别是中航成飞和西飞、上飞手里有很多 737MAX 部件转包生产订单，中航国际收购拥有英国 AIM Altitude 公司，要积极争取相关制造项目落地。要拓展与海航等航空公司对接，争取飞机和发动机的 MRO 项目落地。立足浙江育一批。积极争取浙江民营资本与中航系、商飞系航空制造企业实现技术和资本的嫁接，像绿色石化一样，把舟山作为民营资本进军大飞机产业的试验地，打破航空制造业国强民弱、配套薄弱的格局。

三、要素保障

土地是航空产业园开发建设的核心要素。从当前规划面积 7.88 平方千米（11820 亩）来看，根据舟山市土地利用总体规划，不符合规划部分面积 4953亩，其中涉及永久基本农田 890 亩。共有耕地 4575 亩，涉及标准农田 3624 亩。土地权属关系复杂，分属海投、市国资、大桥局以及私有，还有普陀区国资2490 亩和村集体所属养殖塘 821 亩。可以通过由航投公司以成本价收购、市国资公司以土地股权形式，加快农用地指标争取。要做大航空产业投资平台，建议将市国资委持有的机场集团 3.77% 的股权注入航投公司，做大做强航投公司。

优化航投公司定位，按照"航空产业园基础设施建设投资和航空产业投资相结合"的原则确定投资定位，航投公司在确保产业园基础设施建设投资的同时，适时适量进入航空产业化项目投资。加强人才支撑，积极招引具有航空产业发展战略、项目策划和招引、航空融资租赁和资本运作等方面的人才。

四、优化政策

尽管有波音项目的落户，但舟山航空制造业还是面临着海岛办工业的交通、要素、人才等种种制约因素，必须要有超常规政策举措来破解。要突出重点，对重大干支线飞机和通用飞机总装项目、波音认定的骨干配套企业、世界知名品牌企业、中航系企业、知名融资租赁企业等具有产业链带动力的企业，做到以最大的政策优惠予以引进。包括在土地价格、税收返还、水电气价格、定制厂房租费、大部件运输费、适航认证补贴予以最大的优惠。探索在将来的自由贸易港里建立国际航空制造开放示范区，就外商投资航空制造准入放宽、飞机租赁、税收、监管方式、外汇管理、科技研发、知识产权保护、适航认证国际合作等方面大胆探索。要用足自贸试验区政策，对有保税需求的重点企业，优先安排综合保税区项目用地、保税库、写字楼；在航空融资租赁、放宽外汇管制限制、离岸金融业务开发、拓宽金融服务主体、区外保税展示交易、监管模式创新、管理流程简化等方面寻求政策突破。允许航空维修企业在海关特殊监管区域外按照保税监管方式开展全球航空维修业务，争取调减重要进口航材的关税；学习借鉴天津经验，争取自贸试验区内一定规模以上的飞机租赁企业（包括 SPV）所缴纳的增值税暂不参与省级分成（据浙财预〔2016〕66 号文件，租赁行业缴纳的增值税改征部分地方留成实行省市六四分成），以发展和壮大飞机租赁产业。加大航空科技型企业的培育扶持力度，鼓励航空企业实施技术创新项目。借鉴天津滨海新区航空产业发展经验，成立航空产业支持中心，支持航空产业公共服务平台建设，建立与国际投资、贸易通行规则相衔接的营商环境。

第八章

浙江自贸试验区背景下海洋生态环境风险防范机制研究①

　　近年来，随着国家对海洋生态环境保护的重视程度不断增加，政治、经济、法制、社会等基础不断夯实。一是生态文明建设已经融入经济社会发展的各方面与全过程，提到了前所未有的高度，成为沿海各级党委政府的重要政治任务；二是科学发展、绿色发展、转型发展成为新常态下的经济发展主旋律，将从根本上减轻海洋资源环境的压力；三是随着新《中华人民共和国环境保护法》的全面实施和生态文明考核等制度的出台，相关环保法律法规制度体系逐步完善，海洋生态环境保护有法有据；四是生态文明和环境保护理念不断普及，全社会共建共享美丽海洋的合力不断聚集。

　　舟山市是长江流域和长江三角洲对外开放的海上门户和通道，它的区域发展形势给海洋生态环境提出了较高的挑战。舟山的区域位置比较特殊，这决定了海洋生态环境问题应该要放眼全局，要从国家、地区重大战略的角度来看待这个问题。

第一节　海洋生态环境风险防范机制总体思路

一、指导思想

　　全面贯彻落实习近平总书记关于生态文明建设系列讲话精神，紧紧围绕建设海洋强省和高水平全面建成小康社会的总目标，以海洋生态环境保护和资源节约利用为主线，以改善海洋生态环境质量为核心，坚持问题导向、需求牵引，

---

　　①　课题负责人：全永波。

以改革创新为动力，以综合治理和制度能力建设为重点，以重大工程项目为抓手，着力推进陆海联动污染防治，着力加强海洋生态环境保护和修复，着力完善体制机制，着力提升基础保障能力，努力促进海洋生态环境质量保持稳定，统筹海洋经济的持续发展和海洋资源的合理利用，为高水平全面建成小康社会提供有力支撑。

二、基本原则

（一）坚持生态优先，绿色发展

坚持生态优先，走绿色发展之路，促进人与自然和谐共生；坚持改善海洋生态环境质量，以环境、资源的可持续利用支持社会经济可持续发展。

（二）坚持统筹协调，多措并举

坚持陆海统筹，实施陆海联防共治，严格控制陆源污染物向海洋排放；推进区域协作，建立联合行动机制，促进区域海洋生态环境健康发展；坚持综合防治，协调推进海洋生态环境监督管理、污染防治、监测评价、应急响应和生态保护等各项工作，形成合力。

（三）坚持改革创新，公众参与

以改革促完善，充分发挥各级党委、政府的主导作用，积极鼓励引导社会公众参与，形成党委政府主导、部门分工协作、全社会共同参与的海洋生态环保工作格局。

第二节　舟山的区域分析

中国（浙江）自由贸易试验区（以下简称浙江自贸试验区）之所以落户舟山，且以大宗商品贸易为特色，主要是因为舟山有得天独厚的区位条件优势和港口资源优势。舟山位于我国南北海运和长江水运"T"字形交汇处，是长江连通外海的唯一通道，背靠的不仅是长三角，而是整个长江流域；以舟山群岛为中心，方圆500海里范围，往北覆盖华北地区，往南可达福建、广东、中国台湾地区，往东可达韩国釜山和日本大阪，通过舟山群岛进行大宗商品中转贸易，是最经济的路线。目前我国7条国际远洋航线中就有6条经过舟山海域。舟山的区域发展形势对海洋生态环境也提出了较高的挑战。

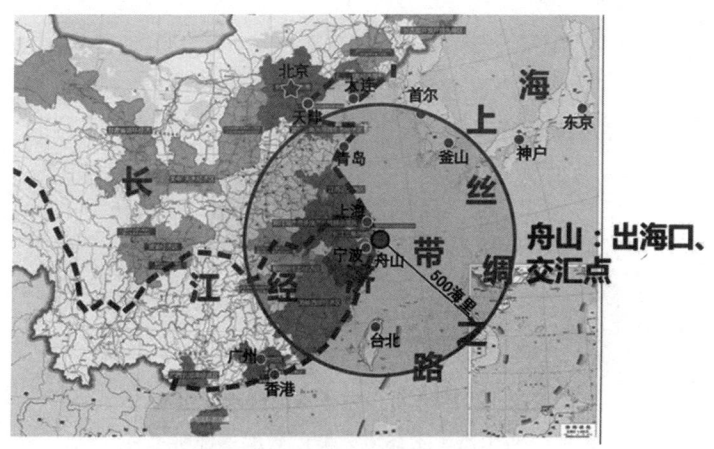

图 8-1 舟山区域图

第三节 浙江自贸试验区背景下海洋生态环境面临的风险

建设浙江自贸试验区是党中央、国务院作出的重大决策,它的发展定位与核心任务是围绕国家能源保障安全,推进以油品全产业链为核心的大宗商品投资便利化、贸易自由化,提升大宗商品全球配置能力,重点打造油品全产业链、建设国际油品交易中心、海事服务基地、国际油品储运基地、国际石化基地、大宗商品跨境贸易人民币国际化示范区。浙江自贸试验区在快速推进的同时也与海洋生态环境承载力产生矛盾。主要表现在以下几个方面。

一、陆域外源污染压力大

2017 年舟山市近岸海域劣Ⅳ类海水占了一半以上。根据海水水质标准,通过检测海水的漂浮物、色度、悬浮物、大肠菌群数、活性磷酸盐、重金属等几十个指标,确定海水的水质。

Ⅰ类海水水质最好,Ⅳ类海水水质最差。有些海水连Ⅳ类水质要求都达不到,称为劣Ⅳ类海水。舟山就有一多半属于这类水,主要超标指标为无机氮和活性磷酸盐,由此带来的环境功能区水质面积达标率为 14.6%。舟山海域承受长江、钱塘江等大江大河及杭州湾沿岸陆源排污所携带入海的大量氮、磷等污染物影响,其中输入性污染占到了 95% 以上。

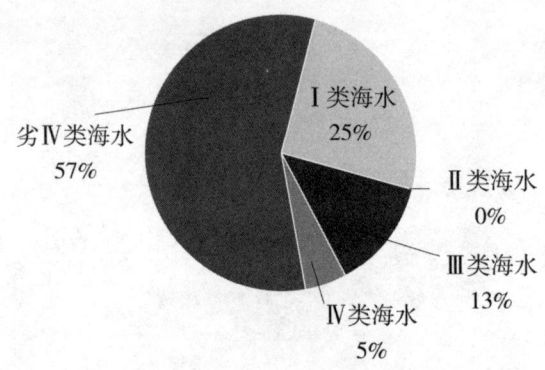

图 8-2　2018 年舟山市近岸海域水质组成

数据来源：根据《舟山市生态环境公报》数据整理所得。

二、涉海工程建设和港航运输污染压力

作为浙江自贸试验区内的重大项目工作之一，舟山绿色石化基地由围填海建设而来，围填海占用了一定的海域空间，其中邻近大小鱼山附近部分是滩涂湿地。这些海域原来是浅海养殖区，具有生产功能。随着填海工程实施，上述海域功能消失，造成海洋生物栖息地生境被破坏，洄游通道被切断，产卵场被破坏，带来了一定的生态损失。

图 8-3　绿色石化基地浙石化炼化一体化项目分布图

浙江自贸试验区涵盖三个片区：舟山离岛片区、舟山岛北部片区和舟山岛南部片区。其中离岛片区和北部片区承担了整个试验区内主要的船舶运输服务。在离岛片区和北部片区内新设立的舟山港综合保税区将成为浙江海洋经济发展

示范区的重要载体，在离岛片区内拟规划建设 5 万吨泊位 2 座，3 万吨泊位 2 座（其中 1 座预留），作为综合保税区的配套码头设施，配套岸线长度为 1163 米；在北部片区拟规划建设干散货和液体散货码头。设置 41 万吨泊位 1 座，20 万吨泊位 1 座，15 万吨泊位 1 座，10 万吨泊位 3 座，5 万吨泊位 4 座，占用岸线长度 3675 米，总占用岸线长度约 4838 米，然而船舶在运输及生活中的一些污染无疑对舟山海域环境带来了重大威胁。

三、空气质量面临新挑战

绿色石化基地是今后几年舟山市 VOCs 和 NOX 排放大户，对大气 PM2.5 和 O_3 污染防治提出了新的挑战。绿色石化基地浙石化炼化一体化项目，一期二期总规模：炼油 4000 万吨/年、对二甲苯（PX）800 万吨/年、乙烯 280 万吨/年。未来，浙石化还要跟沙特阿拉伯国家石油公司合作开展三期工程，预计将新增 2000 万吨/年产能，一、二、三期工程实施后，舟山绿色石化基地的炼化一体化规模将达到 6000 万吨/年，跃居全球第二！届时，舟山市环境空气质量面临的压力将更大。

浙石化炼化一体化项目以生产芳烃（苯、PX）和聚乙烯、聚丙烯、苯乙烯、丁二烯等化工产品和原料为主，还包括一定规模的成品油。

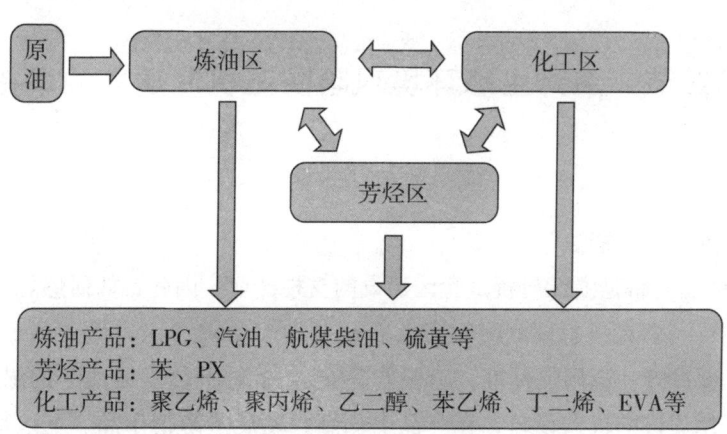

图 8-4 炼化项目流程图

该项目是要创建循环性石化工业园区，实现原料内部互相供应，减少外运和输送损失，减少污染物排放。然而，作为大型石化企业，虽然建设标准与污染控制标准都很高，但是由于体量大，污染物的排放总量也不少。石化基地的污染排放主要来自生产工艺过程、装置设备与管阀件泄漏、各类储罐呼吸、装置尾气、油品装运挥发、废水处理系统溢散、热电厂烟囱等环节。由于石化基地在海岛上，对周边海域空气质量带来新的挑战。

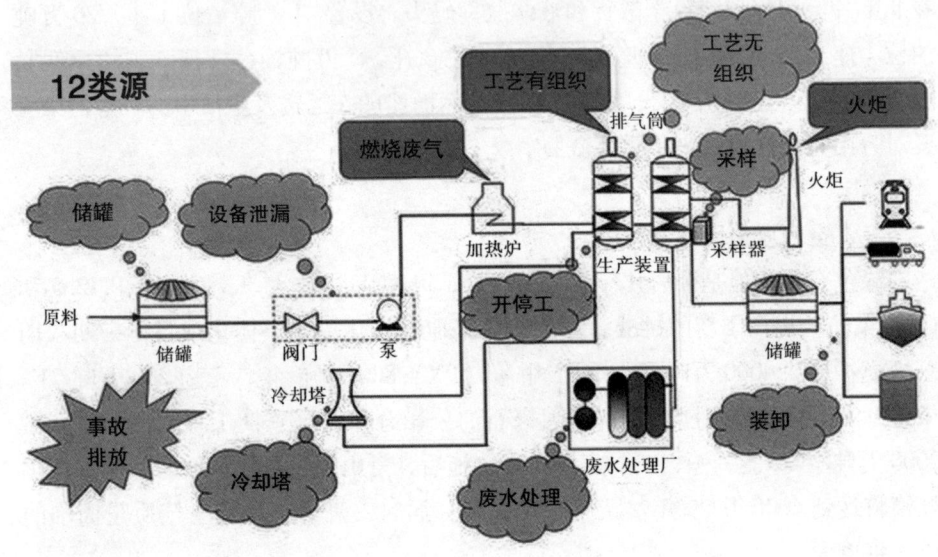

图8-5　炼化项目主要排放源

第四节　海洋生态环境风险防范机制建立的举措

一、炼好"一桶油"

"一桶油"将是浙江自贸试验区建设的支柱产业，因此，如何炼好一桶油显得非常重要。李克强总理到舟山考察石化基地时要求"一定做到绿色、安全、国际化，要严守一流环保标准，确保质量安全"。对于"一桶油"的绿色发展，首先要采用先进的机器设备，在产品上创新，发展下游衍生品。下游衍生品不仅是考虑充分利用上游废弃物，创建循环型石化园区，也是突出下游衍生品附加值高的特点，提高亩均GDP。面向市场需求，重点是开发聚烯烃化学品和树脂衍生物等精细化工产品。比如发泡专用聚烯烃、"三高"聚烯烃用于各种汽车工程塑料生产，医用聚烯烃用于医用注射器生产，高软化点专用树脂用于高级油墨生产，耐候树脂用于生产树脂涂料。

其次，精准防控石化基地大气污染。石化基地可能引起的生态环境污染主要有大气和海洋。对于海洋污染，要通过阶段性定期检测来掌握项目实施的影响，可以在基地周围设置代表性的检测点位，通过分析底泥和鱼类中POPs（持久性有机污染物）、重金属含量，来判断项目实施过程中的海洋生态环境的影响。重点结合新的监测技术、污染治理技术等，来实现基地全过程的科学防控。石化基地相当于一个化工园区。国内对化工园区的大气污染做得最好的是上海化工园区、江苏如东工业园区，可以借鉴国内重点研发项目的经验，从以下四项举措精准防控石化基地大气污染。

第一，建立实时立体监测体系，获得炼化行业高分辨动态排放清单。监测是基础，相当于眼睛。目前的技术完全可以监控石化基地可能对周边的大气污染。通过移动监测（走航）和固定检测（空气站）、红外扫描等技术，通过网格化精确监测，获得一些典型排放源的成分谱以及本地化的排放因子，进而建立具有高时空分辨率、高精度的排放清单；利用空气质量模型，筛选出对环境空气质量影响较大的重点排放源，进而提出一些有效的管理措施。基于排放清单和舟山市气象特征，预测未来环境空气质量演变情况。该监测体系的建立，可以为石化领域的航母保驾护航。

图 8-6　石化基地监测点分布

第二，要实现复杂情景下大气污染的精准溯源，建立相应的风险防控机制。石油炼化是一个危险性相对较高的行业，管理得好可以带来显著的经济效益，管理不好则容易发生事故。化工园区安全事故最近几年大家也听闻许多，多数是由于管理不到位引起的。建立适合舟山市海洋气候、季节风场的本地化大气污染扩散模型，实现对污染源的精准溯源、快速响应，特别是在发生突发性事故时，可以在短时间内找到污染来源。针对累积性风险和突发性风险，设立生产装置、生产车间和厂界的三级防控体系。特别是对于大气环境敏感区，如人口聚集地和风景名胜区，建立完善的环境事故风险防控与应急救援体系，确保将风险控制在可控范围内。

第三，研发一些适用于典型生产工艺和污染治理工艺的新技术，减少污染物的排放。特别是针对一些典型生产工艺、储罐呼吸、装车装船、污水站等不同废气排放单元，要摸清典型污染物的排放规律和排放特征，从而构建起基于工艺的大气污染物排放成分谱，筛选出需要重点控制的工艺单元。基于费效分析和全生命周期评价，构建最佳适用技术体系。

第四，建立集监测、清单、溯源预警、风险防控于一体的智能综合管控系统。利用大数据、云平台等互联网技术，驱动管控模型，实现管控平台的可视化，实时反映石化基地的大气污染情况，为管理部门和决策部门提供科学的依据。通过以上智慧园区的建设，如果想了解石化基地对周围的污染情况（空气质量），可以通过手机 App，在手机上可以看到实时的数据。因此，只要科学管理、精准治理，采用一些先进的技术和手段，石化基地带来的空气污染问题不会成为舟山的负担。

二、"管"好一艘船

要控制船舶大气污染，首先要摸清家底，建立具有高时空分辨率的污染物排放清单，利用船舶自动识别系统、入港签证等手段分析船舶活动水平，识别重点污染源与主要污染物（比如 NOX、SO_2、VOCs 等），形成排放因子数据库。

在这个基础上，第一，要建立舟山市船舶大气污染物排放清单，分析不同船舶类型（集装箱船、散货船、客船等）、不同水域（岱山、定海水域；杭州湾周边地区）、不同航行路径（停靠船舶、途经船舶）、不同航行状态（停靠、进出港、巡航）、不同时间（逐季、逐月、逐周）的污染物排放特征。

第二，要精准预测，分析船舶与港口排放对城市空气质量的影响。利用空气质量模拟技术建立模型并进行校验，分析船舶大气污染对不同尺度大气环境的影响，对影响城市空气质量的排放地区（港口、水域）和排放方式（船舶类型、航行状态等）进行敏感性识别与排序，确定哪类船在什么区域对舟山空气质量影响最大。

第三，要科学减排。形成包括布局优化、活动管理、减排技术等多层次在内的舟山市船舶大气污染防治对策，并进行综合费效评估。比如嵊泗、六横、金塘等 5 个港区在全省率先实行船舶排放控制区管理，现在船舶排放控制区覆盖舟山所有港口；以岸电代替油作为靠港船舶的动力来源以打造绿色港口；兴中公司率先完成了国内首例大规模原油装船油气回收项目，这是一项体现环保和经济双重效益的绿色技术。

三、治好"一片海"

(一) 加强组织领导

政府要建立海洋生态环境保护领导负责制,加强对海洋生态环境保护工作的组织领导;环保、旅游、海洋、海事、港航等部门之间要建立重大事项决策相互通报和协调机制,各司其职、各负其责、团结协作、密切配合,将相关工作任务和责任落到实处,有序推进"四个舟山""五大会战"等重要工作的实施,共同做好全市海洋生态环境保护工作,有计划、有步骤地改善近岸海域生态环境质量。

(二) 建立生态补偿机制

基于大湾区沿海六城"共保联治",提出合理的生态补偿机制。由国家统筹,上海、浙江(省本级及五城)共同出资,建立海洋水环境补偿资金。结合监测数据,对于超量排放部分进行生态补偿。目前,海洋环保执法队伍、监管能力、管理手段存在明显短板,尤其是近岸养殖和海岸工程的环保监管能力亟待加强。积极推行海洋环境污染"终身责任制",加强监督检查、考核评估和责任追究。

生态补偿机制最需要明确的是建立一个具有战略性、全局性和前瞻性的总体框架,并处理好利益与责任的关系。

图 8-7

(三) 加大资金投入

政府要把海洋生态环境保护建设纳入财政预算,建立较稳定的资金来源渠道;对项目使用海域征收的海域使用金留成部分,由财政安排一定的比例用于海洋生态环境保护和整治工作;要根据财力,逐步加大对海洋生态环境保护项目建设的资金投入，并积极争取中央资金支持，满足项目实施的需要。同时不断创新机制，拓展资金渠道，鼓励和引导企业和社会投入海洋生态环境保护。制定和完善投融资、税收、进出口等有利于环境保护的优惠政策，引导资金投向环保项目，扩大引进国内外资金的力度和领域。

（四）强化宣教监督

强化海洋生态环境普法教育和警示教育，开展社区环保活动，增强公众海洋生态环保法制观念、维权意识和可持续发展思维。党校、地方院校要开设海洋生态环境教育内容相关课程，重点加强对领导干部和企业经营管理人员的宣传教育，提高领导干部的海洋生态环境保护意识，协调生态环保与发展的综合决策能力以及涉海行业人员的海洋生态环保意识。规范环境信息发布，建立海洋环境监督网络和举报机制，鼓励公众参与海洋环保行动和环保监督，强化对海洋生态环境保护的新闻宣传和舆论监督力度，建立完善舆论监督和公众监督机制。积极组织开展海洋生态环境保护科技咨询活动，开展形式多样的海洋生态环境保护宣传工作，做好"4·22世界地球日""6·5世界环境日""6·8世界海洋日"等环境保护日的科普宣传活动，提高全民的海洋环境保护意识和参与意识。

第五篇

政策法规汇编

第九章

综合类政策

国务院批复《关于支持中国（浙江）自由贸易试验区油气全产业链开放发展的若干措施》

国函〔2020〕32 号

浙江省人民政府、商务部：

你们关于支持中国（浙江）自由贸易试验区（以下简称浙江自贸试验区）油气全产业链开放发展若干措施的请示收悉。现批复如下：

一、同意《关于支持中国（浙江）自由贸易试验区油气全产业链开放发展的若干措施》（以下简称《若干措施》），请认真组织实施。

二、《若干措施》实施要以习近平新时代中国特色社会主义思想为指导，全面贯彻党的十九大和十九届二中、三中、四中全会精神，按照党中央、国务院决策部署，坚持稳中求进工作总基调，坚持新发展理念，坚持高质量发展，以供给侧结构性改革为主线，加强改革系统集成、协同高效，推动油气全产业链开放发展，以开放促改革、促发展、促创新，把浙江自贸试验区建设成为新时代改革开放新高地。

三、浙江省人民政府要承担主体责任，细化完善配套政策，落实工作任务，切实履行对油品交易主体和市场运行情况的监督责任，以风险防控为底线，确保各项政策措施落到实处。

四、商务部要会同有关部门加强指导和服务，按照职责分工，积极协调解决浙江自贸试验区发展中遇到的困难和问题，不断提升浙江自贸试验区发展水平。

国务院

2020 年 3 月 26 日

（此件公开发布）

附件：

关于支持中国（浙江）自由贸易试验区油气全产业链开放发展的若干措施

建设中国（浙江）自由贸易试验区（以下简称浙江自贸试验区）是党中央、国务院作出的重大决策，是新时代推进改革开放的战略举措。党的十九大报告强调要赋予自贸试验区更大改革自主权。为贯彻落实党中央、国务院决策部署，发挥好自贸试验区改革开放试验田作用，支持浙江自贸试验区围绕战略定位深入开展差别化探索，加强改革系统集成、协同高效，推动油气全产业链开放发展，进一步提高建设质量，制定以下措施：

一、引进油品贸易国际战略投资者

（一）积极整合各种资源，发挥国际知名交易所作用，引入纽约、伦敦、新加坡、迪拜等地经验丰富的交易所作为战略投资者，并引进国际油品贸易商资源。

（二）充分发挥各类企业积极性，招引油品贸易相关的中央企业、地方国有企业、民营企业在浙江自贸试验区集聚。

二、加快推进石化炼化产业转型升级

（三）加快舟山绿色石化基地建设，利用国际先进的化工生产技术，聚焦高端化学品和化工新材料，发展化工下游精深加工产业链。加速油气进口、储运、加工、贸易、交易、服务全产业链发展。

三、进一步完善油气全产业链，打造液化天然气接收中心

（四）支持打造液化天然气（LNG）接收中心，为国内天然气供应提供保障。以国土空间规划及海岸带综合保护与利用规划为空间布局依据，按照全国海洋经济发展"十三五"规划、国家天然气"十三五"规划、全国LNG码头布局规划等规划，开展LNG接收中心功能定位论证和前期研究工作。提升航道管理技术水平，推进LNG罐箱水上运输，提高LNG船舶通航能力。在安全论证基础上，支持并积极开展LNG罐箱多式联运工作。统筹管网规划布局，加强与国家天然气管网体系对接。

（五）支持制定浙江自贸试验区船用LNG加注管理办法和操作规范，试点开展船用LNG加注业务。

四、提升油品流通领域市场化配置能力

（六）支持浙江自贸试验区适度开展成品油出口业务，允许浙江自贸试验区内现有符合条件的炼化一体化企业开展副产的成品油非国营贸易出口先行先试，酌情按年度安排出口数量。

（七）支持浙江自贸试验区搭建成品油内贸分销网络，探索完善成品油流通领域事中事后监管模式。

五、健全船用低硫燃料油供应市场

（八）支持浙江自贸试验区建设船用低硫燃料油生产基地，允许通过保税混兑等方式丰富低硫保税油供给。

（九）创新大宗商品保税混兑政策，制定浙江自贸试验区大宗商品物理混兑贸易管理办法，开展保税状态下油品、铁矿石等大宗商品物理混兑，切实降低企业成本，满足市场需求。

六、支持航运业务创新发展

（十）创新国际船舶供应与保税货物管理业务模式，推行通关便利化改革，提升国际海事服务竞争力。制定浙江自贸试验区国际航行船舶物料供应管理办法。探索对保税仓库内专用于供应国际船舶的保税货物试行"批次进出、集中申报"的出库分送集报模式。允许经主管部门认定的外供企业在相关锚地开展国际船舶供应业务，对其在保税仓库内的食品、船用备件、物料等外供产品，允许在规定时间内集中申报、统一核销。

（十一）支持以舟山江海联运服务中心为载体，充分发挥海、陆、空等多种运输方式组合效应，创新多式联运模式。在有效监管、风险可控的前提下，统筹研究在宁波舟山港实施启运港退税政策的可行性。

七、推动大宗商品期现市场联动发展

（十二）支持浙江自贸试验区与上海期货交易所等国内期货现货交易平台合作，共同建设以油品为主的大宗商品现货交易市场。制定浙江自贸试验区大宗商品现货交易市场管理办法，以"期现合作"为纽带，开展原油、成品油、燃料油等大宗商品现货交易。条件成熟时向铁矿石等大宗商品拓展，并与有对应品种的期货交易所开展合作。

（十三）在风险防范措施完善的前提下，允许境内外行业内企业进入浙江自贸试验区大宗商品现货交易市场开展交易业务。

（十四）建设国际能源贸易与交易平台，促进浙江自贸试验区加快发展国际油气贸易，打造天然气交易平台，做大做强 LNG 国际贸易。做好与国内已有交易中心衔接，明确战略定位，实现协调发展。

八、提升大宗商品跨境贸易金融服务与监管水平

（十五）支持浙江自贸试验区内银行按照展业原则，探索开展油品贸易跨境人民币结算便利化试点。建立油品贸易跨境人民币结算优质可信企业"白名单"，支持优质可信企业凭支付指令直接办理油品贸易跨境人民币结算，支持参照国际惯例探索开展油品转口贸易跨境人民币结算。

（十六）支持浙江自贸试验区内银行为自贸试验区企业开展高水平的贸易投资便利化跨境人民币结算创新业务。支持浙江自贸试验区内金融机构在宏观审慎框架下为优质可信企业办理本外币跨境融资相关业务；探索开展油品贸易企业本外币结算资金按实际需求进行兑换；探索拓宽油品贸易企业本外币结算资金使用渠道。

（十七）支持浙江自贸试验区与上海自贸试验区联动发展。在浙江自贸试验区探索开展本外币合一账户试点。

（十八）支持浙江自贸试验区内银行对守法经营、信用优良企业开展对外贸易优化服务，保障真实合法贸易资金的结算。

（十九）支持资本项目外汇支付便利化，允许浙江自贸试验区内非投资性外资企业在真实、合规的前提下，按实际投资规模将资本项目外汇收入或结汇所得人民币依法用于境内股权投资。

（二十）积极推进大宗商品贸易人民币结算。支持在浙江自贸试验区开展合格境外有限合伙人（QFLP）试点，允许以人民币进行大宗商品贸易结算的相关

国家机构投资者在完成资格审批和外汇资金的监管程序后，将境外资本兑换为人民币资金投资于国内的私募股权投资基金（PE）以及创业投资（VC）市场。

（二十一）加强国家有关部门数据信息共享，在浙江自贸试验区建立企业、银行、政府部门和交易平台之间信息共享的第三方油品仓单公示系统。

（二十二）鼓励保险公司以油气为中心，积极探索有效方式，为油气勘探、炼化、运输、仓储等提供保障。

九、实施有利于油气全产业链发展的财税政策

（二十三）对照国际通行税收政策，探索研究推动油气全产业链发展的政策措施。支持国际船舶供油业务发展和石油、天然气仓储项目建设，研究对船用低硫燃料油从燃料油中作技术区分并提高出口退税率。

十、加强信息互联互通

（二十四）依托浙江国际贸易"单一窗口"，实现涉海、涉港、涉船监管数据共享，推动舟山江海联运服务中心信息平台与浙江国际贸易"单一窗口"信息交换共享。

（二十五）构建国际海事服务网络电子商务平台，推动北斗系统应用，建设跨境电子商务线上综合服务平台，打造海事服务互联网生态圈。

十一、加强海洋生态文明建设

（二十六）以质量改善为目标、以风险防控为底线，切实加强海洋生态环境保护。把海洋生态文明建设纳入海洋开发总布局之中，坚持开发和保护并重、污染防治和生态修复并举，积极探索自贸试验区海洋绿色发展新模式，建立健全油气产业环境治理体系，提升溢油环境风险防范和应急处置等环境治理能力。加强海洋渔业资源保护，实现健康可持续发展。

十二、切实做好组织实施

坚持和加强党对改革开放的领导，把党的领导贯穿于自贸试验区建设的全过程。强化风险意识，完善风险防控和处置机制，加强消防安全保障能力建设，全面提升各类事故应急处置能力，实现区域稳定安全高效运行，牢牢守住不发生系统性风险的底线。浙江省、各有关部门要高度重视、密切协作，在国务院自由贸易试验区工作部际联席会议统筹协调下，抓好任务落实，不断提升浙江自贸试验区发展水平。浙江省要把握基本定位，强化使命担当，贯彻新发展理念，切实履行对油品交易主体和市场运行情况的监督责任，精心组织实施，推动工作取得实效。各有关部门要加强指导和服务，及时制定相关实施细则，下放相关管理权限，积极协调指导浙江自贸试验区解决发展中遇到的问题。需调整有关行政法规、国务院文件和部门规章规定的，要按法定程序办理。重大事项及时向党中央、国务院请示报告。

国务院《关于在自由贸易试验区开展"证照分离"改革全覆盖试点的通知》

国发〔2019〕25 号

各省、自治区、直辖市人民政府，国务院各部委、各直属机构：

近年来，国务院决定对部分涉企经营许可事项在上海等地试点开展"证照分离"改革并逐步复制推广，有效降低了企业制度性交易成本，优化了营商环境，激发了市场活力和社会创造力。为进一步克服"准入不准营"现象，使企业更便捷拿到营业执照并尽快正常运营，国务院决定，在全国各自由贸易试验区对所有涉企经营许可事项实行清单管理，率先开展"证照分离"改革全覆盖试点。现就有关事项通知如下：

一、总体要求

（一）指导思想

以习近平新时代中国特色社会主义思想为指导，全面贯彻党的十九大和十九届二中、三中、四中全会精神，按照党中央、国务院决策部署，持续深化"放管服"改革，进一步明晰政府和企业责任，全面清理涉企经营许可事项，分类推进审批制度改革，完善简约透明的行业准入规则，进一步扩大企业经营自主权，创新和加强事中事后监管，打造市场化、法治化、国际化的营商环境，激发微观主体活力，推动经济高质量发展。

（二）试点范围和内容

在深入总结近年来对部分涉企经营许可事项实施"证照分离"改革经验基础上，自 2019 年 12 月 1 日起，在上海、广东、天津、福建、辽宁、浙江、河南、湖北、重庆、四川、陕西、海南、山东、江苏、广西、河北、云南、黑龙江等自由贸易试验区，对所有涉企经营许可事项实行全覆盖清单管理，按照直接取消审批、审批改为备案、实行告知承诺、优化审批服务等四种方式分类推进改革，为在全国实现"证照分离"改革全覆盖形成可复制可推广的制度创新成果。

在法律、行政法规和国务院决定允许范围内，各省、自治区、直辖市人民政府可以决定在其他有条件的地区开展"证照分离"改革全覆盖试点，可以决定对涉企经营许可事项采取更大力度的改革举措，国务院有关部门要积极支持。

二、实现涉企经营许可事项全覆盖

（一）建立清单管理制度

要按照"证照分离"改革全覆盖要求，将涉企经营许可事项全部纳入清单管理，逐项列明事项名称、设定依据、审批层级和部门、改革方式、具体改革举措、加强事中事后监管措施等内容。清单要定期调整更新并向社会公布，接受社会监督。清单之外不得违规限制企业（含个体工商户、农民专业合作社，下同）进入相关行业或领域，企业取得营业执照即可自主开展经营。

（二）分级实施清单管理

法律、行政法规、国务院决定设定（以下统称中央层面设定）的涉企经营许可事项清单的调整，由国务院审改办商有关部门提出并按程序报批。地方性法规、地方政府规章设定（以下统称地方层面设定）的涉企经营许可事项清单，由有关省级人民政府指定部门组织按程序制定，2019 年 11 月 30 日前以省为单位集中向社会公布。

三、分类推进审批制度改革

（一）直接取消审批

对设定必要性已不存在、市场机制能够有效调节、行业组织或中介机构能够有效实现行业自律管理、通过事中事后监管能够有效规范的涉企经营许可事项，直接取消审批。

取消审批后，企业持有营业执照即可开展经营。市场监管部门要及时将相关企业设立、变更登记信息通过政务信息共享平台推送至有关主管部门，有关主管部门及时将相关企业纳入监管范围，依法实施事中事后监管。

（二）审批改为备案

对可以取消审批的涉企经营许可事项，需要企业及时主动提供有关信息，以便有关主管部门有效实施行业管理、维护公共利益的，由审批改为备案。要坚决防止以备案之名行审批之实。

对审批改为备案的事项，原则上要按照"多证合一"的要求在企业登记注册环节一并办理，由市场监管部门及时将备案信息推送至有关主管部门。确需到有关主管部门办理备案的，要简化备案要素，强化信息共享，方便企业办事。企业备案后，有关主管部门要依法实施有效监管。对未按规定备案或备案信息不实的企业，要明确监管规则，依法调查处理并采取措施予以纠正。

（三）实行告知承诺

对确需保留的涉企经营许可事项，企业就符合经营许可条件作出承诺，有关主管部门通过事中事后监管能够纠正不符合经营许可条件行为、有效防范风险的，实行告知承诺。

对实行告知承诺的事项，有关主管部门要依法准确完整列出可量化可操作、不含兜底条款的经营许可具体条件，明确监管规则和违反承诺的后果，一次性告知企业，并提供告知承诺书示范文本。对企业自愿作出承诺并按要求提交材料的，要当场作出审批决定。

对企业承诺已具备经营许可条件的，企业领证后即可开展经营。对企业尚不具备经营许可条件但承诺领证后一定期限内具备的，企业达到经营许可条件并按要求提交材料后，方可开展经营。有关主管部门应将通过告知承诺领证的企业与通过一般审批程序领证的企业平等对待，根据风险状况加强事中事后监管。要将企业承诺内容向社会公开，方便社会监督。有关主管部门发现企业不符合承诺条件开展经营的，要责令限期整改，逾期不整改或整改后仍达不到要求的，要依法撤销许可证件。因未按规定告知造成的损失由有关主管部门承担，因虚假承诺或违反承诺造成的损失由企业承担。

（四）优化审批服务

对关系国家安全、公共安全、金融安全、生态安全和公众健康等重大公共利益，不具备取消审批或实行告知承诺条件的涉企经营许可事项，应当采取切实措施优化审批服务，提高审批效率、降低办事成本。

对优化审批服务的事项，有关主管部门要针对企业关心的难点痛点问题，采取以下措施：一是下放审批权限。对由自由贸易试验区实施更为便捷高效、能够有效承接的事项，应将审批权限下放或委托给自由贸易试验区所在地有关主管部门,最大限度实现区内企业就近办事。二是压减审批要件和环节。要大幅精简经营许可条件和审批材料,坚决取消"奇葩证明",采取并联办理、联合评审等方式优化办事流程,主动压减审批时限。三是延长或取消有效期限。对许可证件设定了有效期限但经营许可条件基本不变的,原则上要延长或取消有效期限。四是公布总量控制条件和存量情况。对有数量限制的事项,要定期公布总量控制条件、布局规划、企业存量、申请企业排序等情况,方便企业自主决策。同时,鼓励各地区、各部门积极探索优化审批服务的创新举措。

四、完善改革配套政策措施

(一) 规范企业登记经营范围与申办经营许可的衔接

市场监管部门要商有关主管部门明确涉企经营许可事项对应的经营范围表述,推行经营范围规范化登记,厘清证照对应关系。企业办理登记注册时,市场监管部门要根据企业自主申报的经营范围,明确告知企业需要办理的经营许可事项,并将需申请许可的企业信息通过政务信息共享平台精准推送至有关主管部门;有关主管部门要依企业申请及时办理相关经营许可,并将办理结果通过政务信息共享平台推送至市场监管部门。

(二) 强化涉企经营信息归集共享

有关部门要将企业登记注册、经营许可、备案、执法检查、行政处罚等信息及时归集至全国一体化在线政务服务平台、全国信用信息共享平台、国家企业信用信息公示系统,除涉及国家秘密外,实现涉及企业经营的政府信息集中共享。有关部门可通过信息共享获取的信息,一律不得再要求企业提供。涉及部门垂直管理业务信息系统的,有关部门要积极回应地方信息需求,抓紧出台便捷可行的信息归集共享实施方案。

(三) 持续提升审批服务质量和效率

有关主管部门要深入推进审批服务标准化,制定并公布准确完备、简明易懂的办事指南,规范自由裁量权,严格时限约束,消除隐性门槛。要加快推进"互联网+政务服务",推动涉企经营许可事项从申请、受理到审核、发证全流程"一网通办""最多跑一次"。要加强对审批行为的监督管理,建立审批服务"好差评"制度,由企业评判服务绩效。

(四) 创新和加强事中事后监管

要坚持放管结合、并重,按照"谁审批、谁监管,谁主管、谁监管"原则,加强审批与监管的衔接，健全监管规则和标准，坚决纠正"不批不管""只批不管""严批宽管"等问题。要全面推行"双随机、一公开"监管、跨部门联合监管和"互联网+监管"，对新技术、新产业、新业态、新模式实行包容审慎监管，对高风险行业和领域实行重点监管。要加强信用监管，依法查处虚假承诺、违规经营等行为并记入信用记录，实行失信联合惩戒。要强化社会监督，依法及时处理投诉举报，引导社会力量参与市场秩序治理。要增强监管威慑力，对严重违法经营的企业及相关责任人员，依法撤销、吊销有关证照，实施市场禁入措施。

（五）坚持依法推进改革

按照重大改革于法有据的要求，依照法定程序开展相关工作。国务院决定，根据《全国人民代表大会常务委员会关于授权国务院在自由贸易试验区暂时调整适用有关法律规定的决定》，3年内在各自由贸易试验区暂时调整适用《中华人民共和国对外贸易法》等6部法律有关规定；同时，在各自由贸易试验区暂时调整适用《中华人民共和国认证认可条例》等6部行政法规和《国务院对确需保留的行政审批项目设定行政许可的决定》（国务院令第412号公布，国务院令第548号、第671号修订）有关规定。国务院有关部门和有关地方人民政府要根据法律、行政法规、国务院决定的调整情况，及时对本部门和本地区制定的规章、规范性文件作相应调整，建立与试点要求相适应的管理制度。对试点证明行之有效的改革举措，要及时推动有关法律、法规、规章的立改废释，固化改革成果。

五、切实抓好改革政策落实

（一）加强组织领导

国务院推进政府职能转变和"放管服"改革协调小组负责统筹领导全国"证照分离"改革全覆盖试点工作。国务院审改办、市场监管总局、司法部牵头负责具体协调推进改革，做好调查研究、政策解读、协调指导、法治保障、督促落实、总结评估等方面工作。商务部要指导各自由贸易试验区做好"证照分离"改革与对外开放政策的衔接。国务院有关部门要按照职责分工，聚焦企业关切，协调指导支持各自由贸易试验区妥善解决改革推进中遇到的困难和问题。各自由贸易试验区所在地省级人民政府对本地区改革试点工作负总责，要明确牵头部门，健全工作机制，强化责任分工，扎实推进改革。

（二）细化实施方案

国务院有关部门要制订实施方案，对中央层面设定的涉企经营许可事项逐项细化改革举措，明确加强事中事后监管的具体办法，压实监管责任。有关省级人民政府要组织制订本地区试点实施方案，明确地方层面设定的涉企经营许可事项的改革方式，细化改革试点落地措施。有关地区和部门实施方案应于2019年11月30日前向社会公布，并报国务院推进政府职能转变和"放管服"改革协调小组办公室备案。

（三）狠抓工作落实

有关地区和部门要健全激励约束机制和容错纠错机制，充分调动改革的积极性和主动性，以钉钉子精神全面抓好改革任务落实；要做好改革政策的工作培训和宣传解读，扩大政策知晓度，营造有利于改革的良好氛围；要密切跟踪改革试点进展，总结评估试点情况，及时完善政策举措，发现和推广典型经验，确保试点取得预期成效，不断提升企业获得感。

本通知实施中的重大问题，省级人民政府、国务院有关部门要及时向国务院请示报告。

国务院

2019 年 11 月 6 日

（此件公开发布）

长江三角洲区域一体化发展规划纲要

中共中央、国务院印发了《长江三角洲区域一体化发展规划纲要》，并发出通知，要求各地区各部门结合实际认真贯彻落实。

《长江三角洲区域一体化发展规划纲要》主要内容如下。

目录

前言

第一章　发展背景

　第一节　发展基础

前　言

2018 年 11 月 5 日，习近平总书记在首届中国国际进口博览会上宣布，支持长江三角洲区域一体化发展并上升为国家战略，着力落实新发展理念，构建现代化经济体系，推进更高起点的深化改革和更高层次的对外开放，同"一带一路"建设、京津冀协同发展、长江经济带发展、粤港澳大湾区建设相互配合，完善中国改革开放空间布局。

长江三角洲（以下简称长三角）地区是我国经济发展最活跃、开放程度最高、创新能力最强的区域之一，在国家现代化建设大局和全方位开放格局中具有举足轻重的战略地位。推动长三角一体化发展，增强长三角地区创新能力和竞争能力，提高经济集聚度、区域连接性和政策协同效率，对引领全国高质量发展、建设现代化经济体系意义重大。为深入贯彻党的十九大精神，全面落实党中央、国务院战略部署，编制本规划纲要。

规划范围包括上海市、江苏省、浙江省、安徽省全域（面积35.8万平方千米）。以上海市，江苏省南京、无锡、常州、苏州、南通、扬州、镇江、盐城、泰州，浙江省杭州、宁波、温州、湖州、嘉兴、绍兴、金华、舟山、台州，安徽省合肥、芜湖、马鞍山、铜陵、安庆、滁州、池州、宣城27个城市为中心区（面积22.5万平方千米），辐射带动长三角地区高质量发展。以上海青浦、江苏吴江、浙江嘉善为长三角生态绿色一体化发展示范区（面积约2300平方千米），示范引领长三角地区更高质量一体化发展。以上海临港等地区为中国（上海）自由贸易试验区新片区，打造与国际通行规则相衔接、更具国际市场影响力和竞争力的特殊经济功能区。

本规划纲要是指导长三角地区当前和今后一个时期一体化发展的纲领性文件，是制定相关规划和政策的依据。规划期至2025年，展望到2035年。

第一章　发展背景

改革开放特别是党的十八大以来，长三角一体化发展取得明显成效，经济社会发展走在全国前列，具备更高起点上推动更高质量一体化发展的良好条件，也面临新的机遇和挑战。

第一节　发展基础

经济社会发展全国领先。深入实施"八八战略"等重大战略部署，勇挑全国改革开放排头兵、创新发展先行者重担，经济社会发展取得举世瞩目的成就，成为引领全国经济发展的重要引擎。经济实力较强，经济总量约占全国1/4，全员劳动生产率位居全国前列。社会事业加快发展，公共服务相对均衡，社会治理共建共治共享格局初步形成，人民获得感、幸福感、安全感不断增强。

科技创新优势明显。科教资源丰富，拥有上海张江、安徽合肥2个综合性国家科学中心，全国约 1/4 的"双一流"高校、国家重点实验室、国家工程研究中心。区域创新能力强，年研发经费支出和有效发明专利数均占全国 1/3 左右，上海、南京、杭州、合肥研发强度均超过 3%。科创产业紧密融合，大数据、云计算、物联网、人工智能等新技术与传统产业渗透融合，集成电路和软件信息服务产业规模分别约占全国 1/2 和 1/3，在电子信息、生物医药、高端装备、新能源、新材料等领域形成了一批国际竞争力较强的创新共同体和产业集群。

开放合作协同高效。拥有通江达海、承东启西、连南接北的区位优势，口岸资源优良，国际联系紧密，协同开放水平较高。拥有开放口岸 46 个，进出口总额、外商直接投资、对外投资分别占全国的 37%、39% 和 29%，自由贸易试验区探索形成了国际贸易"单一窗口"等一批可复制可推广经验，首届中国国际进口博览会成功举办。统一市场体系联建共享，"一网通办""最多跑一次""不见面审批"等改革成为全国品牌，营商环境位居前列。设立长三角区域合作办公室，建立 G60 科创走廊等一批跨区域合作平台，三级运作、统分结合的长三角区域合作机制有效运转。

重大基础设施基本联通。交通干线密度较高，省际高速公路基本贯通，主要城市间高速铁路有效连接，沿海、沿江联动协作的航运体系初步形成，区域机场群体系基本建立。电力、天然气主干网等能源基础设施相对完善，防洪、供水等水利基础设施体系基本建成，光纤宽带、4G 网络等信息基础设施水平在全国领先。

生态环境联动共保。绿水青山就是金山银山的理念深入人心，"千村示范、万村整治"工程谱写美丽中国建设新篇章，新安江流域生态补偿形成可复制可推广经验，全国森林城市、环保模范城市和生态城市较为密集，河长制湖长制率先施行并在全国推广。空气、水、土壤污染联防联治联动机制逐步完善，太湖、淮河等流域合作治理取得明显成效。333 条地表水国考断面中水质 Ⅲ 类及以上占 77%，41 个城市细颗粒物（PM2.5）平均浓度较 2015 年下降 19%。

公共服务初步共享。公共服务体系相对完善，依托名牌高校成立了 4 家跨区域联合职业教育集团，城市医院协同发展联盟成员已覆盖长三角 30 个城市 112 家三甲医院，养老服务协商协作机制初步建立。跨区域社会保障便利化程度明显提高，目前参保患者跨省异地就医直接结算近 23.6 万人次、结算医疗费用约54亿元。

城镇乡村协调互动。城镇体系完备，常住人口城镇化率超过60%，大中小城市协同发展，各具特色的小城镇星罗棋布，城镇之间经济社会联系密切。上海中心城市辐射带动作用较好发挥，南京、杭州、合肥、苏锡常、宁波等城市群建设成效明显，同城化效应日益显现。城乡发展比较协调，城乡居民收入差距相对较小，城乡要素双向流动，形成了可复制可推广的乡村成功发展模式。

第二节　机遇挑战

重要机遇。当今世界面临百年未有之大变局，全球治理体系和国际秩序变革加速推进，世界新一轮科技革命和产业变革同我国经济优化升级交会融合，为长三角一体化发展提供了良好的外部环境。中国特色社会主义进入新时代，我国经济转向高质量发展阶段，对长三角一体化发展提出了更高要求。"一带一路"建设和长江经济带发展战略深入实施，为长三角一体化发展注入了新动力。党中央、国务院作出将长三角一体化发展上升为国家战略的重大决策，为长三角一体化发展带来新机遇。

主要挑战。国际上保护主义、单边主义抬头，经济全球化趋势放缓，世界经济增长不确定性较大，长三角一体化发展面临更加复杂多变的国际环境。区域内发展不平衡不充分，跨区域共建共享共保共治机制尚不健全，基础设施、生态环境、公共服务一体化发展水平有待提高；科创和产业融合不够深入，产业发展的协同性有待提升；阻碍经济社会高质量发展的行政壁垒仍未完全打破，统一开放的市场体系尚未形成；全面深化改革还没有形成系统集成效应，与国际通行规则相衔接的制度体系尚未建立。这些都给长三角一体化发展带来新的挑战。

第三节　重大意义

实施长三角一体化发展战略，是引领全国高质量发展、完善我国改革开放空间布局、打造我国发展强劲活跃增长极的重大战略举措。推进长三角一体化发展，有利于提升长三角在世界经济格局中的能级和水平，引领我国参与全球合作和竞争；有利于深入实施区域协调发展战略，探索区域一体化发展的制度体系和路径模式，引领长江经济带发展，为全国区域一体化发展提供示范；有利于充分发挥区域内各地区的比较优势，提升长三角地区整体综合实力，在全面建设社会主义现代化国家新征程中走在全国前列。

第二章 总体要求

第一节 指导思想

以习近平新时代中国特色社会主义思想为指导，全面贯彻党的十九大和十九届二中、三中全会精神，坚持党中央集中统一领导，按照党中央、国务院决策部署，统筹推进"五位一体"总体布局，协调推进"四个全面"战略布局，坚持稳中求进工作总基调，坚持新发展理念，坚持推动高质量发展，坚持以供给侧结构性改革为主线，坚持深化市场化改革、扩大高水平开放，加快建设现代化经济体系，着力推动形成区域协调发展新格局，着力加强协同创新产业体系建设，着力提升基础设施互联互通水平，着力强化生态环境共保联治，着力加快公共服务便利共享，着力推进更高水平协同开放，着力创新一体化发展体制机制，建设长三角生态绿色一体化发展示范区和中国（上海）自由贸易试验区新片区，努力提升配置全球资源能力和增强创新策源能力，建成我国发展强劲活跃增长极。

第二节 基本原则

——坚持创新共建。推动科技创新与产业发展深度融合，促进人才流动和科研资源共享，整合区域创新资源，联合开展卡脖子关键核心技术攻关，打造区域创新共同体，共同完善技术创新链，形成区域联动、分工协作、协同推进的技术创新体系。

——坚持协调共进。着眼于一盘棋整体谋划，进一步发挥上海龙头带动作用，苏浙皖各扬所长，推动城乡区域融合发展和跨界区域合作，提升区域整体竞争力，形成分工合理、优势互补、各具特色的协调发展格局。

——坚持绿色共保。践行绿水青山就是金山银山的理念，贯彻山水林田湖草是生命共同体的思想，推进生态环境共保联治，形成绿色低碳的生产生活方式，共同打造绿色发展底色，探索经济发展和生态环境保护相辅相成、相得益彰的新路子。

——坚持开放共赢。打造高水平开放平台，对接国际通行的投资贸易规则，放大改革创新叠加效应，培育国际合作和竞争新优势，营造市场统一开放、规则标准互认、要素自由流动的发展环境，构建互惠互利、求同存异、合作共赢的开放发展新体制。

——坚持民生共享。增加优质公共服务供给，扩大配置范围，不断保障和改善民生，使改革发展成果更加普惠便利，让长三角居民在一体化发展中有更多获得感、幸福感、安全感，促进人的全面发展和人民共同富裕。

第三节　战略定位

全国发展强劲活跃增长极。加强创新策源能力建设，构建现代化经济体系，提高资源集约节约利用水平和整体经济效率，提升参与全球资源配置和竞争能力，增强对全国经济发展的影响力和带动力，持续提高对全国经济增长的贡献率。

全国高质量发展样板区。坚定不移贯彻新发展理念，提升科技创新和产业融合发展能力，提高城乡区域协调发展水平，打造和谐共生绿色发展样板，形成协同开放发展新格局，开创普惠便利共享发展新局面，率先实现质量变革、效率变革、动力变革，在全国发展版图上不断增添高质量发展板块。

率先基本实现现代化引领区。着眼基本实现现代化，进一步增强经济实力、科技实力，在创新型国家建设中发挥重要作用，大力推动法治社会、法治政府建设，加强和创新社会治理，培育和践行社会主义核心价值观，弘扬中华文化，显著提升人民群众生活水平，走在全国现代化建设前列。

区域一体化发展示范区。深化跨区域合作，形成一体化发展市场体系，率先实现基础设施互联互通、科创产业深度融合、生态环境共保联治、公共服务普惠共享，推动区域一体化发展从项目协同走向区域一体化制度创新，为全国其他区域一体化发展提供示范。

新时代改革开放新高地。坚决破除条条框框、思维定式束缚，推进更高起点的深化改革和更高层次的对外开放，加快各类改革试点举措集中落实、率先突破和系统集成，以更大力度推进全方位开放，打造新时代改革开放新高地。

第四节　发展目标

到 2025 年，长三角一体化发展将取得实质性进展。跨界区域、城市乡村等区域板块一体化发展达到较高水平，在科创产业、基础设施、生态环境、公共服务等领域基本实现一体化发展，全面建立一体化发展的体制机制。

城乡区域协调发展格局基本形成。上海服务功能进一步提升，苏浙皖比较优势充分发挥。城市群同城化水平进一步提高，各城市群之间高效联动。省际毗邻地区和跨界区域一体化发展探索形成经验制度。城乡融合、乡村振兴取得显著成效。到 2025 年，中心区城乡居民收入差距控制在 2.2∶1 以内，中心区人均 GDP 与全域人均 GDP 差距缩小到 1.2∶1，常住人口城镇化率达到 70%。

科创产业融合发展体系基本建立。区域协同创新体系基本形成，成为全国重要创新策源地。优势产业领域竞争力进一步增强，形成若干世界级产业集群。创新链与产业链深度融合，产业迈向中高端。到 2025 年，研发投入强度达到 3% 以上，科技进步贡献率达到 65%，高技术产业产值占规模以上工业总产值比重达到 18%。

基础设施互联互通基本实现。轨道上的长三角基本建成，省际公路通达能力进一步提升，世界级机场群体系基本形成，港口群联动协作成效显著。能源安全供应和互济互保能力明显提高，新一代信息设施率先布局成网，安全可控的水网工程体系基本建成，重要江河骨干堤防全面达标。到 2025 年，铁路网密度达到 507 公里/万平方公里，高速公路密度达到 5 公里/百平方公里，5G 网络覆盖率达到 80%。

生态环境共保联治能力显著提升。跨区域跨流域生态网络基本形成，优质生态产品供给能力不断提升。环境污染联防联治机制有效运行，区域突出环境问题得到有效治理。生态环境协同监管体系基本建立，区域生态补偿机制更加完善，生态环境质量总体改善。到 2025 年，细颗粒物（PM2.5）平均浓度总体达标，地级及以上城市空气质量优良天数比率达到 80% 以上，跨界河流断面水质达标率达到 80%，单位 GDP 能耗较 2017 年下降 10%。

公共服务便利共享水平明显提高。基本公共服务标准体系基本建立，率先实现基本公共服务均等化。全面提升非基本公共服务供给能力和供给质量，人民群众美好生活需要基本满足。到 2025 年，人均公共财政支出达到 2.1 万元，劳动年龄人口平均受教育年限达到 11.5 年，人均期望寿命达到 79 岁。

一体化体制机制更加有效。资源要素有序自由流动，统一开放的市场体系基本建立。行政壁垒逐步消除，一体化制度体系更加健全。与国际接轨的通行规则基本建立，协同开放达到更高水平。制度性交易成本明显降低，营商环境显著改善。

到 2035 年，长三角一体化发展达到较高水平。现代化经济体系基本建成，城乡区域差距明显缩小，公共服务水平趋于均衡，基础设施互联互通全面实现，人民基本生活保障水平大体相当，一体化发展体制机制更加完善，整体达到全国领先水平，成为最具影响力和带动力的强劲活跃增长极。

第三章　推动形成区域协调发展新格局

发挥上海龙头带动作用，苏浙皖各扬所长，加强跨区域协调互动，提升都市圈一体化水平，推动城乡融合发展，构建区域联动协作、城乡融合发展、优势充分发挥的协调发展新格局。

第一节　强化区域联动发展

提升上海服务功能。面向全球、面向未来，提升上海城市能级和核心竞争力，引领长三角一体化发展。围绕国际经济、金融、贸易、航运和科技创新"五个中心"建设，着力提升上海大都市综合经济实力、金融资源配置功能、贸易枢纽功能、航运高端服务功能和科技创新策源能力，有序疏解一般制造等非大都市核心功能。形成有影响力的上海服务、上海制造、上海购物、上海文化"四大品牌"，推动上海品牌和管理模式全面输出，为长三角高质量发展和参与国际竞争提供服务。

发挥苏浙皖比较优势。强化分工合作、错位发展，提升区域发展整体水平和效率。发挥江苏制造业发达、科教资源丰富、开放程度高等优势，推进沿沪宁产业创新带发展，加快苏南自主创新示范区、南京江北新区建设，打造具有全球影响力的科技产业创新中心和具有国际竞争力的先进制造业基地。发挥浙江数字经济领先、生态环境优美、民营经济发达等特色优势，大力推进大湾区大花园大通道大都市区建设，整合提升一批集聚发展平台，打造全国数字经济创新高地、对外开放重要枢纽和绿色发展新标杆。发挥安徽创新活跃强劲、制造特色鲜明、生态资源良好、内陆腹地广阔等优势，推进皖江城市带联动发展，加快合芜蚌自主创新示范区建设，打造具有重要影响力的科技创新策源地、新兴产业聚集地和绿色发展样板区。

加强区域合作联动。推动长三角中心区一体化发展，带动长三角其他地区加快发展，引领长江经济带开放发展。加强长三角中心区城市间的合作联动，建立城市间重大事项重大项目共商共建机制。引导长三角市场联动发展，推动跨地域跨行业商品市场互联互通、资源共享，统筹规划商品流通基础设施布局，推动内外贸融合发展，畅通长三角市场网络。加强长三角中心区与苏北、浙西南、皖北等地区的深层合作，加强徐州、衢州、安庆、阜阳等区域重点城市建设，辐射带动周边地区协同发展。探索共建合作园区等合作模式，共同拓展发展空间。依托交通大通道，以市场化、法治化方式加强合作，持续有序推进G60科创走廊建设，打造科技和制度创新双轮驱动、产业和城市一体化发展的先行先试走廊。深化长三角与长江中上游区域的合作交流，加强沿江港口、高铁和高速公路联动建设，推动长江上下游区域一体化发展。

第二节　加快都市圈一体化发展

推动都市圈同城化。以基础设施一体化和公共服务一卡通为着力点，加快南京、杭州、合肥、苏锡常、宁波都市圈建设，提升都市圈同城化水平。统一规划建设都市圈内路、水、电、气、邮、信息等基础设施，加强中心城市与都市圈内其他城市的市域和城际铁路、道路交通、毗邻地区公交线路对接，构建快速便捷都市通勤圈。实现都市圈内教育、医疗、文化等优质服务资源一卡通共享，扩大公共服务辐射半径，打造优质生活空间。推动中心城市非核心功能向周边城市（镇）疏解，在有条件的地方打造功能疏解承载地。推动都市圈内新型城市建设，打造功能复合、智慧互联、绿色低碳、开放包容的未来城市。

推进都市圈协调联动。加强都市圈间合作互动，高水平打造长三角世界级城市群。推动上海与近沪区域及苏锡常都市圈联动发展，构建上海大都市圈。加强南京都市圈与合肥都市圈协同发展，打造东中部区域协调发展的典范。推动杭州都市圈与宁波都市圈的紧密对接和分工合作，实现杭绍甬一体化。建设宁杭生态经济带，强化南京都市圈与杭州都市圈协调联动。加强淮河生态经济带、大运河文化带建设，发展环太湖生态文化旅游，促进都市圈联动发展。加强都市圈间重大基础设施统筹规划，加快大通道、大枢纽建设，提高城际铁路、高速公路的路网密度。加快建立都市圈间重大事项协调推进机制，探索协同治理新模式。

第三节　促进城乡融合发展

提高城乡基础设施联通水平。加快覆盖城乡的公路、电力、天然气、供水、信息、物流和垃圾污水收集处理等基础设施建设，形成联通中心城市、县城、中心镇、中心村的基础设施网络。推动中心区农村公路提档升级、电网升级改造、天然气管网延伸布局、宽带网络建设应用、垃圾污水集中处置，鼓励有条件的县市区建设统一的供水管网，加强农村饮水安全设施建设，提高城乡基础设施互联互通和便捷高效水平。加大苏北、浙西南、皖北等城乡基础设施投入和支持力度，加强大别山革命老区对外连通通道建设，实施农村基础设施补短板工程，提高区域交通通达能力和其他基础设施综合配套水平。

推动城乡公共服务一体化。统筹推进城乡公共服务一体化发展，推动城乡公共服务便利共享，提升农村基本公共服务水平。完善统一的城乡居民基本医疗保险和基本养老保险制度，提升农村居民保障水平。优化农村基础教育学校布局，建立城乡教育联合体，推动城乡校长教师轮岗交流，提高农村基础教育整体水平。鼓励县级医院与乡村医疗卫生机构组建县域医疗服务共同体，推动城市大医院与县级医院建立对口支援、巡回医疗和远程医疗制度。加大农村医务人员培训力度，提高农村医疗服务能力。推行城乡社区服务目录制度，促进城乡社区服务标准衔接和区域统筹。

全面推进人的城镇化。加快以人为核心的综合配套改革，破除制约人全面发展的体制机制障碍，提升人的城镇化水平。深化户籍制度改革，构建城乡居民身份地位平等的户籍登记制度。推进城镇基本公共服务常住人口全覆盖，提高城市包容性，有序推进农业转移人口市民化。完善适应上海超大城市特点的户籍管理制度和南京、杭州特大城市的积分落户制度，提升中心区其他城市人口集聚能力，全面放开Ⅱ型大城市、中小城市及建制镇的落户限制，有序推动农村人口向条件较好、发展空间较大的城镇、特色小镇和中心村相对集中居住和创业发展。推动城乡人才双向流动，鼓励和引导城市人才回乡创业兴业。

提升乡村发展品质。大力实施乡村振兴战略，推动农村一二三产业深度融合，提高农民素质，全面建设美丽乡村。加强农产品质量安全追溯体系建设和区域公用品牌、企业品牌、产品品牌等农业品牌创建，建立区域一体化的农产品展销展示平台，促进农产品加工、休闲农业与乡村旅游和相关配套服务融合发展，发展精而美的特色乡村经济。推广浙江"千村示范、万村整治"工程经验，加快农村人居环境整治，打造农村宜居宜业生产生活生态空间。加强独具自然生态与地域文化风貌特色的古镇名村、居住群落、历史建筑及非物质文化遗产的整体性保护，全面繁荣乡村文化。建立健全党组织领导的自治、法治、德治相结合的乡村治理体系，促进农村社会全面进步。提高农民文化素养，提升农村现代文明水平。

第四节　推进跨界区域共建共享

推动省际毗邻区域协同发展。加强跨区域合作，探索省际毗邻区域协同发展新机制。推动宁波前湾沪浙合作发展区、嘉兴全面接轨上海桥头堡建设，打造上海配套功能拓展区和非核心功能疏解承载地。加强浙沪洋山区域合作开发，共同提升国际航运服务功能。支持虹桥—昆山—相城、嘉定—昆山—太仓、金山—平湖、顶山—汊河、浦口—南谯、江宁—博望等省际毗邻区域开展深度合作，加强规划衔接，统筹布局生产生活空间，共享公共服务设施，强化社会治安协同管理，加强重大污染、安全事故等联合管控与应急处置，共同推动跨区域产城融合发展。

共建省际产业合作园区。加强省际产业合作，有序推动产业跨区域转移和生产要素双向流动。推广上海临港、苏州工业园区合作开发管理模式，提升合作园区开发建设和管理水平。继续推进皖江城市带承接产业转移示范区、连云港东中西区域合作示范区、江苏沿海地区发展。加快推进沪苏大丰产业联动集聚区、上海漕河泾新兴技术开发区海宁分区、中新苏滁现代产业合作园、中新嘉善现代产业合作园等一批省际合作园区建设，推动产业深度对接、集群发展。

联合推动跨界生态文化旅游发展。加强跨界江河湖荡、丘陵山地、近海沿岸等自然与人文景观保护开发，在共同保护中开发，在共同开发中保护，形成自然生态优美、文化底蕴深厚、旅游资源充分利用的生活休闲开敞空间。统筹规划建设长江、淮河、大运河和新安江上下游两岸景观，加强环太湖、杭州湾、海洋海岛人文景观协同保护，强化跨界丘陵山地的开发管控和景观协调，加快江南水乡古镇生态文化旅游和皖南国际文化旅游发展，加强浙皖闽赣生态旅游协作，共同打造长三角绿色美丽大花园。

第四章 加强协同创新产业体系建设

深入实施创新驱动发展战略，走"科创+产业"道路，促进创新链与产业链深度融合，以科创中心建设为引领，打造产业升级版和实体经济发展高地，不断提升在全球价值链中的位势，为高质量一体化发展注入强劲动能。

第一节 构建区域创新共同体

联合提升原始创新能力。加强科技创新前瞻布局和资源共享，集中突破一批卡脖子核心关键技术，联手营造有利于提升自主创新能力的创新生态，打造全国原始创新策源地。加强上海张江、安徽合肥综合性国家科学中心建设，健全开放共享合作机制。推动硬X射线自由电子激光装置、未来网络试验设施、超重力离心模拟与实验装置、高效低碳燃气轮机试验装置、聚变堆主机关键系统综合研究设施等重大科技基础设施集群化发展。优先布局国家重大战略项目、国家科技重大专项，共同实施国际大科学计划和国际大科学工程。加快科技资源共享服务平台优化升级，推动重大科研基础设施、大型科研仪器、科技文献、科学数据等科技资源合理流动与开放共享。

协同推进科技成果转移转化。充分发挥市场和政府作用，打通原始创新向现实生产力的转化通道，推动科技成果跨区域转化。加强原始创新成果转化，重点开展新一代信息技术、高端装备制造、生命健康、绿色技术、新能源、智能交通等领域科技创新联合攻关，构建开放、协同、高效的共性技术研发平台，实施科技成果应用示范和科技惠民工程。发挥长三角技术交易市场联盟作用，推动技术交易市场互联互通，共建全球创新成果集散中心。依托现有国家科技成果转移转化示范区，建立健全协同联动机制，共建科技成果转移转化高地。打造长三角技术转移服务平台，实现成果转化项目资金共同投入、技术共同转化、利益共同分享。

共建产业创新大平台。瞄准世界科技前沿和产业制高点，共建多层次产业创新大平台。充分发挥创新资源集聚优势，协同推动原始创新、技术创新和产业创新，合力打造长三角科技创新共同体，形成具有全国影响力的科技创新和制造业研发高地。发挥长三角双创示范基地联盟作用，加强跨区域"双创"合作，联合共建国家级科技成果孵化基地和双创示范基地。加强清华长三角研究院等创新平台建设，共同办好浦江创新论坛、长三角国际创新挑战赛，打造高水平创新品牌。

强化协同创新政策支撑。加大政策支持力度，形成推动协同创新的强大合力，研究制订覆盖长三角全域的全面创新改革试验方案。建立一体化人才保障服务标准，实行人才评价标准互认制度，允许地方高校按照国家有关规定自主开展人才引进和职称评定。加强长三角知识产权联合保护。支持地方探索建立区域创新收益共享机制，鼓励设立产业投资、创业投资、股权投资、科技创新、科技成果转化引导基金。在上海证券交易所设立科创板并试点注册制，鼓励长三角地区高成长创新企业到科创板上市融资。

第二节　加强产业分工协作

共同推动制造业高质量发展。制定实施长三角制造业协同发展规划，全面提升制造业发展水平，按照集群化发展方向，打造全国先进制造业集聚区。围绕电子信息、生物医药、航空航天、高端装备、新材料、节能环保、汽车、绿色化工、纺织服装、智能家电十大领域，强化区域优势产业协作，推动传统产业升级改造，建设一批国家级战略性新兴产业基地，形成若干世界级制造业集群。聚焦集成电路、新型显示、物联网、大数据、人工智能、新能源汽车、生命健康、大飞机、智能制造、前沿新材料十大重点领域，加快发展新能源、智能汽车、新一代移动通信产业，延伸机器人、集成电路产业链，培育一批具有国际竞争力的龙头企业。面向量子信息、类脑芯片、第三代半导体、下一代人工智能、靶向药物、免疫细胞治疗、干细胞治疗、基因检测八大领域，加快培育布局一批未来产业。

合力发展高端服务经济。加快服务业服务内容、业态和商业模式创新，共同培育高端服务品牌，增强服务经济发展新动能。围绕现代金融、现代物流、科技服务、软件和信息服务、电子商务、文化创意、体育服务、人力资源服务、智慧健康养老九大服务业，联合打造一批高水平服务业集聚区和创新平台。在研发设计、供应链服务、检验检测、全球维修、总集成总承包、市场营销、制造数字化服务、工业互联网、绿色节能等领域，大力推动服务业跨界发展。在旅游、养老等领域探索跨区域合作新模式，提高文化教育、医疗保健、养老安老等资源的供给质量和供给效率。积极开展区域品牌提升行动，协同推进服务标准化建设，打造一批展示长三角服务形象的高端服务品牌。

引导产业合理布局。坚持市场机制主导和产业政策引导相结合，完善区域产业政策，强化中心区产业集聚能力，推动产业结构升级，优化重点产业布局和统筹发展。中心区重点布局总部经济、研发设计、高端制造、销售等产业链环节，大力发展创新经济、服务经济、绿色经济，加快推动一般制造业转移，打造具有全球竞争力的产业创新高地。支持苏北、浙西南、皖北和皖西大别山革命老区重点发展现代农业、文化旅游、大健康、医药产业、农产品加工等特色产业及配套产业。充分发挥皖北、苏北粮食主产区综合优势，实施现代农业提升工程，建设长三角绿色农产品生产加工供应基地。建设皖北承接产业转移集聚区，积极承接产业转移。推动中心区重化工业和工程机械、轻工食品、纺织服装等传统产业向具备承接能力的中心区以外城市和部分沿海地区升级转移，建立与产业转移承接地间利益分享机制，加大对产业转移重大项目的土地、融资等政策支持力度。

第三节　推动产业与创新深度融合

加强创新链与产业链跨区域协同。依托创新链提升产业链，围绕产业链优化创新链，促进产业链与创新链精准对接，打造产业链为基础、创新链为引领的产业升级版。聚焦关键共性技术、前沿引领技术、应用型技术，建立政学产研多方参与机制，开展跨学科跨领域协作攻关，形成基础研究、技术开发、成果转化和产业创新全流程创新产业链。支持龙头企业跨区域整合科研院所研究力量，鼓励科研人员深度参与产业创新活动。成立区域产业联盟。综合运用政府采购、首台套政策、技术标准等政策工具，加快科研成果从样品到产品、从产品到商品的转化。

共同培育新技术新业态新模式。推动互联网新技术与产业融合，发展平台经济、共享经济、体验经济，加快形成经济发展新动能。加强大数据、云计算、区块链、物联网、人工智能、卫星导航等新技术研发应用，支持龙头企业联合科研机构建立长三角人工智能等新型研发平台，鼓励有条件的城市开展新一代人工智能应用示范和创新发展，打造全国重要的创新型经济发展高地。率先开展智能汽车测试，实现自动驾驶汽车产业化应用。提升流通创新能力，打造商产融合产业集群和平台经济龙头企业。建设一批跨境电商综合试验区，构建覆盖率和便捷度全球领先的新零售网络。推动数字化、信息化与制造业、服务业融合，发挥电商平台、大数据核心技术和长三角制造网络等优势，打通行业间数据壁垒，率先建立区域性工业互联网平台和区域产业升级服务平台。

第五章　提升基础设施互联互通水平

坚持优化提升、适度超前的原则，统筹推进跨区域基础设施建设，形成互联互通、分工合作、管理协同的基础设施体系，增强一体化发展的支撑保障。

第一节　协同建设一体化综合交通体系

共建轨道上的长三角。加快建设集高速铁路、普速铁路、城际铁路、市域（郊）铁路、城市轨道交通于一体的现代轨道交通运输体系，构建高品质快速轨道交通网。围绕打通沿海、沿江和省际通道，加快沪通铁路一期、商合杭铁路等在建项目建设，推动北沿江高铁、沿江高铁武合宁通道、沪通铁路二期、沪苏湖、通苏嘉甬、杭临绩、沪乍杭、合新、镇宣、宁宣黄、宁扬宁马等规划项目开工建设，推进沿淮、黄山—金华、温武吉铁路、安康（襄阳）—合肥、沪甬、甬台温福、宁杭二通道的规划对接和前期工作，积极审慎开展沪杭等磁悬浮项目规划研究。以都市圈同城化通勤为目标，加快推进城际铁路网建设，推动市域铁路向周边中小城市延伸，率先在都市圈实现公交化客运服务。支持高铁快递、电商快递班列发展。

提升省际公路通达能力。加快省际高速公路建设，对高峰时段拥堵严重的国省道干线公路实施改扩建，形成便捷通达的公路网络。加快推进宁马、合宁、京沪等高速公路改扩建，提升主要城市之间的通行效率。完善过江跨海通道布局，规划建设常泰、龙潭、苏通第二、崇海等过江通道和东海二桥、沪舟甬等跨海通道。滚动实施打通省际待贯通路段专项行动，取消高速公路省界收费站，提升省际公路通达水平。

合力打造世界级机场群。编制实施长三角民航协同发展战略规划，构建分工明确、功能齐全、连通顺畅的机场体系，提高区域航空国际竞争力。巩固提升上海国际航空枢纽地位，增强面向长三角、全国乃至全球的辐射能力。规划建设南通新机场，成为上海国际航空枢纽的重要组成部分。优化提升杭州、南京、合肥区域航空枢纽功能，增强宁波、温州等区域航空服务能力，支持苏南硕放机场建设区域性枢纽机场。完善区域机场协作机制，提升区域航空服务品质。加强航空货运设施建设，加快合肥国际航空货运集散中心、淮安航空货运枢纽建设，规划建设嘉兴航空联运中心。统筹空域资源利用，促进民航、通用航空融合发展。深化低空空域管理改革，加快通用航空发展。

协同推进港口航道建设。推动港航资源整合，优化港口布局，健全一体化发展机制，增强服务全国的能力，形成合理分工、相互协作的世界级港口群。围绕提升国际竞争力，加强沪浙杭州湾港口分工合作，以资本为纽带深化沪浙洋山开发合作，做大做强上海国际航运中心集装箱枢纽港，加快推进宁波舟山港现代化综合性港口建设。在共同抓好长江大保护的前提下，深化沪苏长江口港航合作，苏州（太仓）港建设上海港远洋集装箱运输的喂给港，发展近洋航线集装箱运输。加强沿海沿江港口江海联运合作与联动发展，鼓励各港口集团采用交叉持股等方式强化合作，推动长三角港口协同发展。加快建设长江南京以下江海联运港区、舟山江海联运服务中心、芜湖马鞍山江海联运枢纽、连云港亚欧陆海联运通道、淮河出海通道，规划建设南通通州湾长江集装箱运输新出海口、小洋山北侧集装箱支线码头。完善区域港口集疏运体系，推进重点港区进港铁路规划和建设。加强内河高等级航道网建设，推动长江淮河干流、京杭大运河和浙北高等级航道网集装箱运输通道建设，提高集装箱水—水中转比重。

第二节　共同打造数字长三角

协同建设新一代信息基础设施。加快构建新一代信息基础设施，推动信息基础设施达到世界先进水平，建设高速泛在信息网络，共同打造数字长三角。加快推进5G网络建设，支持电信运营、制造、IT等行业龙头企业协同开展技术、设备、产品研发、服务创新及综合应用示范。深入推进IPv6规模部署，加快网络和应用升级改造，打造下一代互联网产业生态。统筹规划长三角数据中心，推进区域信息枢纽港建设，实现数据中心和存算资源协同布局。加快量子通信产业发展，统筹布局和规划建设量子保密通信干线网，实现与国家广域量子保密通信骨干网络无缝对接，开展量子通信应用试点。加强长三角现代化测绘基准体系建设，实现卫星导航定位基准服务系统互联互通。

共同推动重点领域智慧应用。大力发展基于物联网、大数据、人工智能的专业化服务，提升各领域融合发展、信息化协同和精细化管理水平。围绕城市公共管理、公共服务、公共安全等领域，支持有条件的城市建设基于人工智能和5G物联的城市大脑集群。加快长三角政务数据资源共享共用，提高政府公共服务水平。支持北斗导航系统率先应用，建设南京位置服务数据中心。推进一体化智能化交通管理，深化重要客货运输领域协同监管、信息交换共享、大数据分析等管理合作。积极开展车联网和车路协同技术创新试点，筹划建设长三角智慧交通示范项目，率先推进杭绍甬智慧高速公路建设。全面推行长三角地区联网售票一网通、交通一卡通，提升区域内居民畅行长三角的感受度和体验度。加强长三角数字流域和智能水网建设。推动智慧广电建设，加快广播电视技术革新与体系重构。加强智慧邮政建设，支持快递服务数字化转型。

合力建设长三角工业互联网。积极推进以"互联网+先进制造业"为特色的工业互联网发展，打造国际领先、国内一流的跨行业跨领域跨区域工业互联网平台。统筹推进省际之间工业互联网建设，推动企业内外网改造升级，积极参与国家标识解析与标准体系构建。加快建设以跨行业跨领域跨区域平台为主体、企业级平台为支撑的工业互联网平台体系，推动企业上云和工业App应用，促进制造业资源与互联网平台深度对接。全面建立工业互联网安全保障体系，着力推动安全技术手段研发应用，遴选推广一批创新实用的网络安全试点示范项目。

第三节　协同推进跨区域能源基础设施建设

统筹建设油气基础设施。完善区域油气设施布局，推进油气管网互联互通。编制实施长三角天然气供应能力规划，加快建设浙沪联络线，推进浙苏、苏皖天然气管道连通。加强液化天然气（LNG）接收站互联互通和公平开放，加快上海、江苏如东、浙江温州 LNG 接收站扩建，宁波舟山 LNG 接收站和江苏沿海输气管道、滨海 LNG 接收站及外输管道。实施淮南煤制天然气示范工程。积极推进浙江舟山国际石油储运基地、芜湖 LNG 内河接收（转运）站建设，支持 LNG 运输船舶在长江上海、江苏、安徽段开展航运试点。

加快区域电网建设。完善电网主干网架结构，提升互联互通水平，提高区域电力交换和供应保障能力。推进电网建设改造与智能化应用，优化皖电东送、三峡水电沿江输电通道建设，开展区域大容量柔性输电、区域智慧能源网等关键技术攻关，支持安徽打造长三角特高压电力枢纽。依托两淮煤炭基地建设清洁高效坑口电站，保障长三角供电安全可靠。加强跨区域重点电力项目建设，加快建设淮南—南京—上海 1000 千伏特高压交流输电工程过江通道，实施南通—上海崇明 500 千伏联网工程、申能淮北平山电厂二期、省际联络线增容工程。

协同推动新能源设施建设。因地制宜积极开发陆上风电与光伏发电，有序推进海上风电建设，鼓励新能源龙头企业跨省投资建设风能、太阳能、生物质能等新能源。加快推进浙江宁海、长龙山、衢江和安徽绩溪、金寨抽水蓄能电站建设，开展浙江磐安和安徽桐城、宁国等抽水蓄能电站前期工作，研究建立华东电网抽水蓄能市场化运行的成本分摊机制。加强新能源微电网、能源物联网、"互联网+智慧"能源等综合能源示范项目建设，推动绿色化能源变革。

第四节　加强省际重大水利工程建设

以长江为纽带，淮河、大运河、钱塘江、黄浦江等河流为骨干河道，太湖、巢湖、洪泽湖、千岛湖、高邮湖、淀山湖等湖泊为关键节点，完善区域水利发展布局。长江沿线，重点加强崩塌河段整治和长江口综合整治，实施海塘达标提标工程，探索建立长三角区域内原水联动及水资源应急供给机制，提升防洪

（潮）和供水安全保障能力。淮河流域，启动实施淮河入海水道二期等淮河治理重大工程，保障淮河防洪排涝安全。太湖流域，实施望虞河拓浚、吴淞江整治、太浦河疏浚、淀山湖综合整治和环太湖大堤加固等治理工程，开展太湖生态清淤试点，形成太湖调蓄、北向长江引排、东出黄浦江供排、南排杭州湾的流域综合治理格局。以巢湖、洪泽湖、高邮湖、淀山湖、华阳湖等湖泊为重点，完善湖泊综合管控体系，加强湖泊上游源头水源涵养保护和水土保持，强化水资源保护与水生态修复。加快实施引江济淮工程，完善引江济太运行机制。

第六章　强化生态环境共保联治

坚持生态保护优先，把保护和修复生态环境摆在重要位置，加强生态空间共保，推动环境协同治理，夯实绿色发展生态本底，努力建设绿色美丽长三角。

第一节　共同加强生态保护

合力保护重要生态空间。切实加强生态环境分区管治，强化生态红线区域保护和修复，确保生态空间面积不减少，保护好长三角可持续发展生命线。统筹山水林田湖草系统治理和空间协同保护，加快长江生态廊道、淮河—洪泽湖生态廊道建设，加强环巢湖地区、崇明岛生态建设。以皖西大别山区和皖南—浙西—浙南山区为重点，共筑长三角绿色生态屏障。加强自然保护区、风景名胜区、重要水源地、森林公园、重要湿地等其他生态空间保护力度，提升浙江开化钱江源国家公园建设水平，建立以国家公园为主体的自然保护地体系。

共同保护重要生态系统。强化省际统筹，加强森林、河湖、湿地等重要生态系统保护，提升生态系统功能。加强天然林保护，建设沿海、长江、淮河、京杭大运河、太湖等江河湖岸防护林体系，实施黄河故道造林绿化工程，建设高标准农田林网，开展丘陵岗地森林植被恢复。实施湿地修复治理工程，恢复湿地景观，完善湿地生态功能。推动流域生态系统治理，强化长江、淮河、太湖、新安江、巢湖等森林资源保护，实施重要水源地保护工程、水土保持生态清洁型小流域治理工程、长江流域露天矿山和尾矿库复绿工程、淮河行蓄洪区安全建设工程、两淮矿区塌陷区治理工程。

第二节　推进环境协同防治

推动跨界水体环境治理。扎实推进水污染防治、水生态修复、水资源保护，促进跨界水体水质明显改善。继续实施太湖流域水环境综合治理。共同制订长江、新安江—千岛湖、京杭大运河、太湖、巢湖、太浦河、淀山湖等重点跨界水体联保专项治理方案，开展废水循环利用和污染物集中处理，建立长江、淮河等干流跨省联防联控机制，全面加强水污染治理协作。加强港口船舶污染物接收、转运及处置设施的统筹规划建设。持续加强长江口、杭州湾等蓝色海湾整治和重点饮用水源地、重点流域水资源、农业灌溉用水保护，严格控制陆域入海污染。严格保护和合理利用地下水，加强地下水降落漏斗治理。

联合开展大气污染综合防治。强化能源消费总量和强度"双控"，进一步优化能源结构，依法淘汰落后产能，推动大气主要污染物排放总量持续下降，切实改善区域空气质量。合力控制煤炭消费总量，实施煤炭减量替代，推进煤炭清洁高效利用，提高区域清洁能源在终端能源消费中的比例。联合制定控制高耗能、高排放行业标准，基本完成钢铁、水泥行业和燃煤锅炉超低排放改造，打造绿色化、循环化产业体系。共同实施细颗粒物（PM2.5）和臭氧浓度"双控双减"，建立固定源、移动源、面源精细化排放清单管理制度，联合制定区域重点污染物控制目标。加强涉气"散乱污"和"低小散"企业整治，加快淘汰老旧车辆，实施国六排放标准和相应油品标准。

加强固废危废污染联防联治。统一固废危废防治标准，建立联防联治机制，提高无害化处置和综合利用水平。推动固体废物区域转移合作，完善危险废物产生申报、安全储存、转移处置的一体化标准和管理制度，严格防范工业企业搬迁关停中的二次污染和次生环境风险。统筹规划建设固体废物资源回收基地和危险废物资源处置中心，探索建立跨区域固废危废处置补偿机制。全面运行危险废物转移电子联单，建立健全固体废物信息化监管体系。严厉打击危险废物非法跨界转移、倾倒等违法犯罪活动。

第三节　推动生态环境协同监管

完善跨流域跨区域生态补偿机制。建立健全开发地区、受益地区与保护地区横向生态补偿机制，探索建立污染赔偿机制。在总结新安江建立生态补偿机制试点经验的基础上，研究建立跨流域生态补偿、污染赔偿标准和水质考核体系，在太湖流域建立生态补偿机制，在长江流域开展污染赔偿机制试点。积极开展重要湿地生态补偿，探索建立湿地生态效益补偿制度。在浙江丽水开展生态产品价值实现机制试点。建设新安江—千岛湖生态补偿试验区。

健全区域环境治理联动机制。强化源头防控，加大区域环境治理联动，提升区域污染防治的科学化、精细化、一体化水平。统一区域重污染天气应急启动标准，开展区域应急联动。加强排放标准、产品标准、环保规范和执法规范对接，联合发布统一的区域环境治理政策法规及标准规范，积极开展联动执法，创新跨区域联合监管模式。强化环境突发事件应急管理，建立重点区域环境风险应急统一管理平台，提高突发事件处理能力。探索建立跨行政区生态环境基础设施建设和运营管理的协调机制。充分发挥相关流域管理机构作用，强化水资源统一调度、涉水事务监管和省际间的水事协调。发挥区域空气质量监测超级站作用，建设重点流域水环境综合治理信息平台，推进生态环境数据共享和联合监测，防范生态环境风险。

第七章　加快公共服务便利共享

坚持以人民为中心，加强政策协同，提升公共服务水平，促进社会公平正义，不断满足人民群众日益增长的美好生活需要，使一体化发展成果更多更公平惠及全体人民。

第一节　推进公共服务标准化便利化

建立基本公共服务标准体系。全面实施基本公共服务标准化管理，以标准化促进基本公共服务均等化、普惠化、便捷化。统筹考虑经济社会发展水平、城乡居民收入增长等因素，逐步提升基本公共服务保障水平，增加保障项目，提高保障标准。开展基本公共服务保障区域协作联动，确保覆盖全体居民。

提升公共服务便利化水平。创新跨区域服务机制，推动基本公共服务便利共享。建立异地就医直接结算信息沟通和应急联动机制，完善住院费用异地直接结算，开展异地就医门急诊医疗费用直接结算试点工作。加强基本公共卫生服务合作，推动重大传染病联防联控。推进社会保险异地办理，开展养老服务补贴异地结算试点，促进异地养老。实施民生档案跨区查档服务项目，建立互认互通的档案专题数据标准体系。探索构建长三角区域基本公共服务平台，促进居民异地享受基本公共服务并便捷结算，推动实现资源均衡分布、合理配置。

第二节　共享高品质教育医疗资源

推动教育合作发展。协同扩大优质教育供给，促进教育均衡发展，率先实现区域教育现代化。研究发布统一的教育现代化指标体系，协同开展监测评估，引导各级各类学校高质量发展。依托城市优质学前教育、中小学资源，鼓励学校跨区域牵手帮扶，深化校长和教师交流合作机制。推动大学大院大所全面合作、协同创新，联手打造具有国际影响的一流大学和一流学科。鼓励沪苏浙一流大学、科研院所到安徽设立分支机构。推动高校联合发展，加强与国际知名高校合作办学，打造浙江大学国际联合学院、昆山杜克大学等一批国际合作教育样板区。共同发展职业教育，搭建职业教育一体化协同发展平台，做大做强上海电子信息、江苏软件、浙江智能制造、安徽国际商务等联合职业教育集团，培养高技能人才。

打造健康长三角。优化配置医疗卫生资源，大力发展健康产业，持续提升人民健康水平。推动大中城市高端优质医疗卫生资源统筹布局，采取合作办院、设立分院、组建医联体等形式，扩大优质医疗资源覆盖范围。共建以居民健康档案为重点的全民健康信息平台和以数字化医院为依托的医疗协作系统，实现双向转诊、转检、会诊、联网挂号等远程医疗服务。逐步建立统一的急救医疗网络体系，实现急救信息共享和急救网络联通。依托优质医疗资源、现代医药产业、养老产业，制定区域产业资本和品牌机构进入当地养老市场指引，培育养老从业人员专业化市场，支持民营养老机构发展。建设一批国际知名的健康医疗服务、养生养老基地。推动跨区域体育资源共享、信息互通、项目合作和人才交流培养，建立长三角体育产业联盟，推动群众体育、竞技体育和体育产业协调发展。

第三节　推动文化旅游合作发展

共筑文化发展高地。加强文化政策互惠互享，推动文化资源优化配置，全面提升区域文化创造力、竞争力和影响力。加强革命文物保护利用，弘扬红船精神，继承发展优秀传统文化，共同打造江南文化等区域特色文化品牌。构建现代文化产业体系，推出一批文化精品工程，培育一批文化龙头企业。继续办好长三角国际文化产业博览会，集中展示推介长三角文化整体形象。加强广播电视产业跨区域合作发展。推动美术馆、博物馆、图书馆和群众文化场馆区域联动共享，实现城市阅读一卡通、公共文化服务一网通、公共文化联展一站通、公共文化培训一体化。加强重点文物、古建筑、非物质文化遗产保护合作交流，联合开展考古研究和文化遗产保护。

共建世界知名旅游目的地。深化旅游合作，统筹利用旅游资源，推动旅游市场和服务一体化发展。依托长江、沿海、域内知名河流、名湖、名山、名城等特色资源，共同打造一批具有高品质的休闲度假旅游区和世界闻名的东方度假胜地。联合开展旅游主题推广活动，推出杭黄国际黄金旅游线等精品线路和特色产品。依托高铁网络和站点，推出"高铁+景区门票""高铁+酒店"等快捷旅游线路和产品。整合区域内红色旅游资源，开发互联互通的红色旅游线路。建设旅游信息库，建立假日旅游、旅游景区大客流预警等信息联合发布机制。探索推出"畅游长三角""惠民一卡通""旅游护照"等产品，改善游客旅游体验。

第四节　共建公平包容的社会环境

推进社会治理共建共治共享。加强和创新社会治理，提高社会化、法治化、智能化、专业化水平，共同建设平安长三角。制定出台区域社会治理地方性法规和政府规章，建立覆盖全体居民的公共法律服务体系。加强城市管理和社会治安防控体系建设，建立城市公共安全风险防控标准体系和规划体系。健全区域性重大灾害事故联防联控机制，完善总体应急预案及相关专项预案。加强跨地区跨部门的业务协同、信息共享、应急演练，推进重点城市和都市圈防灾减灾救灾一体化、同城化。建立健全基层社会治理网络，全域推广网格化服务管理。建立健全安全生产责任体系和联动长效机制，有效防范和坚决遏制重特大安全生产事故发生。深化文明城市、文明乡镇、文明村庄创建，倡导文明礼仪新风，共同提升区域文明程度。

合力营造良好就业创业环境。健全就业创业服务体系，促进人力资源高效配置，提高就业创业水平。制定相对统一的人才流动、吸引、创业等政策，构建公平竞争的人才发展环境。实施有针对性的项目和计划，帮助高校毕业生、农民工、退役军人等重点群体就业创业。联合开展大规模职业技能培训，提高劳动者就业创业能力。加强劳动保障监察协作，强化劳动人事争议协同处理，建立拖欠农民工工资"黑名单"共享和联动惩戒机制。成立区域公共创业服务联盟，开展长三角创新创业大赛，打造公共创业服务品牌。推动市级层面开展"双结对"合作，共促创业型城市（区）建设。

打造诚信长三角。推动诚信记录共享共用，健全诚信制度，建立重点领域跨区域联合奖惩机制，不断提升各类主体的诚信感受度。加强信用建设区域合作，优化区域整体信用环境。聚焦公共服务、食品药品安全、城市管理、全域旅游、生态环保、安全生产等领域，实行失信行为标准互认、信息共享互动、惩戒措施路径互通的跨区域信用联合惩戒制度。建设长三角公共信用信息共享平台，与全国信用信息共享平台实现信息交换共享。推动信用服务领域供给侧改革，培育一批专业化、特色化信用骨干服务机构，打造一批区域性信用服务产业基地。

第八章 推进更高水平协同开放

以"一带一路"建设为统领，在更高层次、更宽领域，以更大力度协同推进对外开放，深化开放合作，优化营商环境，构建开放型经济新体制，不断增强国际竞争合作新优势。

第一节 共建高水平开放平台

协力办好中国国际进口博览会。高水平举办中国国际进口博览会，打造规模更大、质量更优、创新更强、层次更高、成效更好的世界一流博览会。加强综合服务、专业贸易等线下展示交易平台建设，联合打造海外投资和专业服务平台。强化进口博览会参展商对接服务，推进招商引资项目协同，共同策划和开展贸易投资配套活动。加强进口商品通关便利化协同，强化安保、环境、交通等各项保障。加强长三角地区各类品牌展会和相关贸易投资活动协调联动，提升整体效果和影响力。

打造虹桥国际开放枢纽。推动虹桥地区高端商务、会展、交通功能深度融合，建设中央商务区和国际贸易中心新平台，进一步增强服务长三角、连通国际的枢纽功能。全面提升虹桥综合交通枢纽管理水平，完善连通浦东机场和苏浙皖的轨道交通体系，优化拓展虹桥机场国际航运服务功能。加快建设虹桥进口商品展示交易中心、虹桥海外贸易中心、长三角区域城市展示中心、长三角电子商务中心等功能性平台，聚焦发展总部经济、创新经济、商务会展等现代服务业。加快提升教育、医疗、文化等优质公共服务能力，提高对国际人才和企业的综合服务水平。

共同构建数字化贸易平台。积极对接全球电子商务新模式新规则新标准，联合加强数字化贸易平台建设，加强跨境电商国际合作，推动国际贸易制度创新、管理创新、服务创新。加快上海、南京、杭州、合肥、宁波、苏州、无锡、义乌跨境电子商务综合试验区建设，合力打造全球数字贸易高地。加快义乌国际贸易综合改革试验区建设。推动外贸业务流程改造和各环节数据共享，促进贸易监管数字化转型、便利化发展。

加强国际合作园区建设。"引进来"和"走出去"并重，加快推进国际产业双向合作，实现互利共赢、共同发展。依托上海国际大都市和南京、杭州、合肥等中心城市，高水平打造国际组织和总部经济聚集区。依托经济技术开发区、高新技术产业开发区等各类开发区，加快建设中韩（盐城）产业园、中意宁波生态园、中德（合肥）合作智慧产业园及太仓、芜湖、嘉兴等中德中小企业合作区。加快推进中国（宁波）"16+1"经贸合作示范区建设，深化与中东欧国家的投资贸易合作。依托重大国际产能合作项目和对外投资聚集区，稳步推进建设中阿（联酋）产能合作示范园、泰国泰中罗勇工业园、莫桑比克贝拉经贸合作区等一批境外园区，支持国内企业组团出海。支持企业按市场化法治化原则在拉美、非洲、中东欧等地区科学合理地建设境外园区，打造一批高水平国际研究机构和海外产业创新服务综合体。

第二节　协同推进开放合作

推动重点领域开放合作。进一步扩大制造业、服务业、农业领域对外开放，逐步放宽市场准入，不断提升协同开放合作水平。降低汽车、飞机、船舶、装备、电子信息、新材料、新能源等行业进入门槛，积极招引全球500强和行业龙头企业，共同开拓建立全球创新链、产业链、供应链。加快金融市场对外开放，逐步放宽银行业外资市场准入。加大交易所债券市场对外开放，支持境外机构在交易所发行人民币债券，引入境外机构投资者直接投资交易所债券，研究推进基于沪港通的债券市场互联互通。积极引进境外专业服务行业，有序推进服务贸易创新发展试点，完善跨境交付、境外消费、自然人模式下服务贸易准入制度，提升服务贸易自由化便利化水平。加快服务外包产业转型升级，建设具有国际竞争优势的服务外包产业高地。适度增加国内紧缺农产品进口，积极引进国际现代农业先进生产技术和经营管理方式，不断提升农业国际竞争力。

共同提升对外投资合作水平。稳步扩大对外投资，进一步优化结构、拓展布局、创新方式、提升水平，共同推动对外投资可持续高质量发展。加强优势产能、油气矿产开发等领域国际合作，扩大商务服务、先进制造、批发零售、金融服务、境外并购等对外投资，提升工程承包合作水平，加快技术、装备、服务和标准走出去。加强国际对接合作，在对外投资相对密集的国家和地区，布局建设一批集物流集散、加工制造、展示展销、信息资讯等多功能于一体的境外系列服务站。依托长三角一体化对外投资合作发展联盟，携手打造面向全球的综合服务平台，鼓励企业联合走出去。共同推进境外安全保障体系建设，增强风险防范能力。

深化国际人文合作。加强多层次多领域国际人文交流，着力打造国际人文交流汇聚地。办好世界互联网大会、世界智能制造大会、世界制造业大会、联合国世界地理信息大会、第十九届亚运会等重大国际会议展会，开展系列重大国际文化、旅游、体育赛事等活动。联合开展具有长三角品牌特色的海外经济文化交流活动，推动优秀文化、文学作品、影视产品走出去。深化科技、教育、医疗等国际合作，提升国际友城合作水平，加强高端智库国际交流。发挥华侨华商资本、人脉等资源优势，扩大民间交往、深化民心沟通。

第三节 合力打造国际一流营商环境

加快大通关一体化。深化口岸合作，加强协调对接，提升通关一体化水平。加快建设具有国际先进水平的国际贸易"单一窗口"，推动港航物流信息接入，实现物流和监管等信息的全流程采集。建立进出口商品全流程质量安全溯源管理平台，开发信息化电子标签，整合生产、监测、航运、通关数据共享和业务协同，实现全链条监管。统筹区域内中欧班列资源，提高班列双向常态化运行质量效益。

共同打造国际一流市场环境。全面对接国际高标准市场规则体系，打造稳定、公平、透明、可预期的市场环境。提升外商投资管理和服务水平，全面实施外商投资准入前国民待遇加负面清单管理制度，放宽外资准入限制，健全事中事后监管体系。共同加强国际知识产权保护，加大侵权违法行为联合惩治力度，协同开展执法监管。建立健全外商投资企业投诉工作机制，保障外国投资者和外商投资企业合法权益。

完善国际人才引进政策。加大国际人才招引政策支持力度，大力引进海外人才，提升国际高端要素集聚能力。推动国际人才认定、服务监管部门信息互换互认，确保政策执行一致性。总结推广张江国家自主创新示范区国际人才试验区经验，稳步开展外国人永久居留、外国人来华工作许可、出入境便利服务、留学生就业等政策试点。推进国际社区建设，完善国际学校、国际医院等配套公共服务，提高国际人才综合服务水平。

第九章　创新一体化发展体制机制

坚持全面深化改革，坚决破除制约一体化发展的行政壁垒和体制机制障碍，建立统一规范的制度体系，形成要素自由流动的统一开放市场，为更高质量一体化发展提供强劲内生动力。

第一节　建立规则统一的制度体系

健全政策制定协同机制。建立重点领域制度规则和重大政策沟通协调机制，提高政策制定统一性、规则一致性和执行协同性。全面实施全国市场准入负面清单，实行统一的市场准入制度。加强政策协同，在企业登记、土地管理、环境保护、投融资、财税分享、人力资源管理、公共服务等政策领域建立政府间协商机制，根据达成一致的意见形成协同方案，由各级政府依据协同方案制定相关政策措施。建立统一规则，规范招商引资和人才招引政策。提高政策执行的协同性，强化环境联防联控、食品安全监管、知识产权保护等领域的执法联动。

建立标准统一管理制度。加强长三角标准领域合作，加快推进标准互认，按照建设全国统一大市场要求探索建立区域一体化标准体系。协同建立长三角区域标准化联合组织，负责区域统一标准的立项、发布、实施、评价和监督。在农产品冷链物流、环境联防联治、生态补偿、基本公共服务、信用体系等领域，先行开展区域统一标准试点。推进地区间标准互认和采信，推动检验检测结果互认，实现区域内重点标准目录、具体标准制定、标准实施监管三协同，建立层次分明、结构合理的区域协同标准体系。

第二节　促进要素市场一体化

共建统一开放人力资源市场。加强人力资源协作，推动人力资源、就业岗位信息共享和服务政策有机衔接、整合发布，联合开展就业洽谈会和专场招聘会，促进人力资源特别是高层次人才在区域间有效流动和优化配置。加强面向高层次人才的协同管理，探索建立户口不迁、关系不转、身份不变、双向选择、能出能进的人才柔性流动机制。联合开展人力资源职业技术培训，推动人才资源互认共享。

加强各类资本市场分工协作。加快金融领域协同改革和创新，促进资本跨区域有序自由流动。完善区域性股权市场。依法合规扩大发行企业债券、绿色债券、自贸区债券、创新创业债券。推动建立统一的抵押质押制度，推进区域异地存储、信用担保等业务同城化。联合共建金融风险监测防控体系，共同防范化解区域金融风险。鼓励地方政府联合设立长三角一体化发展投资专项资金，主要用于重大基础设施建设、生态经济发展、盘活存量低效用地等投入。支持符合监管政策的地方法人银行在上海设立营运中心。支持上交所在长三角设立服务基地，搭建企业上市服务平台。

建立城乡统一的土地市场。推动土地要素市场化配置综合改革，提高资源要素配置效能和节约集约利用水平。深化城镇国有土地有偿使用制度改革，扩大土地有偿使用范围，完善城乡建设用地增减挂钩政策，建立健全城镇低效用地再开发激励约束机制和存量建设用地退出机制。建立城乡统一的建设用地市场，探索宅基地所有权、资格权、使用权"三权分置"改革，依法有序推进集体经营性建设用地入市，开展土地整治机制政策创新试点。用好跨省补充耕地国家统筹机制，支持重点项目建设。按照国家统筹、地方分担的原则，优先保障跨区域重大基础设施项目、生态环境工程项目所涉及新增建设用地和占补平衡指标。

完善跨区域产权交易市场。推进现有各类产权交易市场联网交易，推动公共资源交易平台互联共享，建立统一信息发布和披露制度，建设长三角产权交易共同市场。培育完善各类产权交易平台，探索建立水权、排污权、知识产权、用能权、碳排放权等初始分配与跨省交易制度，逐步拓展权属交易领域与区域范围。建立统一的技术市场，实行高技术企业与成果资质互认制度。加强产权交易信息数据共享，建立安全风险防范机制。

第三节　完善多层次多领域合作机制

建立健全重点领域合作机制。加强地方立法、政务服务等领域的合作，形成有效的合作体制机制，全面提升合作水平。建立地方立法和执法工作协同常态化机制，推动重点区域、重点领域跨区域立法研究，共同制定行为准则，为长三角一体化发展提供法规支撑和保障。共同推进数字政府建设，强化公共数据交换共享，构建跨区域政务服务网，加快实现民生保障和企业登记等事项"一地受理、一次办理"。建立健全长三角一体化发展的指标体系、评价体系、统计体系和绩效考核体系。

建立各类市场主体协同联动机制。充分发挥市场机制的作用，进一步释放市场主体活力和创造力。深化国资国企改革，积极稳妥推进国有企业混合所有制改革，加强国资运营平台跨区域合作。优化民营经济发展环境，鼓励民营经济跨区域并购重组和参与重大基础设施建设，促进民营经济高质量发展。支持浙江温州、台州开展跨区域发展政策协同试验，为民营经济参与长三角一体化发展探索路径。鼓励行业组织、商会、产学研联盟等开展多领域跨区域合作，形成协同推进一体化发展合力。

建立区域间成本共担利益共享机制。充分发挥区域协调机制的作用，提升一体化发展水平。探索建立跨区域产业转移、重大基础设施建设、园区合作的成本分担和利益共享机制，完善重大经济指标协调划分的政府内部考核制度，调动政府和市场主体积极性。探索建立区域互利共赢的税收利益分享机制和征管协调机制，促进公平竞争。探索建立区域投资、税收等利益争端处理机制，形成有利于生产要素自由流动和高效配置的良好环境。

第十章　高水平建设长三角生态绿色一体化发展示范区

加快长三角生态绿色一体化发展示范区建设，在严格保护生态环境的前提下，率先探索将生态优势转化为经济社会发展优势、从项目协同走向区域一体化制度创新，打破行政边界，不改变现行的行政隶属关系，实现共商共建共管共享共赢，为长三角生态绿色一体化发展探索路径和提供示范。

第一节　打造生态友好型一体化发展样板

探索生态友好型高质量发展模式。坚持绿色发展、集约节约发展。沪苏浙共同制定实施示范区饮用水水源保护法规，加强对淀山湖、太浦河等区域的保护。建立严格的生态保护红线管控制度，对生态保护红线以外区域制定严格的产业准入标准，从源头上管控污染源。共同建立区域生态环境和污染源监控的平台，统一监管执法。提升淀山湖、元荡、汾湖沿线生态品质，共建以水为脉、林田共生、城绿相依的自然生态格局。切实加强跨区域河湖水源地保护，打造生态品牌，实现高质量发展。

推动改革创新示范。积极探索深入落实新发展理念、一体化制度率先突破、深化改革举措系统集成的路径，充分发挥其在长三角一体化发展中的示范引领作用。坚持把一体化发展融入到创新、协调、绿色、开放、共享发展中，实现共商共建共治共享共赢；打破行政壁垒，聚焦一体化制度创新，建立有效管用的一体化发展新机制；系统集成改革举措，增强改革的系统性、整体性、协同性，放大改革效应，为长三角地区全面深化改革、实现高质量一体化发展提供示范。

第二节　创新重点领域一体化发展制度

统一规划管理。创新规划编制审批模式，探索建立统一编制、联合报批、共同实施的规划管理体制。统一编制长三角生态绿色一体化发展示范区总体方案，按程序报批实施。地方依据总体方案共同编制国土空间规划和控制性详规，联合按程序报批。各类专项规划由沪苏浙共同编制、共同批准、联合印发。逐级落实划定生态保护红线、永久基本农田保护线、城镇开发边界和文化保护控制线，建立覆盖全域的"四线"管控体系。加快建立统一的规划实施信息平台，推进各类规划实施的有效衔接和信息共享。

统筹土地管理。加强土地统一管理，探索建立跨区域统筹用地指标、盘活空间资源的土地管理机制。建立统一的建设用地指标管理机制。建立建设用地收储和出让统一管理机制，统筹平衡年度土地收储和出让计划。依法推进农村集体经营性建设用地使用权出让、租赁、入股，实行与国有土地同等入市、同权同价，盘活区内土地存量。

建立要素自由流动制度。统一企业登记标准，实行企业登记无差别办理。为区内企业提供全生命周期服务，允许区内企业自由选择注册地名称，建立区内企业自由迁移服务机制。加强区内企业诚信管理，建立公共信用联合奖惩机制。打破户籍、身份、人事关系等限制，实行专业技术任职资格、继续教育证书、外国人工作证等互认互准制度。建立技术创新成果市场交易平台，制定统一的成果转移转化支持政策，实现区内技术创新成果转化的市场化配置。

创新财税分享机制。理顺利益分配关系，探索建立跨区域投入共担、利益共享的财税分享管理制度。推进税收征管一体化，实现地方办税服务平台数据交互，探索异地办税、区域通办。研究对新设企业形成的税收增量属地方收入部分实行跨地区分享，分享比例按确定期限根据因素变化进行调整。建立沪苏浙财政协同投入机制，按比例注入开发建设资本金，统筹用于区内建设。

协同公共服务政策。加强与国家基本公共服务标准和制度衔接，研究编制区内基本公共服务项目清单，建立部分基本公共服务项目财政支出跨区域结转机制。建立区内公共服务便捷共享制度，推进实施统一的基本医疗保险政策，逐步实现药品目录、诊疗项目和医疗服务设施目录的统一。探索组建跨区域医疗联合体，建立区内居民在医疗联合体范围内就医的绿色通道。完善医保异地结算机制，逐步实现异地住院、急诊、门诊直接结算。统筹学区资源，逐步实现教育均等化。鼓励老人异地养老，实现市民卡及老人卡互认互用。鼓励知名品牌养老服务机构在区内布局设点或托管经营，建立跨区域养老服务补贴制度。建立居民服务一卡通，在交通出行、旅游观光、文化体验等方面率先实现"同城待遇"。按可达性统筹 120 服务、110 服务范围，统一使用 021 电信区号。

第三节　加强改革举措集成创新

系统集成重大改革举措。党的十八大以来党中央明确的全面深化改革举措，允许在区内系统集成，集中落实，建设改革新高地。率先推动实施高质量发展的指标体系、政策体系、标准体系、统计体系、绩效评价及政绩考核体系。复制推广沪浙苏改革创新试点经验，加快上海和浙江自由贸易试验区、上海全球科创中心建设、浙江国家信息经济示范区、嘉善县域科学发展示范点、江苏国家新型城镇化综合改革试点、苏州工业园区构建开放型经济新体制综合试点试验等制度创新成果的集成落实。

全面强化制度政策保障。成立高层级决策协调机制、高效率的开发建设管理机构、市场化运作的开发建设平台公司，负责示范区改革创新和开发建设的统筹协调。在政府债务风险可控前提下，加大对地方政府债券发行的支持力度，中央分配新增地方政府债券额度向示范区倾斜。支持开展土地综合整治，在基本农田总量不减、质量不降、结构优化的前提下完善空间布局。制定实施特殊的人才政策，按照党中央、国务院统一部署探索统筹使用各类编制资源的有效途径，赋予更大用人自主权。

第四节　引领长三角一体化发展

加快复制推广示范区一体化发展制度经验，按照中心区、全域、全国推广层次，定期形成推广清单并按程序报批。充分发挥示范区引领带动作用，提升上海虹桥商务区服务功能，引领江苏苏州、浙江嘉兴一体化发展，构建更大范围区域一体的创新链和产业链。充分发挥示范区人才高地的溢出效应，实现各类高端人才与周边区域的流动共享。依托示范区高品质的生态和人居环境，为周边区域集聚企业、加快经济发展提供有力支撑。

第十一章　高标准建设上海自由贸易试验区新片区

加快中国（上海）自由贸易试验区新片区建设，以投资自由、贸易自由、资金自由、运输自由、人员从业自由等为重点，推进投资贸易自由化便利化，打造与国际通行规则相衔接、更具国际市场影响力和竞争力的特殊经济功能区。

第一节　打造更高水平自由贸易试验区

强化开放型经济集聚功能。在上海大治河以南、金汇港以东以及小洋山岛、浦东机场南侧区域设置新片区，先行启动面积控制在 120 平方千米以内。重点发展跨国公司地区运营管理、订单中心、结算中心等总部经济，积极发展生物医药、集成电路、工业互联网、高端装备制造业等前沿产业，大力发展大宗商品、金融服务、数字贸易等新型国际贸易，推动统筹国际业务、跨境金融服务、前沿科技研发、跨境服务贸易等功能集聚。

实施特殊开放政策。对标国际上公认的竞争力最强的自由贸易园区，选择国家战略需要、国际市场需求大、对开放度要求高但其他地区尚不具备实施条件的重点领域，实施具有较强国际市场竞争力的开放政策和制度，加大开放型经济的风险压力测试。推进投资贸易自由化便利化，实现区内与境外之间的投资经营便利、货物自由进出、资金流动便利、运输高度开放、人员自由执业、信息快捷联通，打造更具国际市场影响力和竞争力的特殊经济功能区。

第二节　推进投资贸易自由化便利化

实行投资自由。借鉴国际上自由贸易园区的通行做法，实施外商投资安全审查制度，进一步减少投资限制。实施更加便利的商事制度，完善外资企业投资服务体系，放宽外资企业注册资本、投资方式等限制，促进各类市场主体公平竞争。

实行贸易自由。取消不必要的贸易监管、许可和程序要求，实行高标准的货物贸易便利化和服务贸易自由化。对境外抵离海关围网区域的货物，探索实施以安全监管为主、更高水平贸易自由化便利化监管模式，提高口岸监管服务效率，增强国际中转集拼枢纽功能。推进服务贸易自由化，加快文化服务、技术产品、信息通信、医疗健康等资本技术密集型服务贸易发展，创新跨境电商服务模式，鼓励跨境电商企业在区内建立国际配送平台，允许具有境外职业资格的金融、建筑、规划、专利代理等服务领域专业人才经备案后为区内企业提供专业服务。

实行资金自由。在风险可控的前提下，按照法律法规规定，借鉴国际通行的金融监管规则，进一步简化优质企业跨境人民币业务办理流程，推动跨境金融服务便利化。探索区内资本自由流入流出和自由兑换。支持区内企业参照国际通行规则依法合规开展跨境金融活动，在依法合规、风险可控、商业可持续的前提下支持金融机构为区内企业提供跨境金融服务。

实行国际运输自由。提升拓展全球枢纽港功能，在沿海捎带、国际船舶登记、国际航权开放等方面加强探索，提高对国际航线、货物资源的集聚和配置能力。进一步完善启运港退税相关政策，优化监管流程，扩大中资方便旗船沿海捎带政策实施效果，研究在对等原则下外籍国际航行船舶开展以洋山港为国际中转港的外贸集装箱沿海捎带业务。推动浦东机场与"一带一路"国家（地区）扩大包括第五航权在内的航权安排，吸引相关国家（地区）航空公司开辟经停航线。

实行人员从业自由。放宽现代服务业高端人才从业限制，在人员出入境、外籍人才永久居留等方面实施更加开放便利的政策措施。建立外国人在区内工作许可制度和人才签证制度，提高外籍高端人才参与创新创业的出入境和停居留便利化程度。为外籍人才申请永久居留提供便利。探索实施外籍人员配额管理制度，为区内注册企业急需的外国人才提供更加便利的服务。

提升网络信息服务能力。建设完备的国际通信设施，加快5G、云计算、物联网等新一代信息基础设施建设，提升区内宽带接入能力、网络服务质量和应用水平。

第三节　完善配套制度和监管体系

创新税制安排。探索实施具有国际竞争力的税收制度安排。对境外进入海关围网区内的货物、海关围网区内企业之间的货物交易和服务实行特殊的税收政策。扩大新片区服务出口增值税政策适用范围，研究适当的支持境外投资和离岸业务发展的新片区税收政策。在新片区集成电路、人工智能、生物医药等重点产业领域的关键环节，研究税收支持政策。

建立健全风险安全监管体系。以风险防控为底线，分类监管、协同监管、智能监管为基础，全面提升风险防范和安全监管水平。高标准建设智能化监管基础设施，实现监管信息互联互认共享。强化边界安全，守住"一线"国门安全、"二线"经济社会安全。加强信用分级管理，按照"守法便利"原则，把信用等级作为区内企业享受优惠政策和制度便利的重要依据。对金融、知识产权、生产安全、人员进出、反恐怖、反洗钱等重点领域，实施严格监管、精准监管、有效监管。

第四节　带动长三角新一轮改革开放

定期总结评估新片区在投资管理、贸易监管、金融开放、人才流动、运输管理、风险管控等方面的制度经验，制定推广清单，明确推广范围和监管要求，按程序报批后有序推广实施。加强自由贸易试验区与海关特殊监管区域、经济技术开发区联动，放大自由贸易试验区辐射带动效应。

第十二章　推进规划实施

加强党对长三角一体化发展的领导，明确各级党委和政府职责，建立健全实施保障机制，确保规划纲要主要目标和任务顺利实现。

第一节　加强党的集中统一领导

坚定不移加强党的全面领导，增强"四个意识"，坚定"四个自信"，做到"两个维护"。充分发挥党总揽全局、协调各方的领导核心作用，把党的领导始终贯穿长三角一体化发展的全过程。切实加强党对长三角一体化发展的领导，涉及的重大事项决策、重大规划制定和调整必须报党中央、国务院审定。充分发挥党的各级组织在推进长三角一体化发展中的领导作用和战斗堡垒作用，激励干部担当作为，全面调动各级干部干事创业的积极性、主动性、创造性，为实现规划纲要目标任务提供坚强的领导保障。

第二节　强化组织协调

长三角一体化发展是新时代党中央、国务院确定的重大战略。各级党委和政府要认真贯彻党中央、国务院战略部署，履行好本级党委和政府职责，激发各类主体的活力和创造力，组织动员全社会力量落实规划纲要，形成推动长三角一体化发展的强大合力。成立推动长三角一体化发展领导小组，统筹指导和综合协调长三角一体化发展战略实施，研究审议重大规划、重大政策、重大项目和年度工作安排，协调解决重大问题，督促落实重大事项，全面做好长三角一体化发展各项工作。领导小组办公室设在国家发展改革委，承担领导小组日常工作。

第三节　健全推进机制

上海市、江苏省、浙江省、安徽省作为推进长三角一体化发展的责任主体，要明确工作分工，完善工作机制，落实工作责任，制订具体行动计划和专项推进方案，把规划纲要确定的各项任务落到实处。要完善三级运作、统分结合的长三角区域合作机制。建立市场化、社会化推进机制，设立一批跨区域一体化运作的轨道交通、发展银行和社会组织管理等专业推进机构。各有关部门要按照职责分工，加强对规划纲要实施的指导，在相关专项规划编制、重大政策制定、重大项目安排、重大体制创新方面予以积极支持。

第四节　建立 1+N 规划政策体系

领导小组办公室要会同三省一市和有关部门，依据本规划纲要，抓紧组织编制基础设施互联互通、科创产业协同发展、城乡区域融合发展、生态环境共同保护、公共服务便利共享等专项规划，组织制订实施长三角生态绿色一体化发展示范区总体方案、中国（上海）自由贸易试验区新片区建设方案，研究出台创新、产业、人才、投资、金融等配套政策和综合改革措施，推动形成 1+N 的规划和政策体系。

第五节　抓好督促落实

在推动长三角一体化发展领导小组的直接领导下，领导小组办公室要加强规划纲要实施的跟踪分析、督促检查、综合协调和经验总结推广，全面了解规划纲要实施情况和效果，适时组织开展评估，协调解决实施中存在的问题，及时总结可复制可推广的政策措施。重大问题及时向党中央、国务院报告。完善规划实施的公众参与机制，广泛听取社会各界的意见和建议，营造全社会共同推动长三角一体化发展的良好氛围。

附录

浙江自贸试验区营商环境特色指标体系

一级指标	二级指标	三级指标	指标说明	2018年度数据	2019年度目标	提升举措
1.大宗货物进口贸易	1.1 从货物抵港到允许提离时耗(不含两步申报)	铁矿砂(小时)	考察三类重点进口大宗散货整体通关时间,以货物抵港为起点,涵盖装卸、申报、查验、放行并允许提离全部环节,不考虑海关布控查验情形;调查取值以标准设施情景,区分最小颗粒度环节,便于横纵向对比:三种商品各1船次,8万吨	<6	<5	1.继续推进口岸各部门协同,通过单一窗口系统功能完善,申报无纸化等举措提高散货通关效率,重点针对粮食推出提速增效方案。2.以企业视角,系统梳理三类大宗散货在口岸须支付的费用清单,推进透明公示,探索可行性降费方案
		原油(小时)		<8	<7	
		粮食(小时)		<10	<9	
	1.2 从货物抵港到允许提离花费	铁矿砂(小时)	考察三类大宗散化口岸费用,包括两方面:一是为达成口岸监管合规而付出或支付给第三方的费用,如报关代理费、货代服务费、引航费、单证文件费;二是港口收取的服务费,如港口建设费、装卸费、堆存费等;只考虑发生概率超过80%的费用,不含非常常规收费;调查取值以标准设施情景,区分细目,便于横纵向对比:三种商品各1船次,8万吨	184	180	
		原油(小时)		149	145	
		粮食(小时)		293	290	
	1.3 进口单证申报无纸化率	铁矿砂(小时)	考察三类大宗散货进口通关申报过程无纸化实际执行程度	10%	>90%	
		原油(小时)		10%	>90%	
		粮食(小时)		10%	>90%	

续表

一级指标	二级指标	三级指标	指标说明	2018年度数据	2019年度目标	提升举措
2.国际航行船舶进出境	2.1 进境/港申报到港准予进港时间	外国籍船舶（小时）	分别考察外国籍、中国籍船舶，进出境/港申报到准予进港全流程时间，申撤无纸化实现率	<3	<2	继续深化国际贸易"单一窗口"标准版运输工具申报系统试点创新举措，和效果
		中国籍船舶（小时）	进境/港全流程（海关预报—确报—抵港报—单证申报入境检疫申报，边检入境/港申报，引航，海事进口手续）	<3	<2	
	2.2 出境/港申报到港准予出港时间	外国籍船舶（小时）	一出境/港全流程（海关预报草证申报确报检验检疫申报，引航，多部门出口岸联系	<3	<2	
		中国籍船舶（小时）	疫申报，边检出境/港申报，引航，海事出口岸手续）调查取证明确将各监管部门、海事出口岸手续，船方、代理分别办理的环节及影响，以最小颗粒度分别核算	<3	<2	
	2.3 申报无纸化率	外国籍船舶（%）		30%	>90%	
		中国籍船舶（%）		30%	>90%	
3.外轮供应	3.1 行业经营许可获取便利度	经营许可手续办理时间（工作日）	该指标导向是促进外供企业办理"准入""准营"同步提速，考察外供企业各合规经营所需各项证照耗时全部办结：取值标准依设场景是以下全部办结：《营业执照》《营业企业备案》《国境口岸卫生许可证注册登记》《报关企业备案》，不包括因企业原因整改耗费的时间；调研时区分最大化并联办理情形与常规情形，目标基于最大化并联办理情形提出	48	24	1.受理流程全电子化，提高工作效能 2.主动提前介入，帮扶相关企业建立完善的相关制度，确保申请时资料齐全条件合格 3.全关统筹评审人员，加快评审速度
	3.2 日常业务开展便利度	申报到放行时间（小时）	外供企业每次业务开展无须查验申报到行或两种情形。目标数据基于无须查验情形提出	1	0.5	1.建立船舶供退物料通关服务平台，实现船舶供退物料无纸化 2.解决物业监管科申报、跨区现场监管跑回跑问题
		申报无纸化率（%）	考察外供企业每次业务开展申报便利化程度，实际应用无纸化的比率	0	90%	

续表

一级指标	二级指标	三级指标	指标说明	2018年度数据	2019年度目标	提升举措
4.船用保税燃料油加注	4.1 全周期供应效率	受油船抵达锚地（除马峙锚地外）（小时）	体现锚位数量、调度服务是否能够跟上当前供应形势；取值时分别考察最快情形，一般情形和最慢情形	16	16	1.完善供油基础设施，降低加注等待时间 2.开发完成船用燃料油智能调度系统并投入使用，在加油船舶排队、供油数据管理等方面，实现智能化和信息化 3.加快推广应用船用燃料油质量流量计
		受油船进入锚位到加满1000吨油到驶离的平均时间（小时）	与前、后指标结合，观察舟山港供受油全生命周期"离"效率，以备与国际一流加油港对标市场环境：本指标受市场化因素影响，作为观察性内容供内部参考，督促改善，不对外公布。设置指标准假设情景为加油1000吨，便于横纵向对比；取值时分别考察最快情形，一般情形和最慢情形：三项指标均不涉及天气等不可抗力因素造成的影响	8	7.5	
		从加满1000吨油到受油船愿意驶离的平均时间（小时）	考察受油船加油完成后，完成油量检验，双方就差额纠纷解决等完成结算，或无纠纷直接驶离的时间；本指标以数据结果体现舟山港供油企业减纷解决效率水平，质量流量计推广应用效果等因素的综合作用；同样作时分别考察最快情形，一般情形和最慢情形。评估阶段为观察供内容内部参考，不对外公布。评估阶段问卷调查将细致区分个性问题和共性问题，市场因素和政府监管因素	3.5	3.3	
	4.2 市场监管与服务质量	申报无纸化率（%）	体现保税油加注各通关过程中的申报效率，无纸化申报率和政府服务的实现程度	60%	75%	

续表

一级指标	二级指标	三级指标	指标说明	2018年度数据	2019年度目标	提升举措
5.跨境资金结算	5.1 贸易外汇事项办理便利度	耗时（天）	先期监测办理"货物贸易外汇收支企业名录"事项；逐步拓展监测事项范围	5	4	1.将更多贸易相关外汇监管和服务相关事项、跨境融资相关事项纳入"最多跑一次"改革范围，全程无纸化办理 2.落实好浙江自贸试验区金融33条政策 3.加强对上海、广东金融开放创新政策跟踪对比，突出油气产业特色的同时，保持试点晓度门槛最低，企业知晓度最高，落实效果最好优势 4.进一步做大经常项下跨境人民币业务，优化业务结构 5.推进油品转口贸易使用人民币结算便利化
		网上办理覆盖率（%）		100%	100%	
	5.2 跨境融资便利度	耗时（天）	先期监测办理"外债签约登记"事项；逐步拓展监测事项范围	10	8	
	5.3 资本项目收入结汇支付便利度	准入条件全国最优（是1分/否0分）	跟踪监测资本项目收入结汇支付试点落地情况，督促监测持续保持优势	是	是	
		比重（%）		90%	95%	
	5.4 跨境人民币结算	结算量（亿元）	完善和优化人民币跨境业务政策，所有依法使用外汇结算的跨境交易，企业均可以使用人民币结算，以促进贸易便利化，营造优良营商环境，推动形成全面开放新格局。围绕大宗商品跨境贸易人民币示范区建设目标，支持企业使用人民币进行跨境结算	728	800	
		跨境收支总额中人民币结算比重（%）		40%	45%	

续表

一级指标	二级指标	三级指标	指标说明	2018年度数据	2019年度目标	提升举措
6.制度创新成果	6.1制度创新成果数量	累计制度创新案例数量（项）	主要考察自贸试验区上报的制度创新成果数量情况	59	100	1.深化自贸试验区首创性差异化改革，聚焦油品交易、港口贸易、监管体制等关键领域，力争实现突破性制度创新成果 2.提高制度创新溢出效应，增强对经济增长的支撑带动作用，在全省内示范引领作用，提升制度创新率 3.提升制度创新质量，提高首创案例创新率和在全国复制推广率
	6.2制度创新案例首创率	全国首创制度占比（%）	主要考察自贸试验区上报的制度创新案例中被第三方机构评为"全国首创"案例的占比情况	39%	40%	
	6.3制度创新案例在全国复制推广率	全国复制推广案例（项）	主要衡量自贸试验区所推出的制度推广效应，被国家复制推广案例采纳情况	6	14	

281

浙江省商务厅《关于做好石油成品油流通管理"放管服"改革工作的通知》

各设区市人民政府：

为贯彻落实《国务院办公厅关于加快发展流通促进商业消费的意见》（国办发〔2019〕42号）明确的扩大成品油市场准入，取消石油成品油批发、仓储经营资格审批，将成品油零售经营资格审批下放至地市级政府的要求，按照省委省政府深化"最多跑一次"改革和商务部工作部署，经省政府同意，现将有关事项通知如下：

一、做好批发仓储经营资格审批取消后政策衔接

自国办发〔2019〕42号文发布之日起，商务主管部门不再受理原油销售、仓储和成品油批发、仓储经营资格申领审核转报事项，不再受理上述经营资格证书的变更及注（撤）销审核转报，现有证书在有效期满后自动失效，不再收回。

市场主体从事石油成品油批发、仓储经营活动，应当符合企业登记注册、国土资源、规划建设、油品质量、安全、环保、消防、税务、气象、计量等相关法律法规、规章和标准要求，依法依规开展经营活动，无须向商务主管部门申请经营许可。各设区市人民政府督促有关部门依法履行石油成品油批发、仓储经营活动监管。

二、做好成品油零售经营资格审批下放移交

（一）建立健全工作机制

下放后，设区市人民政府负责成品油零售经营行政许可及成品油经营活动监督管理，负责编制成品油零售体系发展规划，组织实施加油站规划实施确认、成品油零售经营资格申领、成品油零售经营批准证书变更及注（撤）销事项的审批；要明确市县两级具体执行部门（商务主管部门或设区市政府指定的其他部门，以下简称执行部门），负责审批及行业管理等；要按照省委省政府《关于深化市场监管综合行政执法改革的实施意见》（浙委办发〔2019〕26号）要求，理顺部门职责，加快落实市场监管综合行政执法，强化成品油经营事中事后监管。

（二）编制零售体系发展规划

加油站（点、船）规划是成品油零售经营资格审批的重要依据，各设区市人民政府要按照"多规合一"要求，每 5 年组织编制全市成品油零售体系发展规划。加强规划与国家标准衔接，按照加油站建设管理相关要求，紧密衔接国土空间发展、综合交通等规划，经实地踏勘，将符合设置间距要求的规划布点，纳入成品油零售体系发展规划，规划发布实施前报省商务厅备案。强化规划实施和动态管理，开展规划实施情况评估，适应经济和交通发展需要，依法依规对规划布点进行调整。

（三）符合加油站间距设置要求

加油站建设应符合当地成品油零售体系发展规划，并满足国家对布点设置间距规定要求，符合安全监管、消防、环境保护等相关法律法规规定，执行《汽车加油加气站设计与施工规范》（GB50156—2012）、《城市综合交通体系规划标准》（GBT 51328—2018）、《成品油零售企业管理技术规范》（SB/T10390）等相关国家规范标准。布点设置间距解释见附件 1。

（四）优化设置审批流程

申请从事成品油零售经营资格企业，应向县级执行部门提出申请。经县级执行部门审核后，对符合条件的予以受理，并将初步审核意见及申请材料通过"浙江政务服务网"报设区市执行部门审核，由设区市人民政府决定是否给予成品油零售经营资格许可。各地应在规定时限内完成审批流程，对符合条件的发放《成品油零售经营批准证书》，对不符合条件的，将不予许可的决定及理由书面通知申请人。《成品油零售经营批准证书》由设区市人民政府参照商务部原证书样本（见附件 2）自行印制管理。

三、下放承接工作要求

（一）健全管理体系

各设区市人民政府履行成品油零售经营行政许可主体责任，要配齐配强工作力量，建立健全审批权限下放承接机制，制定完善许可公示公告、"互联网+监管"、定期检查和不定期检查、年度检查和"双随机、一公开"等事中事后监管制度。

（二）依法依规审批

各设区市人民政府要依法依规行使职权，及时发布成品油零售经营事项办事服务指南及流程；公开、公平、公正组织实施成品油零售体系发展规划；严格按照规定条件、设定程序和完成时限开展审批，不得增设审批条件；公示公告成品油零售经营资格审批结果。

（三）强化监督管理

各设区市人民政府严格实施成品油零售企业年度检查，重点检查油品质量、消防、安全、环保等内容。督促成品油零售企业履行安全生产主体责任，切实防范安全事故发生。开展"双随机、一公开"检查，建立"黑名单"曝光和通报机制，及时查处违法违规行为，并向社会公开。加强信用监管，建立信用档案。充分发挥行业协会作用，加强行业自律。

（四）加强运行监测

成品油是与人民生产生活休戚相关的重要商品，保障成品油市场平稳运行至关重要。下放后，各设区市要加强市场运行监测，完善市场预警机制，按照规定及时向省商务厅上报年度工作总结和市场运行监测周报、月报、年报，确保成品油市场平稳运行。

成品油零售经营资格审批下放移交于 2020 年 1 月底前完成，省商务厅不再受理成品油零售经营许可事项，各地于 2020 年 1 月 8 日前将设区市执行部门及工作联系人、联系方式报我厅。《关于做好成品油零售经营资格审批权限下放有关工作的通知》（浙商务商发〔2012〕307 号）、《关于宁波市成品油市场管理有关事项的通知》（浙商务商发〔2013〕314 号）、《关于下放成品油零售经营管理有关事项的通知》（浙商务发〔2018〕150 号），自本文件印发之日起作废。

未尽事宜，按照《成品油市场管理办法》（商务部令 2006 年 23 号令）、《浙江省成品油市场管理实施细则》（浙商务商发〔2010〕240 号）执行。

附件：1. 关于加油站设置间距标准解释

　　　2. 成品油零售经营批准证书正副本样本

浙江省商务厅

2019 年 12 月 27 日

附件1：关于加油站设置间距标准解释

依据《成品油市场管理办法》（商务部令2006年23号令）、《汽车加油加气站设计与施工规范》（GB50156—2012）、《城市综合交通体系规划标准》（GBT 51328—2018）、《成品油零售企业管理技术规范》（SB/T10390）等相关国家标准，布点设置间距解释如下：

一、关于城区加油站设置

城区加油站服务半径不低于0.9千米，即与周边最近加油站的车行距离不低于1.8千米。

二、关于国省道加油站设置

国道、省道公路每百千米不超过6对（12座），即在总量符合要求的基础上，与相邻加油站车行距离原则上不低于8.3千米。

三、关于县乡道加油站设置

县乡道公路每百千米不超过5对（10座），即在总量符合要求的基础上，与相邻加油站车行距离原则上不低于10千米。

四、关于高速公路加油站设置

高速公路每百千米不超过2对，即服务区50千米一对（2座）加油站。

五、关于乡镇镇区加油站设置

对于年用油量1000吨以上或车辆保有量200辆以上的乡镇，目前尚无加油站的，镇区可设置加油站1个，间距标准可适当放宽，与城区已有最近加油站的车行距离原则上不低于1.8千米，与国省道、县乡道已有最近加油站的车行距离原则上不低于3.5千米。

六、关于人口集聚较大镇的界定

人口集聚较大镇是指列入省政府办公厅《关于加快推进中心镇培育工程的若干意见》（浙政办发〔2007〕13号）、《关于进一步加快中心镇发展和改革的若干意见》（浙委办〔2010〕115号）和《关于增补省级中心镇的通知》（浙政办发〔2012〕113号）认定的省级中心镇，或纳入《关于开展小城市培育试点的通知》（浙政办发〔2010〕162号）、《关于公布小城市培育试点扩围名单的通知》（浙政办发〔2014〕43号）、《关于公布第三批小城市培育试点名单的通知》（浙政办发〔2016〕168号）认定的小城市培育试点镇，或已通过省政府培育验收的特色小镇，可参照城区加油站设置间距。

附件 2：成品油零售经营批准证书正副本样本

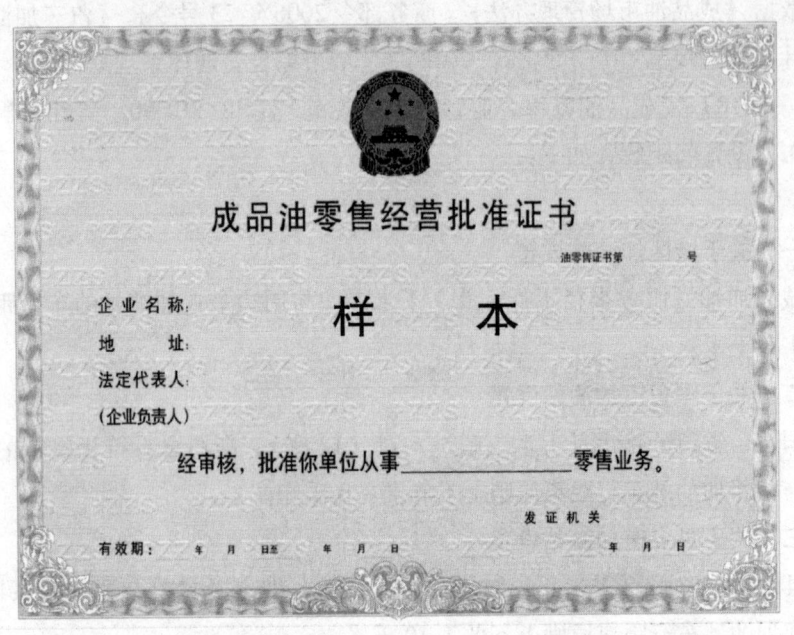

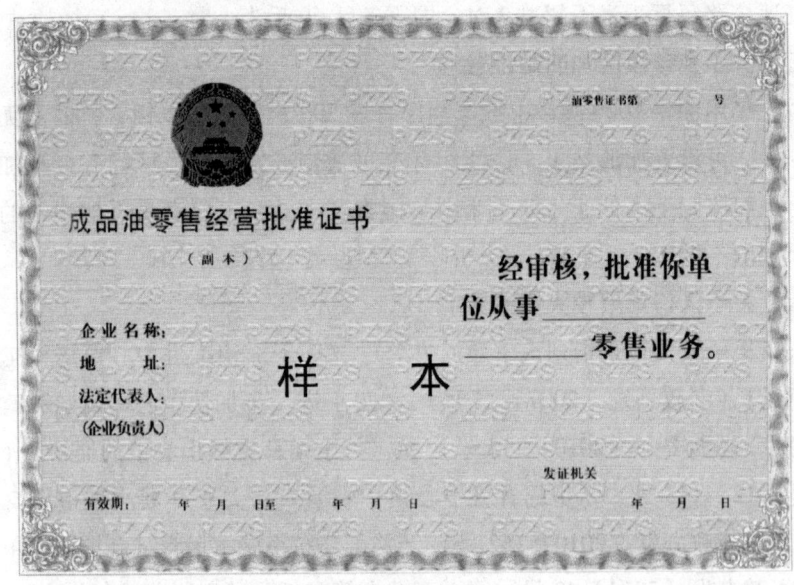

年度检验情况

年度

年检盖章
年 月 日

年度

年检盖章
年 月 日

年度

年检盖章
年 月 日

年度

年检盖章
年 月 日

样　本

《成品油零售经营批准证书》
须 知

一、企业经省级商务主管部门审核批准取得《成品油零售经营批准证书》即取得成品油零售经营资格。

二、企业改变名称、地址、法定代表人(企业负责人)及发生分立、合并等，必须向商务部或商务部授权的省级商务主管部门提出申请，重新办理《成品油零售经营批准证书》，旧证收回。

三、企业歇业、被撤销或其他原因终止营业，应交回《成品油零售经营批准证书》。

四、企业应按商务部要求提交年检报告，办理年检手续。年检不合格和不按期年检的，将收回《成品油零售经营批准证书》。

优化营商环境条例
中华人民共和国国务院令
第 722 号

《优化营商环境条例》已经 2019 年 10 月 8 日国务院第 66 次常务会议通过，现予公布，自 2020 年 1 月 1 日起施行。

总　理　李克强
2019 年 10 月 22 日

第一章　总　则

第一条　为了持续优化营商环境，不断解放和发展社会生产力，加快建设现代化经济体系，推动高质量发展，制定本条例。

第二条　本条例所称营商环境，是指企业等市场主体在市场经济活动中所涉及的体制机制性因素和条件。

第三条　国家持续深化简政放权、放管结合、优化服务改革，最大限度减少政府对市场资源的直接配置，最大限度减少政府对市场活动的直接干预，加强和规范事中事后监管，着力提升政务服务能力和水平，切实降低制度性交易成本，更大激发市场活力和社会创造力，增强发展动力。

各级人民政府及其部门应当坚持政务公开透明，以公开为常态、不公开为例外，全面推进决策、执行、管理、服务、结果公开。

第四条　优化营商环境应当坚持市场化、法治化、国际化原则，以市场主体需求为导向，以深刻转变政府职能为核心，创新体制机制、强化协同联动、完善法治保障，对标国际先进水平，为各类市场主体投资兴业营造稳定、公平、透明、可预期的良好环境。

第五条　国家加快建立统一开放、竞争有序的现代市场体系，依法促进各类生产要素自由流动，保障各类市场主体公平参与市场竞争。

第六条　国家鼓励、支持、引导非公有制经济发展，激发非公有制经济活力和创造力。

国家进一步扩大对外开放，积极促进外商投资，平等对待内资企业、外商投资企业等各类市场主体。

第七条　各级人民政府应当加强对优化营商环境工作的组织领导，完善优化营商环境的政策措施，建立健全统筹推进、督促落实优化营商环境工作的相关机制，及时协调、解决优化营商环境工作中的重大问题。

县级以上人民政府有关部门应当按照职责分工，做好优化营商环境的相关工作。县级以上地方人民政府根据实际情况，可以明确优化营商环境工作的主管部门。

国家鼓励和支持各地区、各部门结合实际情况，在法治框架内积极探索原创性、差异化的优化营商环境具体措施；对探索中出现失误或者偏差，符合规定条件的，可以予以免责或者减轻责任。

第八条　国家建立和完善以市场主体和社会公众满意度为导向的营商环境评价体系，发挥营商环境评价对优化营商环境的引领和督促作用。

开展营商环境评价，不得影响各地区、各部门正常工作，不得影响市场主体正常生产经营活动或者增加市场主体负担。

任何单位不得利用营商环境评价谋取利益。

第九条　市场主体应当遵守法律法规，恪守社会公德和商业道德，诚实守信、公平竞争，履行安全、质量、劳动者权益保护、消费者权益保护等方面的法定义务，在国际经贸活动中遵循国际通行规则。

第二章　市场主体保护

第十条　国家坚持权利平等、机会平等、规则平等，保障各种所有制经济平等受到法律保护。

第十一条　市场主体依法享有经营自主权。对依法应当由市场主体自主决策的各类事项，任何单位和个人不得干预。

第十二条　国家保障各类市场主体依法平等使用资金、技术、人力资源、土地使用权及其他自然资源等各类生产要素和公共服务资源。

各类市场主体依法平等适用国家支持发展的政策。政府及其有关部门在政府资金安排、土地供应、税费减免、资质许可、标准制定、项目申报、职称评定、人力资源政策等方面，应当依法平等对待各类市场主体，不得制定或者实施歧视性政策措施。

第十三条　招标投标和政府采购应当公开透明、公平公正，依法平等对待各类所有制和不同地区的市场主体，不得以不合理条件或者产品产地来源等进行限制或者排斥。

政府有关部门应当加强招标投标和政府采购监管，依法纠正和查处违法违规行为。

第十四条　国家依法保护市场主体的财产权和其他合法权益，保护企业经营者人身和财产安全。

严禁违反法定权限、条件、程序对市场主体的财产和企业经营者个人财产实施查封、冻结和扣押等行政强制措施；依法确需实施前述行政强制措施的，应当限定在所必需的范围内。

禁止在法律、法规规定之外要求市场主体提供财力、物力或者人力的摊派行为。市场主体有权拒绝任何形式的摊派。

第十五条　国家建立知识产权侵权惩罚性赔偿制度，推动建立知识产权快速协同保护机制，健全知识产权纠纷多元化解决机制和知识产权维权援助机制，加大对知识产权的保护力度。

国家持续深化商标注册、专利申请便利化改革，提高商标注册、专利申请审查效率。

第十六条　国家加大中小投资者权益保护力度，完善中小投资者权益保护机制，保障中小投资者的知情权、参与权，提升中小投资者维护合法权益的便利度。

第十七条　除法律、法规另有规定外，市场主体有权自主决定加入或者退出行业协会商会等社会组织，任何单位和个人不得干预。

除法律、法规另有规定外，任何单位和个人不得强制或者变相强制市场主体参加评比、达标、表彰、培训、考核、考试以及类似活动，不得借前述活动向市场主体收费或者变相收费。

第十八条　国家推动建立全国统一的市场主体维权服务平台，为市场主体提供高效、便捷的维权服务。

第三章　市场环境

第十九条　国家持续深化商事制度改革，统一企业登记业务规范，统一数据标准和平台服务接口，采用统一社会信用代码进行登记管理。

国家推进"证照分离"改革，持续精简涉企经营许可事项，依法采取直接取消审批、审批改为备案、实行告知承诺、优化审批服务等方式，对所有涉企经营许可事项进行分类管理，为企业取得营业执照后开展相关经营活动提供便利。除法律、行政法规规定的特定领域外，涉企经营许可事项不得作为企业登记的前置条件。

政府有关部门应当按照国家有关规定，简化企业从申请设立到具备一般性经营条件所需办理的手续。在国家规定的企业开办时限内，各地区应当确定并公开具体办理时间。

企业申请办理住所等相关变更登记的，有关部门应当依法及时办理，不得限制。除法律、法规、规章另有规定外，企业迁移后其持有的有效许可证件不再重复办理。

第二十条　国家持续放宽市场准入，并实行全国统一的市场准入负面清单制度。市场准入负面清单以外的领域，各类市场主体均可以依法平等进入。

各地区、各部门不得另行制定市场准入性质的负面清单。

第二十一条　政府有关部门应当加大反垄断和反不正当竞争执法力度，有效预防和制止市场经济活动中的垄断行为、不正当竞争行为以及滥用行政权力排除、限制竞争的行为，营造公平竞争的市场环境。

第二十二条　国家建立健全统一开放、竞争有序的人力资源市场体系，打破城乡、地区、行业分割和身份、性别等歧视，促进人力资源有序社会性流动和合理配置。

第二十三条　政府及其有关部门应当完善政策措施、强化创新服务，鼓励和支持市场主体拓展创新空间，持续推进产品、技术、商业模式、管理等创新，充分发挥市场主体在推动科技成果转化中的作用。

第二十四条　政府及其有关部门应当严格落实国家各项减税降费政策，及时研究解决政策落实中的具体问题，确保减税降费政策全面、及时惠及市场主体。

第二十五条　设立政府性基金、涉企行政事业性收费、涉企保证金，应当有法律、行政法规依据或者经国务院批准。对政府性基金、涉企行政事业性收费、涉企保证金以及实行政府定价的经营服务性收费，实行目录清单管理并向社会公开，目录清单之外的前述收费和保证金一律不得执行。推广以金融机构保函替代现金缴纳涉企保证金。

第二十六条　国家鼓励和支持金融机构加大对民营企业、中小企业的支持力度，降低民营企业、中小企业综合融资成本。

金融监督管理部门应当完善对商业银行等金融机构的监管考核和激励机制，鼓励、引导其增加对民营企业、中小企业的信贷投放，并合理增加中长期贷款和信用贷款支持，提高贷款审批效率。

商业银行等金融机构在授信中不得设置不合理条件，不得对民营企业、中小企业设置歧视性要求。商业银行等金融机构应当按照国家有关规定规范收费行为，不得违规向服务对象收取不合理费用。商业银行应当向社会公开开设企业账户的服务标准、资费标准和办理时限。

第二十七条　国家促进多层次资本市场规范健康发展，拓宽市场主体融资渠道，支持符合条件的民营企业、中小企业依法发行股票、债券以及其他融资工具，扩大直接融资规模。

第二十八条　供水、供电、供气、供热等公用企事业单位应当向社会公开服务标准、资费标准等信息，为市场主体提供安全、便捷、稳定和价格合理的服务，不得强迫市场主体接受不合理的服务条件，不得以任何名义收取不合理费用。各地区应当优化报装流程，在国家规定的报装办理时限内确定并公开具体办理时间。

政府有关部门应当加强对公用企事业单位运营的监督管理。

第二十九条　行业协会商会应当依照法律、法规和章程，加强行业自律，及时反映行业诉求，为市场主体提供信息咨询、宣传培训、市场拓展、权益保护、纠纷处理等方面的服务。

国家依法严格规范行业协会商会的收费、评比、认证等行为。

第三十条　国家加强社会信用体系建设，持续推进政务诚信、商务诚信、社会诚信和司法公信建设，提高全社会诚信意识和信用水平，维护信用信息安全，严格保护商业秘密和个人隐私。

第三十一条　地方各级人民政府及其有关部门应当履行向市场主体依法作出的政策承诺以及依法订立的各类合同，不得以行政区划调整、政府换届、机构或者职能调整以及相关责任人更替等为由违约毁约。因国家利益、社会公共利益需要改变政策承诺、合同约定的，应当依照法定权限和程序进行，并依法对市场主体因此受到的损失予以补偿。

第三十二条　国家机关、事业单位不得违约拖欠市场主体的货物、工程、服务等账款，大型企业不得利用优势地位拖欠中小企业账款。

县级以上人民政府及其有关部门应当加大对国家机关、事业单位拖欠市场主体账款的清理力度，并通过加强预算管理、严格责任追究等措施，建立防范和治理国家机关、事业单位拖欠市场主体账款的长效机制。

第三十三条　政府有关部门应当优化市场主体注销办理流程，精简申请材料、压缩办理时间、降低注销成本。对设立后未开展生产经营活动或者无债权债务的市场主体，可以按照简易程序办理注销。对有债权债务的市场主体，在债权债务依法解决后及时办理注销。

县级以上地方人民政府应当根据需要建立企业破产工作协调机制，协调解决企业破产过程中涉及的有关问题。

第四章 政务服务

第三十四条 政府及其有关部门应当进一步增强服务意识，切实转变工作作风，为市场主体提供规范、便利、高效的政务服务。

第三十五条 政府及其有关部门应当推进政务服务标准化，按照减环节、减材料、减时限的要求，编制并向社会公开政务服务事项（包括行政权力事项和公共服务事项，下同）标准化工作流程和办事指南，细化量化政务服务标准，压缩自由裁量权，推进同一事项实行无差别受理、同标准办理。没有法律、法规、规章依据，不得增设政务服务事项的办理条件和环节。

第三十六条 政府及其有关部门办理政务服务事项，应当根据实际情况，推行当场办结、一次办结、限时办结等制度，实现集中办理、就近办理、网上办理、异地可办。需要市场主体补正有关材料、手续的，应当一次性告知需要补正的内容；需要进行现场踏勘、现场核查、技术审查、听证论证的，应当及时安排、限时办结。

法律、法规、规章以及国家有关规定对政务服务事项办理时限有规定的，应当在规定的时限内尽快办结；没有规定的，应当按照合理、高效的原则确定办理时限并按时办结。各地区可以在国家规定的政务服务事项办理时限内进一步压减时间，并应当向社会公开；超过办理时间的，办理单位应当公开说明理由。

地方各级人民政府已设立政务服务大厅的，本行政区域内各类政务服务事项一般应当进驻政务服务大厅统一办理。对政务服务大厅中部门分设的服务窗口，应当创造条件整合为综合窗口，提供一站式服务。

第三十七条 国家加快建设全国一体化在线政务服务平台（以下称一体化在线平台），推动政务服务事项在全国范围内实现"一网通办"。除法律、法规另有规定或者涉及国家秘密等情形外，政务服务事项应当按照国务院确定的步骤，纳入一体化在线平台办理。

国家依托一体化在线平台，推动政务信息系统整合，优化政务流程，促进政务服务跨地区、跨部门、跨层级数据共享和业务协同。政府及其有关部门应当按照国家有关规定，提供数据共享服务，及时将有关政务服务数据上传至一体化在线平台，加强共享数据使用全过程管理，确保共享数据安全。

国家建立电子证照共享服务系统，实现电子证照跨地区、跨部门共享和全国范围内互信互认。各地区、各部门应当加强电子证照的推广应用。

各地区、各部门应当推动政务服务大厅与政务服务平台全面对接融合。市场主体有权自主选择政务服务办理渠道，行政机关不得限定办理渠道。

第三十八条　政府及其有关部门应当通过政府网站、一体化在线平台，集中公布涉及市场主体的法律、法规、规章、行政规范性文件和各类政策措施，并通过多种途径和方式加强宣传解读。

第三十九条　国家严格控制新设行政许可。新设行政许可应当按照行政许可法和国务院的规定严格设定标准，并进行合法性、必要性和合理性审查论证。对通过事中事后监管或者市场机制能够解决以及行政许可法和国务院规定不得设立行政许可的事项，一律不得设立行政许可，严禁以备案、登记、注册、目录、规划、年检、年报、监制、认定、认证、审定以及其他任何形式变相设定或者实施行政许可。

法律、行政法规和国务院决定对相关管理事项已作出规定，但未采取行政许可管理方式的，地方不得就该事项设定行政许可。对相关管理事项尚未制定法律、行政法规的，地方可以依法就该事项设定行政许可。

第四十条　国家实行行政许可清单管理制度，适时调整行政许可清单并向社会公布，清单之外不得违法实施行政许可。

国家大力精简已有行政许可。对已取消的行政许可，行政机关不得继续实施或者变相实施，不得转由行业协会商会或者其他组织实施。

对实行行政许可管理的事项，行政机关应当通过整合实施、下放审批层级等多种方式，优化审批服务，提高审批效率，减轻市场主体负担。符合相关条件和要求的，可以按照有关规定采取告知承诺的方式办理。

第四十一条　县级以上地方人民政府应当深化投资审批制度改革，根据项目性质、投资规模等分类规范投资审批程序，精简审批要件，简化技术审查事项，强化项目决策与用地、规划等建设条件落实的协同，实行与相关审批在线并联办理。

第四十二条　设区的市级以上地方人民政府应当按照国家有关规定，优化工程建设项目（不包括特殊工程和交通、水利、能源等领域的重大工程）审批流程，推行并联审批、多图联审、联合竣工验收等方式，简化审批手续，提高审批效能。

在依法设立的开发区、新区和其他有条件的区域，按照国家有关规定推行区域评估，由设区的市级以上地方人民政府组织对一定区域内压覆重要矿产资源、地质灾害危险性等事项进行统一评估，不再对区域内的市场主体单独提出评估要求。区域评估的费用不得由市场主体承担。

第四十三条　作为办理行政审批条件的中介服务事项（以下称法定行政审

批中介服务）应当有法律、法规或者国务院决定依据；没有依据的，不得作为办理行政审批的条件。中介服务机构应当明确办理法定行政审批中介服务的条件、流程、时限、收费标准，并向社会公开。

国家加快推进中介服务机构与行政机关脱钩。行政机关不得为市场主体指定或者变相指定中介服务机构；除法定行政审批中介服务外，不得强制或者变相强制市场主体接受中介服务。行政机关所属事业单位、主管的社会组织及其举办的企业不得开展与本机关所负责行政审批相关的中介服务，法律、行政法规另有规定的除外。

行政机关在行政审批过程中需要委托中介服务机构开展技术性服务的，应当通过竞争性方式选择中介服务机构，并自行承担服务费用，不得转嫁给市场主体承担。

第四十四条　证明事项应当有法律、法规或者国务院决定依据。

设定证明事项，应当坚持确有必要、从严控制的原则。对通过法定证照、法定文书、书面告知承诺、政府部门内部核查和部门间核查、网络核验、合同凭证等能够办理，能够被其他材料涵盖或者替代，以及开具单位无法调查核实的，不得设定证明事项。

政府有关部门应当公布证明事项清单，逐项列明设定依据、索要单位、开具单位、办理指南等。清单之外，政府部门、公用企事业单位和服务机构不得索要证明。各地区、各部门之间应当加强证明的互认共享，避免重复索要证明。

第四十五条　政府及其有关部门应当按照国家促进跨境贸易便利化的有关要求，依法削减进出口环节审批事项，取消不必要的监管要求，优化简化通关流程，提高通关效率，清理规范口岸收费，降低通关成本，推动口岸和国际贸易领域相关业务统一通过国际贸易"单一窗口"办理。

第四十六条　税务机关应当精简办税资料和流程，简并申报缴税次数，公开涉税事项办理时限，压减办税时间，加大推广使用电子发票的力度，逐步实现全程网上办税，持续优化纳税服务。

第四十七条　不动产登记机构应当按照国家有关规定，加强部门协作，实行不动产登记、交易和缴税一窗受理、并行办理，压缩办理时间，降低办理成本。在国家规定的不动产登记时限内，各地区应当确定并公开具体办理时间。

国家推动建立统一的动产和权利担保登记公示系统，逐步实现市场主体在一个平台上办理动产和权利担保登记。纳入统一登记公示系统的动产和权利范围另行规定。

第四十八条　政府及其有关部门应当按照构建亲清新型政商关系的要求，

建立畅通有效的政企沟通机制，采取多种方式及时听取市场主体的反映和诉求，了解市场主体生产经营中遇到的困难和问题，并依法帮助其解决。

建立政企沟通机制，应当充分尊重市场主体意愿，增强针对性和有效性，不得干扰市场主体正常生产经营活动，不得增加市场主体负担。

第四十九条　政府及其有关部门应当建立便利、畅通的渠道，受理有关营商环境的投诉和举报。

第五十条　新闻媒体应当及时、准确宣传优化营商环境的措施和成效，为优化营商环境创造良好舆论氛围。

国家鼓励对营商环境进行舆论监督，但禁止捏造虚假信息或者歪曲事实进行不实报道。

第五章　监管执法

第五十一条　政府有关部门应当严格按照法律法规和职责，落实监管责任，明确监管对象和范围、厘清监管事权，依法对市场主体进行监管，实现监管全覆盖。

第五十二条　国家健全公开透明的监管规则和标准体系。国务院有关部门应当分领域制定全国统一、简明易行的监管规则和标准，并向社会公开。

第五十三条　政府及其有关部门应当按照国家关于加快构建以信用为基础的新型监管机制的要求，创新和完善信用监管，强化信用监管的支撑保障，加强信用监管的组织实施，不断提升信用监管效能。

第五十四条　国家推行"双随机、一公开"监管，除直接涉及公共安全和人民群众生命健康等特殊行业、重点领域外，市场监管领域的行政检查应当通过随机抽取检查对象、随机选派执法检查人员、抽查事项及查处结果及时向社会公开的方式进行。针对同一检查对象的多个检查事项，应当尽可能合并或者纳入跨部门联合抽查范围。

对直接涉及公共安全和人民群众生命健康等特殊行业、重点领域，依法依规实行全覆盖的重点监管，并严格规范重点监管的程序；对通过投诉举报、转办交办、数据监测等发现的问题，应当有针对性地进行检查并依法依规处理。

第五十五条　政府及其有关部门应当按照鼓励创新的原则，对新技术、新产业、新业态、新模式等实行包容审慎监管，针对其性质、特点分类制定和实行相应的监管规则和标准，留足发展空间，同时确保质量和安全，不得简单化予以禁止或者不予监管。

第五十六条　政府及其有关部门应当充分运用互联网、大数据等技术手段，依托国家统一建立的在线监管系统，加强监管信息归集共享和关联整合，推行以远程监管、移动监管、预警防控为特征的非现场监管，提升监管的精准化、智能化水平。

第五十七条 国家建立健全跨部门、跨区域行政执法联动响应和协作机制，实现违法线索互联、监管标准互通、处理结果互认。

国家统筹配置行政执法职能和执法资源，在相关领域推行综合行政执法，整合精简执法队伍，减少执法主体和执法层级，提高基层执法能力。

第五十八条 行政执法机关应当按照国家有关规定，全面落实行政执法公示、行政执法全过程记录和重大行政执法决定法制审核制度，实现行政执法信息及时准确公示、行政执法全过程留痕和可回溯管理、重大行政执法决定法制审核全覆盖。

第五十九条 行政执法中应当推广运用说服教育、劝导示范、行政指导等非强制性手段，依法慎重实施行政强制。采用非强制性手段能够达到行政管理目的的，不得实施行政强制；违法行为情节轻微或者社会危害较小的，可以不实施行政强制；确需实施行政强制的，应当尽可能减少对市场主体正常生产经营活动的影响。

开展清理整顿、专项整治等活动，应当严格依法进行，除涉及人民群众生命安全、发生重特大事故或者举办国家重大活动，并报经有权机关批准外，不得在相关区域采取要求相关行业、领域的市场主体普遍停产、停业的措施。

禁止将罚没收入与行政执法机关利益挂钩。

第六十条 国家健全行政执法自由裁量基准制度，合理确定裁量范围、种类和幅度，规范行政执法自由裁量权的行使。

第六章 法治保障

第六十一条 国家根据优化营商环境需要，依照法定权限和程序及时制定或者修改、废止有关法律、法规、规章、行政规范性文件。

优化营商环境的改革措施涉及调整实施现行法律、行政法规等有关规定的，依照法定程序经有权机关授权后，可以先行先试。

第六十二条 制定与市场主体生产经营活动密切相关的行政法规、规章、行政规范性文件，应当按照国务院的规定，充分听取市场主体、行业协会商会的意见。

除依法需要保密外，制定与市场主体生产经营活动密切相关的行政法规、规章、行政规范性文件，应当通过报纸、网络等向社会公开征求意见，并建立健全意见采纳情况反馈机制。向社会公开征求意见的期限一般不少于 30 日。

第六十三条　制定与市场主体生产经营活动密切相关的行政法规、规章、行政规范性文件，应当按照国务院的规定进行公平竞争审查。

制定涉及市场主体权利义务的行政规范性文件，应当按照国务院的规定进行合法性审核。

市场主体认为地方性法规同行政法规相抵触，或者认为规章同法律、行政法规相抵触的，可以向国务院书面提出审查建议，由有关机关按照规定程序处理。

第六十四条　没有法律、法规或者国务院决定和命令依据的，行政规范性文件不得减损市场主体合法权益或者增加其义务，不得设置市场准入和退出条件，不得干预市场主体正常生产经营活动。

涉及市场主体权利义务的行政规范性文件应当按照法定要求和程序予以公布，未经公布的不得作为行政管理依据。

第六十五条　制定与市场主体生产经营活动密切相关的行政法规、规章、行政规范性文件，应当结合实际，确定是否为市场主体留出必要的适应调整期。

政府及其有关部门应当统筹协调、合理把握规章、行政规范性文件等的出台节奏，全面评估政策效果，避免因政策叠加或者相互不协调对市场主体正常生产经营活动造成不利影响。

第六十六条　国家完善调解、仲裁、行政裁决、行政复议、诉讼等有机衔接、相互协调的多元化纠纷解决机制，为市场主体提供高效、便捷的纠纷解决途径。

第六十七条　国家加强法治宣传教育，落实国家机关普法责任制，提高国家工作人员依法履职能力，引导市场主体合法经营、依法维护自身合法权益，不断增强全社会的法治意识，为营造法治化营商环境提供基础性支撑。

第六十八条　政府及其有关部门应当整合律师、公证、司法鉴定、调解、仲裁等公共法律服务资源，加快推进公共法律服务体系建设，全面提升公共法律服务能力和水平，为优化营商环境提供全方位法律服务。

第六十九条　政府和有关部门及其工作人员有下列情形之一的，依法依规追究责任：

（一）违法干预应当由市场主体自主决策的事项；

（二）制定或者实施政策措施不依法平等对待各类市场主体；

（三）违反法定权限、条件、程序对市场主体的财产和企业经营者个人财产实施查封、冻结和扣押等行政强制措施；

（四）在法律、法规规定之外要求市场主体提供财力、物力或者人力；

（五）没有法律、法规依据，强制或者变相强制市场主体参加评比、达标、表彰、培训、考核、考试以及类似活动，或者借前述活动向市场主体收费或者变相收费；

（六）违法设立或者在目录清单之外执行政府性基金、涉企行政事业性收费、涉企保证金；

（七）不履行向市场主体依法作出的政策承诺以及依法订立的各类合同，或者违约拖欠市场主体的货物、工程、服务等账款；

（八）变相设定或者实施行政许可，继续实施或者变相实施已取消的行政许可，或者转由行业协会商会或者其他组织实施已取消的行政许可；

（九）为市场主体指定或者变相指定中介服务机构，或者违法强制市场主体接受中介服务；

（十）制定与市场主体生产经营活动密切相关的行政法规、规章、行政规范性文件时，不按照规定听取市场主体、行业协会商会的意见；

（十一）其他不履行优化营商环境职责或者损害营商环境的情形。

第七十条　公用企事业单位有下列情形之一的，由有关部门责令改正，依法追究法律责任：

（一）不向社会公开服务标准、资费标准、办理时限等信息；

（二）强迫市场主体接受不合理的服务条件；

（三）向市场主体收取不合理费用。

第七十一条　行业协会商会、中介服务机构有下列情形之一的，由有关部门责令改正，依法追究法律责任：

（一）违法开展收费、评比、认证等行为；

（二）违法干预市场主体加入或者退出行业协会商会等社会组织；

（三）没有法律、法规依据，强制或者变相强制市场主体参加评比、达标、表彰、培训、考核、考试以及类似活动，或者借前述活动向市场主体收费或者变相收费；

（四）不向社会公开办理法定行政审批中介服务的条件、流程、时限、收费标准；

（五）违法强制或者变相强制市场主体接受中介服务。

第七章　附　则

第七十二条　本条例自 2020 年 1 月 1 日起施行。

国务院办公厅《关于加快发展流通促进商业消费的意见》

国办发〔2019〕42 号

各省、自治区、直辖市人民政府，国务院各部委、各直属机构：

党中央、国务院高度重视发展流通扩大消费。近年来，各地区、各部门积极落实中央决策部署，取得良好成效，国内市场保持平稳运行。但受国内外多重因素叠加影响，当前流通消费领域仍面临一些瓶颈和短板，特别是传统流通企业创新转型有待加强，商品和生活服务有效供给不足，消费环境需进一步优化，城乡消费潜力尚需挖掘。为推动流通创新发展，优化消费环境，促进商业繁荣，激发国内消费潜力，更好满足人民群众消费需求，促进国民经济持续健康发展，经国务院同意，现提出以下意见：

一、促进流通新业态新模式发展

顺应商业变革和消费升级趋势，鼓励运用大数据、云计算、移动互联网等现代信息技术，促进商旅文体等跨界融合，形成更多流通新平台、新业态、新模式。引导电商平台以数据赋能生产企业，促进个性化设计和柔性化生产，培育定制消费、智能消费、信息消费、时尚消费等商业新模式。鼓励发展"互联网+旧货""互联网+资源循环"，促进循环消费。实施包容审慎监管，推动流通新业态新模式健康有序发展。（发展改革委、工业和信息化部、生态环境部、商务部、文化和旅游部、市场监管总局、体育总局按职责分工负责）

二、推动传统流通企业创新转型升级

支持线下经营实体加快新理念、新技术、新设计改造提升，向场景化、体验式、互动性、综合型消费场所转型。鼓励经营困难的传统百货店、大型体育场馆、老旧工业厂区等改造为商业综合体、消费体验中心、健身休闲娱乐中心等多功能、综合性新型消费载体。在城市规划调整、公共基础设施配套、改扩建用地保障等方面给予支持。（工业和信息化部、自然资源部、住房城乡建设部、商务部、体育总局按职责分工负责）

三、改造提升商业步行街

地方政府可结合实际对商业步行街基础设施、交通设施、信息平台和诚信体系等新建改建项目予以支持，提升品质化、数字化管理服务水平。在符合公共安全的前提下，支持商业步行街等具备条件的商业街区开展户外营销，营造规范有序、丰富多彩的商业氛围。扩大全国示范步行街改造提升试点范围。（住房城乡建设部、商务部、市场监管总局按职责分工负责）

四、加快连锁便利店发展

深化"放管服"改革，在保障食品安全的前提下，探索进一步优化食品经营许可条件；将智能化、品牌化连锁便利店纳入城市公共服务基础设施体系建设；强化连锁企业总部的管理责任，简化店铺投入使用、营业前消防安全检查，实行告知承诺管理；具备条件的企业从事书报刊发行业务实行"总部审批、单店备案"。支持地方探索对符合条件的品牌连锁企业试行"一照多址"登记。开展简化烟草、乙类非处方药经营审批手续试点。（住房城乡建设部、商务部、应急部、市场监管总局、新闻出版署、烟草局、药监局按职责分工负责）

五、优化社区便民服务设施

打造"互联网+社区"公共服务平台，新建和改造一批社区生活服务中心，统筹社区教育、文化、医疗、养老、家政、体育等生活服务设施建设，改进社会服务，打造便民消费圈。有条件的地区可纳入城镇老旧小区改造范围，给予财政支持，并按规定享受有关税费优惠政策。鼓励社会组织提供社会服务。（发展改革委、教育部、民政部、财政部、住房城乡建设部、商务部、文化和旅游部、卫生健康委、税务总局、体育总局按职责分工负责）

六、加快发展农村流通体系

改造提升农村流通基础设施，促进形成以乡镇为中心的农村流通服务网络。扩大电子商务进农村覆盖面，优化快递服务和互联网接入，培训农村电商人才，提高农村电商发展水平，扩大农村消费。改善提升乡村旅游商品和服务供给，鼓励有条件的地区培育特色农村休闲、旅游、观光等消费市场。（发展改革委、工业和信息化部、农业农村部、商务部、文化和旅游部、邮政局按职责分工负责）

七、扩大农产品流通

加快农产品产地市场体系建设，实施"互联网+"农产品出村进城工程，加快发展农产品冷链物流，完善农产品流通体系，加大农产品分拣、加工、包装、预冷等一体化集配设施建设支持力度，加强特色农产品优势区生产基地现代流通基础设施建设。拓宽绿色、生态产品线上线下销售渠道，丰富城乡市场供给，扩大鲜活农产品消费。（发展改革委、财政部、农业农村部、商务部按职责分工负责）

八、拓展出口产品内销渠道

推动扩大内外销产品"同线同标同质"实施范围，引导出口企业打造自有品牌，拓展内销市场网络。在综合保税区积极推广增值税一般纳税人资格试点，落实允许综合保税区内加工制造企业承接境内区外委托加工业务的政策。（财政部、商务部、海关总署、税务总局、市场监管总局按职责分工负责）

九、满足优质国外商品消费需求

允许在海关特殊监管区域内设立保税展示交易平台。统筹考虑自贸试验区、综合保税区发展特点和趋势，扩大跨境电商零售进口试点城市范围，顺应商品消费升级趋势，抓紧调整扩大跨境电商零售进口商品清单。（财政部、商务部、海关总署、税务总局按职责分工负责）

十、释放汽车消费潜力

实施汽车限购的地区要结合实际情况，探索推行逐步放宽或取消限购的具体措施。有条件的地方对购置新能源汽车给予积极支持。促进二手车流通，进一步落实全面取消二手车限迁政策，大气污染防治重点区域应允许符合在用车排放标准的二手车在本省（市）内交易流通。（工业和信息化部、公安部、生态环境部、交通运输部、商务部按职责分工负责）

十一、支持绿色智能商品以旧换新

鼓励具备条件的流通企业回收消费者淘汰的废旧电子电器产品，折价置换超高清电视、节能冰箱、洗衣机、空调、智能手机等绿色、节能、智能电子电器产品，扩大绿色智能消费。有条件的地方对开展相关产品促销活动、建设信息平台和回收体系等给予一定支持。（工业和信息化部、生态环境部、商务部按职责分工负责）

十二、活跃夜间商业和市场

鼓励主要商圈和特色商业街与文化、旅游、休闲等紧密结合，适当延长营业时间，开设深夜营业专区、24 小时便利店和"深夜食堂"等特色餐饮街区。有条件的地方可加大投入，打造夜间消费场景和集聚区，完善夜间交通、安全、环境等配套措施，提高夜间消费便利度和活跃度。（住房城乡建设部、交通运输部、商务部、文化和旅游部、应急部按职责分工负责）

十三、拓宽假日消费空间

鼓励有条件的地方充分利用开放性公共空间，开设节假日步行街、周末大集、休闲文体专区等常态化消费场所，组织开展特色促消费活动，探索培育专业化经营管理主体。地方政府要结合实际给予规划引导、场地设施、交通安全保障等方面支持。（住房城乡建设部、交通运输部、商务部、文化和旅游部、应急部、市场监管总局按职责分工负责）

十四、搭建品牌商品营销平台

积极培育形成若干国际消费中心城市，引导自主品牌提升市场影响力和认知度，推动国内销售的国际品牌与发达国家市场在品质价格、上市时间、售后服务等方面同步接轨。因地制宜，创造条件，吸引知名品牌开设首店、首发新品，带动扩大消费，促进国内产业升级。保护和发展中华老字号品牌，对于中华老字号中确需保护的传统技艺，可按相关规定申请非物质文化遗产保护相关资金。（商务部、文化和旅游部、市场监管总局按职责分工负责）

十五、降低流通企业成本费用

推动工商用电同价政策尽快全面落实。各地不得干预连锁企业依法申请和享受总分机构汇总纳税政策。（发展改革委、财政部、税务总局按职责分工负责）

十六、鼓励流通企业研发创新

研究进一步扩大研发费用税前加计扣除政策适用范围。加大对国内不能生产、行业企业急需的高性能物流设备进口的支持力度，降低物流成本；研究将相关领域纳入《产业结构调整指导目录》"鼓励类"，推动先进物流装备产业发展，加快推进现代物流发展。（发展改革委、科技部、财政部、商务部、税务总局按职责分工负责）

十七、扩大成品油市场准入

取消石油成品油批发仓储经营资格审批，将成品油零售经营资格审批下放至地市级人民政府，加强成品油流通事中事后监管，强化安全保障措施落实。乡镇以下具备条件的地区建设加油站、加气站、充电站等可使用存量集体建设用地，扩大成品油市场消费。（发展改革委、自然资源部、生态环境部、住房城乡建设部、交通运输部、商务部、应急部、海关总署、市场监管总局按职责分工负责）

十八、发挥财政资金引导作用

统筹用好中央财政服务业发展资金等现有专项资金或政策，补齐流通领域短板。各地可因地制宜，加强对创新发展流通、促进扩大消费的财政支持。（财政部、商务部按职责分工负责）

十九、加大金融支持力度

鼓励金融机构创新消费信贷产品和服务，推动专业化消费金融组织发展。鼓励金融机构对居民购买新能源汽车、绿色智能家电、智能家居、节水器具等绿色智能产品提供信贷支持，加大对新消费领域金融支持力度。（人民银行、银保监会按职责分工负责）

二十、优化市场流通环境

强化消费信用体系建设，加快建设覆盖线上线下的重要产品追溯体系。严厉打击线上线下销售侵权假冒商品、发布虚假广告等违法行为，针对食品、药品、汽车配件、小家电等消费品，加大农村和城乡接合部市场治理力度。修订汽车、平板电视等消费品修理更换退货责任规定。积极倡导企业实行无理由退货制度。（发展改革委、工业和信息化部、公安部、农业农村部、商务部、应急部、海关总署、市场监管总局、药监局按职责分工负责）

各地区、各有关部门要充分认识创新发展流通、推动消费升级、促进扩大消费的重要意义，切实抓好各项政策措施的落实落地。各地区要结合本地实际完善政策措施，认真组织实施。各有关部门要落实责任，加强协作，形成合力，确保推动各项政策措施落实到位。

国务院办公厅

2019 年 8 月 16 日

（此件公开发布）

浙江省人民政府办公厅《关于进一步推进中国（浙江）自由贸易试验区改革创新的若干意见》

各市、县（市、区）人民政府，省政府直属各单位：

为贯彻落实《国务院关于支持自由贸易试验区深化改革创新若干措施的通知》（国发〔2018〕38 号）精神，进一步推动中国（浙江）自由贸易试验区（以下简称自贸试验区）改革创新，经省政府同意，现提出如下意见。

一、推动自贸试验区投资便利化与贸易自由化

（一）打造国际油气交易中心

推进自贸试验区与上海期货交易所开展"期现合作"，共同建设多层次油品交易市场，力争将低硫燃料油打造成优势交易品种。探索油气交易参与者资质和交易模式创新，打造自贸试验区油品价格指数。（责任单位：省商务厅、省地方金融监管局、自贸试验区管委会。列第一位的为牵头单位，下同）

（二）加快推进国际石化基地建设

加快推进舟山绿色石化基地建设，支持引进国际知名石油炼化企业建设石

油炼化一体化项目，增加自贸试验区高端炼化产品供给。探索开展成品油出口业务。（责任单位：省发展改革委、省商务厅、自贸试验区管委会）

（三）打造国际油品储运基地

加快推进黄泽山油品储运项目建设，进一步完善油品储运基础设施。积极争取承储国家石油储备，大力发展企业商业储备，不断提高企业商业储备比重。开展油品储备体制改革试点，推进建立更加灵活的国家石油储备轮换机制，构建国家储备与企业储备相结合、战略储备与生产运行储备并举的储备体系，不断降低石油储备成本。（责任单位：省发展改革委、省粮食物资局、自贸试验区管委会）

（四）打造国际海事服务基地

稳步推进燃料油供油船队建设，不断扩大供油专用锚地，加快推进宁波舟山港关区服务一体化，进一步提升燃料油供油服务水平。加快构建低硫燃料油生产供应体系，探索对国际船舶燃料油加注业务实行具有国际竞争力的财税政策。争取将宁波舟山港纳入启运港退税政策离境港范围，增强宁波舟山港辐射带动效应。推进大宗商品储运和贸易计量测试公共服务平台建设，确保贸易计量公平公正。（责任单位：省商务厅、省财政厅、省交通运输厅、浙江省税务局、省市场监管局、浙江海事局、自贸试验区管委会）

（五）打造宁波舟山液化天然气（LNG）登陆中心

搭建长三角LNG综合服务平台，打造LNG资源配置中心。统筹天然气管网规划布局，加强与国家天然气沿海大通道对接。强化与天然气生产国合作，形成多元化供应体系，提升液体化工等储运规模。（责任单位：省发展改革委、省商务厅、省交通运输厅，宁波市、舟山市政府）

（六）推动航空物流产业发展

对标国际一流航空产业体系，将自贸试验区打造成为航空产业重要基地，推动我省航空产业跨越式发展。加强政策研究，抓紧出台对海关特殊监管区域外"两头在外"航空维修业态实行保税监管的具体政策方案。争取国家支持我省在对外航权谈判中利用第五航权，在符合双边或多边航权条件下，允许国外航空公司承载经自贸试验区至第三国的客货业务。（责任单位：省发展改革委、省商务厅、民航浙江安全监管局、自贸试验区管委会）

（七）推进商品交易市场发展

积极开展大宗商品贸易，依法合规建设能源、大宗农产品等国际贸易平台和现货交易市场，推动开展大宗商品现货交易。推动银行业金融机构将自贸试验区内交易场所出具的纸质交易凭证（须经交易双方确认）作为贸易真实性审核依据。（责任单位：省商务厅、省地方金融监管局、人行杭州中心支行、浙江银保监局、杭州海关、自贸试验区管委会）

（八）推动大宗商品跨境贸易人民币国际化

进一步加大与大宗商品出口国、"一带一路"沿线国家和地区双边货币合作力度，推动油品等大宗商品贸易使用人民币计价、结算，引导银行业金融机构根据"谁进口、谁付汇"原则办理油品贸易的跨境支付业务。研究制定专项配套政策，引导自贸试验区保税燃料油供应以人民币计价、结算。探索依托油品等大宗商品贸易与交易的账户体系开展人民币跨境业务。（责任单位：人行杭州中心支行、省地方金融监管局、浙江银保监局、自贸试验区管委会）

（九）推动审批权限下放

将成品油批发仓储、原油销售仓储经营批准证书变更、注（撤）销审核转报，成品油批发仓储、原油销售仓储经营资格申领审核转报，油库规划实施确认，加油站规划实施确认、综合竣工验收，成品油零售经营资质申领备案，化妆品和保健食品生产许可（包括新开办、延续换证、变更、补证、注销），技工院校招生计划和专业设置审核，房地产开发企业资质核准（二级），沿海10万吨级以上航道、港口工程及30万吨级以上修造船厂水工建筑物的公路水运交通交（竣）工质量评定备案，交通建设工程质量和安全生产监督手续办理，公路水运工程招标文件备案，在沿海万吨级以下航道修建跨（穿）越航道建筑物的航道通航条件影响评价审核等权限下放至自贸试验区。（责任单位：省建设厅、省教育厅、省公安厅、省人力社保厅、省交通运输厅、省卫生健康委、省市场监管局、省药监局、自贸试验区管委会）

（十）进一步便利外资开办企业

允许在自贸试验区内设立从事其他印刷品印刷经营活动的外资企业。（责任单位：省委宣传部、省商务厅、自贸试验区管委会）

二、打造自贸试验区联动创新区

（一）建设自贸试验区联动创新区

依托省级以上经济（技术）开发区、高新技术产业园区、海关特殊监管区等各类经济功能区，在开放程度高、体制机制活、带动作用强的区域建设自贸试验区联动创新区（以下简称联动创新区），将其打造成为我省新时代高能级开放平台和自贸试验区扩区的基础区、先行区。2019 年，全省力争建设 3 个左右联动创新区。（责任单位：省自贸办，各设区市政府）

（二）全面复制推广自贸试验区改革经验

把复制推广自贸试验区改革创新经验作为联动创新区建设的首要任务，重点复制推广政府职能转变、投资管理、贸易便利化、金融创新与开放、综合监管等领域的制度创新成果。在资源禀赋与自贸试验区相似的区域复制推广油气全产业链投资便利化和贸易自由化创新举措。（责任单位：有关设区市政府）

（三）开展差异化特色化改革探索

支持联动创新区充分发挥自身特色优势，紧扣全省八大万亿支柱产业和战略新兴产业，深化数字经济、民营经济、智能制造、小商品贸易等方面优势，探索形成一批具有代表性、体现浙江特色的改革创新经验。强化自贸试验区与联动创新区的联动试验，争取形成一批跨区域、跨部门、跨层级的改革创新成果。（责任单位：省自贸办，有关设区市政府）

（四）下放特色改革领域相关管理权限

以"最多跑一次"改革为引领，按照"依法放权、按需放权、应放尽放"和"放得下、接得住"的原则，对照自贸试验区在联动创新区同步下放省级管理权限。紧扣联动创新区特色改革任务，在做好风险防范的前提下，推动相关领域省级管理权限下放。积极与国家有关部委对接，争取将部分下放至自贸试验区的国家级管理权限，同步下放至条件成熟的联动创新区。（责任单位：省政府自由贸易试验区工作联席会议成员单位）

（五）打造长三角一体化重要平台

牢牢把握长三角一体化发展战略机遇，以中国（上海）自由贸易试验区增设新片区为契机，加强联动发展，依托长三角"空港+铁路港+水港+信息港"等资源禀赋优势，共同谋划打造长三角一体化高质量发展新高地。推动长三角各省（市）联合开展更加开放的自由贸易政策和更加完善的风险防控体系等基础研究，争取在投资、贸易、金融等方面试行新政策、新规则。（责任单位：省政府自由贸易试验区工作联席会议成员单位、自贸试验区管委会，有关设区市政府）

三、加强组织领导，狠抓工作落实

各地、各有关部门要切实抓好工作组织实施，省级有关部门要抓紧出台具体实施办法，推动各项改革创新措施在 2019 年落地见效。各有关设区市政府在做好风险防控的前提下，要大胆试、大胆闯、自主改，全力推动各项改革举措取得实质性成效。省自贸办要加强对实施情况的跟踪分析，确保各项改革举措真正落地。

浙江省人民政府办公厅
2019 年 8 月 12 日

国家外汇管理局浙江省分局《关于在中国（浙江）自由贸易试验区内开展相关外汇创新业务的通知》

舟山市中心支局：

为进一步加强外汇管理对实体经济的支持，经国家外汇管理局批复同意，现就在中国（浙江）自由贸易试验区（以下简称自贸区）内开展外汇创新业务相关工作通知如下：

一、允许在自贸区内开展以下外汇创新业务

（一）试点实施资本项目外汇收入支付便利化业务。

（二）自贸区内企业可在我分局辖内任一银行办理境内直接投资基本信息登记、变更与注销手续。

（三）自贸区内非投资性外商投资企业在真实、合规的前提下，可按实际投资规模将资本项目外汇收入或结汇所得人民币资金依法用于境内股权投资。

（四）自贸区内已确定选择"投注差"模式借用外债的企业，可调整为以跨境融资宏观审慎管理模式借用外债，一经调整不得变更。

（五）放宽企业跨境融资签约币种、提款币种、偿还币种必须一致的要求，自贸区内企业提款币种和偿还币种与签约币种可以不一致，但提款币种和偿还币种应保持一致。

（六）自贸区内企业的外债注销登记业务可由我分局辖内任一银行直接办理，取消企业办理该业务的时间限定。

二、相关工作要求

（一）你市中心支局应要求自贸区内开展外汇试点业务的企业留存相关业务材料，以备银行和外汇局事后监督查验。除另有规定外，机构应留存充分证明所涉业务真实、合法的相关文件和单证（含电子单证）等5年备查。

（二）你市中心支局应当要求辖内开展外汇试点业务的银行遵循行业自律要求深入进行尽职调查，依法办理业务，并加强事后监督。发现相关业务或办理主体存在异常或可疑情况的，应及时向你市中心支局报告。

（三）你市中心支局应在促进贸易投资便利化的同时，切实采取措施防范跨境资金流动风险。一是完善工作机制，依法对自贸区相关外汇业务进行具体管理，开展统计监测和分析，对异常或可疑情况进行风险提示。二是每半年首月

12 日前向我分局报送前半年度自贸区业务情况报告。包括但不限于跨境收支、结售汇数据及同比环比分析（应区分本外币数据；分析重点交易项目对自贸区数据的贡献度；分析所辖自贸区数据对全辖数据的贡献度等）；是否存在异常情况及原因分析；其他需说明的情况。三是适时对自贸区相关业务办理情况进行核查检查，依法查处涉嫌违规行为。对于违规办理业务的银行，你市中心支局可视情节要求其暂停试点相关业务并予以整改或取消其试点资格。

国家外汇管理局浙江省分局

2019 年 7 月 8 日

浙江省食品药品监督管理局《关于在中国（浙江）自由贸易试验区实施进口非特殊用途化妆品备案管理试点工作有关事项的公告》

根据《国务院关于在更大范围推进"证照分离"改革试点工作的意见》（国发〔2017〕45号）等文件精神，按照《国家食品药品监管总局关于在更大范围试点实施进口非特殊用途化妆品备案管理有关事宜的公告》（2018年第31号）有关要求，现将在中国（浙江）自由贸易试验区实施进口非特殊用途化妆品备案管理试点工作的有关事项公告如下：

一、自公告发布之日起至2018年12月21日，从中国（浙江）自由贸易试验区进口且境内责任人注册地在中国（浙江）自由贸易试验区的首次进口非特殊用途化妆品，由审批管理调整为备案管理。

二、进口化妆品生产企业拟从中国（浙江）自由贸易试验区口岸以备案方式首次进口非特殊用途化妆品的，应当在产品进口前，委托其境内责任人通过全国统一的"进口非特殊用途化妆品备案管理系统"网络平台，办理备案手续，取得电子版备案凭证后方可开展进口贸易。有关服务指南详见附件。

三、为方便企业办理备案事项，浙江省食品药品监管局会同舟山市市场监督管理局（食品药品监督管理局）在舟山市设立受理点，办理备案资料接收等相关事宜。

受理点：浙江省舟山市行政服务中心市场监督管理局窗口，联系电话：0580-2299279，2283236。

四、产品备案后，境内责任人持国家食品药品监管总局备案系统生成的备案凭证，至出入境检验检疫部门按照有关规定办理进口相关手续，并从中国（浙江）自由贸易试验区进口相应产品。

五、后续需要自其他口岸进口时，应当注销备案产品信息，按照现行《化妆品卫生监督条例》规定，申请化妆品首次进口行政许可获得批准后进口，或者在其他自贸试验区重新办理进口备案手续，取得备案凭证后进口。

六、境内责任人应履行承诺，建立进口非特殊用途化妆品质量安全管理制度，加强产品追溯和质量管理，承担产品的质量安全责任，确保化妆品的进口和经营符合法规和标准的要求。发生产品质量安全问题时，应主动公开相关信息并及时召回。

七、各级食品药品监管部门应当加大备案进口产品的事中、事后监管力度，加强与出入境检验检疫部门等有关部门的协调配合，及时通报产品质量安全信息，会同有关部门依法查处相关违法违规行为。

特此公告。

附件：浙江省进口非特殊用途化妆品备案服务指南

浙江省食品药品监督管理局

2018 年 3 月 28 日

附件　事项编码：

浙江省进口非特殊用途化妆品备案服务指南

一、适用范围

本指南适用于浙江省自由贸易试验区进口非特殊用途化妆品备案的申请与办理。

二、事项审查类型

前审后批。

三、审批依据

（一）《国务院关于在更大范围推进"证照分离"改革试点工作的意见》（国发〔2017〕45 号）

（二）总局关于在更大范围试点实施进口非特殊用途化妆品备案管理有关事宜的公告（2018 年第 31 号）

（三）食品药品监管总局办公厅关于通报进口非特殊用途化妆品备案凭证调整有关情况的函（食药监办药化管函〔2018〕164 号）

四、备案机构

浙江省食品药品监督管理局。

五、决定机构

浙江省食品药品监督管理局。

六、数量限制

无数量限制。

七、申请条件

申请人应是境外化妆品生产企业授权的境内责任人。境内责任人应是注册地在中国（浙江）自由贸易试验区的企业法人，负责备案产品的进口和经营，并依法承担相应的产品质量安全责任。同一产品不得授权多个境内责任人。

八、禁止性要求

无。

九、申请材料目录

（一）首次进口非特殊用途化妆品备案

1. 申请材料清单

（1）进口非特殊用途化妆品备案申请表（在线填报）；

（2）产品中文名称命名依据（在线填报）；

（3）产品配方（在线填报）；

（4）产品质量安全控制要求；

（5）产品原包装（含产品标签、产品说明书）图片；拟专为中国市场设计包装的，需同时提交产品设计包装（含产品标签、产品说明书）；

（6）产品生产工艺简述；

（7）产品技术要求；

（8）化妆品行政许可检验机构出具的检验报告及相关资料；

（9）产品中可能存在安全性风险物质的有关安全性评估资料；

（10）化妆品使用原料及原料来源符合疯牛病疫区高风险物质禁限用要求的承诺书；

（11）产品在生产国（地区）或原产国（地区）生产和销售的证明文件；

（12）境外生产企业生产质量管理的相关证明材料；

（13）参照《化妆品行政许可申报受理规定》（国食药监许〔2009〕856号，以下称《申报受理规定》）要求，可能有助于备案的其他资料。

2. 申请材料一般要求

（1）首次进口非特殊用途化妆品备案提交电子版资料1份、纸质版资料原件1份。其中电子版资料通过国家食品药品监督管理总局进口非特殊用途化妆品备案管理系统（备案系统用户名称注册详见附件1）填报上传，纸质版资料递交至资料接收窗口，纸质版资料应与电子版资料一致。

（2）除检验报告、公证文书、官方证明文件及第三方证明文件外，备案资料原件应由境内责任人逐页加盖公章或骑缝章。

（3）逐项提交各项资料。

（4）电子版资料除在线填报内容外，均为纸质版资料扫描件，扫描格式：PDF，扫描模式：彩色，每项资料作为一个单独的 PDF 文件上传，单个文件大小不超过 5M，需确保电子版资料所有图文内容清晰可识，盖章清晰完整。纸质版资料使用 A4 规格纸张打印，按上传的电子版资料顺序排列，使用明显区分标志并标明资料顺序号，装订成册。

（5）使用中国法定计量单位。

（6）备案申报内容应完整、清楚，同一项目的填写应当一致。

（7）所有外文（境外地址、网址、注册商标、专利名称等必须使用外文的除外）均应译为规范的中文，并将译文附在相应的外文资料前。

（8）生产和销售证明文件、质量管理体系或良好生产规范的证明文件、不同国家的生产企业同属一个集团公司的证明、委托加工协议等证明文件可同时列明多个产品。这些产品同时申报，一个产品使用原件，其他产品可使用复印件，并书面说明原件所在的申报产品名称；这些产品如不同时申报，一个产品使用原件，其他产品需使用经公证后的复印件，并书面说明原件所在的申报产品名称。

3. 申请材料具体要求

（1）申请表应按照系统说明的要求在线填报，填报后在线打印。申请表内容应完整、清楚，不得涂改，并按要求签名、盖章。

备案申请表保证书应由进口化妆品生产企业法定代表人或其授权的该生产企业的签字人或其授权的境内责任人的签字人签字；无公章的，应在保证书生产企业签章处予以注明。备案申请表承诺书应由境内责任人法定代表人或法定代表人授权该单位的签字人签字并加盖境内责任人单位公章。

授权委托签字时，应提供授权委托书公证件及其中文译文，并做中文译文与原文内容一致的公证。每次提交备案申请时应同时提交授权委托书原件或经公证后的复印件，并书面说明委托签字授权书原件所在的备案产品名称。授权委托签字的内容不应包括于境内责任人授权书中。

（2）产品中文名称命名依据需在线填报，并上传与在线填报内容相一致的纸质版资料，命名依据应符合以下要求：

①命名依据中应提供申报产品的商标名、通用名（含使用目的或使用部位）、属性名具体含义的解释。约定俗成的、习惯使用的化妆品名称可省略通用名、属性名。

②产品中文名称中若有表明产品物理性状或外观形态以及含颜色、色号、气味、适用发质、肤质或特定人群等内容的，应加以解释。

③产品中文名称中若使用具体原料名称或表明原料类别词汇的，应加以解释。

④产品中文名称中的修饰、形容词或必须使用外文字母、符号等的，应加以解释。

⑤需标注产品中文名称的汉语拼音名。

（3）产品配方应按照系统说明的要求在线填报，填报后在线打印，该配方应包括许可检验机构对进口产品配方的确认证明，其确认日期应与检验样品的受理日期一致。当出现重新填写打印产品配方的条形码与已由检验机构确认的配方条形码不一致的情况，需提供条形码不一致的配方，并提交承诺，明确两份配方的条形码情况。产品配方要求参照《申报受理规定》附件《化妆品行政许可申报资料要求》第十四条、第二十六条执行。

（4）产品质量安全控制要求应包括在原产国执行的产品质量安全控制要求（外文版及中文译文）及产品符合《化妆品安全技术规范》（2015版）要求的承诺。

（5）应提交产品原包装（含产品标签、产品说明书）平面图、产品中文标签、产品上市包装立体图，拟专为中国市场设计包装的，需同时提交产品设计包装（含产品标签、产品说明书）平面图。

①产品原包装平面图部分需上传原包装的平面扫描件，递交纸质资料时需提供原包装；

②产品上市包装立体图需确保产品主视面清晰可见；

③因体积过小（如口红、唇膏等）而无产品说明书或将说明内容印制在产品容器上的，应在备案资料中产品原包装平面图部分提交相关说明。

④该部分资料电子版备案后需对外公示，请严格按系统提示要求上传。

（6）提供的生产工艺简述应包括工艺流程简图，工艺简述应能简明扼要地反映产品的实际生产过程，包括操作步骤、各步骤中涉及的原料等。产品配方中所有原料应在生产工艺中列出，原料名称应与产品配方一致。工艺简述应与工艺简图相符。

（7）产品技术要求备案后需对外公示，请严格按系统说明的要求在线填报，并符合《关于印发化妆品产品技术要求规范的通知》（国食药监许〔2010〕454

号）的要求。填报后在线打印，按要求盖章。

（8）检验报告应符合以下要求：

①许可检验机构出具的检验报告，应当包括以下资料：

a. 检验申请表

b. 检验受理通知书

c. 产品使用说明

d. 卫生安全性检验报告（微生物、卫生化学、毒理学）

e. 如有以下资料应当提交：1）人体安全性检验报告（皮肤斑贴、人体试用试验）；2）其他新增检测报告（如化妆品中抗生素检测报告等）

②申请变更化妆品备案检验报告中的生产企业名称、生产企业地址、产品中文名称等信息的，相关许可检验机构应分别出具相应的补充检验报告并说明理由。

（9）产品中可能存在安全性风险物质的有关安全性评估资料，参照《化妆品中可能存在的安全性风险物质风险评估指南》（国食药监许〔2010〕339号）执行。

（10）化妆品适用原料及原料来源符合疯牛病疫区高风险物质禁限用要求的承诺书，参照《卫生部卫生监督中心关于要求对进口化妆品提交承诺书的公告》执行。

（11）产品在生产国（地区）或原产国（地区）生产和销售的证明文件，应当符合以下要求：

①由产品生产国（地区）或原产国（地区）政府主管部门或行业协会出具。无法提交文件原件的，可提交复印件，复印件应经出具机构或我国使（领）馆确认。

②应载明产品名称、生产企业名称、出具文件的机构名称并有机构印章或法定代表人（或其授权人）签名及文件出具日期。

③所载明的产品名称和生产企业名称应与所备案的内容完全一致；如为委托加工或其他方式生产，其证明文件所载明的生产企业与所备案的内容不一致时，应由申请人出具证明文件予以说明；必须配合使用的多剂型产品可仅提供产品进口部分的生产和销售证明文件。

④生产和销售证明文件如为外文，应译为规范的中文，中文译文应由中国公证机关公证。

（12）备案产品属于下列情况的，除按以上规定提交资料外，还应当分别提交下列资料：

①备案产品以委托加工方式生产的，应当提交以下资料：

a. 委托方与被委托方签订的委托加工协议书。

b. 被委托生产企业的质量管理体系或良好生产规范的证明文件或符合生产企业所在国（地区）法规要求的化妆品生产资质证明文件。上述文件应当符合下列要求：1）由认证机构或第三方出具或认可。无法提交原件的，可提交复印件，复印件应由中国公证机关公证或由我国使（领）馆确认。2）所载明的生产企业名称和地址应与所备案的内容完全一致。

c. 境内生产企业委托境外生产企业生产的进口产品可不提交境内责任人授权书、生产和销售证明文件及产品原包装，应提交产品设计包装。

②实际生产企业与化妆品生产企业（申请人）属于同一集团公司的，应提交实际生产企业与化妆品生产企业（申请人）属于同一集团公司的证明文件和企业集团公司出具的产品质量保证文件。

（13）多个实际生产企业生产同一产品可以同时申报，其中一个实际生产企业生产的产品应按上述规定提交全部资料，此外，还应当提交以下资料：

①涉及委托生产加工关系的，提交委托生产加工协议书、被委托生产企业质量管理体系或良好生产规范的证明文件或符合生产企业所在国（地区）法规要求的化妆品生产资质证明文件。

②生产企业属于同一集团公司的，提交生产企业属于同一集团公司的证明文件及企业集团公司出具的产品质量保证文件。

③其他实际生产企业生产的产品原包装。

④其他实际生产企业生产的产品的卫生化学（微生物、卫生化学）检验报告。

⑤其他实际生产企业化妆品使用原料及原料来源符合疯牛病疫区高风险物质禁限用要求的承诺书。

（14）符合以下包装类型的样品应当按下列规定备案：

①一个样品包装内有两个以上（含两个）独立小包装或能分隔的样品（如眼影、粉饼、腮红等），且以一个产品名称备案，应分别提交产品配方和检验报告；非独立包装或不能分隔的样品，应提交一份检验报告，各部分应分别提交产品配方。

②样品为不可拆分的组合包装，且以一个产品名称备案，其物态、原料成分不同的，应分别提交产品配方、检验报告。

③两剂或两剂以上必须配合使用的产品，应按一个产品申报。根据多剂型是否混合后使用的实际情况，提交混合检验报告或分别提交各自剂型的检验报告。

④同一生产企业申报的2个或2个以上原包装外文名称相同，但外观形态不同的进口产品，应在申请表和生产销售证明文件外文名称中增加标示产品外观形态的词语，以示区别，并附相关说明。

（15）凡宣称为孕妇、哺乳期妇女、儿童或婴儿使用的产品，应当提供基于安全性考虑的配方设计原则（含配方整体分析报告）原料的选择原则和要求、生产工艺、质量控制等内容的资料。

（二）备案变更

已经按本工作程序备案的产品，拟变更原备案事项（产品配方除外）的，应当将相关变更内容和资料重新报送，并参照《申报受理规定》要求提交其他相关资料。涉及境内责任人主体改变的，还应同时提交变更前境内责任人的知情同意书，以及变更后境内责任人承担产品（含变更前已上市的产品）质量安全责任的承诺书。变更具体要求详见系统说明。

（三）备案注销

已备案产品不再进口的，境内责任人应当主动注销原备案信息。已备案产品，无后续需要自其他口岸进口时，应当注销备案产品信息，按照现行《化妆品卫生监督条例》规定，申请化妆品首次进口行政许可获得批准后进口，或者在其他自贸试验区重新办理进口备案手续，取得备案凭证后进口。注销时应注明注销原因，并上报注销前备案产品的进口和经营情况。

十、申请接收

（一）接收方式

网上预约、窗口接收。

电子版备案资料由国家食品药品监督管理总局进口非特殊用途化妆品备案信息系统接收。境内责任人应当按照本办事指南附件1的规定办理备案系统用户名注册，领取备案系统用户名称和初始密码后，在国家食品药品监督管理总局政务网站（网址：www.cfda.gov.cn）提交电子备案资料。

纸质备案资料由浙江省食品药品监督管理局进口非特殊用途化妆品备案受理窗口（舟山市市场监督管理局受理窗口）接收。

接收地址：浙江省舟山市行政服务中心市场监督管理局窗口（电话：0580-2299279，2283236）。

（二）接收时间

周一至周五 上午 8：30—12：00，下午 13：30—16：30（节假日除外）

十一、办理基本流程

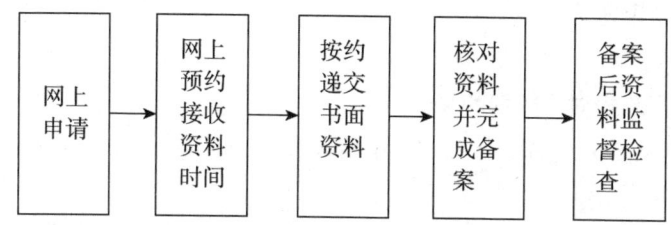

网上申请 → 网上预约接收资料时间 → 按约递交书面资料 → 核对资料并完成备案 → 备案后资料监督检查

十二、办理方式

（一）备案

境内责任人按本《指南》第七条要求，通过国家食品药品监督管理总局进口非特殊用途化妆品备案管理系统在线申请并上传资料。电子版资料填报上传完成后，系统在线预约递交纸质版资料时间，预约日期一经确定，不得修改。请境内责任人根据预约时间，持与电子版一致的纸质版资料及委托书（格式详见附件2）等资料至受理窗口办理备案。收到产品备案资料（含纸质及电子版资料）后，监管部门对产品是否属于备案范围、备案资料是否完整、备案资料是否符合规定形式以及电子版与纸质版是否一致等方面进行核对。经核对，符合要求的，当场接收备案资料，给予《备案材料接收回执》，予以备案，系统将自动生成电子版备案信息凭证，供境内责任人自行下载、打印；不符合要求的，给予《备案材料不予接收告知书》并说明理由。

（二）备案后资料监督检查

浙江省食品药品监管部门应当在产品备案后3个月内，组织开展对备案资料的监督检查，重点检查产品配方、生产工艺、检验项目、安全性风险评估等是否符合安全性相关要求，必要时进行现场监督检查。根据检查发现的问题要求境内责任人在30日内一次性补充提交相关资料；若发现依据现有资料无法判断产品安全性的，应当告知境内责任人补充提交相关资料，在确认备案资料符合要求前暂停进口及销售该产品；如发现存在违法情形或产品质量安全问题的，应当依法查处，并对相关产品进行责令下架、召回处理。备案后检查完成后，检查结果将通过国家食品药品监督管理总局网站向社会公示。

十三、办结时限

备案资料（含纸质及电子版资料）符合要求的当场予以备案。

十四、收费依据及标准

不收费。

十五、备案结果

《进口非特殊用途化妆品备案电子信息凭证》，备案后自行下载、打印。

十六、结果送达

网上公告。

十七、行政相对人权利和义务

（一）符合法定条件、标准的，申请人有依法取得行政许可的平等权利，行政机关不得歧视。

（二）行政机关依法作出不予行政许可的书面决定的，应当说明理由，并告知申请人享有依法申请行政复议或者提起行政诉讼的权利。

（三）行政许可直接涉及申请人与他人之间重大利益关系的，行政机关在作出行政许可决定前，应当告知申请人、利害关系人享有要求听证的权利；申请人、利害关系人在被告知听证权利之日起五日内提出听证申请的，行政机关应当在二十日内组织听证。

（四）申请人申请行政许可，应当如实向行政机关提交有关材料和反映真实情况，并对其申请材料实质内容的真实性负责。

十八、咨询途径

电话咨询：1. 备案环节（舟山市市场监督管理局）0580-2299279；

2. 备案后技术审查环节（浙江省药品化妆品审评中心）：0571-81060408、81061212；

3. 备案政策（浙江省食品药品监督管理局）：0571-88903267。

十九、监督投诉渠道

电话投诉：0571-88903270。

二十、办公地址和时间

办公地址：杭州市西湖区莫干山路文北巷27号

办公时间：夏季：上午8：30—12：00，下午14：30—18：00

冬季：上午8：30—12：00，下午14：00—17：30

二十一、办理进程和结果公开查询

产品备案信息（备案基本信息、产品技术要求、产品包装立体图、产品包装平面图等）和产品备案后资料监督检查结果在国家食品药品监管总局政务网站统一公布，供公众和相关进出口监管部门查询。查询网址：http：//ft. zybh. gov. cn/province/webquery/list. jsp

附件1

备案系统用户名称注册

一、境内责任人在首次申报进口非特殊用途化妆品备案前，应当通过备案系统（http：//ft. zybh. gov. cn/enterprise/index. jsp）报送以下资料进行用户注册：

（一）加盖境内责任人公章，并由其负责人签字的进口非特殊用途化妆品备案管理系统用户名称注册申请书；

（二）境外生产企业对境内责任人的授权书及其公证件，授权书为外文的，还应译成中文，并对翻译件与原件一致进行公证；

（三）境内责任人营业执照。

系统审核通过后，境内责任人应持与电子版一致的纸质版资料（其中境内责任人营业执照需上传原件电子版，纸质版本提交与原件一致的复印件）至本办事指南中纸质备案资料接收地址领取备案系统用户名称和初始密码。

二、授权书内容

1. 授权方（授权单位名称、地址）。

2. 被授权方（境内责任人单位名称、地址）。

3. 授权范围（产品范围、权限范围）。

4. 授权时限（有效期不早于 2018 年 12 月 21 日）。

授权书应由境外化妆品生产企业和境内责任人双方共同签署并经公证机关公证；授权书为外文的，还应译成中文，并对中文译文公证。

授权书应由境外化妆品生产企业负责人签字或盖章；境内责任人应由法定代表人签字并加盖公章。

生产企业地址应与注册申请书中相应内容一致，境内责任人单位地址应与营业执照中相应内容一致。

三、纸质备案资料接收

电子版资料经系统审核通过后，境内责任人可至浙江省食品药品监督管理局进口非特殊用途化妆品备案受理窗口（舟山市市场监督管理局受理窗口）领取备案系统用户名称和初始密码，领取时需携带以下资料：

1. 境内责任人营业执照原件；

2. 境内责任人出具的办事委托书（格式见附件2）；

3. 办事人员身份证原件；

4. 与电子版一致的纸质版资料。

其中，营业执照原件和身份证原件经当场核对无误后返还，其他资料经核对无误后，予以接收，并发放系统用户名和初始密码。上述资料原件（公证文书、官方证明文件除外）应由境内责任人逐页加盖公章。纸质版资料经核对与网上申报内容不一致的，不予接收，系统用户名注册不成功。

四、一个境内责任人接受不同境外生产企业的授权应分别报送资料注册系统用户名，境内委托境外生产的也应单独注册系统用户名。

附件2

委托书

_____：

我单位作为_____授权的进口非特殊用途化妆品境内责任人，现委托我单位以下人员办理进口非特殊用途化妆品备案相关事宜，代表我单位：

□办理系统用户名及密码申领；□办理进口非特殊用途化妆品备案资料递交，共　　件。

姓　　名：　　　　性　别：　　　　身份证号码：

工作单位：

职　　务：　　　　　　　　　　手机：

委托权限：□提交和接收备案相关文书；□接受询问。

代理期限：　　　年　　　月　　　日

境内责任人：

（公章）

年　　月　　日

被委托人身份证复印件（正反面）

被委托人（签字）：
年　月　日

中国人民银行杭州中心支行《关于金融支持中国（浙江）自由贸易试验区建设的指导意见》

人民银行舟山市中心支行；各政策性银行浙江省分行，各国有商业银行浙江省分行，浙商银行，浙江省农村信用社联合社，交通银行浙江省分行，各股份制商业银行杭州分行，邮政储蓄银行浙江省分行，杭州银行，浙江网商银行，各城市商业银行杭州分行，杭州联合银行，各外资银行杭州分行，各资产管理公司杭州办事处，在杭各信托公司、金融租赁公司、财务公司：

为贯彻落实党中央、国务院关于建设中国（浙江）自由贸易试验区（以下简称自贸试验区）的战略部署，促进自贸试验区大宗商品贸易和投融资便利化，支持自贸试验区实体经济发展，人民银行杭州中心支行、外汇局浙江省分局结合相关职责，提出以下意见。

一、总体原则

（一）坚持深化改革开放

在借鉴前两批自贸试验区成功经验基础上，着力推进人民币跨境使用和外汇管理等领域改革创新，加大对大宗商品贸易、交易便利化的金融支持力度，先行先试，为深化金融改革探索新路径、积累新经验。

（二）坚持市场导向

积极探索准入前国民待遇加负面清单管理模式，简政放权，尊重市场主体选择，根据市场需求加大金融创新，促进以竞争为导向的行业和企业优势的形成，推动市场在资源配置中发挥决定性作用。

（三）坚持服务实体经济发展

坚持金融服务实体经济、服务产业转型升级，围绕建设东部地区重要海上开放门户示范、国际大宗商品贸易自由化先导区和具有国际影响力的资源配置基地的战略定位，拓展金融服务功能，促进自贸试验区建设与国家"一带一路"倡议相融合。

（四）坚持风险可控

强化金融监管，稳妥有序地组织金融开放创新工作，以需求为导向，突出重点、先易后难，成熟一项推进一项，及时总结评估金融创新政策成果，完善金融风险防控体系。

二、扩大人民币跨境使用

（五）支持设立跨境人民币投资基金

鼓励地方政府通过引入社会资本方式，支持在自贸试验区内设立跨境人民币投资基金，按注册地管理，开展跨境人民币双向投资业务。

（六）允许符合条件的企业按规定开展人民币境外证券投资和境外衍生品投资业务

支持自贸试验区内银行机构按照银行间市场等相关政策规定和我国金融市场对外开放的整体部署为境外机构办理人民币衍生品业务。

（七）支持个人跨境人民币结算业务

在自贸试验区内居住或就业并符合条件的境内个人可按规定开展经常项下人民币结算业务，研究开展包括证券投资在内的各类人民币境外投资。在自贸试验区内居住或就业并符合条件的境外个人可按规定开展经常项下人民币结算业务以及包括证券投资在内的各类境内投资。允许自贸试验区内个体工商户根据业务需要向其在境外经营主体提供跨境资金支持。

（八）推进跨国企业集团开展跨境双向人民币资金池业务

适当降低跨境人民币资金池的客户准入条件，提高资金净流入额度，便利自贸试验区内跨国企业集团境内外资金使用。

（九）支持自贸试验区内金融机构和企业按宏观审慎原则从境外借用人民币资金

用于符合国家宏观调控方向的领域，不得用于投资有价证券、理财产品、衍生产品，不得用于委托贷款。自贸试验区内的银行业金融机构可按规定向境外同业跨境拆出短期人民币资金。

（十）支持境外发行人民币债券

支持自贸试验区内金融机构和企业在境外发行人民币债券，鼓励所筹资金在境外使用。对于所筹资金以人民币形式回流境内使用的，在其资金回流额上限内严格按照债券募集说明书的募集资金用途使用。

（十一）支持境外母公司境内发行人民币债券

自贸试验区内企业的境外母公司可按有关规定在境内发行人民币债券，募集资金用于集团内设立在自贸试验区内全资子公司和集团内成员企业借款的，不纳入现行外债管理。

（十二）推动银行发放境外人民币项目贷款

鼓励和支持自贸试验区内银行基于真实需求和审慎原则向境外项目发放人民币贷款，满足"走出去"企业的海外投资、项目建设、工程承包、大型设备出口等融资需求。研究探索开展宏观审慎管理框架下的人民币境外贷款创新业务。

三、深化外汇管理改革

（十三）简化经常项目外汇收支管理

在真实、合法交易基础上，自贸试验区内货物贸易外汇管理分类等级为A类的企业无须开立出口收入待核查账户，货物贸易外汇收入可直接进入经常项目外汇账户。放宽货物贸易电子单证审核条件，注册且营业场所均在区内的银行可自主审慎选择符合条件的企业，为其办理货物贸易外汇收支时审核电子单证。

（十四）便利跨国公司外汇资金集中运行管理

支持自贸试验区发展与油品贸易相关的总部经济，放宽跨国公司外汇资金集中运营管理准入条件，自贸试验区内企业开展跨国公司外汇资金集中运营管理业务，其上年度本外币国际收支规模由超过1亿美元调整为超过5000万美元。进一步简化资金池管理，经银行审核真实、合法的电子交易单证可为符合条件的企业办理货物贸易外汇收支，允许自贸试验区符合跨国公司外汇资金集中运营管理条件的企业办理经常项目集中收付汇、轧差净额结算等业务。

（十五）允许境外机构境内外汇账户结汇

允许注册且营业场所均在自贸试验区的银行为境外机构境内外汇账户（NRA账户）按照不落地结汇方式办理结汇业务，结汇及支付时可不审单，结汇所得人民币资金应支付境内使用，不得划转境外或进入FT账户及人民币NRA账户。收款银行按规定审核境内机构与境内个人提供的经常项目或资本项目单证后办理资金入账。

（十六）支持银行发展人民币与外汇衍生产品服务

自贸试验区内具备人民币与外汇衍生产品业务资格的银行，可以按照外汇管理规定为自贸试验区相关业务提供人民币与外汇衍生产品服务。对于境外机构按规定可开展即期结售汇交易的，注册且营业场所在自贸试验区内的银行可以为其办理人民币与外汇衍生产品交易。衍生产品的具体范围和管理应符合现行外汇管理规定，纳入银行结售汇综合头寸管理（通过FT账户办理的除外）。

（十七）探索研究适合保理业务发展的外汇管理模式

支持商业保理公司开展国际保理业务，充分发挥商业保理在贸易融资等方面的积极作用。

（十八）便利涉外主体开展跨境投融资业务

积极实施外商投资企业外汇资本金意愿结汇政策，方便企业自主选择结汇时机。支持自贸试验区内企业围绕"一带一路"倡议，参与国际经济竞争与合作，促进经济转型升级。积极引导内保外贷项下资金通过向境内进行放贷、股权投资等方式直接或间接调回境内使用，落实扩大境内外汇贷款结汇范围的相关政策。积极推进企业利用全口径跨境融资宏观审慎管理政策融资，引导外商投资企业合理选择"投注差"与全口径跨境融资宏观审慎管理模式，为自贸试验区引入更多境外资金。

四、促进大宗商品贸易和交易

（十九）探索建立与自贸试验区相适应的本外币账户管理体系

支持市场主体通过自贸试验区本外币账户开展跨境投融资创新业务，促进跨境贸易、投融资结算便利化。

（二十）积极探索大宗商品交易人民币计价结算

研究大宗商品交易人民币计价结算的有效途径和方法体系，加大大宗商品交易人民币计价结算金融支持力度。逐步探索自贸试验区开展油品现期货交易采用人民币计价、结算，推动人民币国际化进程。

（二十一）便利大宗商品贸易结算

为符合条件的自贸试验区内主体办理油品等大宗商品贸易相关的跨境经常项下结算业务、政策允许的资本项下结算业务、经批准的自贸试验区资本项目可兑换先行先试业务，促进跨境贸易、投融资结算便利化。

（二十二）支持设立贸易专用账户

允许自贸试验区内的从事油品等大宗商品为主的平台或交易所在约定商业银行设立贸易专用账户。自贸试验区内油品贸易商、生产商、供应商可通过贸易专用账户进行油品现货交易项下资金划转。

（二十三）推动仓单质押融资

根据期货保税交割业务需要，允许自贸试验区拓展仓单质押融资等功能，推动完善仓单质押融资所涉及的仓单确权等工作。

（二十四）支持符合条件的企业开展跨境支付结算业务

支持自贸试验区内持有《支付业务许可证》（业务范围包括互联网支付、移动电话支付）且具备跨境本外币支付资质的支付机构与银行合作，合规开展跨境本外币支付结算服务。

五、促进租赁业发展

（二十五）支持融资租赁机构开展人民币计价结算的跨境租赁资产交易、租赁资产跨境转让、跨境双向人民币资金池业务、按宏观审慎原则从境外借用人民币资金等跨境人民币业务创新。

（二十六）支持符合条件的自贸试验区金融租赁公司在境内发行、交易金融债券，支持符合条件的自贸试验区非金融租赁公司在银行间市场发行非金融企业债券融资工具。

（二十七）允许自贸试验区内租赁公司在境外开立人民币账户用于跨境人民币租赁业务，允许租赁公司在一定限额内同名账户的人民币资金自由划转。

（二十八）允许自贸试验区内符合条件的融资租赁业务收取外币租金。区内金融租赁公司、外商投资融资租赁公司及中资融资租赁公司在向境内承租人办理融资租赁时，如果其用以购买租赁物的资金50%以上来源于自身的国内外汇贷款或外币外债，可以外币形式收取租金。

六、风险监测与管理

（二十九）加强组织协调

加强与地方人民政府和其他金融监管部门驻浙机构的沟通，完善区域金融监管协调机制，加强金融信息共享，提升风险联合防范和处置能力，建立和完善系统性风险预警、防范和化解体系。加强对自贸试验区内金融机构的信息安全管理，明确管理部门和管理职责。

（三十）加强跨境资金流动风险防控

区内机构办理跨境创新业务，应具有真实合法交易基础，不得使用虚假合同等凭证或虚构交易办理业务。金融机构应遵循"展业三原则"，建立健全内控制度，完善业务真实性、合规性审查机制，及时报告可疑交易。全面监测分析跨境资金流动，防止跨境资金大进大出，健全和落实单证留存制度，探索主体监管，实施分类管理，采取有效措施防范风险。

（三十一）加强反洗钱、反恐融资、反逃税管理

开展自贸试验区相关业务的各类反洗钱义务机构要持续强化"风险为本"

理念，健全工作机制，完善内控制度，强化预防措施，及时预警洗钱、涉恐融资、逃骗税及其他违法犯罪活动；要对涉自贸试验区创新产品和业务实施全面的洗钱风险评估，对涉自贸试验区账户主体要实施强化的身份识别措施，严格按要求报送大额和可疑交易报告，切实全面履行自贸试验区反洗钱、反恐融资、反逃税等义务。

（三十二）完善社会信用体系

加强和政府有关部门的合作，推动政务信息公开和跨部门信息共享，积极构建"守信激励、失信惩戒"的信用约束机制，营造公平竞争的市场环境。鼓励市场主体参与征信体系建设，发展市场化征信产业，推动征信产品在经济金融和社会管理领域的应用。

（三十三）加强金融消费权益保护

自贸试验区内金融机构要完善金融消费者权益保护机制，负起保护金融消费者的主体责任。加强与金融监管、行业组织、消费者协会组织和司法部门相互协作，探索构建和解、专业调解、仲裁和诉讼在内的多元化金融纠纷解决机制。加强自贸试验区金融创新产品相关知识普及，重视风险教育，提高金融消费者的风险防范意识和自我保护能力。

中国人民银行杭州中心支行

2017 年 11 月 1 日

浙江省商务厅　浙江省国家税务局《关于中国（浙江）自由贸易试验区内资租赁企业从事融资租赁业务有关事项的通知》

各市、县（市、区）商务主管部门、国家税务局：

根据《商务部 税务总局关于辽宁等7个自由贸易试验区内资租赁企业从事融资租赁业务有关问题的通知》（商流通函〔2017〕270号）规定，自2017年6月15日起，受商务部和税务总局委托，省商务厅、省国税局负责中国（浙江）自由贸易试验区（以下简称自贸试验区）内资租赁企业从事融资租赁业务试点确认工作。现将有关事项通知如下：

一、申报条件

申报试点的企业要求主业突出、资金来源稳定、股权关系简单透明、公司治理结构健全、发展战略和盈利模式清晰，并具备《商务部 国家税务总局关于从事融资租赁业务有关问题的通知》（商建发〔2004〕560号，以下简称560号文）规定的基本条件，具体包括：

（一）最低注册资本金应达到1.7亿元，并实缴到位。

（二）具有健全的内部管理制度和风险控制制度。

（三）拥有相应的金融、贸易、法律、会计等方面的专业人员，高级管理人员应具有不少于三年的融资租赁业等相关行业管理工作经验。

（四）近两年经营业绩良好，没有违法违规记录。

（五）具有与所从事融资租赁产品相关联的行业背景。

（六）法律法规规定的其他条件。

二、申报材料

（一）试点申请书。主要内容应包括企业名称、注册地、实收资本金、股权结构、股东信息、经营范围、上一年简要经营情况（含纳税情况）、拟开展融资租赁业务的可行性报告（主要业务领域、业务模式、资金来源、未来3年业务总体规划等）。股东信息包括所有股东名称、法定代表人、注册地址、营业执照复印件、主营业务范围以及上一年营业收入、利润、净资产总额、负债率等简要情况。

（二）营业执照副本（复印件）。

（三）验资报告（如多次验资，每次验资报告均需提供）。

（四）注册资本金来源说明。

（五）公司章程、内部管理制度及风险控制制度等文件。

（六）拟任（或现任）董事长、总经理、财务负责人、风控负责人等主要高管名单、从业履历、资格证书及相关行业从业经验证明材料等。

（七）申请企业经审计的近三年完整的财务会计报告和最近一期的财务报表（含附注，新建企业提供所有法人股东上述材料）。

（八）法人股东近两年经审计的财务会计报告（含附注）。

（九）市场监管部门出具的近两年无违规经营的证明，税务主管部门出具的近两年依法纳税情况说明（新建企业提供所有法人股东上述材料）。

（十）如关联企业中有从事典当、小额贷款、信托、融资性担保、融资租赁、商业保理、互联网金融等业务的，需提供与关联企业的关系，以及相关业务上一年简要经营情况，主要包括业务收入、利润、净资产总额、负债率等。

（十一）由具备从业资格的融资租赁公司发起成立的企业或拟成立的子公司，还需提供股东（母公司）上一年度融资租赁业务的详细经营情况，具体为全国融资租赁企业管理信息系统的年度经营情况表所载内容及对有关数据的详细分析说明。

（十二）申请企业对申报材料真实性的承诺函。

以上材料（含复印件）均需加盖公司印章，一式四份，装订成册。

三、申报程序

（一）在自贸试验区注册的，申请从事内资融资租赁业务试点的企业，向舟山市商务局递交申报材料（一式四份）。

（二）舟山市商务局按要求对企业申报材料进行初审，向税务机关核实企业（或股东）依法纳税情况，对通过初审的企业出具推荐函，并随同申报材料一式三份报省商务厅。

（三）省商务厅会同省国税局对申报材料进行审查。对符合条件的企业，由省商务厅、省国税局联合发布公告。企业持批复文件至注册地市场监管部门办理增项业务。

四、有关要求

（一）做好信息报送工作。舟山市商务局应指导试点企业及时登录全国融资租赁企业管理信息系统和浙江省融资租赁行业综合管理信息系统填报有关信息，按时完成信息季报、年报工作。同时，舟山市商务局应于每季度结束后 10 个工作日内将试点工作开展情况和上季试点企业变更工商登记情况报送省商务厅，抄送省国税局。

（二）加强行业风险监管。舟山市商务局应加强属地监管。要利用现场和非现场相结合的监管方式，强化对试点企业风险防控重点环节，以及非法集资、吸收存款、发放贷款等违法违规行为的监管，要加强风险监测、分析和预警，切实防范出现区域性、系统性风险。对不按要求报送企业相关信息，在一年以上未实质性开展融资租赁业务，以及发生违法违规行为的试点企业，省商务厅将会同省国税局取消其试点资格。

（三）规范企业变更管理。自贸试验区内的试点企业变更名称、异地迁址、增减注册资本金、改变组织形式、调整产业结构等，应在办理工商变更登记后 5 个工作日内将变更内容报省商务厅备案。其他工商登记注册地变更到自贸试验区内的内资融资租赁企业，应及时将原申报材料和批准文件、变更后的营业执照复印件报省商务厅备案，按试点企业进行管理，并享受同等待遇。试点企业工商登记信息发生变更后，其注册资金、高管人员、关联企业等应符合试点申报条件，并及时登录融资租赁信息系统修改相关信息。对于纳入试点范围的企业，如迁出自贸试验区，应当按自贸试验区外企业申报试点现行规定重新申报确定试点资格。

浙江省商务厅　浙江省国家税务局

2017 年 7 月 7 日

第十章

投资贸易类

《中华人民共和国外商投资法实施条例》

第一章　总则

第一条　根据《中华人民共和国外商投资法》（以下简称外商投资法），制定本条例。

第二条　国家鼓励和促进外商投资，保护外商投资合法权益，规范外商投资管理，持续优化外商投资环境，推进更高水平对外开放。

第三条　外商投资法第二条第二款第一项、第三项所称其他投资者，包括中国的自然人在内。

第四条　外商投资准入负面清单（以下简称负面清单）由国务院投资主管部门会同国务院商务主管部门等有关部门提出，报国务院发布或者报国务院批准后由国务院投资主管部门、商务主管部门发布。

国家根据进一步扩大对外开放和经济社会发展需要，适时调整负面清单。调整负面清单的程序，适用前款规定。

第五条　国务院商务主管部门、投资主管部门以及其他有关部门按照职责分工，密切配合、相互协作，共同做好外商投资促进、保护和管理工作。

县级以上地方人民政府应当加强对外商投资促进、保护和管理工作的组织领导，支持、督促有关部门依照法律法规和职责分工开展外商投资促进、保护和管理工作，及时协调、解决外商投资促进、保护和管理工作中的重大问题。

第二章　投资促进

第六条　政府及其有关部门在政府资金安排、土地供应、税费减免、资质许可、标准制定、项目申报、人力资源政策等方面，应当依法平等对待外商投资企业和内资企业。

政府及其有关部门制定的支持企业发展的政策应当依法公开；对政策实施中需要由企业申请办理的事项，政府及其有关部门应当公开申请办理的条件、流程、时限等，并在审核中依法平等对待外商投资企业和内资企业。

第七条　制定与外商投资有关的行政法规、规章、规范性文件，或者政府及其有关部门起草与外商投资有关的法律、地方性法规，应当根据实际情况，采取书面征求意见以及召开座谈会、论证会、听证会等多种形式，听取外商投资企业和有关商会、协会等方面的意见和建议；对反映集中或者涉及外商投资企业重大权利义务问题的意见和建议，应当通过适当方式反馈采纳的情况。

与外商投资有关的规范性文件应当依法及时公布，未经公布的不得作为行政管理依据。与外商投资企业生产经营活动密切相关的规范性文件，应当结合实际，合理确定公布到施行之间的时间。

第八条　各级人民政府应当按照政府主导、多方参与的原则，建立健全外商投资服务体系，不断提升外商投资服务能力和水平。

第九条　政府及其有关部门应当通过政府网站、全国一体化在线政务服务平台集中列明有关外商投资的法律、法规、规章、规范性文件、政策措施和投资项目信息，并通过多种途径和方式加强宣传、解读，为外国投资者和外商投资企业提供咨询、指导等服务。

第十条　外商投资法第十三条所称特殊经济区域，是指经国家批准设立、实行更大力度的对外开放政策措施的特定区域。

国家在部分地区实行的外商投资试验性政策措施，经实践证明可行的，根据实际情况在其他地区或者全国范围内推广。

第十一条　国家根据国民经济和社会发展需要，制定鼓励外商投资产业目录，列明鼓励和引导外国投资者投资的特定行业、领域、地区。鼓励外商投资产业目录由国务院投资主管部门会同国务院商务主管部门等有关部门拟订，报国务院批准后由国务院投资主管部门、商务主管部门发布。

第十二条　外国投资者、外商投资企业可以依照法律、行政法规或者国务院的规定，享受财政、税收、金融、用地等方面的优惠待遇。

外国投资者以其在中国境内的投资收益在中国境内扩大投资的，依法享受相应的优惠待遇。

第十三条　外商投资企业依法和内资企业平等参与国家标准、行业标准、地方标准和团体标准的制定、修订工作。外商投资企业可以根据需要自行制定或者与其他企业联合制定企业标准。

外商投资企业可以向标准化行政主管部门和有关行政主管部门提出标准的立项建议，在标准立项、起草、技术审查以及标准实施信息反馈、评估等过程中提出意见和建议，并按照规定承担标准起草、技术审查的相关工作以及标准的外文翻译工作。

标准化行政主管部门和有关行政主管部门应当建立健全相关工作机制，提高标准制定、修订的透明度，推进标准制定、修订全过程信息公开。

第十四条　国家制定的强制性标准对外商投资企业和内资企业平等适用，不得专门针对外商投资企业适用高于强制性标准的技术要求。

第十五条　政府及其有关部门不得阻挠和限制外商投资企业自由进入本地区和本行业的政府采购市场。

政府采购的采购人、采购代理机构不得在政府采购信息发布、供应商条件确定和资格审查、评标标准等方面，对外商投资企业实行差别待遇或者歧视待遇，不得以所有制形式、组织形式、股权结构、投资者国别、产品或者服务品牌以及其他不合理的条件对供应商予以限定，不得对外商投资企业在中国境内生产的产品、提供的服务和内资企业区别对待。

第十六条　外商投资企业可以依照《中华人民共和国政府采购法》（以下简称政府采购法）及其实施条例的规定，就政府采购活动事项向采购人、采购代理机构提出询问、质疑，向政府采购监督管理部门投诉。采购人、采购代理机构、政府采购监督管理部门应当在规定的时限内作出答复或者处理决定。

第十七条　政府采购监督管理部门和其他有关部门应当加强对政府采购活动的监督检查，依法纠正和查处对外商投资企业实行差别待遇或者歧视待遇等违法违规行为。

第十八条　外商投资企业可以依法在中国境内或者境外通过公开发行股票、公司债券等证券，以及公开或者非公开发行其他融资工具、借用外债等方式进行融资。

第十九条　县级以上地方人民政府可以根据法律、行政法规、地方性法规的规定，在法定权限内制定费用减免、用地指标保障、公共服务提供等方面的外商投资促进和便利化政策措施。

县级以上地方人民政府制定外商投资促进和便利化政策措施，应当以推动高质量发展为导向，有利于提高经济效益、社会效益、生态效益，有利于持续优化外商投资环境。

第二十条　有关主管部门应当编制和公布外商投资指引，为外国投资者和外商投资企业提供服务和便利。外商投资指引应当包括投资环境介绍、外商投资办事指南、投资项目信息以及相关数据信息等内容，并及时更新。

第三章　投资保护

第二十一条　国家对外国投资者的投资不实行征收。

在特殊情况下，国家为了公共利益的需要依照法律规定对外国投资者的投资实行征收的，应当依照法定程序、以非歧视性的方式进行，并按照被征收投资的市场价值及时给予补偿。

外国投资者对征收决定不服的，可以依法申请行政复议或者提起行政诉讼。

第二十二条　外国投资者在中国境内的出资、利润、资本收益、资产处置所得、取得的知识产权许可使用费、依法获得的补偿或者赔偿、清算所得等，可以依法以人民币或者外汇自由汇入、汇出，任何单位和个人不得违法对币种、数额以及汇入、汇出的频次等进行限制。

外商投资企业的外籍职工和中国香港、澳门、台湾职工的工资收入和其他合法收入，可以依法自由汇出。

第二十三条　国家加大对知识产权侵权行为的惩处力度，持续强化知识产权执法，推动建立知识产权快速协同保护机制，健全知识产权纠纷多元化解决机制，平等保护外国投资者和外商投资企业的知识产权。

标准制定中涉及外国投资者和外商投资企业专利的，应当按照标准涉及专利的有关管理规定办理。

第二十四条　行政机关（包括法律、法规授权的具有管理公共事务职能的组织，下同）及其工作人员不得利用实施行政许可、行政检查、行政处罚、行政强制以及其他行政手段，强制或者变相强制外国投资者、外商投资企业转让技术。

第二十五条　行政机关依法履行职责，确需外国投资者、外商投资企业提供涉及商业秘密的材料、信息的，应当限定在履行职责所必需的范围内，并严格控制知悉范围，与履行职责无关的人员不得接触有关材料、信息。

行政机关应当建立健全内部管理制度，采取有效措施保护履行职责过程中知悉的外国投资者、外商投资企业的商业秘密；依法需要与其他行政机关共享信息的，应当对信息中含有的商业秘密进行保密处理，防止泄露。

第二十六条　政府及其有关部门制定涉及外商投资的规范性文件，应当按照国务院的规定进行合法性审核。

外国投资者、外商投资企业认为行政行为所依据的国务院部门和地方人民政府及其部门制定的规范性文件不合法，在依法对行政行为申请行政复议或者提起行政诉讼时，可以一并请求对该规范性文件进行审查。

第二十七条　外商投资法第二十五条所称政策承诺，是指地方各级人民政府及其有关部门在法定权限内，就外国投资者、外商投资企业在本地区投资所适用的支持政策、享受的优惠待遇和便利条件等作出的书面承诺。政策承诺的内容应当符合法律、法规规定。

第二十八条　地方各级人民政府及其有关部门应当履行向外国投资者、外商投资企业依法作出的政策承诺以及依法订立的各类合同，不得以行政区划调整、政府换届、机构或者职能调整以及相关责任人更替等为由违约毁约。因国家利益、社会公共利益需要改变政策承诺、合同约定的，应当依照法定权限和程序进行，并依法对外国投资者、外商投资企业因此受到的损失及时予以公平、合理的补偿。

第二十九条　县级以上人民政府及其有关部门应当按照公开透明、高效便利的原则，建立健全外商投资企业投诉工作机制，及时处理外商投资企业或者其投资者反映的问题，协调完善相关政策措施。

国务院商务主管部门会同国务院有关部门建立外商投资企业投诉工作部际联席会议制度，协调、推动中央层面的外商投资企业投诉工作，对地方的外商投资企业投诉工作进行指导和监督。县级以上地方人民政府应当指定部门或者机构负责受理本地区外商投资企业或者其投资者的投诉。

国务院商务主管部门、县级以上地方人民政府指定的部门或者机构应当完善投诉工作规则、健全投诉方式、明确投诉处理时限。投诉工作规则、投诉方式、投诉处理时限应当对外公布。

第三十条　外商投资企业或者其投资者认为行政机关及其工作人员的行政行为侵犯其合法权益，通过外商投资企业投诉工作机制申请协调解决的，有关方面进行协调时可以向被申请的行政机关及其工作人员了解情况，被申请的行政机关及其工作人员应当予以配合。协调结果应当以书面形式及时告知申请人。

外商投资企业或者其投资者依照前款规定申请协调解决有关问题的，不影响其依法申请行政复议，提起行政诉讼。

第三十一条　对外商投资企业或者其投资者通过外商投资企业投诉工作机制反映或者申请协调解决问题，任何单位和个人不得压制或者打击报复。

除外商投资企业投诉工作机制外，外商投资企业或者其投资者还可以通过其他合法途径向政府及其有关部门反映问题。

第三十二条　外商投资企业可以依法成立商会、协会。除法律、法规另有规定外，外商投资企业有权自主决定参加或者退出商会、协会，任何单位和个人不得干预。

商会、协会应当依照法律法规和章程的规定，加强行业自律，及时反映行业诉求，为会员提供信息咨询、宣传培训、市场拓展、经贸交流、权益保护、纠纷处理等方面的服务。

国家支持商会、协会依照法律法规和章程的规定开展相关活动。

第四章　投资管理

第三十三条　负面清单规定禁止投资的领域，外国投资者不得投资。负面清单规定限制投资的领域，外国投资者进行投资应当符合负面清单规定的股权要求、高级管理人员要求等限制性准入特别管理措施。

第三十四条　有关主管部门在依法履行职责过程中，对外国投资者拟投资负面清单内领域，但不符合负面清单规定的，不予办理许可、企业登记注册等相关事项；涉及固定资产投资项目核准的，不予办理相关核准事项。

有关主管部门应当对负面清单规定执行情况加强监督检查，发现外国投资者投资负面清单规定禁止投资的领域，或者外国投资者的投资活动违反负面清单规定的限制性准入特别管理措施的，依照外商投资法第三十六条的规定予以处理。

第三十五条　外国投资者在依法需要取得许可的行业、领域进行投资的，除法律、行政法规另有规定外，负责实施许可的有关主管部门应当按照与内资一致的条件和程序，审核外国投资者的许可申请，不得在许可条件、申请材料、审核环节、审核时限等方面对外国投资者设置歧视性要求。

负责实施许可的有关主管部门应当通过多种方式，优化审批服务，提高审批效率。对符合相关条件和要求的许可事项，可以按照有关规定采取告知承诺的方式办理。

第三十六条　外商投资需要办理投资项目核准、备案的，按照国家有关规定执行。

第三十七条　外商投资企业的登记注册，由国务院市场监督管理部门或者其授权的地方人民政府市场监督管理部门依法办理。国务院市场监督管理部门应当公布其授权的市场监督管理部门名单。

外商投资企业的注册资本可以用人民币表示，也可以用可自由兑换货币表示。

第三十八条　外国投资者或者外商投资企业应当通过企业登记系统以及企业信用信息公示系统向商务主管部门报送投资信息。国务院商务主管部门、市场监督管理部门应当做好相关业务系统的对接和工作衔接，并为外国投资者或者外商投资企业报送投资信息提供指导。

第三十九条　外商投资信息报告的内容、范围、频次和具体流程，由国务院商务主管部门会同国务院市场监督管理部门等有关部门按照确有必要、高效便利的原则确定并公布。商务主管部门、其他有关部门应当加强信息共享，通过部门信息共享能够获得的投资信息，不得再行要求外国投资者或者外商投资企业报送。

外国投资者或者外商投资企业报送的投资信息应当真实、准确、完整。

第四十条　国家建立外商投资安全审查制度，对影响或者可能影响国家安全的外商投资进行安全审查。

第五章　法律责任

第四十一条　政府和有关部门及其工作人员有下列情形之一的，依法依规追究责任：

（一）制定或者实施有关政策不依法平等对待外商投资企业和内资企业；

（二）违法限制外商投资企业平等参与标准制定、修订工作，或者专门针对外商投资企业适用高于强制性标准的技术要求；

（三）违法限制外国投资者汇入、汇出资金；

（四）不履行向外国投资者、外商投资企业依法作出的政策承诺以及依法订立的各类合同，超出法定权限作出政策承诺，或者政策承诺的内容不符合法律、法规规定。

第四十二条　政府采购的采购人、采购代理机构以不合理的条件对外商投资企业实行差别待遇或者歧视待遇的，依照政府采购法及其实施条例的规定追究其法律责任；影响或者可能影响中标、成交结果的，依照政府采购法及其实施条例的规定处理。

政府采购监督管理部门对外商投资企业的投诉逾期未作处理的，对直接负责的主管人员和其他直接责任人员依法给予处分。

第四十三条　行政机关及其工作人员利用行政手段强制或者变相强制外国投资者、外商投资企业转让技术的，对直接负责的主管人员和其他直接责任人员依法给予处分。

第六章 附则

第四十四条 外商投资法施行前依照《中华人民共和国中外合资经营企业法》《中华人民共和国外资企业法》《中华人民共和国中外合作经营企业法》设立的外商投资企业（以下称现有外商投资企业），在外商投资法施行后 5 年内，可以依照《中华人民共和国公司法》《中华人民共和国合伙企业法》等法律的规定调整其组织形式、组织机构等，并依法办理变更登记，也可以继续保留原企业组织形式、组织机构等。

自 2025 年 1 月 1 日起，对未依法调整组织形式、组织机构等并办理变更登记的现有外商投资企业，市场监督管理部门不予办理其申请的其他登记事项，并将相关情形予以公示。

第四十五条 现有外商投资企业办理组织形式、组织机构等变更登记的具体事宜，由国务院市场监督管理部门规定并公布。国务院市场监督管理部门应当加强对变更登记工作的指导，负责办理变更登记的市场监督管理部门应当通过多种方式优化服务，为企业办理变更登记提供便利。

第四十六条 现有外商投资企业的组织形式、组织机构等依法调整后，原合营、合作各方在合同中约定的股权或者权益转让办法、收益分配办法、剩余财产分配办法等，可以继续按照约定办理。

第四十七条 外商投资企业在中国境内投资，适用外商投资法和本条例的有关规定。

第四十八条 香港特别行政区、澳门特别行政区投资者在内地投资，参照外商投资法和本条例执行；法律、行政法规或者国务院另有规定的，从其规定。

台湾地区投资者在大陆投资，适用《中华人民共和国台湾同胞投资保护法》（以下简称台湾同胞投资保护法）及其实施细则的规定；台湾同胞投资保护法及其实施细则未规定的事项，参照外商投资法和本条例执行。

定居在国外的中国公民在中国境内投资，参照外商投资法和本条例执行；法律、行政法规或者国务院另有规定的，从其规定。

第四十九条 本条例自 2020 年 1 月 1 日起施行。《中华人民共和国中外合资经营企业法实施条例》《中外合资经营企业合营期限暂行规定》《中华人民共和国外资企业法实施细则》《中华人民共和国中外合作经营企业法实施细则》同时废止。

2020 年 1 月 1 日前制定的有关外商投资的规定与外商投资法和本条例不一致的，以外商投资法和本条例的规定为准。

国务院《关于进一步做好利用外资工作的意见》
国发〔2019〕23号

各省、自治区、直辖市人民政府，国务院各部委、各直属机构：

对外开放是我国基本国策。外资在我国经济发展中发挥了独特而重要的作用，推动高质量发展、推进现代化建设必须始终高度重视利用外资。当前，国际投资格局深刻调整，我国利用外资工作面临新形势、新特点、新挑战。为深入贯彻习近平新时代中国特色社会主义思想，全面贯彻党的十九大和十九届二中、三中、四中全会精神，统筹推进"五位一体"总体布局，协调推进"四个全面"战略布局，落实党中央、国务院关于稳外资工作的决策部署，以激发市场活力、提振投资信心为出发点，以保障外商投资企业国民待遇为重点，以打造公开、透明、可预期的外商投资环境为着力点，持续深化"放管服"改革，进一步做好利用外资工作，稳定外资规模，优化外资结构，现提出以下意见。

一、深化对外开放

（一）支持外商投资新开放领域

继续压减全国和自由贸易试验区外商投资准入负面清单，全面清理取消未纳入负面清单的限制措施，保障开放举措有效实施，持续提升开放水平。（发展改革委、商务部牵头，各有关部门、各省级人民政府按职责分工负责）

（二）加快金融业开放进程

全面取消在华外资银行、证券公司、基金管理公司等金融机构业务范围限制，丰富市场供给，增强市场活力。减少外国投资者投资设立银行业、保险业机构和开展相关业务的数量型准入条件，取消外国银行来华设立外资法人银行、分行的总资产要求，取消外国保险经纪公司在华经营保险经纪业务的经营年限、总资产要求。扩大投资入股外资银行和外资保险机构的股东范围，取消中外合资银行中方唯一或主要股东必须是金融机构的要求，允许外国保险集团公司投资设立保险类机构。继续支持按照内外资一致的原则办理外资保险公司及其分支机构设立及变更等行政许可事项。2020年取消证券公司、证券投资基金管理公司、期货公司、寿险公司外资持股比例不超过51%的限制。（人民银行、银保监会、证监会按职责分工负责）

（三）优化汽车领域外资政策

各地区要保障内外资汽车制造企业生产的新能源汽车享受同等市场准入待遇。修订乘用车企业平均燃料消耗量与新能源汽车积分并行管理办法，在外方与中方合资伙伴协商一致后，允许外方在华投资的整车企业之间转让积分。（工业和信息化部、各省级人民政府按职责分工负责）

（四）着力营造公平经营环境

各地区、各部门要着力提高市场的公平性，及时纠正违反公平竞争的做法，着力消除妨害公平竞争的制度性障碍。统一内外资建筑业企业承揽业务范围。完善外国投资者申请从事互联网上网服务营业场所、娱乐场所经营等业务相关规定。坚持按照内外资机构同等待遇原则，开展强制性产品认证机构的资质审批工作。增加化学品物理危险性鉴定机构数量，不得针对外商投资企业设置限制性条件。（发展改革委、住房城乡建设部、商务部、文化和旅游部、应急部、市场监管总局、各省级人民政府按职责分工负责）

二、加大投资促进力度

（五）优化外商投资企业科技创新服务

加强对外商投资企业申请高新技术企业认定的指导和服务，组织开展政策专题培训，加强政策宣传，鼓励和引导外资更多投向高新技术产业。（科技部、财政部、税务总局、各省级人民政府按职责分工负责）

（六）提升自由贸易试验区建设水平

支持地方和部门聚焦市场主体期盼，提出支持自由贸易试验区进一步扩大开放和创新发展的具体措施，推进相关深层次改革事项在自由贸易试验区先行先试，充分发挥自由贸易试验区改革开放试验田作用。对有条件的自由贸易试验区下放更多省级经济管理审批权限，尤其是投资审批、市场准入等权限。（商务部牵头，发展改革委等有关部门、各有关省级人民政府按职责分工负责）

（七）提升开放平台引资质量

鼓励地方人民政府对有条件建设具有较强竞争力产业集群的国家级经济技术开发区予以支持，打造品牌化招商引资平台。建立重点企业联系制度，提供专业化、全流程服务，着力培育带动力强、辐射面广的龙头企业和产业链核心企业。在确有发展需要且符合条件的中西部地区，优先增设一批综合保税区。切实推进国家级经济技术开发区"审批不出区""互联网+政务服务"和"最多跑一次"改革，创新完善企业服务体系，构建一流营商环境。（财政部、工业和信息化部、商务部、海关总署、税务总局、各省级人民政府按职责分工负责）

（八）支持地方加大对外资的招商引资力度

鼓励地方政府根据当地招商工作实际，制定考核激励政策，对招商部门、团队内非公务员岗位实行更加灵活的激励措施。鼓励地方政府在法定权限内合理设定招商引资工作经费额度与标准，对出境招商活动、团组申请等予以支持。（外交部、发展改革委、财政部、人力资源社会保障部、商务部、各省级人民政府按职责分工负责）

（九）抓好政策宣传解读

各地区、各部门要通过设立投资服务平台、政策咨询窗口等方式，积极开展政策宣传，深入企业宣讲政策，了解政策实施难点、堵点，全方位回应企业诉求，依法依规支持外商投资企业享受配套优惠政策，协助企业用足用好各项政策。（各有关部门、各省级人民政府按职责分工负责）

三、深化投资便利化改革

（十）降低资金跨境使用成本

尽快出台具体措施，支持外商投资企业扩大人民币跨境使用。扩大资本项目收入支付便利化改革试点范围。推进企业发行外债登记制度改革，完善全口径跨境融资宏观审慎管理政策，支持外商投资企业自主选择借用外债模式，降低融资成本。鼓励外商投资企业资本金依法用于境内股权投资。（发展改革委、商务部、人民银行、外汇局按职责分工负责）

（十一）提高来华工作便利度

支持各地区根据本地经济发展需要，对于急需紧缺的创新创业人才、专业技能人才来华工作，可适当放宽年龄、学历或工作经历等限制。对有创新创业意愿的外国留学生，可凭中国高校毕业证书申请2年私人事务类居留许可。已连续两次申请办理工作类居留许可的外国人，可在第三次申请时按规定签发5年有效期的工作类居留许可。优化外国人申请来华工作许可办理流程，完善部门信息共享机制，探索整合外国人工作许可证和工作类居留许可。（外交部、科技部、人力资源社会保障部、移民局、各省级人民政府按职责分工负责）

（十二）优化外资项目规划用地审批程序

持续深化规划用地"放管服"改革，加快外资项目落地进度。合并规划选址和用地预审，合并建设用地规划许可和用地批准，推进多测整合、多验合一，推进信息共享，简化报件审批材料。（自然资源部牵头，发展改革委、住房城乡建设部、商务部等部门和各省级人民政府按职责分工负责）

四、保护外商投资合法权益

（十三）全面贯彻外商投资法

外商投资法及其配套法规实施后，各地区、各部门要严格贯彻落实，进一步清理相关法规规定，抓紧制定完善具体实施办法和有关司法解释，做好解读和培训工作，确保外商投资法各项制度切实有效执行。（商务部、发展改革委、最高人民法院、司法部牵头，各部门、各省级人民政府按职责分工负责）

（十四）保护外商投资企业合法权益

各地区应建立健全外商投资企业投诉受理机构，完善处理规则，规范处理程序，提高处理效率。各地区、各部门应严格遵照外商投资法、行政许可法等法律法规对外商投资实施行政许可，不得擅自改变行政许可范围、程序及标准等，行政机关及其工作人员不得通过行政许可、监督检查、行政强制等，强制或者变相强制外国投资者、外商投资企业转让技术。（商务部牵头，各部门、各省级人民政府按职责分工负责）

（十五）强化监管政策执行规范性

优化监管方式，科学合理设定环境保护、安全生产等监管执法检查频次，降低外商投资企业合规成本。地方政府应依照大气污染防治法等有关法律法规规定采取重污染天气应急措施。指导各地在市场监管领域细化、量化行政处罚自由裁量标准。（生态环境部、应急部、市场监管总局等部门和各省级人民政府按职责分工负责）

（十六）提高行政规范性文件制定透明度

各地区、各部门制定出台涉及外商投资的行政规范性文件，应当加强合法性审核。与外商投资企业生产经营活动密切相关的行政规范性文件，应当结合实际，合理确定公布到施行之间的时间，提高政策可预见性和透明度。（各部门、各省级人民政府按职责分工负责）

（十七）发挥知识产权司法保护重要作用

充分发挥财产保全、证据保全、行为保全的制度效能，提高知识产权司法救济的及时性和便利性。优化涉及外商投资企业知识产权案件中对证据形式要件的要求，适用事实推定，合理减轻外方当事人的诉讼负担。依法加强保护商业秘密、合理分配举证责任，加大民事保护和刑事保护力度。依法集中、统一审理专利无效与侵权上诉案件，进一步提升审判质效。充分尊重知识产权的市场价值，积极运用惩罚性赔偿，加大对恶意侵权行为、重复侵权行为的打击力度。进一步完善技术调查官制度，加强技术类案件的多元事实查明机制建设。加强涉及标准必要专利的案件审理，保障公平竞争市场秩序。充分发挥知识产权案件多元化调解的作用，实质性解决纠纷。进一步统一知识产权案件诉讼证据和司法裁判标准，适时出台有关司法解释，发布指导性案例，持续提升知识产权司法审判工作规范化、科学化、国际化水平。（最高人民法院负责）

（十八）完善知识产权保护工作机制

建立健全知识产权快速协同保护和信用联合惩戒机制，持续推进知识产权纠纷仲裁调解工作，构建完善知识产权纠纷多元化解决机制。完善注册商标撤销程序。健全地理标志保护制度。完善电子商务知识产权保护机制，完善电子商务平台专利侵权判定通知、移除规则，完善电子商务领域专利执法维权协作调度机制。积极运用标准化方法，加强知识产权保护。（商务部、市场监管总局、知识产权局、各省级人民政府按职责分工负责）

（十九）支持参与标准制定

指导各地区、各部门全面落实内外资企业公平参与我国标准化工作，鼓励外商投资企业参与我国医疗器械、食品药品、信息化产品等标准制定，提高行业标准和技术规范制修订的科学性和透明度。（市场监管总局牵头，各部门、各省级人民政府按职责分工负责）

（二十）保障依法平等参与政府采购

各地区、各部门在政府采购信息发布、供应商条件确定、评标标准等方面，不得对外商投资企业实行歧视待遇，不得限定供应商的所有制形式、组织形式、股权结构或者投资者国别，以及产品或服务品牌等。（财政部牵头，各部门、各省级人民政府按职责分工负责）

各地区、各部门要深入贯彻党中央、国务院关于稳外资工作的部署要求，充分认识当前进一步做好利用外资工作的重要意义，提高站位，主动作为，务求实效，狠抓各项政策措施落实。涉及修订或废止行政法规、国务院文件、经国务院批准的部门规章的，由原牵头起草部门或商务部会同有关部门报请国务院修订或废止。商务部要会同有关部门加强指导和协调，重大问题及时向国务院报告。

国务院

2019 年 10 月 30 日

（此件公开发布）

中华人民共和国外商投资法

《中华人民共和国外商投资法》是为了进一步扩大对外开放，积极促进外商投资，保护外商投资合法权益，规范外商投资管理，推动形成全面开放新格局，促进社会主义市场经济健康发展，根据宪法，制定的法律。

2019 年 3 月 15 日，十三届全国人大二次会议表决通过了《中华人民共和国外商投资法》。自 2020 年 1 月 1 日起施行。

中华人民共和国外商投资法

（2019 年 3 月 15 日第十三届全国人民代表大会第二次会议通过）

目　录

第一章　总　则

第一条　为了进一步扩大对外开放，积极促进外商投资，保护外商投资合法权益，规范外商投资管理，推动形成全面开放新格局，促进社会主义市场经济健康发展，根据宪法，制定本法。

第二条　在中华人民共和国境内（以下简称中国境内）的外商投资，适用本法。

本法所称外商投资，是指外国的自然人、企业或者其他组织（以下称外国投资者）直接或者间接在中国境内进行的投资活动，包括下列情形：

（一）外国投资者单独或者与其他投资者共同在中国境内设立外商投资企业；

（二）外国投资者取得中国境内企业的股份、股权、财产份额或者其他类似权益；

（三）外国投资者单独或者与其他投资者共同在中国境内投资新建项目；

（四）法律、行政法规或者国务院规定的其他方式的投资。

本法所称外商投资企业，是指全部或者部分由外国投资者投资，依照中国法律在中国境内经登记注册设立的企业。

第三条　国家坚持对外开放的基本国策，鼓励外国投资者依法在中国境内投资。

国家实行高水平投资自由化便利化政策，建立和完善外商投资促进机制，营造稳定、透明、可预期和公平竞争的市场环境。

第四条　国家对外商投资实行准入前国民待遇加负面清单管理制度。

前款所称准入前国民待遇，是指在投资准入阶段给予外国投资者及其投资不低于本国投资者及其投资的待遇；所称负面清单，是指国家规定在特定领域对外商投资实施的准入特别管理措施。国家对负面清单之外的外商投资，给予国民待遇。

负面清单由国务院发布或者批准发布。

中华人民共和国缔结或者参加的国际条约、协定对外国投资者准入待遇有更优惠规定的，可以按照相关规定执行。

第五条　国家依法保护外国投资者在中国境内的投资、收益和其他合法权益。

第六条　在中国境内进行投资活动的外国投资者、外商投资企业，应当遵守中国法律法规，不得危害中国国家安全、损害社会公共利益。

第七条　国务院商务主管部门、投资主管部门按照职责分工，开展外商投资促进、保护和管理工作；国务院其他有关部门在各自职责范围内，负责外商投资促进、保护和管理的相关工作。

县级以上地方人民政府有关部门依照法律法规和本级人民政府确定的职责分工，开展外商投资促进、保护和管理工作。

第八条　外商投资企业职工依法建立工会组织，开展工会活动，维护职工的合法权益。外商投资企业应当为本企业工会提供必要的活动条件。

第二章　投资促进

第九条　外商投资企业依法平等适用国家支持企业发展的各项政策。

第十条　制定与外商投资有关的法律、法规、规章，应当采取适当方式征求外商投资企业的意见和建议。

与外商投资有关的规范性文件、裁判文书等，应当依法及时公布。

第十一条　国家建立健全外商投资服务体系，为外国投资者和外商投资企业提供法律法规、政策措施、投资项目信息等方面的咨询和服务。

第十二条　国家与其他国家和地区、国际组织建立多边、双边投资促进合作机制，加强投资领域的国际交流与合作。

第十三条　国家根据需要，设立特殊经济区域，或者在部分地区实行外商投资试验性政策措施，促进外商投资，扩大对外开放。

第十四条　国家根据国民经济和社会发展需要，鼓励和引导外国投资者在特定行业、领域、地区投资。外国投资者、外商投资企业可以依照法律、行政法规或者国务院的规定享受优惠待遇。

第十五条　国家保障外商投资企业依法平等参与标准制定工作，强化标准制定的信息公开和社会监督。

国家制定的强制性标准平等适用于外商投资企业。

第十六条　国家保障外商投资企业依法通过公平竞争参与政府采购活动。政府采购依法对外商投资企业在中国境内生产的产品、提供的服务平等对待。

第十七条　外商投资企业可以依法通过公开发行股票、公司债券等证券和其他方式进行融资。

第十八条　县级以上地方人民政府可以根据法律、行政法规、地方性法规的规定，在法定权限内制定外商投资促进和便利化政策措施。

第十九条　各级人民政府及其有关部门应当按照便利、高效、透明的原则，简化办事程序，提高办事效率，优化政务服务，进一步提高外商投资服务水平。

有关主管部门应当编制和公布外商投资指引，为外国投资者和外商投资企业提供服务和便利。

第三章　投资保护

第二十条　国家对外国投资者的投资不实行征收。

在特殊情况下，国家为了公共利益的需要，可以依照法律规定对外国投资者的投资实行征收或者征用。征收、征用应当依照法定程序进行，并及时给予公平、合理的补偿。

第二十一条　外国投资者在中国境内的出资、利润、资本收益、资产处置所得、知识产权许可使用费、依法获得的补偿或者赔偿、清算所得等，可以依法以人民币或者外汇自由汇入、汇出。

第二十二条　国家保护外国投资者和外商投资企业的知识产权，保护知识产权权利人和相关权利人的合法权益；对知识产权侵权行为，严格依法追究法律责任。

国家鼓励在外商投资过程中基于自愿原则和商业规则开展技术合作。技术合作的条件由投资各方遵循公平原则平等协商确定。行政机关及其工作人员不得利用行政手段强制转让技术。

第二十三条　行政机关及其工作人员对于履行职责过程中知悉的外国投资者、外商投资企业的商业秘密，应当依法予以保密，不得泄露或者非法向他人提供。

第二十四条　各级人民政府及其有关部门制定涉及外商投资的规范性文件，应当符合法律法规的规定；没有法律、行政法规依据的，不得减损外商投资企业的合法权益或者增加其义务，不得设置市场准入和退出条件，不得干预外商投资企业的正常生产经营活动。

第二十五条　地方各级人民政府及其有关部门应当履行向外国投资者、外商投资企业依法作出的政策承诺以及依法订立的各类合同。

因国家利益、社会公共利益需要改变政策承诺、合同约定的，应当依照法定权限和程序进行，并依法对外国投资者、外商投资企业因此受到的损失予以补偿。

第二十六条　国家建立外商投资企业投诉工作机制，及时处理外商投资企业或者其投资者反映的问题，协调完善相关政策措施。

外商投资企业或者其投资者认为行政机关及其工作人员的行政行为侵犯其合法权益的，可以通过外商投资企业投诉工作机制申请协调解决。

外商投资企业或者其投资者认为行政机关及其工作人员的行政行为侵犯其合法权益的，除依照前款规定通过外商投资企业投诉工作机制申请协调解决外，还可以依法申请行政复议、提起行政诉讼。

第二十七条　外商投资企业可以依法成立和自愿参加商会、协会。商会、协会依照法律法规和章程的规定开展相关活动，维护会员的合法权益。

第四章　投资管理

第二十八条　外商投资准入负面清单规定禁止投资的领域，外国投资者不得投资。

外商投资准入负面清单规定限制投资的领域，外国投资者进行投资应当符合负面清单规定的条件。

外商投资准入负面清单以外的领域，按照内外资一致的原则实施管理。

第二十九条　外商投资需要办理投资项目核准、备案的，按照国家有关规定执行。

第三十条　外国投资者在依法需要取得许可的行业、领域进行投资的，应当依法办理相关许可手续。

有关主管部门应当按照与内资一致的条件和程序，审核外国投资者的许可申请，法律、行政法规另有规定的除外。

第三十一条　外商投资企业的组织形式、组织机构及其活动准则，适用《中华人民共和国公司法》《中华人民共和国合伙企业法》等法律的规定。

第三十二条　外商投资企业开展生产经营活动，应当遵守法律、行政法规有关劳动保护、社会保险的规定，依照法律、行政法规和国家有关规定办理税收、会计、外汇等事宜，并接受相关主管部门依法实施的监督检查。

第三十三条　外国投资者并购中国境内企业或者以其他方式参与经营者集中的，应当依照《中华人民共和国反垄断法》的规定接受经营者集中审查。

第三十四条　国家建立外商投资信息报告制度。外国投资者或者外商投资企业应当通过企业登记系统以及企业信用信息公示系统向商务主管部门报送投资信息。

外商投资信息报告的内容和范围按照确有必要的原则确定；通过部门信息共享能够获得的投资信息，不得再行要求报送。

第三十五条　国家建立外商投资安全审查制度，对影响或者可能影响国家安全的外商投资进行安全审查。

依法作出的安全审查决定为最终决定。

第五章　法律责任

第三十六条　外国投资者投资外商投资准入负面清单规定禁止投资的领域的，由有关主管部门责令停止投资活动，限期处分股份、资产或者采取其他必要措施，恢复到实施投资前的状态；有违法所得的，没收违法所得。

外国投资者的投资活动违反外商投资准入负面清单规定的限制性准入特别管理措施的，由有关主管部门责令限期改正，采取必要措施满足准入特别管理措施的要求；逾期不改正的，依照前款规定处理。

外国投资者的投资活动违反外商投资准入负面清单规定的，除依照前两款规定处理外，还应当依法承担相应的法律责任。

第三十七条 外国投资者、外商投资企业违反本法规定，未按照外商投资信息报告制度的要求报送投资信息的，由商务主管部门责令限期改正；逾期不改正的，处十万元以上五十万元以下的罚款。

第三十八条 对外国投资者、外商投资企业违反法律、法规的行为，由有关部门依法查处，并按照国家有关规定纳入信用信息系统。

第三十九条 行政机关工作人员在外商投资促进、保护和管理工作中滥用职权、玩忽职守、徇私舞弊的，或者泄露、非法向他人提供履行职责过程中知悉的商业秘密的，依法给予处分；构成犯罪的，依法追究刑事责任。

第六章 附　则

第四十条 任何国家或者地区在投资方面对中华人民共和国采取歧视性的禁止、限制或者其他类似措施的，中华人民共和国可以根据实际情况对该国家或者该地区采取相应的措施。

第四十一条 对外国投资者在中国境内投资银行业、证券业、保险业等金融行业，或者在证券市场、外汇市场等金融市场进行投资的管理，国家另有规定的，依照其规定。

第四十二条 本法自2020年1月1日起施行。《中华人民共和国中外合资经营企业法》《中华人民共和国外资企业法》《中华人民共和国中外合作经营企业法》同时废止。

本法施行前依照《中华人民共和国中外合资经营企业法》《中华人民共和国外资企业法》《中华人民共和国中外合作经营企业法》设立的外商投资企业，在本法施行后五年内可以继续保留原企业组织形式等。具体实施办法由国务院规定。

自由贸易试验区外商投资准入特别管理措施
（负面清单）（2019 年版）
中华人民共和国国家发展和改革委员会
中华人民共和国商务部令第 26 号

《自由贸易试验区外商投资准入特别管理措施（负面清单）（2019 年版）》已经党中央、国务院同意，现予以发布，自 2019 年 7 月 30 日起施行。2018 年 6 月 30 日国家发展和改革委员会、商务部发布的《自由贸易试验区外商投资准入特别管理措施（负面清单）（2018 年版）》同时废止。

国家发展和改革委员会主任：何立峰

商务部部长：钟山

2019 年 6 月 30 日

说　明

一、《自由贸易试验区外商投资准入特别管理措施（负面清单）》（以下简称《自贸试验区负面清单》）统一列出股权要求、高管要求等外商投资准入方面的特别管理措施，适用于自由贸易试验区。《自贸试验区负面清单》之外的领域，按照内外资一致原则实施管理。

二、《自贸试验区负面清单》对部分领域列出了取消或放宽准入限制的过渡期，过渡期满后将按时取消或放宽其准入限制。

三、境外投资者不得作为个体工商户、个人独资企业投资人、农民专业合作社成员，从事投资经营活动。

四、境外投资者不得投资《自贸试验区负面清单》中禁止外商投资的领域；投资《自贸试验区负面清单》之内的非禁止投资领域，须进行外资准入许可；投资有股比要求的领域，不得设立外商投资合伙企业。

五、境内公司、企业或自然人以其在境外合法设立或控制的公司并购与其有关联关系的境内公司，涉及外商投资项目和企业设立及变更事项的，按照现行规定办理。

六、《自贸试验区负面清单》中未列出的文化、金融等领域与行政审批、资质条件、国家安全等相关措施的，按照现行规定执行。

七、《内地与香港关于建立更紧密经贸关系的安排》及其后续协议、《内地与澳门关于建立更紧密经贸关系的安排》及其后续协议、《海峡两岸经济合作框架协议》及其后续协议、我国与有关国家签订的自由贸易区协议和投资协定、我国参加的国际条约对符合条件的投资者有更优惠开放措施的，按照相关协议或协定的规定执行。

八、《自贸试验区负面清单》由发展改革委、商务部会同有关部门负责解释。

自由贸易试验区外商投资准入特别管理措施（负面清单）（2019 年版）

序号	特别管理措施
一、农、林、牧、渔业	
1	小麦、玉米新品种选育和种子生产的中方股比不低于 34%
2	禁止投资中国稀有和特有的珍贵优良品种的研发、养殖、种植以及相关繁殖材料的生产（包括种植业、畜牧业、水产业的优良基因）
3	禁止投资农作物、种畜禽、水产苗种转基因品种选育及其转基因种子（苗）生产
二、采矿业	
4	禁止投资稀土、放射性矿产、钨勘查、开采及选矿（未经允许，禁止进入稀土矿区或取得矿土地质资料、矿石样品及生产工艺技术）
三、制造业	
5	禁止投资中药饮片的蒸、炒、炙、煅等炮制技术的应用及中成药保密处方产品的生产
6	除专用车、新能源汽车外，汽车整车制造的中方股比不低于 50%，同一家外商可在国内建立两家及两家以下生产同类整车产品的合资企业（2020 年取消商用车制造外资股比限制。2022 年取消乘用车制造外资股比限制以及同一家外商可在国内建立两家及两家以下生产同类整车产品的合资企业的限制）
7	卫星电视广播地面接收设施及关键件生产
四、电力、热力、燃气及水生产和供应业	
8	核电站的建设、经营须由中方控股
9	城市人口 50 万以上的城市供排水管网的建设、经营须由中方控股

续表

序号	特别管理措施
五、批发和零售业	
10	禁止投资烟叶、卷烟、复烤烟叶及其他烟草制品的批发、零售
六、交通运输、仓储和邮政业	
11	国内水上运输公司须由中方控股（且不得经营或租用中国籍船舶或者舱位等方式变相经营国内水路运输业务及其辅助业务；水路运输经营者不得使用外国籍船舶经营国内水路运输业务，但经中国政府批准，在国内没有能够满足所申请运输要求的中国籍船舶，并且船舶依靠的港口或者水域为对外开放的港口或者水域的情况下，水路运输经营者可以在中国政府规定的期限或者航次内，临时使用外国籍船舶经营中国港口之间的海上运输和拖航）
12	公共航空运输公司须由中方控股，且一家外商及其关联企业投资比例不得超过25%，法定代表人须由中国籍公民担任（只有中国公共航空运输企业才能经营国内航空服务，并作为中国指定承运人提供定期和不定期国际航空服务）
13	通用航空公司的法定代表人须由中国籍公民担任，其中农、林、渔业通用航空公司限于合资，其他通用航空公司限于中方控股
14	民用机场的建设、经营须由中方相对控股
15	禁止投资空中交通管制
16	禁止投资邮政公司（和经营邮政服务）、信件的国内快递业务
七、信息传输、软件和信息技术服务业	
17	电信公司：限于中国入世承诺开放的电信业务，增值电信业务的外资股比不超过50%（电子商务、国内多方通信、存储转发类、呼叫中心除外），基础电信业务须由中方控股（且经营者须为依法设立的专门从事基础电信业务的公司）。上海自贸试验区原有区域（28.8平方千米）试点政策推广至所有自贸试验区执行
18	禁止投资互联网新闻信息服务、网络出版服务、网络视听节目服务、互联网文化经营（音乐除外）、互联网公众发布信息服务（上述服务中，中国入世承诺中已开放的内容除外）
八、金融业	
19	证券公司的外资股比不超过51%，证券投资基金管理公司的外资股比不超过51%（2021年取消外资股比限制）

续表

序号	特别管理措施
20	期货公司的外资股比不超过51%（2021年取消外资股比限制）
21	寿险公司的外资股比不超过51%（2021年取消外资股比限制）
九、租赁和商务服务业	
22	禁止投资中国法律事务（提供有关中国法律环境影响的信息除外），不得成为国内律师事务所合伙人（外国律师事务所只能以代表机构的方式进入中国，且不得聘用中国执业律师，聘用的辅助人员不得为当事人提供法律服务；如在华设立代表机构、派驻代表，须经中国司法行政部门许可）
23	市场调查限于合资、合作，其中广播电视收听、收视调查须由中方控股
24	禁止投资社会调查
十、科学研究和技术服务业	
25	禁止投资人体干细胞、基因诊断与治疗技术开发和应用
26	禁止投资人文社会科学研究机构
27	禁止投资大地测量、海洋测绘、测绘航空摄影、地面移动测量、行政区域界线测绘、地形图、世界政区地图、全国政区地图、省级及以下政区地图、全国性教学地图、地方性教学地图、真三维地图和导航电子地图编制，区域性的地质填图、矿产地质、地球物理、地球化学、水文地质、环境地质、地质灾害、遥感地质等调查
十一、教育	
28	学前、普通高中和高等教育机构限于中外合作办学，须由中方主导［校长或者主要行政负责人应当具有中国国籍（且在中国境内定居），理事会、董事会或者联合管理委员会的中方组成人员不得少于1/2］［外国教育机构、其他组织或者个人不得单独设立以中国公民为主要招生对象的学校及其他教育机构（不包括非学制类职业技能培训），但是外国教育机构可以同中国教育机构合作举办以中国公民为主要招生对象的教育机构］
29	禁止投资义务教育机构、宗教教育机构
十二、卫生和社会工作	
30	医疗机构限于合资、合作
十三、文化、体育和娱乐业	
31	禁止投资新闻机构（包括但不限于通讯社）（外国新闻机构在中国境内设立常驻新闻机构、向中国派遣常驻记者，须经中国政府批准。外国通讯社在中国境内提供新闻的服务业务须由中国政府审批。中外新闻机构业务合作，须中方主导，且须经中国政府批准）

续表

序号	特别管理措施
32	禁止投资图书、报纸、期刊、音像制品和电子出版物的编辑、出版、制作业务（但经中国政府批准，在确保合作中方的经营主导权和内容终审权并遵守中国政府批复的其他条件下，中外出版单位可进行新闻出版中外合作出版项目。未经中国政府批准，禁止在中国境内提供金融信息服务）
33	禁止投资各级广播电台（站）、电视台（站）、广播电视频道（率）、广播电视传输覆盖（发射台、转播台、广播电视卫星、卫星上行站、卫星收转站、微波站、监测台及有线广播电视传输覆盖网等），禁止从事广播电视视频点播业务和卫星电视广播地面接收设施安装服务（对境外卫星频道落地实行审批制度）
34	禁止投资广播电视节目制作经营（含引进业务）公司［引进境外影视剧和以卫星传送方式引进其他境外电视节目由广电总局指定的单位申报。对中外合作制作电视剧（含电视动画片）实行许可制度］
35	禁止投资电影制作公司、发行公司、院线公司以及电影引进业务。（但经批准，允许中外企业合作摄制电影）
36	禁止投资文物拍卖的拍卖公司、文物商店和国有文物博物馆（禁止不可移动文物及国家禁止出境的文物转让、抵押、出租给外国人。禁止设立与经营非物质文化遗产调查机构；境外组织或个人在中国境内进行非物质文化遗产调查和考古调查、勘探、发掘，应采取与中国合作的形式并经专门审批许可）
37	文艺表演团体须由中方控股

中共中央国务院《关于推进贸易高质量发展的指导意见》

（2019 年 11 月 19 日）

推进贸易高质量发展，是党中央面对国际国内形势深刻变化作出的重大决策部署，是奋力推进新时代中国特色社会主义事业的必然要求，是事关经济社会发展全局的大事。为加快培育贸易竞争新优势，推进贸易高质量发展，现提出如下意见。

一、总体要求

以习近平新时代中国特色社会主义思想为指导，全面贯彻党的十九大和十九届二中、三中、四中全会精神，坚持新发展理念，坚持推动高质量发展，以供给侧结构性改革为主线，加快推动由商品和要素流动型开放向规则等制度型开放转变，建设更高水平开放型经济新体制，完善涉外经贸法律和规则体系，深化外贸领域改革，坚持市场化原则和商业规则，强化科技创新、制度创新、模式和业态创新，以共建“一带一路”为重点，大力优化贸易结构，推动进口与出口、货物贸易与服务贸易、贸易与双向投资、贸易与产业协调发展，促进国际国内要素有序自由流动、资源高效配置、市场深度融合，促进国际收支基本平衡，实现贸易高质量发展，开创开放合作、包容普惠、共享共赢的国际贸易新局面，为推动我国经济社会发展和构建人类命运共同体作出更大贡献。

到 2022 年，贸易结构更加优化，贸易效益显著提升，贸易实力进一步增强，建立贸易高质量发展的指标、政策、统计、绩效评价体系。

二、加快创新驱动，培育贸易竞争新优势

（一）夯实贸易发展的产业基础

发挥市场机制作用，促进贸易与产业互动，推进产业国际化进程。加快发展和培育壮大新兴产业，推动重点领域率先突破。优化升级传统产业，提高竞争力。加快发展现代服务业，特别是生产性服务业，推进先进制造业与现代服务业深度融合。加快建设现代农业。培育具有全球影响力和竞争力的先进制造业集群。

（二）增强贸易创新能力

构建开放、协同、高效的共性技术研发平台，强化制造业创新对贸易的支

撑作用。推动互联网、物联网、大数据、人工智能、区块链与贸易有机融合，加快培育新动能。加强原始创新、集成创新。充分利用多双边合作机制，加强技术交流与合作。着力扩大知识产权对外许可。积极融入全球创新网络。

（三）提高产品质量

加强质量管理，积极采用先进技术和标准，提高产品质量。推动一批重点行业产品质量整体达到国际先进水平。进一步完善认证认可制度，加快推进与重点市场认证和检测结果互认。完善检验检测体系，加强检验检测公共服务平台建设。健全重要产品追溯体系。

（四）加快品牌培育

大力培育行业性、区域性品牌。在重点市场举办品牌展览推介，推动品牌产品走向世界。加强商标、专利等知识产权保护和打击假冒伪劣工作，鼓励企业开展商标和专利境外注册。强化品牌研究、品牌设计、品牌定位和品牌交流，完善品牌管理体系。加强商标、地理标志品牌建设，提升中国品牌影响力。

三、优化贸易结构，提高贸易发展质量和效益

（五）优化国际市场布局

继续深耕发达经济体等传统市场。着力深化与共建"一带一路"国家的贸易合作，拓展亚洲、非洲、拉美等市场。逐步提高自贸伙伴、新兴市场和发展中国家在我国对外贸易中的占比，扩大与周边国家的贸易规模。综合考虑市场规模、贸易潜力、消费结构、产业互补、国别风险等因素，引导企业开拓一批重点市场。

（六）优化国内区域布局

以"一带一路"建设、京津冀协同发展、长江经济带发展、长江三角洲区域一体化发展、粤港澳大湾区建设、黄河流域生态保护和高质量发展、推进海南全面深化改革开放等重大战略为引领，推动区域间融通联动。推动东部地区新旧动能转换，实现贸易高质量发展。支持中西部和东北地区加快发展，承接国内外产业转移，提高开放型经济比重。提升边境经济合作区、跨境经济合作区发展水平。

（七）优化经营主体

鼓励行业龙头企业提高国际化经营水平，逐步融入全球供应链、产业链、价值链，形成在全球范围内配置要素资源、布局市场网络的能力。支持推动中小企业转型升级，聚焦主业，走"专精特新"国际化道路。

（八）优化商品结构

大力发展高质量、高技术、高附加值产品贸易。不断提高劳动密集型产品档次和附加值。优化资本品、消费品贸易结构，扩大中间品贸易规模，发展和保护全球产业链。加快推动智能制造发展，逐步从加工制造环节向研发设计、营销服务、品牌经营等环节攀升，稳步提高出口附加值。

（九）优化贸易方式

做强一般贸易，增强议价能力，提高效益和规模。提升加工贸易，鼓励向产业链两端延伸，推动产业链升级；推进维修、再制造、检测等业务发展；利用互联网、大数据等信息技术完善监管。发展其他贸易，加快边境贸易创新发展和转型升级，探索发展新型贸易方式。

四、促进均衡协调，推动贸易可持续发展

（十）积极扩大进口

适时进一步降低进口关税和制度性成本，激发进口潜力，优化进口结构。扩大先进技术、设备和零部件进口。鼓励国内有需求的资源性产品进口。支持日用消费品、医药和康复、养老护理等设备进口。促进研发设计、节能环保、环境服务等生产性服务进口。

（十一）大力发展服务贸易

深化服务贸易领域改革和开放，持续推进服务贸易创新发展试点，完善促进服务贸易发展的管理体制和政策体系。加快数字贸易发展。推进文化、数字服务、中医药服务等领域特色服务出口基地建设。完善技术进出口管理制度，建立健全技术贸易促进体系。探索跨境服务贸易负面清单管理制度。加强服务贸易国际合作，打造"中国服务"国家品牌。

（十二）推动贸易与双向投资有效互动

持续放宽外资市场准入，鼓励外资投向新兴产业、高新技术、节能环保、现代服务业等领域，充分发挥外资对产业升级和外贸高质量发展的带动作用。深化国际产能和装备制造合作，培育一批产业定位清晰、发展前景好的境外经贸合作区。大力发展对外工程承包，带动装备、技术、标准、认证和服务走出去。

（十三）推进贸易与环境协调发展

发展绿色贸易，严格控制高污染、高耗能产品进出口。鼓励企业进行绿色设计和制造，构建绿色技术支撑体系和供应链，并采用国际先进环保标准，获得节能、低碳等绿色产品认证，实现可持续发展。

五、培育新业态，增添贸易发展新动能

（十四）促进贸易新业态发展

推进跨境电子商务综合试验区建设，复制推广成熟经验做法。完善跨境电子商务零售进出口管理模式，优化通关作业流程，建立全口径海关统计制度。在总结试点经验基础上，完善管理体制和政策措施，推进市场采购贸易方式试点。完善外贸综合服务企业发展政策，推动信息共享和联合监管。鼓励发展其他贸易新业态。

（十五）提升贸易数字化水平

形成以数据驱动为核心、以平台为支撑、以商产融合为主线的数字化、网络化、智能化发展模式。推动企业提升贸易数字化和智能化管理能力。大力提升外贸综合服务数字化水平。积极参与全球数字经济和数字贸易规则制定，推动建立各方普遍接受的国际规则。

（十六）加快服务外包转型升级

健全服务外包创新机制，培育创新环境，促进创新合作。加快服务外包向高技术、高附加值、高品质、高效益方向发展。发挥服务外包示范城市创新引领作用，促进服务外包产业向价值链中高端转型升级。积极发展设计、维修、咨询、检验检测等领域服务外包，促进生产性服务贸易发展。

六、建设平台体系，发挥对贸易的支撑作用

（十七）加快培育各类外贸集聚区

推进国家外贸转型升级基地建设，依托产业集聚区，培育一批产业优势明显、创新驱动突出、公共服务体系完善的基地。加快加工贸易转型升级示范区、试点城市和梯度转移重点承接地发展。推进国家级新区、经济技术开发区、高新技术产业开发区、海关特殊监管区域等各类开放平台建设，创新管理制度。

（十八）推进贸易促进平台建设

办好中国国际进口博览会，不断提升其吸引力和国际影响力。拓展中国进出口商品交易会（广交会）、中国国际服务贸易交易会（京交会）等综合性展会功能，培育若干国际知名度高、影响力大的境内外展会。培育国家进口贸易促进创新示范区，创新监管制度、服务功能、交易模式，带动周边地区增强进口能力。

（十九）推进国际营销体系建设

鼓励企业针对不同市场、不同产品建设营销保障支撑体系，促进线上线下融合发展。完善售后服务标准，提高用户满意度，积极运用物联网、大数据等技术手段开展远程监测诊断、运营维护、技术支持等售后服务。推进国际营销公共平台建设。

（二十）完善外贸公共服务平台建设

加强对重点市场相关法律、准入政策、技术法规、市场信息等收集发布。支持各级政府、行业组织及企业建设不同层级、不同领域的公共服务平台，加强公共服务供给。

（二十一）构建高效跨境物流体系

推进跨境基础设施建设与互联互通，共同推动运输便利化安排和大通关协作。加快发展智能化多式联运。加快智慧港口建设。鼓励电商、快递、物流龙头企业建设境外仓储物流配送中心，逐步打造智能物流网络。

七、深化改革开放，营造法治化国际化便利化贸易环境

（二十二）深化管理体制改革

进一步推进外贸体制改革，加强事中事后监管。完善政策协调机制，加强财税、金融、产业、贸易等政策之间的衔接。推动世界贸易组织《贸易便利化协定》在国内实施。优化通关、退税、外汇、安全、环保管理方式，推进国际贸易"单一窗口"建设和应用，落实减税降费政策，加快打造国际一流、公平竞争的营商环境。

（二十三）充分发挥自由贸易试验区示范引领作用，高水平建设中国特色自由贸易港

以制度创新为核心，推动自由贸易试验区先行先试，开展首创性、差别化改革探索，加快形成法治化国际化便利化的营商环境和公平开放统一高效的市场环境。探索实施国际通行的货物、资金、人员出入境等管理制度。积极复制推广改革试点经验。加快探索建设自由贸易港，打造开放层次更高、营商环境更优、辐射作用更强的开放新高地。

（二十四）加强知识产权保护和信用体系建设

加大对侵权违法行为的惩治力度。加强知识产权保护国际合作，积极参与相关国际规则构建。完善海外知识产权维权援助机制。推进商务、知识产权、海关、税务、外汇等部门信息共享、协同执法的监管体系建设。建立经营主体信用记录，实施失信联合惩戒。

八、坚持共商共建共享，深化"一带一路"经贸合作

（二十五）深化贸易合作

拓宽贸易领域，推动优质农产品、制成品和服务进口，促进贸易平衡发展。发展特色服务贸易。推进中欧班列、西部陆海新通道等国际物流和贸易大通道建设。发展"丝路电商"，鼓励企业在相关国家开展电子商务。积极开展促贸援助。推进商建贸易畅通工作机制。

（二十六）创新投资合作

拓宽双向投资领域，推动绿色基础设施建设、绿色投资，推动企业按照国际规则标准进行项目建设和运营。鼓励合作建设境外经贸合作区、跨境经济合作区等产业园区，促进产业集群发展。推动新兴产业合作。推进商建投资合作工作机制。

（二十七）促进贸易投资自由化便利化

积极开展共建"一带一路"经贸领域合作、三方合作、多边合作，推进合作共赢的开放体系建设，加强贸易和投资领域规则标准对接。推动削减非关税壁垒，提高技术性贸易措施透明度，提升贸易投资便利化水平。

九、坚持互利共赢，拓展贸易发展新空间

（二十八）建设性参与全球经济治理，推动区域、次区域合作

维护以规则为基础的开放、包容、透明、非歧视性等世界贸易组织核心价值和基本原则，反对单边主义和保护主义，推动对世界贸易组织进行必要改革。积极参与多边贸易规则谈判，维护多边贸易体制的权威性和有效性。深入参与二十国集团、金砖国家、亚太经合组织、湄公河次区域经济合作、大图们倡议等多边和区域、次区域合作机制，积极贡献更多中国倡议、中国方案。

（二十九）加快高标准自由贸易区建设

不断扩大自由贸易区网络覆盖范围，加快形成立足周边、辐射"一带一路"、面向全球的高标准自由贸易区网络。推动与世界重要经济体商建自由贸易区进程，努力提高开放水平，扩大市场准入，提高规则标准。

十、加强组织实施，健全保障体系

（三十）加强党对推进贸易高质量发展工作的全面领导

建立推进贸易高质量发展工作机制，整体推进贸易高质量发展，工作机制办公室设在商务部。商务部会同有关部门，加强协调指导，制订行动计划。

（三十一）健全法律法规体系

落实全面依法治国基本方略，不断完善贸易及相关领域国内立法，为贸易高质量发展提供法治保障。促进国内经贸立法与国际经贸规则的良性互动。加强贸易政策合规工作。

（三十二）加大政策支持力度

在符合世界贸易组织规则前提下，发挥财政资金对贸易发展的促进作用。结合增值税改革和立法，逐步完善出口退税机制。在依法合规、风险可控、商业可持续前提下，支持金融机构有序开展金融创新，提供多样化、综合化金融服务。进一步发挥进出口信贷和出口信用保险作用。稳步提高跨境贸易人民币结算比例，扩大经常项目人民币跨境使用，拓宽人民币跨境投融资渠道。

（三十三）加强贸易领域风险防范

加快出口管制体系建设，强化最终用户最终用途管理。继续敦促相关国家放宽对华出口管制。建立出口管制合规体系。完善对外贸易调查制度。健全产业损害预警体系。妥善应对贸易摩擦。提升运用贸易救济规则能力和水平。研究设立贸易调整援助制度。加强风险监测分析预警，引导企业防范风险。

（三十四）完善中介组织和智力支撑体系

加强与国际组织、各国各地区相关机构和工商业界交流合作，充分发挥行业组织、贸促机构在贸易促进、信息交流、标准体系建设、行业自律、应对摩擦等方面的作用，助力外贸高质量发展。设立推进贸易高质量发展专家咨询委员会。强化外贸发展人才支撑。

中央和国家机关有关部门要按照职能分工，研究具体政策措施，加强协同配合，形成工作合力。各级党委和政府要切实加强组织领导，强化责任担当，结合本地区实际进一步明确重点任务，抓好相关工作落实。

第十一章

通关监管类

海关总署《关于开展"两步申报"改革试点的公告》
公告〔2019〕127 号

为贯彻落实国务院"放管服"改革要求，进一步优化营商环境，促进贸易便利化，海关总署决定在部分海关开展进口货物"两步申报"改革试点。现就有关事项公告如下：

一、"两步申报"内容

在"两步申报"通关模式下，第一步，企业概要申报后经海关同意即可提离货物；第二步，企业在规定时间内完成完整申报。

（一）对应税货物，企业需提前向注册地直属海关关税职能部门提交税收担保备案申请；担保额度可根据企业税款缴纳情况循环使用。

（二）第一步概要申报。企业向海关申报进口货物是否属于禁限管制、是否依法需要检验或检疫（是否属法检目录内商品及法律法规规定需检验或检疫的商品）、是否需要缴纳税款。

不属于禁限管制且不属于依法需检验或检疫的，申报 9 个项目，并确认涉及物流的 2 个项目，应税的须选择符合要求的担保备案编号；属于禁限管制的需增加申报 2 个项目；依法需检验或检疫的需增加申报 5 个项目（详见附件1）。

（三）第二步完整申报。企业自运输工具申报进境之日起 14 日内完成完整申报，办理缴纳税款等其他通关手续。税款缴库后，企业担保额度自动恢复。如概要申报时选择不需要缴纳税款，完整申报时经确认为需要缴纳税款的，企业应当按照进出口货物报关单撤销的相关规定办理。

（四）加工贸易和海关特殊监管区域内企业以及保税监管场所的货物申报在使用金关二期系统开展"两步申报"时，第一步概要申报环节不使用保税核注清单，第二步完整申报环节报关单按原有模式，由保税核注清单生成。

（五）报关单申报项目填制要求按照《海关总署关于修订〈中华人民共和国海关进出口货物报关单填制规范〉的公告》（海关总署公告 2019 年第 18 号）执行。

（六）启动"两步申报"试点同时保留现有申报模式，企业可自行选择上述二种模式之一进行申报。

二、试点海关范围

（一）满洲里海关隶属十八里海关；

（二）杭州海关隶属钱江海关驻下沙办事处、舟山海关；

（三）宁波海关隶属梅山海关；

（四）青岛海关隶属烟台海关驻港口办事处、驻机场办事处；

（五）深圳海关隶属深圳湾海关、蛇口海关；

（六）黄埔海关隶属新港海关、穗东海关。

三、"两步申报"试点条件

试点期间，适用"两步申报"需同时满足下列条件：

（一）境内收发货人信用等级是一般信用及以上的；

（二）经由试点海关实际进境货物的；

（三）涉及的监管证件已实现联网核查的（见附件 2）。

转关业务暂不适用"两步申报"模式。

本公告自 2019 年 8 月 24 日起实施。

特此公告。

附件：

附件 1　概要申报项目

一、概要申报项目

境内收发货人、运输方式/运输工具名称及航次号、提运单号、监管方式、商品编号（6 位）、商品名称、数量及单位、总价、原产国（地区）。

其中，商品编号（6位）填报《中华人民共和国进出口税则》和《中华人民共和国海关统计商品目录》确定编码的前6位；数量及单位填报成交数量、成交计量单位；总价填报同一项号下进口货物实际成交的商品总价格和币制，如果无法确定实际成交商品总价格则填报预估总价格。其他项目按照《中华人民共和国海关进出口货物报关单填制规范》要求填写。

二、货物物流项目

毛重、集装箱号。

三、属于禁限管理需增加的申报项目

许可证号/随附证件代码及随附证件编号、集装箱商品项号关系。

四、属于依法需要检验或检疫需增加的申报项目

产品资质（产品许可/审批/备案）、商品编号（10位）+检验检疫名称、货物属性、用途、集装箱商品项号关系。

附件2　已实现联网的监管证件

监管证件名称

序号	证件名称
1	中华人民共和国两用物项和技术进口许可证
2	中华人民共和国两用物项和技术出口许可证
3	中华人民共和国出口许可证
4	中华人民共和国进口许可证
5	中华人民共和国自动进口许可证
6	中华人民共和国技术出口许可证
7	中华人民共和国技术出口合同登记证
8	援外项目任务通知单
9	非《进出口野生动植物种商品目录》物种证明
10	《濒危野生动植物国际贸易公约》允许进出口证明书
11	中华人民共和国野生动植物允许进出口证明书
12	药品进口准许证

续表

序号	证件名称
13	药品出口准许证
14	进口药品通关单
15	麻精药品进出口准许证（含精神药物进、出口准许证，麻醉药品进、出口准许证）
16	进口非特殊用途化妆品卫生许可批件
17	进口医疗器械注册证 进口医疗器械备案证
18	进口特殊用途化妆品卫生许可批件
19	密码产品和含有密码技术的设备进口许可证
20	黄金及黄金制品进出口准许证
21	银行调运人民币现钞进出境证明文件
22	限制进口类可用作原料的固体废物进口许可证
23	有毒化学品进出口环境管理放行通知单
24	进口兽药通关单
25	农药进出口放行通知单
26	合法捕捞产品通关证明
27	农业转基因生物安全证书
28	国（境）外引进农业种苗检疫审批单
	引进种子、苗木检疫审批单
29	进口广播电影电视节目带（片）提取单
30	音像制品（成品）进口批准单
31	赴境外加工光盘进口备案证明
32	民用爆炸物品进口审批单
33	民用爆炸物品出口审批单
34	人类遗传资源材料出口、出境证明
35	古生物化石出境批件
36	特种设备制造许可证 型式试验证书

续表

序号	证件名称
37	特殊医学用途配方食品注册证书
38	保健食品注册证书或保健食品备案凭证
39	婴幼儿配方乳粉产品配方注册证书
40	强制性产品认证证书或证明文件
41	新食品原料的许可证明文件（只针对新食品原料）
42	尚无食品安全国家标准的食品暂予适用的标准（只针对尚无食品安全国家标准的食品）

海关总署《关于复制推广国际航行船舶供水"开放式申报+验证式监管"工作模式的公告》

公告〔2019〕9号

为贯彻落实《国务院关于做好自由贸易试验区第四批改革试点经验复制推广工作的通知》（国发〔2018〕12号）精神，在全国复制推广国际航行船舶供水"开放式申报+验证式监管"工作模式，现将有关事项公告如下：

一、国际航行船舶饮用水供应单位（以下简称供水单位）对其向国际航行船舶供应的饮用水的卫生安全负责，为饮用水卫生安全的第一责任人。

供水单位应当依照法律、行政法规和饮用水卫生标准从事生产经营活动，保证饮用水安全，诚信自律，对社会和公众负责，接受社会监督，承担社会责任。

二、海关对船舶供水单位开展风险分析评估，根据风险分析评估结果，允许符合下列要求的企业实行开放式申报。

（一）取得《中华人民共和国国境口岸卫生许可证》，并通过运输工具查检合一系统备案的；

（二）水源来自市政管网，或符合《二次供水设施卫生规范》（GB17051）要求的二次供水，其水质符合《生活饮用水卫生标准》（GB5749）要求的；

（三）企业信用良好，无失信、造假记录；

（四）管理制度完善，人员培训到位，现场操作规范；

（五）涉水设备符合水质安全要求；

（六）口岸供水点和船舶供水口的末梢水，近一年内至少有1次水厂出具的水质检测报告，结果应符合生活饮用水标准，供水管道、供水点不得检出军团菌；

（七）口岸供水点出水口应具备病媒生物无法藏匿和滋生、污水无法积存的条件；

（八）卫生许可审查和日常卫生监督检查均为良好的；

（九）向海关提交饮用水安全承诺书。

三、已获得卫生许可但不符合本公告第二款规定的供水单位，按照《国境口岸食品卫生监督管理规定》的要求进行申报。

四、国际航行船舶选择实行开放式申报的供水单位进行供水的，可以通过电话、"互联网+"等便捷途径向海关进行供水申报，在离港时再提交材料。

五、实行开放式申报的供水单位在向国际航行船舶供水前免予向海关申报。

六、海关在日常监管中发现实行开放式申报单位存在下列情况的，暂停开放式申报资格。

（一）发现饮用水供应存在卫生安全隐患的；

（二）发生危及或可能危及饮用水卫生安全的突发事件。

上述问题经海关认可得到有效整改后，可重新取得开放式申报资格。

七、供水单位应持证合法经营，建立和落实供水安全管理制度，制订食品安全事故处置方案，确保供水安全。

八、供水单位、国际航行船舶发现饮用水污染或不符合饮用水卫生标准危及人体健康的，应立即停止使用，并向海关报告，采取有效措施，按照食品安全事故处置方案科学规范有效处置。

九、供水单位应严格按照操作规程对国际航行船舶进行供水，开展水质快速检测，做好供水记录，相关记录保存至少三年。

十、供水单位应建立供水台账，定期向海关报备。

十一、往来港澳台船舶供水参照上述规定执行。

本公告自发布之日起实施。

特此公告。

海关总署
2019 年 1 月 4 日

参考文献

[1] Arthur B. Increasing Return and Path Dependence in the Economy [M].
Ann Arbor: Michigan University Press, 1994.

[2] C. D. Zambakari. Underdevelopment and Economic Theory of Growth: Case
for Infant Industry Promotion. Social Science Electronic Publishing, 2012.

[3] Fritz Sager, Vincent Kaufmann. Transport Policy and Policy Research:
Some Concluding Remarks . Southern Public Administration Education Foundation,
2003.

[4] G Crompton . 'The tortoise and the economy': Inland waterway navigation
in international economic history . Journal of Transport History, 2004, 25 (2):
1-22.

[5] Hood C. A Public Management for All Season? Public Administration,
1991, 69: 3-19.

[6] Institutional Change and American Economic Growth: A First Step Towards
a Theory of Institutional Innovation Lance Davis and Douglass North The Journal of E-
conomic History. Vol. 30, No. 1, The Tasks of Economic History (Mar. , 1970),
pp. 131-149.

[7] J Y Lin . An economic theory of institutional change: Induced and imposed
change. Cato Journal, 1989, 9 (1): 1-33.

[8] Juan Bergduhl . The European Community and Cross-border Road Transport:
1958-1992, ACTA Universitatis Upsaliensis, 1996.

[9] Linden, Russell Matthew. Seamless government. Public Management, 1994.

[10] Lulu Zhang. The task is heavy and the road is far for shanghai developing
international shipping hub—visiting professor Zhen Hong, from Shanghai Maritime U-
niversity, Shanghai International shipping research center [J]. World Shipping,

2010, 39, 42-44.

[11] M. Grant. The New Unionism: Employee Involvement in the Changing Corporation by Charles C. Heckscher. Relations Industrials, 1990 (1): 205-208.

[12] M Barzelay. The New Public Management: Improving Research and Policy Dialogue. University of California Press, 2001, 23 (3): 645-648.

[13] Marion Patton, Mary Sherwin. Know Your America (Volume 1) [M]. NELSON DOUBLEDAY, INC; Garden City, New York. 1978.

[14] North D. Institutions and economic performance [A]. Makiu, Gustafssion B, Knuolsen C. Rationality, Institution Sand Economic Methodology [C]. London: Routledge, 1993.

[15] North, D. Institution, Institution Change and Economic Performance [M]. London: Cambridge University Press, 1999.

[16] Qianwei Zhu. Public Service Process Re-engineering: From "Seamless Government" to "Grid Management". Journal of Public Administration, 2012.

[17] Schrijver Nico. Sovereignty over Natural Resources: Balancing Rights and Duties, Cambridge University Press, 1997.

[18] Su Xiao-Lei, F Fang. The Contrast of American and German Inland River Navigation and Revelation. Journal of Guangdong Communications Polytechnic, 2006.

[19] United States Information Agency. An Outline of American geography [M]. New York University Press, 1985.

[20] Vernon W. Ruttan, Yujiro Hayami. Toward a theory of induced institutional innovation. Journal of Development Studies, 1984, 20 (4): 203-223.

[21] 陈二厚，应建勇. 发扬既敢为人先又埋头苦干的精神在改革开放和结构调整中走在前列——李克强浙江考察纪实 [J]. 《今日浙江》, 2014 (22): 8-9.

[22] 葛春凤，黄小彪. 国际航运中心的现代航运服务业发展经验及启示 [J]. 港口经济, 2010 (6): 14-16.

[23] 甘爱平. 发展航运金融与国际航运中心金融生态软环境的优化 [J]. 经济研究导刊, 2010 (32): 119-121.

[24] 郭人菡，夏立安. 简政放权的法治维度分析——基于"权力清单""责任清单"和"负面清单"的思考. 中国杭州市委党校学报, 2014 (6): 55-59.

[25] 耿相魁. 贯通江与海——建设舟山江海联运服务中心的路径选择

[J]. 今日浙江, 2015 (4): 36-37.

[26] 黄晓军. 发展航运保险在厦门国际航运中心建设中重要性探讨 [J]. 商场现代化, 2012 (6): 93-95.

[27] 胡锦涛. 坚定不移沿着中国特色社会主义道路前进 为全面建成小康社会而奋斗——在中国共产党第十八次全国代表大会上的报告 [J]. 当代江西, 2012 (11): 6-26.

[28] 黄晋太. 制度变迁与人的主体性发展的契合 [J]. 太原理工大学学报 (社会科学版), 2015, 33 (1): 15-19.

[29] 蒋革. 江海联运: 推进长三角水运发展的对策 [J]. 综合运输, 2011 (2): 53-56, 79.

[30] 焦志勇. 政府在简政放权中须注意的六个问题 [J]. 中国高等教育, 2014 (1): 15-16.

[31] 嵇从民. 构建"单一窗口"促进贸易便利化 [J]. 中外企业家, 2014 (30).

[32] 姜晓萍. 国内服务型政府研究的知识图谱 [J]. 四川大学学报 (哲学社会科学版), 2014 (2).

[33] 林毅夫. 关于制度变迁的经济学理论: 诱致性变迁和强制性变迁 [A]. 财产权利与制度变迁 [M]. 上海三联出版社, 1994 (11).

[34] 吕光明. 在航运中心建设中促进产业结构调整 [N]. 大连日报, 2004-06-14.

[35] 李郁芳, 郑杰. 论政府行为外部性的形成 [J]. 学术研究, 2004 (6): 30-34.

[36] 辽宁省人民政府发展研究中心课题组, 卢松, 朱军. 地主港: 政府主导下的港口开发模式——关于大连港实施跨区域布局的战略思考 [J]. 辽宁经济, 2012 (6): 4-12.

[37] 冷健. 国家适度干预研究 [D]. 北京: 首都经济贸易大学, 2013.

[38] 刘熙瑞. 审批制度"放"与"管"的平衡 [J]. 人民论坛, 2013 (25): 62-63.

[39] 刘明珠. 简政放权外部硬约束 [J]. 人民论坛, 2013 (27).

[40] 李倩雯. 我国船舶交易服务机构发展现状及建议 [J]. 水运管理, 2013, 35 (3): 12-16.

[41] 李军鹏. 进一步简政放权的思路和着力点 [J]. 领导之友, 2014 (3): 102.

［42］刘永艺. 加快推进舟山"一中心一基地"建设［J］. 浙江经济, 2015 (4): 21-22.

［43］李湛, 李海杰. 准确把握定位 合力寻求突破［N］. 舟山日报, 2015-07-14.

［44］李金龙, 吴朝晖. 舟山: 推进江海联运服务中心的思考［J］. 世界海运, 2015, 38 (12): 5-8.

［45］李媛媛, 陈国申. 从"放权"到"收权": "简政放权"的怪圈——"莱芜经验"的反思. 社会主义研究. 2015: 59-61.

［46］刘文文. "放管服"结合视角下优化海伦市政务服务的对策［D］. 硕士学位论文, 哈尔滨商业大学, 2017.

［47］李仙德, 张旭亮. 建好舟山江海联运服务中心 推进长江经济带发展 (下)［Z］. 2017-09-14.

［48］茅伯科. 航运服务业在我国航运中心建设中的地位与作用［J］. 港口经济, 2010 (3): 20-23.

［49］马斌. 长三角一体化与区域政府合作机制的构建［J］. 浙江经济杂志, 2004 (17): 52-53.

［50］马硕. 什么是国际航运中心——基于史料的案例分析［J］. 水运管理, 2010, 32 (7): 1-5.

［51］马超群. 整合港口信息服务资源的国外经验借鉴［J］. 物流科技, 2012 (3): 18-21.

［52］祁樱. 非物质文化遗产保护与开发中的政府行为外部性研究［D］. 成都: 电子科技大学, 2011.

［53］秦诗立. 广东简政放权的内在逻辑［J］. 浙江经济, 2012 (18): 14-15.

［54］曲双石. 国际货币金融每日综述［M］. 2013 年国际货币金融每日综述. 北京: 中国人民大学国际货币研究所, 2013.

［55］孙鸣岐. 航运仲裁助推上海国际航运中心建设［J］. 航海, 2010 (5): 14-15.

［56］沈开艳, 徐琳. 中国上海自由贸易试验区: 制度创新与经验研究［J］. 广东社会科学, 2015 (3): 14-20.

［57］孙浩. 上海自贸试验区海关监管服务改革的创新发展探究［J］. 上海经济研究, 2015 (12): 79-86.

［58］石璟. "放管服"改革视角下包头市权责清单制度研究［D］. 硕士学

位论文，内蒙古大学，2016.

[59] 童新祥. 舟山江海联运服务中心建设的法治保障——以新区立法为视角 [J]. 舟山法学，2015：151-157.

[60] 王振涛，王利娜. 诺斯制度变迁理论及其对中国改革的启示 [J]. 前沿，2007（1）：45-47.

[61] 王昭鹏. 发挥高校教育基地作用培养高素质航运人才 [J]. 中国高等航海教育，2009（6）：12-13.

[62] 王峰，尤克诗. 借鉴美国内河航运发展经验谈金华内河航运建设 [J]. 中国水运（下半月），2008，8（9）：33，35.

[63] 王城练，寿建敏. 浅议港口投资主体多元化在中国的发展 [J]. 商业文化（学术版），2008（1）：284.

[64] 吴向鹏. 高端航运服务业发展机理、模式与启示 [J]. 港口经济，2010（3）：24-27.

[65] 王学锋. 国际航运中心的变迁与发展模式研究 [J]. 科学发展，2013（6）：28-43.

[66] 王军. 打通简政放权"最后一公里" [EB/OL]. 人民网，2014（5）.

[67] 王坤辉. 舟山江海联运服务中心的建设策略与战略考量 [J]. 现代物流，2015（11）：50-60.

[68] 许茂增，贾禹. 渝台贸易通道现状及发展战略 [J]. 重庆交通大学学报（社会科学版），2013（4）：31-35.

[69] 宁波市政府发展研究中心课题组. 甬台舟共建江海联运服务中心的探讨 [J]. 宁波经济（三江论坛），2017（11）：15-16，36.

[70] 薛书杰，龚希武. 如何破解宁波舟山港航运物流软实力发展瓶颈 [J]. 中国港口，2017（2）：49-52.

[71] 杨光熙. 非物质文化遗产保护中的政府行为研究 [D]. 舟山：浙江海洋学院，2011.

[72] 应松年. 行政审批制度改革：反思与创新 [J]. 人民论坛（学术前沿），2012（3）：48-53.

[73] 杨传堂. 加快建设长江黄金水道 为长江经济带提供强力支撑 [J]. 全球化，2014（8）：5-12.

[74] 颜晨广. 论上海自贸区政府管理模式的创新 [J]. 天津法学，2015（2）：35-41.

[75] 俞韶华，罗宁. 基于"长江经济带"的舟山江海联运服务中心建设存

在问题及对策 [J]. 浙江海洋学院学报（人文科学版），2015, 32（4）：45-49.

[76] 张璐璐. 论莱茵河流域管理体制之动作：以德国段为例 [D]. 中国海洋大学，2011.

[77] 郑晗，彭磊，姜美莲. 珠海港发展江海联运内外部环境探析 [J]. 企业经济，2012（4）：132-135.

[78] 郑新立. 将舟山建设成为我国环太平洋经济圈的桥头堡 [J]. 全球化，2013（4）：30-38, 126.

[79] 周永芳. 江海联运背景下公安机关服务保障之路径研究 [J]. 舟山法学，2015：73-78.

[80] 张旭亮，李仙德. 建好舟山江海联运服务中心 推进长江经济带发展 [J]. 宏观经济管理，2017（7）：78-83.